Predicciones astrológicas 2004

Predicciones astrológicas 2004

Predicciones astrológicas 2004

Primera edición: octubre de 2003

© 2003, Amira Cervera Aguilar y López
© 2003, Random House Mondadori, S. A.
Travessera de Gràcia, 47-49, 08021 Barcelona, España

© 2003, Editorial Grijalbo, S. A. de C. V.
Homero 544, Col. Chapultepec Morales, 11570 México, D.F.

Queda rigurosamente prohibida, sin la autorización escrita de los titulares
del *copyright*, bajo las sanciones establecidas por las leyes, la reproducción parcial
o total de esta obra por cualquier medio o procedimiento, comprendidos la
reprografía, el tratamiento informático y la distribución de ejemplares de
ella mediante alquiler o préstamo público.

ISBN: 970-05-1623-7

Formación interiores: Ofelia Mercado

Impreso en México/*Printed in Mexico*

Índice

Agradecimientos 7
Prólogo 9
Introducción 11

Capítulo I. Tu naturaleza según tu zona zodiacal 15
    Naturalezas del zodiaco 17
    Frecuencias del zodiaco 19

Capítulo II. El zodiaco de los ciclos 21
    Cómo soy de acuerdo con la estación del año en que nací 22
    Tipos zodiacales. Cómo son los nacidos entre 2 signos 24

Capítulo III. El sendero de vida de los 12 signos del zodiaco 31
    El zodiaco de la existencia para cada signo 32
        ¿Por qué eres así?
        El camino de vida
        La enseñanza que debes aprender
        Zodiaco de las vidas pasadas
        Meditación astral y cómo conectarte con tu estrella protectora

Capítulo IV. Los decanatos del zodiaco 107
    Cómo soy de acuerdo con mi decanato zodiacal 109
    El zodiaco de cada signo dividido en tres tipos 109

Capítulo V. El mapa de los cielos 113
    ¿Qué signo ascendente soy? 115
    Conoce tu ascendente 116
    Los signos solares 116
    Combinación del signo solar con el signo ascendente 121
    Las doce áreas de la vida que forman la carta natal 139
    El paso astrológico del tiempo 142

Capítulo VI. Previsiones astrológicas para ti 147
    Aviso general
    Aviso por decanato
    Número de la suerte para el 2004
    Mensaje del Tarot Osho Zen para el 2004
    Enseñanza 2004
    Previsión mensual
    Guía astrológica para lograr el éxito en tus propósitos

Previsiones para el mundo año 2004 310
Previsiones para México año 2004 316

Capítulo VII. Cómo te influye la Luna 319
Para qué te sirve la Luna 321

Capítulo VIII. Los doce poderosos rituales para cada mes de 2004 333
Ritual para recibir el año 2004 con buena estrella 337

Bibliografía 339

Agradecimientos

Gracias a Dios que está dentro de mí y que es mi propio ser.

Gracias a mis maestros Siddhas (seres realizados por revelarme el secreto y la grandeza del amor).

Gracias a mi misma, reconozco que me amo. Al mismo tiempo soy maestra y discípula de mi propia existencia.

Gracias a mis hijos Kundalini y Amir, "obras maestras de la vida"; mi amor incondicional para ellos.

Gracias a mi padre, Roberto Cervera Aguilar, por su ejemplo de inteligencia y valentía; a mi madre por su enseñanza de solidez y fortaleza.

Gracias a mis 7 hermanos; todos ellos buenos seres humanos; a quienes el tiempo y los embates de la vida no marchitaron su inocencia.

A Pepe Carrillo, el hombre que ha inspirado mis días de amor; con quien comparto el alma.

Gracias a mis queridos amigos, a la humanidad entera. A todos los grandes seres que he conocido y que han contribuido a mi crecimiento personal.

A Óscar y Lizeth (los Tims) por compartir mi esfuerzo; mi agradecimiento y mi cariño para ellos.

AMIRA REVATI

Amira Cervera Aguilar y López

Prólogo

*El sabio se adapta a las circunstancias,
igual que el agua al vaso que la contiene.*
Proverbio chino

Éste es mi quinto libro (no hay quinto malo).

Un libro debe ser edificante y acertado; debe servirte de ayuda; debe ser un libro valioso que te aporte algo.

Este libro fue concebido como una guía para orientar y conducir al viajero de la vida a conocerse a sí mismo, por medio de un análisis básico de la astrología, y de una interpretación profunda de la naturaleza del ser humano.

La astrología no sólo es una ciencia que permite predecir el futuro, también ha sido y es una materia que enseña a comprender el alma humana.

La primera parte de este texto constituye el conocimiento de la esencia de los 12 tipos zodiacales, sus fuerzas y sus debilidades. De acuerdo con el signo zodiacal en el que nacieron: "Carácter es destino".

Lo sorprendente de esta materia es que describe el porqué.

Una vez que se estudien los principios básicos de la astrología conoceremos la realidad psicológica y espiritual de un individuo.

La astrología es un instrumento de conocimiento y realización personal.

Por eso en las páginas de este libro pretendo explicar los siguientes puntos:
- ¿Por qué eres así?
- ¿Cuál es tu camino de vida? La comprensión de tus tendencias.
- La enseñanza que tienes que aprender para mejorar tu vida; aprender de la experiencia para lograr un mayor crecimiento.
- El zodiaco de las vidas pasadas, un viaje al pasado para conocer sin fantasía la profundidad de mis tendencias, comprender y cambiar en el presente las limitaciones que no me hacen feliz.
- Meditación para conectarte con tu estrella protectora, un viaje a la fuente interna de ti mismo. Conectándome mentalmente con la estrella de mi constelación; nutrirme de su luz, dirigirme a mis protectores siderales. Enlazando el lado superior de mi conciencia "mi propio ser".

Esta práctica espiritual pertenece a la astrología hermética esotérica, en este ángulo la astrología se convierte en un instrumento de realización para nuestro mejoramiento humano.

En el quinto libro tengo la intención de ir más allá de una astrología superficial y comercial. En el nuevo milenio de la era del aguador (Acuario), en la que los conocimientos de los antiguos sabios han sido revelados, aunados a los nuevos componentes psicológicos de una astrología moderna y contemporánea, el destino ya no se interpreta bajo una lente inexorable; la astrología actual es un instrumento que nos ayuda a comprender y a transformar nuestras condiciones.

La astrología funciona, el conocerla nos sirve para anticiparnos a los hechos y así mejorar nuestra respuesta ante lo que ocurre, razón por la cual incluí en la segunda parte del libro el capítulo de previsiones, previsión (significa algo que puede ser previsto); es un presentimiento, una sospecha, es un aviso. Nosotros por medio de la prudencia y del cuidado lo podemos evitar. "Contra advertencia no hay engaño."

Estamos avisados. De ahí el título del libro.

Las estrellas nos advierten, nos guían y nos aconsejan mediante un buen intérprete del mapa de los cielos, es decir, un astrólogo. El astrólogo es el encargado de estudiar el mensaje de las estrellas y de transmitirlo. De la inclinación los astros, no de su determinación; no sólo somos arquitectos de nuestro propio destino sino somos dueños de él.

El conocimiento astrológico predictivo avisa, pronostica, advierte la posibilidad de que ocurra algo; pero a nosotros como personas nos corresponde comprender ese mensaje haciendo uso de nuestra sabiduría.

Trascender nuestras limitaciones y disfrutar el viaje de nuestra vida es nuestro propósito existencial.

"Averiguar para qué fui creado" es una frase que le escuché a mi padre antes de morir; cuando se estaba yendo de este mundo se hacía esta pregunta, este concepto fue una auténtica enseñanza para mí, descubrir el propósito existencial para el que fui creada.

El ser humano no viene al mundo en cualquier momento, la naturaleza tiende a hacerlo nacer bajo un cielo conforme a su herencia. Ése es el momento cósmico en el que entra al mundo para ser feliz. A aprender bien las lecciones en la escuela de la vida con la mente unida al corazón, que es el sitio de nuestra morada.

Te ama Amira
Tel. 30 95 87 40
amiraescorpión@hotmail.com

Introducción

El que sabe astrología. prever sabe sus días
Anónimo

Astrología viene del griego astro (Astro): una estrella, y logos (logos): conocimiento, y significa "El conocimiento de las estrellas". Es la ciencia de las relaciones o correlaciones medidas entre los movimientos de los cuerpos celestes y las circunstancias o acontecimientos en la Tierra.

Es el arte de interpretar estas relaciones. Las ramas más importantes son: natal, horaria, electiva, médica, mundana, esotérica y meteorológica.

La astrología es una herramienta milenaria para explicarnos el porqué de todo lo que sucede; nos sirve para saber quiénes somos y cómo somos, a qué venimos y hacia dónde vamos; es decir, para conocer nuestra naturaleza, carácter e inclinaciones; nos revela cuál es nuestro papel aquí en el mundo. Asimismo, nos permite comprender a los demás y nos da opciones para entendernos con ellos; nos ayuda a elegir el momento más favorable para el comienzo de nuevos proyectos y realizar nuestros planes y propósitos en función de los tiempos cósmicos propicios. Este arte nos permite saber cuán probable es que ocurra algo, para así poder decidir nuestro destino y ser conscientes de qué nos espera, prepararnos para prever los acontecimientos más importantes de nuestra historia y a partir de ello poder manejar mejor nuestras experiencias por venir.

El término "zodiaco" viene del griego y quiere decir "círculo de animales". Existen 12 signos; diez planetas descubiertos, doce casas zodiacales. El zodiaco es un cinturón de 360° de circunferencia, 17° de altura, dividido en 12 signos y cada uno tiene cualidades propias y bien distintas; sabemos que una persona de signo Piscis difiere de una de Aries, tanto como una gota de agua y otra.

Cada signo tiene uno de los atributos de los cuatro elementos naturales: tierra, agua, aire y fuego. Los signos de tierra y agua son introvertidos, mientras que los signos de aire y fuego son extrovertidos.

Elementos naturales del zodiaco

Los signos del zodiaco son doce y cada uno se asocia con un elemento simbólico: tierra, agua, aire y fuego.

Tierra

Elemento tierra. Es el mundo de las cosas prácticas y posesivas.

Signos de Tierra. Tauro, Virgo y Capricornio.

Características de los signos de Tierra. Utilización de lo material, manejo de finanzas, dinero (segunda casa), administración y gobierno.

Símbolo de tierra. El elemento tierra simboliza la personificación, el estado final del proceso creativo que propicia que las cosas se concreten, así que el bienestar físico, la comodidad, el manejo del dinero y los recursos de todo tipo son acciones que efectúan los signos de tierra. Están relacionados con los cinco sentidos, que son los que nos ponen en contacto con la realidad que nos rodea. Los signos de tierra suelen darle una importancia muy grande a la utilidad y son los encargados de cuidar los asuntos terrestres. Estos signos, como se dice popularmente: "tienen los pies en la tierra".

Agua

Elemento agua. Es el mundo de las emociones.

Signos de agua: Cáncer, Escorpión y Piscis.

Las personas que nacieron en signos de agua son difíciles de entender, no es posible ni siquiera imaginar en qué están pensando; son inexpresivos y misteriosos; por lo tanto, se puede decir que son los más impresionables y sensibles del zodiaco. El mundo de sus emociones los controla. Poseen una imaginación desbordada, perciben de manera muy natural lo que sienten y piensan otras personas; su vida espiritual y síquica está mucho más desarrollada que la de una persona promedio.

Muchos nativos de estos signos se inclinan desde temprana edad por el ocultismo, que se les da en forma espontánea; casi siempre viven dentro del mundo subconsciente, incluso algunos son supersticiosos. Quien convive con ellos debe hacer caso a sus corazonadas, ya que son personas muy sensibles, inspiradas e intuitivas.

Aire

Elemento aire. es el mundo del intelecto.

Signos de aire: Acuario, Géminis y Libra.

Las personas que nacieron bajo los signos de aire generalmente son muy inteligentes porque utilizan más la razón que las emociones; les gusta estudiar, crear e inventar. Su deseo de saber es muy grande, son refinados y tienen facilidad de palabra. Son curiosos y comunicativos, su papel en la vida es la expresión de ideas, pensamientos y conceptos. Ellos son los encargados de dar los mensajes a la humanidad. Emplean más las facultades mentales que el sentimiento y la acción.

Fuego
Elemento fuego. Es el mundo del impulso y la voluntad.
Signos de Fuego: Aries, Leo y Sagitario.

Son personas activas y entusiastas, gozan de confianza en sí mismas, gran energía y poder creativo; son emprendedoras y demostrativas, casi siempre tienen puestos de autoridad; son muy excitables y se enojan con facilidad; poseen gran vitalidad. Su pasión es desbordada. Están prestas a la acción inmediata, y son los encargadas de poner en marcha las ideas de ellos o de los demás. Se les puede definir como realizadoras de la obra. No temen encarar peligros ni enfrentarlos. Por lo general no se dejan dominar por el dolor y el sufrimiento. Disfrutan enormemente sus logros.

El *agua* y la **tierra** son elementos que combinan bien, porque unidos dan origen a la fertilidad.

El **aire** y el **fuego** se llevan bien porque se avivan mutuamente.

La combinación **fuego** con **agua** es negativa porque el fuego evapora el agua y el agua apaga el fuego.

El **agua** y el **aire** no armonizan porque este último elemento afecta el movimiento del agua. Esta combinación la vemos en los ciclones y huracanes.

La **tierra** y el **aire**, cuando se reúnen, se restan libertad de movimiento mutuamente. Por ejemplo, los tornados y remolinos.

CAPÍTULO I.
Tu naturaleza según tu zona zodiacal

Naturalezas del zodiaco

> *Si no has oído a la naturaleza, susurrándote últimamente, es un buen momento para darle la oportunidad.*
> Osho Zen

Cada signo tiene uno de los atributos de los cuatro elementos naturales: tierra, agua, aire y fuego. Los signos de tierra y agua son introvertidos, mientras que los signos de aire y fuego son extrovertidos.

Elementos naturales del zodiaco

Los signos del zodiaco son doce y cada uno se asocia con un elemento simbólico: tierra, agua, aire y fuego.

Naturalezas prácticas
Elemento tierra. Es el mundo de las cosas prácticas y posesivas.
Signos de Tierra. Tauro, Virgo y Capricornio.

Características de los signos de Tierra. Utilización de lo material, manejo de finanzas, dinero (segunda casa), administración y gobierno.

Símbolo de tierra. El elemento tierra simboliza la personificación, el estado final del proceso creativo que propicia que las cosas se concreten, así que el bienestar físico, la comodidad, el manejo del dinero y los recursos de todo tipo son acciones que efectúan los signos de tierra. Están relacionados con los cinco sentidos, que son los que nos ponen en contacto con la realidad que nos rodea. Los signos de tierra suelen darle una importancia muy grande a la utilidad y son los encargados de cuidar los asuntos terrestres. Estos signos, como se dice popularmente: "tienen los pies en la tierra".

Naturalezas sensibles y emotivas
Elemento agua. Es el mundo de las emociones.
Signos de agua: Cáncer, Escorpión y Piscis.

Las personas que nacieron en signos de agua son difíciles de entender, no es posible ni siquiera imaginar en qué están pensando; son inexpresivos y misteriosos; por lo tanto, se puede decir que son los más impresionables y sensibles del zodiaco. El mundo de sus emociones los controla. Poseen una imaginación desbordada, perciben de manera muy natural lo que sienten y piensan otras personas; su vida espiritual y síquica está mucho más desarrollada que la de una persona promedio.

Muchos nativos de estos signos se inclinan desde temprana edad por el ocultismo, que se les da en forma espontánea; casi siempre viven dentro del mundo subconsciente, incluso algunos son supersticiosos. Quien convive con ellos debe hacer caso a sus corazonadas, ya que son personas muy sensibles, inspiradas e intuitivas.

Naturalezas intelectuales
Elemento aire. es el mundo del intelecto.
Signos de aire: Acuario, Géminis y Libra.
Las personas que nacieron bajo los signos de aire generalmente son muy inteligentes porque utilizan más la razón que las emociones; les gusta estudiar, crear e inventar. Su deseo de saber es muy grande, son refinados y tienen facilidad de palabra. Son curiosos y comunicativos, su papel en la vida es la expresión de ideas, pensamientos y conceptos. Ellos son los encargados de dar los mensajes a la humanidad. Emplean más las facultades mentales que el sentimiento y la acción.

Naturalezas inspirativas
Elemento fuego. Es el mundo del impulso y la voluntad.
Signos de Fuego: Aries, Leo y Sagitario.

Son personas activas y entusiastas, gozan de confianza en sí mismas, gran energía y poder creativo; son emprendedoras y demostrativas, casi siempre tienen puestos de autoridad; son muy excitables y se enojan con facilidad; poseen gran vitalidad. Su pasión es desbordada. Están prestas a la acción inmediata, y son los encargadas de poner en marcha las ideas de ellos o de los demás. Se les puede definir como realizadoras de la obra. No temen encarar peligros ni enfrentarlos. Por lo general no se dejan dominar por el dolor y el sufrimiento. Disfrutan enormemente sus logros.

Combinación por elementos
El *agua* y la **tierra** son elementos que combinan bien, porque unidos dan origen a la fertilidad.

El **aire** y el **fuego** se llevan bien porque se avivan mutuamente.

La combinación **fuego** con **agua** es negativa porque el fuego evapora el agua y el agua apaga el fuego.

El **agua** y el **aire** no armonizan porque este último elemento afecta el movimiento del agua. Esta combinación la vemos en los ciclones y huracanes.

La **tierra** y el **aire**, cuando se reúnen, se restan libertad de movimiento mutuamente. Por ejemplo, los tornados y remolinos.

FRECUENCIAS DEL ZODIACO

Signos cardinales, fijos y mutables
Los signos del zodiaco también están organizados según la frecuencia de su movimiento y representan el ritmo de la vida. La astrología los ha denominado cardinales, fijos y mutables.

Naturalezas empresariales
Signos cardinales. Simbolizan el inicio de la creación, el comienzo: Aries, Cáncer, Libra, Capricornio.
Son personas muy activas y nunca se les ve quietas. Son directas, rectas y lineales. Se desgastan constantemente por la energía que aplican a lo que hacen. Siempre buscan "dirigir". Son audaces y temerarias. Generalmente son quienes impulsan los proyectos en las empresas, presentan puntos de vista e ideas innovadoras, y muchas de ellas ocupan altos cargos.

Naturalezas intensas
Signos fijos. Simbolizan el mantenimiento de lo que ya ha sido creado, la estabilidad. Tauro, Leo, Escorpión, Acuario.
Casi siempre son personas con sentimientos, deseos y emociones muy intensos. Se resisten a los cambios y tienen ideas y hábitos muy arraigados. Tauro, en especial, es uno de los más renuentes a lo nuevo. La naturaleza de los signos fijos es por lo general obsesiva en sus propósitos. Funcionan como el péndulo, se van a los extremos. Son sólidas y mantienen sus decisiones por muy largo tiempo. Son fieles a sus ideas, lo cual los hace triunfadores gracias a su perseverancia y su congruencia. Cuando aman, aman y cuando odian, odian. Son poco adap-

tables al medio y a los demás, pretenden que los otros sean como ellos. La exagerada dignidad y el amor propio los limitan.

Naturalezas adaptables
Signos mutables. Simbolizan la transformación de lo que ya ha sido hecho. La adaptación: Géminis, Virgo, Sagitario, Piscis.
A la inversa de los fijos, la cualidad más destacada de los signos mutables es la adaptabilidad y la flexibilidad, lo cual les permite funcionar en cualquier circunstancia; son más maña que fuerza. No son muy activos, pero siguen a las personas que dirigen en los signos cardinales. No conocen los extremos ni la firmeza que tienen los signos fijos, más bien consiguen sus objetivos por astucia, inteligencia y diplomacia. Sin embargo, son inestables, tratan de irse por el camino más corto para llegar a sus objetivos. Pueden ser excelentes servidores, intermediarios o mensajeros. Tienen pasión por los viajes y muchos de ellos se dedican a las letras.

CAPÍTULO II
El zodiaco de los ciclos

Cómo soy de acuerdo con la estación del año en que nací

El gran ciclo de la vida se mueve en sentido contrario a las manecillas del reloj y el punto de partida es el equinoccio de primavera.

En la naturaleza el equinoccio de primavera representa el nacimiento del año a los 0° de Aries, le sigue el solsticio de verano a los 0° de Cáncer, el equinoccio de otoño a los 0° de Libra y el punto final y cierre del ciclo; el solsticio de invierno, a los 0° de Capricornio. Todo lo que existe representa el gran ciclo de vida. La vida humana, la naturaleza y la astrología.

Para los seres humanos el ciclo de vida empieza desde el nacimiento hasta la muerte; para la naturaleza con la sucesión de las estaciones a lo largo del año; y para la astrología con las posiciones y movimientos de los astros.

En correspondencia con la vida humana la primavera de un individuo abarca desde el nacimiento hasta los 21 años, que es cuando adquiere la mayoría de edad y la independencia; el verano desde los 21 hasta los 42 años, la edad en que se reproduce; el otoño, desde los 42 hasta los 63 años, la edad en que recoge lo que sembró; y el invierno, desde los 63 años en adelante, es la "tercera edad".

En la astrología los ciclos planetarios están marcados.

Cada planeta tiene un ciclo denominado retorno natal. El ciclo de Júpiter es de doce años, tiempo que tarda en dar la vuelta a todo el zodiaco. Saturno recorre el zodiaco entre 27 y 30 años, Urano entre 81 y 84 años, Neptuno unos 164 años y Plutón más de 200 años; éstos últimos son los planetas lentos, en tanto que los retornos de la Luna y el Sol a su posición natal son cada mes y cada año.

Los que nacieron en primavera
21 de marzo al 21 de junio
El año astrológico comienza a los 0° de Aries, entre el 20 y el 21 de marzo, es el equinoccio de la primavera que simboliza el renacimiento, los días y las noches tienen la misma duración. La primavera ocupa el primer trimestre del año, es una etapa de resurgimiento, todo reverdece.

La primavera abarca tres signos astrológicos: el signo de Aries, de elemento fuego (cardinal), este signo abre el camino; después sigue Tauro, de elemento Tierra (fijo) y Géminis, de elemento aire (mutable); estos signos tienen una analogía con la vida de los individuos, abarcan desde el nacimiento hasta los 21 años. Abarca el nacimiento de la primera infancia, la niñez, la adolescencia hasta la juventud, es el tiempo de la primavera en el ser humano, esta etapa es de primavera risueña. El periodo del desarrollo humano. Se finaliza la adolescencia y se entra a la juventud, todos los patrones de conducta están grabados. Es una etapa de la vida que se caracteriza por las ilusiones y los ideales, hay poco racionalismo y conciencia.

Los que nacen en primavera son muy entusiastas, tienen mucha energía para iniciar proyectos, son más extrovertidos que introvertidos y conservan un aire infantil aun en la madurez, son espontáneos e impulsivos y por lo general son optimistas. Nacieron en una época cálida y de resurgimiento.

Los que nacieron en verano
1 de junio al 23 de septiembre
El verano abarca tres signos astrológicos. Cáncer, de elemento agua (cardinal), Leo, de elemento fuego (fijo) y Virgo, de elemento tierra (mutable).

Entre los 21 y 42 años se desarrolla este periodo de crecimiento humano, la juventud y la madurez. Es un proceso de productividad que tiene lugar en la naturaleza.

En general los nacidos durante el verano son más prudentes que los nacidos en primavera y, aunque también son optimistas y entusiastas, tienen un sentido de la crítica más desarrollado, no invierten tanta energía en iniciar proyectos, pero sí los llevan a cabo en un término, son "ambivertidos" (introvertidos y extrovertidos).

Los sentimientos son lo más importante para ellos, les gusta ayudar y se involucran en asuntos que los lleven al intercambio, son muy emotivos, no sólo con las demás personas, sino también en el aspecto profesional y con el medio ambiente. Los nacidos en esta etapa ayudan a los demás y les dedican tiempo, necesitan sentir que son indispensables.

Los que nacieron en otoño
23 de septiembre al 21 de diciembre
El otoño abarca tres signos astrológicos: Libra, de elemento aire (cardinal), Escorpión de elemento agua (fijo) y Sagitario, elemento fuego (mutable).

Estos tres signos corresponden al periodo comprendido entre los 42 y 63 años de un ser humano.

En este tiempo el desarrollo se extiende desde el comienzo hasta la edad madura, los efectos del otoño en la naturaleza se manifiestan con maduración, disminución de la capacidad física, pero se conservan las energías y la preocupación por sobrevivir.

En general los nacidos en el otoño son muy hábiles para manejar su entorno y tienen mucha necesidad de controlar a los demás. No son tan entusiastas como los que nacen en primavera o verano porque nacen con el alma más vieja, son selectivos y críticos y más que impulsar o emprender nuevos proyectos, su meta es llevar a buen término lo que otros ya han iniciado; son conscientes y maduros de su entorno.

Les importan mucho las amistades, trabajan en grupo y contribuyen al desarrollo social. Son objetivos con el proceso de envejecimiento, algunos tienen ciertas dificultades para aceptar los cambios.

Los que nacieron en invierno
21 de diciembre al 21 de marzo
El invierno comprende tres signos astrológicos: Capricornio, de elemento tierra (cardinal), Acuario de elemento aire (fijo); Piscis, de elemento agua (mutable).

En términos individuales estos tres signos corresponden al término de la vida entre los 63 y 84 años.

Es un periodo espiritual que abarca desde la edad madura hasta la muerte, se parece al invierno por su quietud, por la interiorización de las experiencias y la nulificacíon del instinto.

Los nacidos durante el invierno son personas dominantes y que se manejan en su entorno con seguridad, muchos de ellos son flexibles y poseen una gran espiritualidad, más marcada que los que nacieron en otras estaciones, su vitalidad se expresa en su trabajo, tienen una gran imaginación y una vida fantasiosa.

A las personas de este periodo les preocupa cómo está el mundo; tienen personalidad reformista; muchos de ellos, no todos, se relacionan en la política y en la vida social.

Tipos zodiacales
Cómo son los nacidos entre dos signos

El que no tiene opinión
se aprende cualquier canción

Piscis-Aries
del 20 al 23 de marzo
Los nacidos en la cúspide Piscis-Aries abordan la vida con decisión y su forma

de expresarse es directa, pueden causar tanto admiración como incomprensión. Son sencillos y no les gusta que los contradigan.

Todos los nacidos entre un signo y otro tienen características conflictivas. Los Piscis-Aries tienen una mezcla de sensibilidad profunda y gran emotividad, de parte de Piscis; así como una gran impulsividad y obstinación, por parte de Aries; es decir, son positivos y activos, soñadores y prácticos. A menudo carecen de objetividad mental, razón por la cual su vida está llena de conflictos.

Aries-Tauro
del 20 al 23 de abril
Los nacidos en la cúspide Aries-Tauro son muy dominantes, capaces de ejercer influencia en su medio ambiente y de controlar a los que le rodean. Son líderes natos muy ambiciosos, siempre están escalando posiciones.

Generalmente trabajan por cuenta propia creando y dirigiendo una familia. Como punto más importante de sus vidas está construir una posición sólida. Suelen ser independientes y no se someten a la autoridad de ninguna persona.

Todas las personalidades de las cúspides tienen elementos contradictorios, ya que están formados por dos signos. La impulsividad de los Aries con el sentido práctico de los Tauro puede crear conflictos entre la fantasía y la realidad.

Tauro-Géminis
del 20 al 23 de mayo
Los nacidos en la cúspide Tauro-Géminis son eternos adolescentes: dinámicos, convincentes y prósperos, hagan lo que hagan les gusta hacerlo en extremo.

Pero como también son versátiles pueden llegar a cansarse; además de cansar a quienes los rodean.

Su actividad es constante y variada, necesitan aprender a ponerse límites, o agotar las posibilidades de una actividad para empezar otra. Son muy conversadores, su vida sin comunicación sería triste.

Todas las personalidades nacidas en estas fechas tienen características difíciles de armonizar, debido a que están influidas por signos distintos. Tauro les da elementos terrenales y sexuales combinados con las características más etéreas y libres de Géminis, pueden surgir conflictos entre la parte física y mental.

Géminis-Cáncer
del 20 al 23 de junio
Los nacidos en esta cúspide son personas inspiradas, tienen el impulso de pro-

teger. Son muy humildes, ya que se encuentran al servicio de una fuerza superior. Son profundos y pensativos.

Todas las personalidades de las cúspides son de características opuestas; ya que en ellas influyen signos muy distintos. La naturaleza etérea y enérgica que el elemento aire confiere a Géminis, complementa y contradice las cualidades sentimentales y sensibles que el elemento agua confiere a Cáncer, lo que dota a los individuos que nacieron en estas fechas de una gracia y encanto fuera de lo común.

Cáncer-Leo
del 20 al 23 de julio
Los nacidos en la cúspide Cáncer-Leo son bastante volubles y pasan en forma repentina de un extremo a otro. Se caracterizan por sus tendencias al cambio y al movimiento.

Viajan y cambian de domicilio constantemente, les gustan las aventuras y los deportes; esa variabilidad es mental y emocional, pueden ser tímidos y reservados, para después pasar a ser dinámicos y activos, pues Cáncer, de elemento agua, les da sensibilidad, y Leo, de elemento fuego, les da fuerza. Tienen que aprender de sus oscilaciones de carácter para conciliar estas tendencias conflictivas.

Leo-Virgo
del 20 al 23 de agosto
Los nacidos en la cúspide Leo-Virgo por una parte son muy reservados y por la otra, muy comunicativos. Esto parece ser contradictorio, en ocasiones se mantienen ocultos pero después tienen necesidad de expresarse.

Cuentan con un sentido de la oportunidad, es decir, saben reconocer el momento adecuado para actuar, son maestros de lo dramático, saben cuándo guardar silencio y cuándo hablar. Estas dos personalidades son técnicas y estratégicas para conseguir sus fines.

Todos los nacidos entre un signo y otro pugnan por alcanzar una definición. En este caso, los nacidos en la cúspide Leo-Virgo poseen el sentido de realismo de Virgo combinado con las cualidades intuitivas y explosivas de los nacidos en Leo.

Virgo-Libra
del 20 al 23 de septiembre
Los nacidos en este cambio de signo buscan la belleza y la sensualidad, se sien-

ten atraídos por el arte o por personas u objetos vistosos y bonitos. Les gusta verse muy atractivos, desean que su casa sea hermosa, les gusta además tener un estilo de vida social alto.

Libra-Escorpión
del 20 al 23 de octubre
Los nacidos en la cúspide Libra-Escorpión pertenecen a uno de los periodos más dramáticos del año.

Los que nacieron en estas fechas poseen una mente ágil, a través de su facilidad de palabra destacan en la vida. "No suelen tener pelos en la lengua". Cuando los demás les piden opinión porque desean que les digan la verdad, también les temen por su exagerada franqueza.

Los nacidos en esta cúspide tienen desarrollada una conciencia social que proviene de Libra y un fuerte deseo de control hacia los demás de Escorpión, lo que da como resultado que sean personas manipuladoras.

Todos los nacidos entre un signo y otro tienen características conflictivas. Los Libra–Escorpión tienen dificultades en sus energías menta y emocional, por lo que les resulta difícil encontrar equilibrio.

Escorpión-Sagitario
del 20 al 23 de noviembre
Los nacidos en la cúspide Escorpión-Sagitario se caracterizan por rebelarse contra la autoridad.

Contradictoriamente, muchos de ellos ocupan puestos de mando porque son hábiles para administrar el poder, o son muy eficientes para realizar tareas en equipo cuando se les da autonomía y poder; por lo que la mayoría trabaja en grandes empresas.

Todos los nacidos entre un signo y otro se dividen en dos extremos: concretamente Escorpión, signo de agua, y Sagitario, signo de fuego, que como son dos elementos contrarios, al chocar crean un malestar interior.

Los nacidos en esta cúspide son guiados por los sentimientos y la intuición, carecen de la estabilidad que da la tierra, y de la orientación mental que da el elemento aire. Generalmente en la juventud tienen arrebatos sentimentales, pero al llegar a la madurez adquieren conciencia.

Sagitario-Capricornio
del 20 al 23 de diciembre
Los nacidos en esta cúspide tienen dotes para anticipar el futuro, así como para

transformarlo, por ello se dice que "poseen" el futuro, son generadores de proyectos, capaces de hacer grandes progresos en poco tiempo.

Sin embargo, no son pacientes con quienes no aprecian o no apoyan sus planes. Son personas solitarias y emprendedoras, y con gran determinación y energía.

La combinación Sagitario-Capricornio es una mezcla de la faceta fogosa e impulsiva de Sagitario que choca con el carácter tranquilo y calculador de Capricornio.

Además, suelen ser profundos y reflexivos, esto los orilla a no relacionarse tanto con los demás.

Capricornio-Acuario
del 20 al 23 de enero
Los nacidos en la cúspide Capricornio-Acuario poseen una gran imaginación, por eso nunca se aburren. Son individuos extravagantes y con energía positiva que nace en su interior, lugar del misterio y la imaginación.

Todos los nacidos entre un signo y otro tienen desacuerdos en su propia naturaleza. Los Capricornio-Acuario poseen por un lado la estabilidad por parte de Capricornio y su elemento tierra, y por otro lado la inestabilidad del elemento aire del signo Acuario.

Pueden estallar en un instante debido a la mentalidad errática de Acuario. Se dan conflictos entre las partes conservadoras y las radicales liberales, que son irreconciliables. Son, además, incomprensivos e impulsivos; sin embargo, su don de fantasía les sirve de fuente de creatividad en el ámbito artístico o comercial.

Acuario-Piscis
del 20 al 23 de febrero
Son seres muy sensibles que, en sus intentos por trascender el materialismo, invierten la mayor parte de su energía en dos orientaciones: la personal y la universal.

Los nacidos en este cambio son exploradores de sí mismos y tienen suficiente valor para trabajar en su interior, pero también desean proyectarse al exterior.

La tarea que tienen en la vida es reunir lo interior y lo exterior, lo subjetivo y lo objetivo, lo material y lo espiritual. Su enseñanza principal consiste en desempeñarse bien en estas dos naturalezas opuestas. Por un lado, su yo práctico social de reformar al mundo y, por otro, la renuncia y el apego a los asuntos mundanos.

Todos los nacidos entre un signo y otro son "una especie aparte".

Los Acuario-Piscis tienen la naturaleza dinámica y universal de los Acuario, pero ésta se ve desafiada por la naturaleza espiritual de los Piscis.

El reto para estos nativos es integrar estas dos facetas de su carácter sin perderse en la fantasía y sin hundirse en las preocupaciones del mundo material.

CAPÍTULO III
El sendero de vida de los 12 signos del zodiaco

LA RUEDA ZODIACAL SIGNO POR SIGNO

Aries, Tauro, Géminis, Cáncer, Leo, Virgo, Libra, Escorpión, Sagitario, Capricornio, Acuario y Piscis.

El zodiaco de la existencia para cada signo

ARIES

*Quiero lo que quiero
cuando lo quiero*
Henry Blossom

ARIES. El guerrero conquistador
21 de marzo al 20 de abril

Tú eres el primer signo del zodiaco. Tu símbolo representa la cabeza y los cuernos del carnero. Es un símbolo del poder ofensivo, un arma de los dioses y, por lo tanto, una herramienta de la voluntad; la interpretación de este símbolo representa el fuego en erupción, la germinación de la semilla, y marca el inicio de la primavera.

Aries es la personificación del ser, la voluntad que se exterioriza y el espíritu emprendedor.

Aries es el primer grito de la conciencia individual, de elemento fuego, cardinal positivo y masculino. Impulsor y directo, tienes la necesidad de empezar siempre algo nuevo y de ser pionero.

El signo del carnero representa el principio y el deseo de crecer.

Como signo de fuego, perteneces al tipo intuitivo, resuelto y dispuesto a la acción. Generalmente eres un excelente empresario, político, ingeniero, militar o deportista; pero aunque buen profesional rara vez terminas lo que empiezas.

Posees el don de expresión que se exterioriza y una actitud ante la vida que generalmente se anticipa a los hechos. Eres infantil e ingenuo, y siempre estás en búsqueda de posibilidades nuevas. Si naciste con "buena estrella" muestras confianza en ti mismo, tienes valor, audacia, iniciativa y ambición. Pero si naciste con una "estrella desafiante" puedes manifestarte irritable, precipitado, impaciente y, en algunas ocasiones, déspota; agresivo con palabras secas, duras, directas y "a la cabeza".

Te cuesta trabajo vivir situaciones rutinarias, no soportas las restricciones y le das prioridad a tu libertad personal y a manifestarte sin traba alguna, "trabajas para tu santo"; tu ego es fuerte y sólo confías en ti, eres "sólo tu santo es de tu devoción".

Físicamente tu constitución es robusta, de pómulos salientes y por lo general de cabellos rojizos. El centro de tu cuerpo que te rige es la cabeza y frecuentemente padeces jaquecas.

Entre las piedras que te pueden dar "buena vibra" están la amatista, que te ayuda a aliviar los dolores de cabeza que quizá padezcas; el rubí, que fomenta tu gran espíritu de lucha, y el diamante, que aumenta la confianza que de por sí ya tienes en ti mismo.

Para armonizar tu hogar y mejorar tu ambiente debes adornar tu casa con claveles rojos y tener plantas como el helecho y la adormidera; y para equilibrar tu campo magnético y reforzar tu buena suerte y poder de atracción es bueno que uses perfumes e inciensos de mirra y sándalo.

Los colores que te dan muy buena suerte y que enfatizan tu tempestuoso temperamento son las tonalidades del rojo, púrpura, chedron y cobre. Los días en los que debes tomar decisiones de trascendencia son los martes y los jueves. El martes está regido por Marte, tu planeta gobernante, y el jueves está gobernado por Júpiter, que es el planeta donde se exalta tu poder.

Si acaso el país en el que vives no te es favorable; puedes residir con mejor fortuna en lugares como Alemania, Inglaterra, Polonia, Siria o Japón, que están regidos por tu mismo signo.

Ante todo eres un luchador, tu audacia y tu entusiasmo te son muy útiles, aunque tus cualidades positivas pueden degenerar en aspereza o violencia; vas adelantado al tiempo que te corresponde y muchas veces puedes ceder ante la tentación de entrometerte en la vida de los demás; esto te acarrea la antipatía de los otros que en ocasiones no aguantan tus críticas y regaños, salvo las personas que necesitan que los dirijan (y quién mejor que tú para guiarlos).

La ambición y el espíritu competitivo que posees te estimulan y te inyectan energías para alcanzar tus objetivos; quieres ser el mejor en todo y en múltiples ocasiones lo logras, ya que eres intrépido por naturaleza y tu capacidad de recuperación es muy grande. "Haces lo que tienes que hacer sin más problemas".

Por qué eres así

Porque estás aprendiendo a encontrar tu identidad individual, o sea tu "Yo" en cualquier marco de relación, en tu profesión, en los proyectos de creación; por eso es necesario que mantengas la confianza en tu mismo ser. Estás aprendiendo a tener valor, a defender tus convicciones y a servir a través de tu sentido innato de justicia.

Una de tus máximas cualidades es el valor, ya que siempre saldrás en defensa de los que no pueden defenderse por sí mismos, sin embargo, los dejarás pelear sus propias batallas para transmitirles el mismo espíritu guerrero que tú posees.

No cabe duda que eres un verdadero líder; inicias el proceso, te impulsas en la dirección correcta y estableces un ejemplo de valor y de acertividad, siempre y cuando no te manifiestes en forma negativa, porque si lo haces te vuelves una persona destructiva, altanera, arrogante y déspota.

El camino de vida

Siempre atraes lo que necesitas a través de la energía que emanas. Tu forma de expresarte indica la valía que tienes, ya que el universo te encomendó fortalecer tu personalidad y enseñar a la gente a no tener miedo; abres el camino aunque no lo conozcas eres el pionero y enseñas a los demás a emprender los nuevos comienzos y a seguir avanzando la decidión más importante en tu camino de vida es la de aprender a sobrevivir y a funcionar independientemente, tanto en la sociedad como en tus relaciones personales y de pareja.

Debes defender con denuedo tus creencias para así crear los cambios que generan el crecimiento; sin crecimiento no puede haber evolución, sin embargo, puesto que tú eres el primer signo, aún quedan muchas lecciones por aprender.

La enseñanza que debes aprender

Necesitas aprender a enfrentar y a manejar el coraje y el resentimiento desde su raíz. Estás asimilando que el poder bruto no es la forma correcta para buscar lo que deseas. Es tan fuerte tu miedo al rechazo y a la derrota que surge tu espíritu de competencia; tienes que saber luchar, no por ganarle a los otros, sino por amor a lo que haces. También estás aprendiendo a superar los obstáculos; a continuar lo que empiezas; a reconocer tu necesidad de afecto y apoyo y a compartirlo con los demás. Evita abrumar a los demás con tus exigencias inútiles; usa tu valentía para enfrentar el amor, y aprende a hacer lo mejor posible tu tarea para que puedas reconocer tu fuerza interior y expresar tus sentimientos al encontrarte con tu polaridad opuesta y complementaria (los nacidos bajo el signo de Libra) en tu viaje de vida.

Con los nacidos bajo el signo de Géminis compartes tus propósitos intelectuales; con los de Leo puedes vivir un amor apasionado y ardiente; con los nacidos bajo Acuario puedes establecer una sólida amistad; con Sagitario compartes ideales; sin embargo, te desafían los nativos de Capricornio, con los que tienes fuertes luchas de poder; también tienes diferencias con los de Cáncer, porque tus aspiraciones y las de ellos son diametralmente opuestas; por lo general discutes y peleas con los nativos de Escorpión, porque ambos son hijos de Marte, tú eres Marte de día y Escorpión es Marte de noche. Con los signos antes mencionados aprendes tu lección y los enseñas a ellos a través del desafío. Con los signos restantes ni la afinidad ni la antipatía son tan intensas.

Zodiaco de las vidas pasadas

De todo el zodiaco, tú, amigo de Aries, eres el que tiene menos experiencia en vidas pasadas, o sea, eres un "alma joven".

Debido a las experiencias que tuviste en vidas anteriores y a la tendencia que tienes a ver las cosas en términos de sobrevivencia personal; respondes instintivamente como dice el dicho vulgar: "de que lloren en mi casa, a que lloren en la ajena, mejor que lloren en la ajena". Has pasado muchas vidas para desarrollar la identidad que ya posees y no estás acostumbrado a cooperar con los demás ni a trabajar en equipo.

Posiblemente en el pasado, viviste a un ritmo apresurado, sin tiempo para el tacto y la diplomacia; ello te ha hecho hasta cierto punto ingenuo y directo cuando se trata de satisfacer tus necesidades personales. Sin embargo, lo que no entienden los demás es que tienes que luchar para sobrevivir y obtener lo que deseas, ya que los recuerdos inconscientes de tus experiencias pasadas provienen de reencarnaciones en campos de batalla y de combate físico, así como de la acostumbrada competencia que experimentaste para satisfacer tus necesidades personales, es decir, representas fielmente al clásico "soldado romano"; lo cual explica que casi siempre hayas vivido encarnaciones de guerrero.

Y hoy aprendes a pararte con firmeza en tus propios pies; cuídate de siempre ser una persona positiva y amorosa con los demás, porque la humanidad necesita de tu enseñanza, y tienes la necesidad de compartir tus sueños, tu ternura y convicciones logradas en otras vidas.

Meditación astral y cómo conectarte con tu estrella protectora

Acude a tus protectores espirituales y rectores siderales. Samael y su ejército de guerreros son los indicados. Siéntate en un sillón cómodo durante media hora, cierra los ojos e imagínate que el fuego de la estrella principal de la constelación de Aries desciende desde el cielo y penetra en tu cabeza. Ya que te sientas tranquilo y en paz, repite mentalmente el mantram de tu signo (vibración de la voz que suena como AOM) para experimentar paz y seguridad mental.

Cuando te sientas relajado y vitalizado, repite en voz alta la siguiente oración:

"Poder creativo divino, tú que eres mi verdadero ser; te invoco y suplico que me transportes a la estrella principal de la constelación de Aries, para que a través de ella traigas a este tu discípulo, al genio principal de esta constelación, con el fin de que me ayude a mejorar mis cualidades y a lograr mis objetivos, Amén."

Visualiza cómo el poder de Samael y su ejército, tus guerreros protectores, y de "tu mejor estrella" realizan y cumplen maravillosamente tus peticiones. Por último agradece los dones recibidos.

TAURO

Cuando vayan mal las cosas, como a veces suelen ir,
cuando sólo en tu camino, haya cuestas que subir,
descansar acaso debes, pero nunca desistir.
Rudyard Kipling

TAURO. El materialista perseverante
21 de abril al 20 de mayo

Tú eres el segundo signo del zodiaco. Tu símbolo representa la cabeza y los cuernos del toro. Es el símbolo sagrado de Apis que fue considerada en el antiguo Egipto como la encarnación del dios Osiris.

El toro blanco con un disco de oro entre sus cuernos, seguido por una procesión de vírgenes, representa la fecundidad de tu naturaleza.

Tauro es la manifestación del ser, de ahí la inclinación de tu signo por las posesiones.

A ti te toca fijar la energía, por eso eres metódico, práctico y conservador; tienes como objetivo en la vida crear una base segura; pones los cimientos que dan lugar a la estabilidad y te encargas del aspecto formativo de las cosas.

Como signo de elemento tierra, es grande tu deseo de poseer. Perteneces al tipo "perceptivo", manejas la materia, y las formas externas ocupan un gran espacio en tu vida.

Desempeñas admirablemente trabajos financieros y de comercio. Debido a la influencia del planeta Venus, tu regente, también eres buen artista y te expresas mejor en el canto, la pintura y el arte dramático, también manejas todo tipo de actividades en donde se requieran aptitudes para medir, pesar y contar, y te desenvuelves muy bien en tareas agrícolas. Eres muy profesional y no te gusta cambiar de actividad ni de trabajo, generalmente duras muchos años en un mismo empleo. Sin embargo, existen algunos nativos de este signo malogrados que no les gusta trabajar y son perezosos y comodinos.

Uno de tus más grandes dones es el saber dar buen uso a las cosas materiales para el trabajo creativo; tienes gran tenacidad y habilidad para los asuntos prácticos.

Si naciste con "buena estrella" te manifiestas prudente y reservado, concentras tu energía en una sola dirección y, además, conservas los bienes adquiridos. En la esfera emocional y sentimental manifiestas gran fidelidad y entrega en tus relaciones y en casi todo lo que haces.

Si naciste con una "estrella desafiante", entonces te muestras "testarudo y terco". Aunque tardas en enojarte, finalmente estallas en cólera; eres adicto a toda clase de placeres. Tu fijación en lo que crees es tan fuerte que a veces te conduces con fanatismo desesperante. No eres abierto a las nuevas ideas y a los ambientes liberales, a menos que en el conjunto de tu carta de nacimiento haya otros elementos que te inclinen a ser una persona revolucionaria y abierta a las ideas vanguardistas.

Crees en el dicho popular que reza: "más seguro, más marrado", y como no te gustan los cambios porque retan a tu naturaleza fija, estable y reservada; generalmente eliges como línea de vida el camino conservador, es decir, piensas que "más vale malo por conocido que bueno por conocer".

Físicamente eres de cuerpo fuerte, y cuello corto y ancho. Algunos nacidos bajo este signo son de cabello ondulado o rizado; te distingues por una bella y modulada voz grave, éste es el elemento que explotas para conquistar en el amor.

Generalmente padeces de enfermedades infecciosas (catarrales, de garganta y del sistema linfático).

Entre las piedras que te pueden dar buena suerte e inspirar tu imaginación está el cuarzo rosa, que funciona como calmante, debes llevarlo siempre contigo. La esmeralda, además de lucir hermosa en tu mano, también favorece el aprendizaje y te ayuda a aumentar la confianza en ti mismo. Otra piedra que puedes usar como "amuleto de prosperidad" es el ágata, que te ayuda a ganar dinero. Las flores que armonizan tu hogar y mejoran el ambiente de tu espacio son la modesta margarita y la azucena, y plantas como el abedul y el diente de león.

Los colores y metales que te atraen "buena vibra" son los de todas las tonalidades del verde y, por supuesto, del rosa, incluyendo el rosa mexicano. Si quieres mejorar tus relaciones amorosas y ¡que nadie se te resista!, usa pulseras o cualquier accesorio de cobre; a este metal se le atribuye un gran magnetismo para el amor y la atracción sexual. Te recomiendo para aumentar tu atractivo, y como estimulantes aromáticos para tu propia curación, que uses perfumes compuestos con esencia de rosas, que también contengan yerbas aromáticas, y que uses la hoja de Artemisa, planta venusina, para incrementar y despertar "la hormona".

Los días propicios para que los Tauro tomen decisiones trascendentes son los lunes, que están asociados con la Luna (este planeta se exalta en tu domicilio), y los viernes, que son días regidos por Venus, tu planeta gobernante.

Si acaso el país en el que vives no te es favorable, puedes residir con mejor fortuna en lugares como Suiza, Irlanda, Italia y Rusia, países que están regidos por tu mismo signo.

Ante todo crees en lo que haces, en tus valores personales y en la estabilidad de la vida, por eso eres sólido y resistente. Sin estabilidad en tu psique, y sin la seguridad de la abundancia en la vida, no es posible la fe.

Confías en ti mismo y esa confianza te permite obtener dicha y placer. Una de tus máximas cualidades es la serenidad, y con esta actitud puedes derribar cualquier obstáculo; en general no haces grandes alardes de agresividad, pero tu perseverancia te lleva a lograr todo lo que te propones, rara vez te traicionas, puedes recibir muchos golpes, pero resistirás y seguirás creyendo en un luminoso futuro; eres el signo de la voluntad y tu lema se reduce a dos palabras: "yo quiero y yo tengo", así que tu fuerza te hace rico, te lleva a ti y a los demás a la prosperidad. Además, por ser un hijo consentido de Venus, el planeta benéfico menor, Tauro llena a las mujeres de belleza y acentúa los encantos y la sensualidad de ambos sexos.

Por qué eres así

Eres así porque viniste a esta vida a revaluar y restablecer el orden financiero y físico. Eres el encargado de aprender y adquirir satisfactores materiales como la comodidad y la tranquilidad material que representa el dinero, que si no lo es todo, "sí calma los nervios". Tu mejor aliado es el sentido de la abundancia que posees. Aprecias la belleza y estás encargado de oír los sonidos y la armonía de la naturaleza; reconoces todo lo que el plano de la tierra ofrece para el crecimiento del alma. Estás muy en contacto con tus sentidos físicos porque descubres lo que te produce placer, y esto te permite enseñar lo valioso que es obtener gozo aquí en la tierra, en pocas palabras, te relacionas sana y profundamente con el aspecto físico de este planeta.

Sin embargo, si te manifiestas en forma negativa, bloqueas el flujo de la prosperidad y puedes "dar al traste" con el propósito de tu vida. Estás programado para obtener éxito financiero, pero si te desvías perderás contacto con el plan original para el que fuiste creado.

El camino de vida de Tauro

Para activar totalmente la energía que has recibido del cosmos, debes tomar conciencia que eres el símbolo de la prosperidad. Tu camino es muy sólido y de grandes valores morales, financieros y espirituales; atraes a la gente que necesita un reordenamiento en su sistema de valores; los que se relacionan contigo generalmente tienen dificultades financieras y necesitan aprender de ti a construir sus recursos. Tu camino es la construcción del edificio de la vida con cimientos fuertes para sostenerse, es por ello que los que te rodean pueden aprender de ti a poner correctamente los ladrillos de su patrimonio.

No debes negarte a compartir tus conocimientos en cuanto a la estructura, tienes la responsabilidad de apoyar a otros y la capacidad de hacer valer lo bueno. Entiendes el valor del corazón humano, eres una persona muy amorosa, de gran paciencia y de gran belleza interna, tu apreciación innata de la belleza natural te permite caminar tu sendero. Eres un constructor, un arquitecto, un escultor y naciste "para dar forma".

La enseñanza que debes aprender

Necesitas aprender a desarrollar tu conciencia acerca de la prosperidad, pero desde un concepto espiritual. Tienes que aprender que el valor del "ser" está por encima del valor de "tener"; debes manifestarte a través de trabajos bien hechos que ayuden a tus semejantes, recuerda que el dinero es originado por el servicio y detrás del servicio está el ser humano y eso es lo más valioso.

Por otro lado, aprendes el valor de expresar un comportamiento sexual adecuado al apreciar los deseos y las necesidades de los demás; de esta manera eliminas el esquema donde sólo piensas en tu propia gratificación y placer, o sea, aprendes a no solamente darte placer a ti mismo, sino también a los demás, especialmente a tu pareja, por cierto, el mejor compañero o compañera para un nativo de Tauro son los nacidos bajo el signo Escorpión, ambos se necesitan como complemento. Con Virgo te entiendes muy bien y es un perfecto compañero afectivo para ti; con Capricornio formas una relación armoniosa, estable y próspera; con Cáncer estableces una buena vida doméstica; con Piscis te entiendes sin dificultad. ¡Pero hay de ti si te encuentras con un Leo!, porque generalmente están en desacuerdo debido al fuerte sentido de vanidad de ambos; con los nativos de Acuario es imposible que te entiendas, ya que su sentido de libertad choca con la posesividad que te caracteriza y la estrechez de criterio de muchos nativos de Tauro. Con los signos restantes no es tan intensa la afinidad ni la antipatía.

Zodiaco de las vidas pasadas

Procedes de una existencia anterior en la que utilizaste mal los recursos de otras personas, y no proporcionaste un servicio adecuado a cambio de lo que tú pedías. Tus vidas anteriores se caracterizaron por la opulencia y la comodidad, por esta razón has venido a este mundo buscando, ante todo, la seguridad material. Debido a que estás acostumbrado a "acumular", puede ser que te sea difícil desprenderte de los objetos, incluso de las cosas que te impiden evolucionar. Sin embargo, lo primero de lo que tienes que desprenderte es de tus ideas fijas, en donde es posible que muestres mucha rigidez y que le des demasiada importancia a los "centavos". Es tan fuerte tu miedo a perder la seguridad material que en ocasiones en vez de prosperidad puedes crear una "conciencia de pobreza".

Todo lo que llega a tu existencia debes considerarlo como un regalo, no sólo como producto de tu esfuerzo. Quizá en otras vidas viviste del regateo o del descuento y ahora debes aprender a ser un poco más suelto.

El aspecto amoroso es muy importante para ti, tu crecimiento depende de pedir menos y dar más. Comparte tus recursos y disminuye la vanidad excesiva que tienes por haber sido rico en otras vidas, ya que "no sólo de pan vive el hombre". Así mismo, debes buscar en esta vida tu estabilidad interior, ya que en las vidas anteriores nunca te acordaste de eso. Debido a tu sensibilidad física y a la indulgencia de la que disfrutaste en otras vidas, hoy deseas tener muchos contactos físicos, pero es necesario que también te relaciones espiritualmente, y para lograrlo debes meditar en tu fuente interna, tu propio ser.

Meditación astral y cómo conectarte con tu estrella protectora

Siéntate en un cómodo sillón durante media hora, aparta de tu mente todo pensamiento terreno y enfoca con todo tu corazón y con toda tu alma a la estrella de Venus, y póstrate a los pies de Uriel, tu protector sideral, y pídele el favor que desees. Salúdalo mentalmente y pronuncia las palabras Jachín y Boaz, que son los protectores de tu constelación, así como el ángel de Venus. Uriel te mostrará por medio de la fuerza mental el mensaje que necesitas saber, ya que también lo envió a Noé para prevenirlo del diluvio, y extraerá de ti el amor y el bienestar. Es un auténtico guía. Serás curado por él de cualquier problema. Vocaliza diariamente la vocal "E", este sonido vibratorio te desarrollará el poder de la clarividencia y la comprensión.

GÉMINIS

*La conversación debe tocarlo todo,
sin concentrarse en nada.*
Oscar Wilde

GÉMINIS. El inquieto comunicador
21 de mayo al 20 junio

Los gemelos son el tercer signo del zodiaco, lo representan dos figuras juntas y atadas en un irreductible conflicto de procesos mentales contradictorios. Son dos bellos mellizos en el tiempo de las estrellas. Géminis establece una afinidad entre el "Yo" y el "no Yo", el enlace de ritmo y forma.

Los gemelos míticos, Castor y Pólux, mortal e inmortal, respectivamente, eran inseparables. Géminis es el signo de la comunicación, curioso y capaz de hacer dos cosas al mismo tiempo. Como signo de elemento aire encuentra su lugar en el mundo del pensamiento, son personas inquietas y móviles.

Tú, nativo de Géminis, puedes ver todos los lados, y es por eso que eres el inventor de sistemas y de técnicas; un signo positivo como tú necesita de muchos contactos para la formación y el desarrollo de su carácter, aunque no necesariamente entregas tu amistad profunda.

Tienes aptitud para el mundo intelectual, funcionas hábilmente como periodista, literato, publicista, psicólogo, científico y, aunque eres brillante en tu trabajo, no te gustan los horarios fijos y ningún patrón que te esclavice.

Eres un malabarista de las palabras y creas vida con tu lenguaje, sin embargo, hay una gran inconstancia en tus emociones y en tus ideas. Tu tendencia a ser impersonal te inclina a que tomes a la ligera cosas que para los signos de tierra como Tauro, Capricornio o Virgo serían valiosas, con esto te digo que no eres una persona apegada a las cosas materiales.

Si naciste con "buena estrella" muestras una parte mágica que te lleva a entender y comunicar en forma natural grandes filosofías y valores universales;

tienes ingenio y unes la razón con la intuición, además de ser honesto, sincero y benevolente; pero si naciste con una "estrella desafiante", tu regente, que es el planeta Mercurio, hará que se manifiesten las cualidades más pervertidas de este planeta, como la inestabilidad, la poca veracidad, la trampa y la tendencia a contar historias donde tú eres el héroe, así como un gran nerviosismo y superficialidad, algunos Géminis se manifiestan "locuaces" y con una gran tendencia a apropiarse de las ideas ajenas.

Físicamente eres esbelto en la juventud y vas engrosando conforme maduras, por lo general posees rasgos finos, tu mirada es móvil y penetrante; te distingues por tus grandes ojos expresivos y por tu manera de andar viva y rápida.

Se atribuye a tu signo el sentido del olfato, el sentido que comúnmente tienes más desarrollado; los órganos regidos por Géminis son los hombros, los brazos, las manos y el sistema nervioso; las enfermedades que puedes padecer se relacionan con estas áreas, sin embargo, también puedes enfermarte con frecuencia de las vías respiratorias.

Las piedras que puedes usar para que te den "buena suerte" son: el ámbar, que frena la imaginación desbordada y te ayuda a concentrar la energía que en muchos nativos de Géminis es dispersa; la turmalina y el citrino, que darán esplendor a tu comunicación; y las piedras rayadas como el ojo de tigre, que puedes utilizar en tus anillos.

Para armonizar tu hogar usa crisantemos y jazmines, y protege tu espacio con plantas de laurel y milenrama.

Los colores que acentúan tu belleza y mejoran tu vibración son todos los tonos de amarillo, el gris y el verde pálido. Así mismo, para aromatizar tu campo magnético y reforzar tu poder de atracción es bueno que uses, tanto en incienso como en perfumes, esencia de jazmín, de violeta y de geranio.

Los días propicios para que te salga mejor lo que haces son los miércoles, que es un día de la semana gobernado por el mensajero de los dioses, Mercurio, y los viernes, que son regidos por Venus, un planeta que te favorece en forma secundaria.

Si acaso en el país en el que vives no te va muy bien, puedes residir con mejor fortuna en lugares regidos por tu mismo signo como Estados Unidos y Bélgica, y en ciudades como Londres y San Francisco.

Ante todo eres una persona amable y distinguida, y se te da el arte del humor. "Eterno niño", incluso en el aspecto físico, representas menos edad de la que tienes y practicas el lema de: "el menor esfuerzo por el mayor provecho". También eres famoso por tus contradicciones.

En el amor eres "ave de paso", y tus éxitos amorosos se deben a la elocuencia que posees, generalmente convences a tus parejas con argumentos muchas veces engañosos, sin embargo, "hablas hasta por los codos" y tienes mucha facilidad de palabra. Eres de los muchos que pueden sostener simultáneamente dos o más relaciones. Te gusta la compañía de personas más jóvenes y que tengan tendencia a los viajes y a las aventuras como tú.

Nadie como tú para expresar la perfección mental del universo a través de tus geniales ideas.

Por qué eres así

"Eres como eres" porque estás aquí para enseñar la comunicación. Al mismo tiempo estás aprendiendo el uso correcto del lenguaje y del comportamiento social adecuado. Estás asimilando el no dar las cosas por hecho y a suponer que los demás las perciben de la misma forma que tú. En este proceso de existencia en el que te tocó ser Géminis, debes adquirir conocimiento y abandonar tu conciencia de ermitaño para integrarte a los demás, por este propósito tiendes a verbalizar lo que deseas.

Eres un programador, y esta información debe ser más positiva que negativa, la decisión es tuya; sin embargo, es imprescindible que la enseñes. Tu función es el decir y "el buen decir". Eres de horizontes amplios, porque la comunicación es abierta y despierta, y te dotaron con una capacidad mental flexible, por lo tanto, la rigidez no va contigo, "lo quieres saber todo; oírlo todo y decirlo todo".

Quizá quieres abarcar tanto que podrías caer en la superficialidad. Entiendes intuitivamente que la vida es demasiado corta para convertirte en un maestro en todas las áreas que quieres experimentar, y tal vez por eso aprendes un poco de todo. No puedes tener patrones mentales rígidos, porque constantemente estás cambiando el rumbo de las cosas. Así es el "típico geminiano". Sin embargo, si te manifiestas como un Géminis negativo eres excesivamente cambiante, variable, frívolo, discutidor, polémico y disperso; defectos que minan tu credibilidad y confianza ante los demás.

El camino de vida de Géminis

En tu viaje por la vida terminas por descubrir que los otros pueden malinterpretar tus palabras. La causa de ello es que al estar acostumbrado a vivir en tu mente, no reparas en lo que no has expresado de tu vivencia personal, pocos individuos te conocen a profundidad, hablas de todo excepto de ti mismo; en consecuencia, no recibes la retroalimentación que necesitas, "tú hablas pero no escuchas", y poco sabes de ti porque estás más atento a la vida de los demás que a la tuya.

Por otro lado, tienes gran habilidad para estar en el lugar preciso y en el momento oportuno a fin de enterarte de la información que necesitas, tu sendero de vida es compartir con otros el poder de cambiar la dirección de sus vidas; esta función también a ti te despierta y te hace consciente de tu propia dirección personal.

Tu mensaje es desarrollar la capacidad de reír y de crear un cambio de atmósfera que, por el rigor excesivo en que se toman las cosas, bloquea la comunicación, que es la base de toda convivencia.

La enseñanza que debes aprender

Como maestro nato, tienes la capacidad de estimular los procesos de crecimiento mental de los demás.

El objetivo para el que fuiste creado es llevar la lección de la hermandad a tu entorno social, además del conocimiento, eres el encargado de enseñar a los otros a tratarse mutuamente con amor y con libertad.

No puedes estar confinado; ya que eres "el cuentero", "el juglar", "el cronista de la ciudad"; estás aprendiendo a aceptar la conciencia de lo que está ocurriendo a tu alrededor, además de verlo con una sana ligereza y tomar las cosas de la vida con sentido del humor.

Necesitas el contacto con los demás; tu objetivo es aprender a desenvolverte en el plano físico, esto incluye toda clase de responsabilidades cotidianas en las que algunos nativos de Géminis fallan, como pagar la renta, dar el gasto familiar, asumir la educación de tus hijos, etc. Si te niegas a aceptar el plano de las cosas prácticas, te convertirás en un teórico y no en una persona que sabe manejar su vida con equilibrio y sabiduría, así que tienes que ajustar tu comportamiento, no escapar de la realidad ni de tus responsabilidades, en pocas palabras "no perder el piso".

Tienes buena química con Libra, con quien generalmente logras un amor apasionado además de una excelente comunicación mental; con los nativos de Sagitario realizas tu pareja complementaria, ya que son como dos imanes, se atraen y se repelen, pero finalmente se encuentran; con Acuario te puedes llevar muy bien y realizar ideales; con Aries haces amistades duraderas, y te llevas "de la greña" con Piscis, con ellos se generan grandes desacuerdos y desconfianzas; con Virgo el rechazo es mutuo y fulminante; con Capricornio no tienes nada que ver; con Tauro y Escorpión no te entiendes, y no te explicas por qué se "clavan" tanto y tan fanáticamente en lo que creen. Con los signos restantes no es tan intensa la afinidad ni la antipatía.

Zodiaco de las vidas pasadas

Para ti, es muy importante respetar tu deseo de estar solo y darte tiempo para conocerte mejor, si lo haces te pondrás en contacto con la esencia de tu ser, quizá en una existencia anterior fuiste un ermitaño, adoptaste una vida espiritual y realizaste estudios filosóficos y psicológicos; y se te concedió el don de pasar por muchas encarnaciones en las que estudiaste lo suficiente con el fin de alcanzar profundidad en el aprendizaje y la percepción, por eso en esta vida naciste con la inteligencia bien despierta, generalmente los nacidos bajo este signo son personas intelectuales.

En esta vida debes encontrar la forma de compartir tus conocimientos para el bien de todos. El estudiar nos libera de prejuicios, porque aprendemos a mirar las cosas desde su conjunto. Tu reto hoy es compartir lo que aprendiste en vidas pasadas. Sin embargo, también pudiste haber sido un "mentiroso empedernido", quizá un manipulador de la palabra y algunas veces hasta un ladrón. En tu vida actual tienes que lograr que tus promesas se conviertan en hechos cumplidos. Hoy los señores de Mercurio te están dando grandes lecciones para que tu alma pueda concentrarse en una sola dirección, pues recuerda que eres de elemento aire, de frecuencia mutable y de símbolo dual, así que tienes que aprender el arte de la concentración y la transmutación, algo que no es tan fácil para quien no tiene fijeza y es tan "voluble como el viento".

Meditación astral y cómo conectarte con tu estrella protectora

Los señores de Mercurio te ayudarán si acudes a ellos. Es necesario que invoques a tu estrella y a tu planeta; recuerda que Géminis es su domicilio. El centello de Mercurio te cargará con una energía de sabiduría.

Te daré algunas instrucciones para que te conviertas en dueño de tu propio sueño. Antes de dormir en tu lecho realiza la siguiente práctica de autosugestión:

Visualiza mentalmente al arcángel Gabriel, a los señores de Mercurio y a la estrella del cielo protectora, que es tu morada celestial, y repite tu mantram (vibración de sonido) OMNIS cinco veces, después pronuncia la siguiente oración:

"Poderosos señores de Mercurio, solicito ante ustedes me ayuden a crear en mí una voluntad más fuerte y más constante; a aprender a lograr el éxito y a trascender el fracaso. A hacer buen uso de mi inteligencia y a escuchar siempre la sabia voz del corazón para resolver las dificultades."

Relájate y ruégale a tu maestro interno o a tu propio ser que recibas toda la gracia de tu constelación, con el fin de que te ilumines con el poder mágico de tu protector.

CÁNCER

> *La mayoría de nosotros ama porque necesita amar...*
> *La mayoría de nosotros consuela porque necesita consuelo.*
> Nikki Giovanni

CÁNCER. El sentimental protector
21 de junio al 20 julio

El cangrejo es el cuarto signo del zodiaco; su símbolo representa las pinzas apretadas de un cangrejo, parece el hermanamiento íntimo del espermatozoide masculino y el óvulo femenino, lo que indica que es el más maternal de todos los sectores del zodiaco. Cáncer significa el organismo viviente, el germen macho y el germen hembra, lo que denota retraimiento y nutrición.

Cáncer es el signo de la reproducción. En el antiguo Egipto el escarabajo sagrado simbolizaba el alma; se dice dentro de la astrología esotérica que las almas que reencarnan pasan por la esfera de Cáncer antes de tomar el cuerpo.

Cáncer es la personificación de la madre y recibe la influencia del exterior sobre lo interior en forma de impresiones y sentimientos.

Como signo de elemento agua, a ti te corresponde la función del sentimiento. Miras hacia dentro y vives intensas emociones, tu expresión es caprichosa, poética y dramática. El lado emocional de tu carácter no es fácil describirlo con palabras, revelas una imaginación y una capacidad de unión que por lo regular te lleva a expresar tus sentimientos en forma artística. Conoces a la perfección las debilidades de los otros porque eres enormemente receptivo, psíquico y psicólogo, resulta muy difícil engañarte, percibes al mundo que te rodea con una gran claridad.

Eres muy activo interiormente, aunque muestres una pasividad exterior. Te afecta de un modo intenso el entorno; muchos Cáncer son muy tímidos antes de la madurez, sin embargo, con el paso de los años muchos logran la seguridad en sí mismos.

Estás ligado a la familia, a tu barrio y a tu país, eres verdaderamente un nacionalista. Sin embargo, te apegas en especial a la madre y a los hijos, tiendes mucho a vivir afectos absorbentes y a depender de los otros. La posesividad respecto a tus parientes se debe al miedo que sientes de perder tu estructura y sobre todo de quedarte solo, pero compensas esta debilidad con una forma de ser muy cuidadosa, acariciadora y protectora.

Por otro lado, algunos cangrejos padecen fobias, en ocasiones a los espacios cerrados, otras veces a las alturas, y con frecuencia temen al ridículo y a ser el blanco de la agresión.

Eres tan conservador como rutinario, vives pensando en el pasado. Si embargo, pese a tu introversión te manifiestas sociable y como los cangrejos, una vez que has agarrado a tu presa ya no la sueltas. El rechazo es tu "talón de Aquiles"; y por el temor a ser herido te conduces cauteloso, precavido y desconfiado.

Eres muy hábil y convences con tu sola presencia, ya que tienes una personalidad muy fuerte, la más resistente del zodiaco; puedes conseguir la dirección que tú quieres, siempre y cuando no hagas el papel de víctima en la película de la vida. Eres un gran artista, músico, poeta, y te desempeñas muy bien en los medios de comunicación, con el público y en la actividad empresarial y comercial.

Si naciste con "buena estrella" eres reservado, hogareño, tenaz, ambicioso en sentido pasivo y con un gran talento; pero si naciste con una "estrella desafiante" puedes ser perezoso, carente de energía, inestable y susceptible como "jarrito de Tlaquepaque".

Físicamente eres de estatura mediana, por lo general "gordito", con el pecho muy desarrollado, casi siempre la parte superior de tu cuerpo es más ancha que la inferior. Tienes cara redonda en forma de Luna, ojos pequeños y cejas tupidas, y tu cutis por lo regular es pálido.

Comúnmente puedes padecer enfermedades digestivas, algunas veces cáncer gástrico o de mama, tienes que ser cuidadoso para prevenir estos trastornos.

Para armonizar tu hogar y mejorar tu ambiente usa flores blancas como la azucena y la rosa; y cuando quieras tener una mejor vibración en tu casa límpiala con vinagre de manzana mezclado con agua. Las plantas que debes usar son el eucalipto y todas las plantas acuáticas, también cerezos y violetas.

Los colores que van contigo son el blanco, el azul cielo y los colores suaves en general. Las piedras que te dan buena suerte son la perla, que tiene la virtud de calmar la tristeza y aliviar la depresión, también se dice que la perla fortalece los huesos; te vendría muy bien un anillo de esmeralda que aumenta tu optimismo, fuerza interior y te ayuda a superar la inestabilidad emocional, porque eres tan cambiante y tan voluble como la Luna. El metal que atrae y que emite muy buena vibración para ti es la plata, y también todas las piedras diáfanas y de color lechoso.

Los lunes y los viernes son propicios para que tomes decisiones; el lunes porque es un día regido por tu gobernante, la Luna; y el viernes, porque además de ser un día de diversión, está regido por venus, el planeta del amor y la ternura.

Tus protectores espirituales son el Arcángel Gabriel y todas las Lunas del Sistema Solar.

Si en el país en el que resides no te va bien, puedes cambiar tu lugar de residencia para lograr mayor fortuna a Holanda, Escocia, Nueva Zelandia, Paraguay o Italia, o bien, a ciudades como Venecia, Berna, Milán y Nueva York.

Por qué eres así

El compromiso que contrajiste con el Universo es ayudar a liberar a tus semejantes de sus cargas y de los posibles problemas emocionales que tengan. Eres así porque estás utilizando la facultad que el Universo te ha otorgado para enseñar a la gente a sentir, a manejar y a expresar sus emociones. Eres un curador natural, curas las emociones y el alma, iluminas los corazones de la gente porque les brindas un hombro en el que pueden llorar. El apoyo emocional que brindas es extremadamente importante; los otros encuentran en ti la manera de eliminar su basura emocional. Eres así porque tienes la misión de retirar las obstrucciones de las demás personas y restaurar su capacidad para sentir. Existe en ti una energía que nutre automáticamente. Muchos nativos de Cáncer proyectan la seguridad de un lago tranquilo, en el plano espiritual se te identifica con la Madre Tierra.

El camino de vida de Cáncer

Tu camino de vida consiste en aceptarte y en que no te dejes vencer por tu inseguridad sin darte cuenta que eres una persona valiosa. Tus manifestaciones de inestabilidad emocional pueden perseguirte durante toda la vida, y tendrás que superarlas.

Para ti es muy importante la familia, pero a muchos nativos de este signo a veces les toca sufrir en lo que más les duele, "su entorno familiar". Debido a tu karma tienes que abandonar la casa o a tus parientes, y casi nunca estás dispuesto a ello, aun cuando ya no te convenga permanecer en el hogar o en ese medio. Tienes que superar el miedo a ser rechazado por el mundo exterior.

Ingresaste a la Tierra con una capa etérica de hipersensibilidad emocional. Cuando tu sensibilidad se dirige hacia el interior, con fines de autoprotección, te aíslas y ocultas tus sentimientos. Sin embargo, cuando te diriges hacia los demás y utilizas el don de tu sensibilidad, creces y te conviertes en un ser de apoyo. Por lo general el compromiso de darte a los demás para sanarlos te retroalimenta emocionalmente haciéndote sentir amado y seguro; de esta manera, al nutrir a los demás te nutres a ti mismo.

La enseñanza que debes aprender

Estás aprendiendo a interactuar con los demás en el plano emocional, así como a estabilizar tus emociones. Es muy importante que sepas canalizar tu propia sensibilidad emocional. Cuando ayudas a los que están fuera de equilibrio, casi siempre puedes hacerlo sin que tú proceses su negatividad; pero en ocasiones tiendes a asumir personalmente los problemas de los otros.

Algunas veces no das oportunidad a los demás a solucionar sus problemas; antes de que intervengas piensa si requieren tu apoyo, en especial si se trata de tus hijos o de tu pareja. Debes aprender a distinguir si las personas que están cerca de ti realmente necesitan tu ayuda; la mayoría de las veces "das demasiado" e infringes la libertad de las personas que te rodean para resolver sus problemas. Cuando te ponen un límite y no te permiten entrometerte, tú, nativo de Cáncer, te sientes muy herido y enojado. Como eres un maestro en el terreno de las emociones, vas a atraer a personas desvalidas que buscan "una mamá", o te vas a relacionar con personas que no están en contacto con sus emociones y que son duras de sentimientos como los nativos de Capricornio, tu polaridad opuesta y tu complemento. Esto es positivo para ti, porque creas un balance en tu naturaleza, ya que los capricornianos no se dejan llevar por las emociones y son excelentes para formar una familia contigo.

Con Tauro tienes muy buena química para una vida en común; con Virgo funcionas muy bien como pareja; con Escorpión vivirás amores ardientes, intensos y apasionados; con Piscis realizas tus ideales, se necesitan y te llevas "de pelos"; hay mala química con Aries, ya que "son como el agua y el aceite"; con Libra se rechazan mutuamente y pocas veces se ponen de acuerdo; con Acuario son como dos extraños y sus respectivas naturalezas combinan mal, Acuario es futurista e independiente y tú eres dependiente y apegado; con Sagitario tienes muy poco en común. Con los signos restantes no es tan intensa la afinidad ni la antipatía.

Zodiaco de las vidas pasadas

Tu temperamento habla de un residuo de sentimiento acumulado en vidas pasadas, y tal vez por esta actitud tiendes a manifestar la necesidad de control sobre la gente. Has encarnado en un grupo familiar en el que tal vez nunca habías estado en el pasado, y es posible que no te sientas "a tus anchas" en tu propia familia; tienes mucho que aprender acerca de las emociones y de la responsabilidad mutua entre los miembros de tu familia. Dado a tu carácter demasiado sensible, antes de hacer juicios emocionales debes reflexionar sobre lo que ha ocurrido en una determinada situación, porque de otra manera tomarás muy "a pecho", y quizá distorsionadas, las cosas que vienen de los demás.

Sin embargo, algunos nativos de Cáncer también pueden tener una gran dureza y resistencia, y aunque eres de "alto voltaje", invades y ahogas con excesivas emociones a los que te rodean. Nadie tiene como tú la tenacidad y "el aguante" para soportar muchas cosas, sin embargo, cuando Cáncer tiene autoridad funciona negativamente, siempre es alguien difícil porque se convierte en un juez implacable y frío, algo que tal vez aprendió en otras vidas en las que pudo tener mucho poder. Tu alma aún conserva recuerdos de vidas anteriores de éxitos en los negocios y en el bienestar terrenal; pudiste haber sido comerciante, navegante o también haber pertenecido a la nobleza, un señor feudal o un religioso de gran poder. Así que en esta vida te darás cuenta que eres un ser humano útil y digno de amar y ser amado y debes continuar siéndolo.

Meditación astral y cómo conectarte con tu estrella protectora

Imagina una foto de familia, tu casa o un antepasado de tu árbol genealógico, recuerdos de tu niñez o alguna imagen que te evoque una vida pasada; siéntate con la espalda erguida y continúa con este maravilloso trabajo de imaginación.

Ahora visualiza que te encuentras con las grandes fuerzas cósmicas de la Luna y de la constelación de Cáncer, ruega a tu maestro interno o tu protector sideral que se adentre en el templo de la principal estrella de Cáncer para que traiga a ti a las principales jerarquías de esta constelación a fin de que despierten tus poderes internos. Vocaliza la letra "A" una hora diaria hasta lograr disolver, con todos los recuerdos desagradables que hay en tu pasado, la angustia que estos dolores te han producido; ¡sólo borra el dolor!, no los recuerdos de lo que ha ocurrido en tu alma; de lo que se trata con esta práctica es que veas con una actitud de paz y serenidad las situaciones que has vivido con sufrimiento en el pasado. Después de esta visualización invoca a tu ángel Gabriel para que se haga visible y borre en ti la presencia de tus enemigos internos y externos y te llene siempre de bendiciones para el logro de tus propósitos.

LEO

♌

> *Si yo hubiera estado presente en la creación,*
> *habría dado algunas sugerencias útiles*
> *para un mejor ordenamiento del universo*
> Alfonso El sabio

LEO. El poderoso creativo
21 de julio al 20 de agosto

El león es el quinto signo del zodiaco, su símbolo es el emblema que representa el "falo", usado en los antiguos misterios dionisiacos. Es también un emblema del fuego y del Sol, que significa energía creativa. Es de cualidad fija y de elemento ígneo; lo cual te confiere una voluntad interna motivada por el impulso del corazón. Eres positivo, cálido, seco y colérico.

Leo es la personificación del dramatismo, la valentía, la brillantez.

Te fascina dirigir y esperas que los demás te sigan con el debido respeto. Gustas de ser admirado, no sólo por tu apariencia sino también por tus actos.

Eres muy seguro de tu identidad exteriormente; pero en el fondo dudas de ti mismo. Te esfuerzas por ser alguien importante y tratas de destacar en la sociedad.

Perteneces al tipo intuitivo y a la cruz fija, a menudo vas muy por delante de tu tiempo. Serás el centro de atención suceda le que suceda. Tus gestos son dramáticos; eres un amante del lujo y generalmente usas joyería ostentosa; llevas un ritmo de vida muy alto a nivel social y económico, aunque en ocasiones te endeudes para sostener tu estatus.

La intensidad de tu personalidad y el orgullo, así como tu fuerza de voluntad te producen la sensación de que tienes mucho que ofrecer. A cambio de los regalos que das esperas cierta devoción y aprecio. Por lo tanto, quieres que te pongan en un pedestal, como les suele pasar a los líderes natos, ya que, indiscutiblemente, tú eres un líder.

Por otro lado, en el aspecto económico y profesional tus proyectos son a gran escala, relacionados más bien con público de masas. Los leones son los mejores para los puestos de dirección y de autoridad; tienes talento artístico para muchas cosas, el brillo de tu personalidad puede predominar especialmente en el teatro, la publicidad y profesiones semejantes. Estás muy conectado con cualquier trabajo que se relacione con el poder; tanto en la empresa como en la política.

Eres muy buen profesional y generalmente, debido a tu naturaleza fija, persistes en tus propósitos hasta lograr el éxito. Significa mucho para ti atraer el reconocimiento social, ya que éste confirma tu sentido de valor personal.

Físicamente tienes hombros fuertes y anchos, y tu tórax y brazos están más desarrollados que tu abdomen y tus piernas. Tienes ojos grandes y salientes, y el cabello tupido y ondulado, muchas veces rubio, caminas erguido y eres de movimientos rápidos.

Por lo general te enfermas del corazón, puedes padecer malestares graves en la columna, afecciones en la pleura y estados febriles agudos.

Para armonizar tu hogar y mejorar tu ambiente debes adornar tu espacio con flores como el crisantemo, el girasol, los geranios y todo tipo de flores amarillas. Las plantas que mejor vibración te dan son: el manzano, la manzanilla, el perejil, la menta, el hinojo. Para reforzar tu buena suerte y aumentar tu poder magnético usa perfumes e inciensos de rosas y nardos.

Los colores que exaltan tu poder y enfatizan tu temperamento dramático son: el dorado, el naranja y todos los colores cálidos y luminosos. Las piedras preciosas que fortalecen tu aura son: el topacio amarillo, que reestablece la calma interior y atenúa el estrés; también el ojo de gato, que incrementa la vitalidad; y por supuesto el rubí, una piedra que representa la verdad y aumenta la fuerza del corazón y del amor; otra piedra que te beneficia es el ámbar amarillo, que es excelente para proteger de los peligros. Los minerales que más buena energía atraen para ti son el oro y el jaspe, que puedes usar en anillos, aretes, pulseras y en toda clase de accesorios.

Si acaso el país en el que vives no te es favorable; puedes residir con mejor fortuna en lugares que están regidos por Leo, como Francia, Austria y Argentina, y en ciudades como Roma, Filadelfia, Praga, Chicago y Bombay.

Los días más favorables para ti y propicios para tomar decisiones son el domingo, regido por el astro rey, el Sol; el martes, gobernado por Marte, el planeta del impulso; y el jueves, que es un hermoso día regido por Júpiter, el benéfico mayor.

Tu impulso creador generalmente se plasma en realidades, tu clave es "Yo hago"; antes de pensar algo ya lo estás llevando a la acción. A menudo dramatizas y eres muy vulnerable a la adulación.

Si naciste con "buena estrella", cumples bien tu plan original y ante todo eres espontáneo como un niño; posees confianza en ti mismo, eres fiel a tus propósitos y magnánimo con los que te rodean; muy atrevido e intrépido; estás dotado del orgullo del "buen líder", hijo del astro Sol; en ti influye fuertemente un perfecto equilibrio entre la mente y el corazón. Pero si naciste con una "estrella desafiante" o negativa, te manifiestas altanero, prepotente, presumido con lo que no tienes; tratas con arrogancia a los humildes y a los débiles; eres déspota o grosero y no siempre fiel; expresas una falsa afirmación de ti mismo, generalmente ampulosa, y eres vago en el mando y muy desorganizado. Representas al león cobarde del cuento *El mago de Oz*. Según Robert Hand, un astrólogo contemporáneo: "Cuando un Leo está malogrado expresa una conducta 'fanfarrona', muy parecida a la del personaje de caricaturas de la Warner Brothers, 'el Gallo Claudio'". Aun así, eres el signo de los reyes, monarcas, emperadores, dictadores y conquistadores.

Por qué eres así

Lo fundamental en ti es la capacidad de crear, no basándote en lo que los otros esperan de ti, sino a partir de tus sentimientos de amor y alegría internos. Eres así porque la esencia del amor es la esencia misma de la sobrevivencia, tanto para ti como para cualquier otro ser humano. Por medio de experiencias emocionales te das cuenta de tu vínculo con el Universo. A medida que eres receptivo a tus sentimientos y permites que se expresen honesta, naturalmente y sin censura en cualquier lugar en el que te encuentres, restauras un equilibrio interno sano para ti y las personas que te rodean. Puedes ayudar a los demás a aprender que una de las diferentes formas de lograr los objetivos es perseverando; como eres positivo, no aceptas respuestas negativas y sigues amando y compartiendo amor cuando honestamente sientes que emana de tu corazón.

También eres así porque eres capaz de compartir amor mediante el reconocimiento de lo bueno que tienen los demás. Como los Leo generalmente nacen con la cualidad de la dignidad, de manera sincera aceptas el amor y tienes la fuerza suficiente para entregarte sin perder tu identidad. Esto no quiere decir que no haya nativos de Leo que se manifiesten celosos y posesivos en asuntos amorosos.

Otra de tus grandes cualidades estriba en la virtud para enseñar a los demás a alegrarse y a no tomarse las cosas tan en serio; ya que tu tendencia natural es a fluir hacia la felicidad, aunque algunos nativos de Leo pueden no tener estas características; pero eso se debe a que en su carta astrológica de nacimiento tienen combinaciones planetarias con otros elementos negativos.

El camino de vida de Leo

Eres un verdadero "maestro del zodiaco", ya que al enseñar a los demás a brillar con luz propia y a ponerse en contacto con su propio ser; muestras la bondad que reside en tu interior, al mismo tiempo proporcionas este ejemplo con tu propia vida.

El sendero de Leo consiste en verter su creatividad en el mundo y para el mundo, ya que tiene una capacidad innata para instruir a los demás y motivarlos a seguir adelante, al tiempo que hace que los demás se sientan orgullosos de sí mismos y eleven su autoestima al destacar sus habilidades, como él lo hace.

Si eres Leo, eres la expresión de la creatividad, y tu camino de vida es encender la chispa de la creación en ti mismo.

La casa astrológica que te corresponde por analogía es el quinto sector y pertenece a la "casa de los niños", entre otros significados que tiene esta área. Tú eres la ratificación del niño que todos llevamos dentro; cuando dejamos que éste se manifieste, nuestra imaginación se ensancha al máximo y dejamos atrás las preocupaciones y las ansiedades de la vida cotidiana; "el niño juega" y por eso es eminentemente creativo, y tu camino es ayudar a los demás a aprender la lección del juego en diferentes formas, siendo espontáneo, aceptando el amor y compartiéndolo de manera libre y natural.

Tienes una vibra compatible con las personas nacidas bajo el signo de Aries, con quienes haces una excelente pareja; con sagitario te necesitas y te comprendes en amores ardientes; con Acuario encuentras el complemento, aunque sean tan diferentes es tu pareja ideal; con Géminis formas amistades duraderas y tienes concordancia en los puntos de vista; con Libra estableces excelentes contactos en el amor y en los viajes. Tienes mala química con Tauro, el ego de los dos es muy fuerte y casi siempre tienes choque de poder con estos nativos, sin embargo, en negocios y trabajo refuerzan mutuamente el prestigio; con Escorpión hay rechazo a primera vista, a pesar de esto son afines en asuntos de poder, Leo es el rey y Escorpión el consejero real; con Capricornio no tienes mucho de qué hablar, pero comparten el karma del poder y en asuntos prácticos por lo general se unen; con Piscis son dos extraños casi en todo. Con los signos restantes no es tan intensa la afinidad ni la antipatía.

La enseñanza que debes aprender

Estás aprendiendo que para amar verdaderamente a todos, primero tienes que "amarte a ti mismo", y cultivar y enaltecer los aspectos de tu existencia, que con el tiempo provocarán que la chispa de la vida sea más grande, que brille con mayor fulgor y que vibre con intensidad, abriendo, de esta manera, el canal de la energía creativa.

Tu lección es aceptar que puedes amar y aprender a hacerlo. Estás encargado de dar la enseñanza del amor en el medio que te rodea, ya que puedes convertirte en un maestro inspirador, pues la casa quinta de Leo es la casa del maestro y de la educación. Tienes que devolverle a la vida la belleza que percibes. Puedes expresar esta creatividad que posees en el arte o la escritura, enseñando a un niño o a un adolescente a aprender a crecer en la escuela; o en un escenario, brindando tu actuación al público, o compartiendo amor, felicidad y risas con otras personas. Tienes que aprender a diluir tu identidad y tu egocentrismo a favor de los demás, y dejar de temer abandonar tu "ego".

Tu destino es el del padre creador; tu energía es tan fuerte que si no la desarrollas no podrás fluir en este plano; está visto que no puedes vivir sin amor y no te debes dejar atrapar por los aspectos negativos de tu naturaleza, tendrás que eliminar el "egocentrismo" y la "vanidad, así como la inclinación a ser una persona importante, si quieres cumplir el plan magistral para el que fuiste creado.

Zodiaco de las vidas pasadas

En tu vida anterior tuviste un papel muy importante en el área de las humanidades, desarrollaste una conciencia de tipo social, amaste en el plano más universal, sin embargo, ahora tienes la necesidad de vivir enfocado más a tu existencia personal.

Lo que más te motiva en esta vida es desarrollar tu ego, pero sin egoísmo y sin descuidar tu autoestima, estás trabajando para encontrar en tu interior un equilibrio entre tus intereses y los de los demás; estás aprendiendo a reconocer tus cualidades y a descubrir que el "Yo" es digno de ser amado, y que sentirte satisfecho de ti mismo no es ningún pecado, sino todo lo contrario.

Al parecer, en vidas pasadas adquiriste el falso concepto espiritual de que tu destino era ser un mártir de la sociedad. Ahora tu karma consiste en aprender a caminar ligeramente, sin dejar huellas, para poder superar el destino de tus vidas pasadas.

Aunque muchos de ustedes llevaron en otras encarnaciones una vida de realeza, hubo un gran sacrificio, posiblemente porque sus existencias estuvieron en función de los demás, aun así, siempre buscaron prestigio, reconocimiento y aceptación. A esto se debe que en esta vida todavía establezcas una clara separación entre las clases sociales altas y las personas comunes, sin embargo, ahora debes romper las cadenas del "ego" y renunciar a la aprobación; sea como sea, Leo siempre sabe imponerse debido a la natural autoridad que irradia. Como creador que eres, necesitas tierra fértil y virgen para que tu semilla germine bien en el presente.

Meditación astral y cómo conectarte con tu estrella protectora

Si quieres fusionarte con tu maestro interno, tienes que concentrar tu mente; debes visualizarlo, hablar con él hasta oír su voz. Así que siéntate con la espalda erguida, si deseas puedes cerrar los ojos, y conéctate con tu maestro interior; si los problemas y las imágenes en tu mente no paran, no luches contra ellas, déjalas pasar.

Una vez que hayas logrado sintonizarte con tu maestro interno, medita y repite mentalmente: "Soy Él", "Yo soy Él". Si tu concentración es intensa, te vas a adentrar en las maravillas del cosmos. Para despertar el centro del corazón vas a vocalizar diariamente la vocal "O". Las jerarquías azules del Sol son la fuente de toda la vida de los nativos de Leo. Si practicas esta meditación con frecuencia, podrás entrar en contacto con tu estrella protectora y así recibir los dones que tiene para ti. Serás muy dichoso y tendrás aún mayor poder interior y exterior.

VIRGO

Su necesidad de purificación era tan anormal y constante que, realmente pasaba una parte considerable de su tiempo...
ante la bañera
Thomas Mann

VIRGO. El servidor crítico
23 de agosto al 22 de septiembre

La virgen es el sexto signo del zodiaco. El símbolo de Virgo es la virgen de septiembre, la que reparte la cosecha en forma equitativa, a cada uno su parte y solidariamente con todos. Este símbolo también representa el himen y tiene relación con la Inmaculada Concepción. Se simboliza por una virgen con una rama verde en la mano, una espiga de trigo o una espiga de grano. La espiga (*spica*) es una estrella de la constelación de Virgo y encarna a una diosa de la fertilidad.

Virgo es el signo del zodiaco de la discriminación, basada en el análisis crítico de las consecuencias y de las acciones.

Generalmente eres muy reservado, y por tu mente lógica no acostumbras soñar, ya que continuamente estás en una eterna búsqueda de reflexiones y de soluciones. Muy vulnerable, aprendes a ver tus propios fallos.

Como eres un signo negativo, diriges tu atención hacia tu interior y tu energía psíquica fluye con bastante libertad. Debido a que perteneces a la cualidad mutable y al trígono de tierra, eres de naturaleza práctica y desconfiada; siempre crees que puede haber una trampa o algo escondido tras cada situación o suceso. Sin embargo, tienes un gran sentido de compañerismo e igualdad, y tu mentalidad es ordenada y disciplinada; desmenuzas y divides todo lo que ves para después archivarlo en compartimentos, y es así como puedes encontrar cada conocimiento o dato en el momento preciso, eres "una biblioteca ambulante", pero tu visión no es global; "te importa más ver los arbolitos que el bosque en su conjunto", y con ello te pierdes detalles insignificantes.

Por lo anterior se puede decir que algunos nativos de Virgo son intransigentes, primero consigo mismos y después con la vida, porque han reducido a partes muy pequeñas su concepto de la realidad.

Generalmente eres muy susceptible a percibir los defectos de alguien o de alguna cosa, y además expresas tu critica en forma certera, característica que hostiliza a las personas que conviven contigo. Pero en términos generales eres virtuoso y tienes predisposición a la medicina y a la psicología. Eres un excelente científico de la curación y de la nutrición; por lo general tu lema es "mente sana en cuerpo sano", al que regularmente cuidas como un templo sagrado.

En el terreno profesional tienes la capacidad de trabajar en el área de análisis clínico (psicoanálisis) y en el área administrativa, muchas veces también puedes ser experto en análisis de sistemas, puedes trabajar con éxito en grandes estructuras empresariales con mucha eficiencia; sin embargo, algunos nativos de Virgo le tienen miedo al éxito y funcionan mejor como ejecutivos de mandos medios o empleados de confianza. Como las "abejas y las hormiguitas", trabajas afanosamente y mantienes las cosas en su lugar, tu sentido del orden es estricto y tienes la capacidad de realizar grandes esfuerzos; eres el más servicial de todos los signos. Para ti es un acto de amor limpiar tu casa, tu escritorio, tus zapatos (que casi siempre están muy bien lustrados), ¡claro!, no todos los nativos de Virgo son tan ordenados, ya que algunos tienen otros aspectos planetarios en su carta natal que modifican estas características.

Buscas obsesivamente la perfección para ti mismo y para los demás; quizá sea ésta la razón por la que existen muchas personas solteras pertenecientes a este signo, algunos de ellos son fríos y resisten la soledad como ninguno.

Físicamente eres de estatura mediana, bien conformado; tus miembros bien proporcionados. Tienes la frente marcada, la nariz recta y cabellos oscuros, que escasean en la región de las orejas, eres enérgico pero de voz tranquila.

Los intestinos son los órganos que están regidos por tu signo. A menudo padeces problemas gastrointestinales, y algunos virginianos sufren enfermedades sexuales como la frigidez y la impotencia.

Si naciste con "buena estrella", tu mente es excelentemente organizada, científica, diplomática y comercial; eres confiado, discreto y adaptable a toda clase de situaciones. Pero si naciste con una "estrella desafiante", te conviertes en una víctima de la vida; muestras rasgos bastante neuróticos y les reprochas a los demás constantemente su incompetencia; eres experto en derrumbar ilusiones, y tu actitud negativa puede reflejarse en tu cuerpo, o te enfermas constantemente o te vuelves hipocondriaco; la enfermedad es un arma que usas para conseguir la atención que necesitas.

Para armonizar tu hogar y mejorar tu ambiente debes adornar tu casa con flores blancas; las plantas que más te gustan y que sería mejor que usaras en tu espacio son: el manzano, la valeriana, la lechuga y el sándalo, ya que pertenecen al signo de la virgen. Los perfumes que te dan buena suerte y una poderosa vibra de atracción son el sándalo blanco, la lavanda, el limón y toda clase de aromas frescos.

Las piedras amarillas y negras son las que te protegen del peligro; la coralina te ayuda a aliviar dolores estomacales; la amatista te libra de las preocupaciones, y la pirita estimula la confianza y equilibra tu vitalidad. Los metales que mejor van contigo son: el bronce, el azogue y el mercurio.

Los colores que te dan buena suerte y que enfatizan tu personalidad son: el ocre, el gris, el índigo, el violeta oscuro, el marrón, el café y el azul marino. Tus días propicios para tomar decisiones son: el miércoles, regido por "el mensajero de los dioses", Mercurio, que gobierna tu inteligencia; y el jueves, regido por Júpiter, "el benéfico mayor".

Si acaso el país en el que vives no te es favorable, puedes residir con mejor fortuna en lugares como Grecia, Brasil, Suiza, la India y Turquía, o en ciudades como Boston y Los Ángeles.

Generalmente los nativos de virgo "hacen lo que creen que deben de hacer".

Por qué eres así

Eres práctico y analítico porque en tu interior te has sentido demasiadas veces desprotegido, y tienes que estar atento para estar seguro; trabajas bien, rápido, racional y eficientemente, de esta manera evitas equivocarte; casi ningún nativo de Virgo tiene tolerancia al error, debido a ello, en tu búsqueda de seguridad y protección desarrollas un sentimiento de humildad para evitar la crítica. Tu problema es que en ocasiones eres tú mismo quien se juzga.

Generalmente no eres pasional pero, sin duda, eres de las personas más románticas de todo el zodiaco.

Eres muy útil y eficaz en la ayuda que das a los otros; sabes discernir admirablemente cualquier asunto, encontrando ventajas y desventajas; quieres ser perfecto ante los ojos de los demás y contigo mismo porque la misión que tienes en el Universo es la de señalar las fallas para que las cosas puedan regresar a su curso normal. Lo que te motiva es el deseo de que todas las cosas y todo el mundo funcionen a su máxima capacidad; por eso señalas las cosas que parece que no están bien, quizá los demás sientan que les estás "poniendo el dedo en la llaga" y no aprecien que la corrección realizada es valiosa para hacer conciencia y transformar su conducta; por lo general no obtienes mucho reconocimiento en tu trabajo, y en ocasiones te desanimas y piensas que no vale la pena el esfuerzo que haces por cambiar a los demás.

El camino de vida de Virgo

Cuando aceptas "los dones" que has recibido del Universo eres un consejero nato, y tu misión es muy valiosa porque encuentras la fórmula para que tus congéneres vuelvan a centrarse en sí mismos y a mirar las cosas de manera objetiva, puesto que no te permites dejarte llevar por las emociones. Tienes acceso directo a la razón, y tus hallazgos pueden orientar a la gente a contemplar claramente sus respuestas emocionales.

En el camino de tu vida son determinantes tanto el plano profesional como el del trabajo, muchas veces haces el papel de "Pepe Grillo" (personaje del cuento clásico de *Pinocho*), figura que representa a la conciencia; que se caracteriza por ser testigo y juez al mismo tiempo.

Como amigo puedes señalar los problemas con mucho acierto, debido a tu sentido del orden sabes poner todas las piezas en el lugar correcto como un intento de rescatar la armonía del Universo. Tu papel es el de un "ajustador", y tu principal propósito es compartirlo. Generalmente en el acto de "ajustar" produces irritación en los demás, a menudo la gente malinterpreta tu actitud y le resulta difícil llevarse contigo, sin embargo, tus elevadas cualidades te permiten hacer buen uso de la capacidad crítica y del análisis; siempre y cuando, al hacerlo, tengas tacto con tus seres queridos y con todas las personas que te rodean.

Tienes buena química con Tauro, ya que pueden ser una pareja romántica para conquistar el éxito; con Capricornio formas una excelente asociación; con Cáncer haces gran amistad y frecuentemente caminas de acuerdo; compartes puntos de vista con Escorpión, además de sentido crítico, y juntos realizan proyectos profesionales; con Piscis encuentras oposición, pero es tu pareja complementaria, por lo general hacen matrimonios duraderos. Tienes mala química con Géminis porque casi siempre actúan de modo distinto, sin embargo, trabajan bien en asuntos laborales; con Sagitario te contradices mucho y su visión del mundo es diametralmente opuesta; con Acuario nunca estás de acuerdo, Acuario ve el conjunto y tú te enfocas en el detalle; con Libra tienes diferencias, en ocasiones pelean, pero con el tiempo pueden ser buenos amigos. Con los signos restantes no es tan intensa la afinidad ni la antipatía.

La enseñanza que debes aprender

Al enseñar a la gente a organizar su vida, debes asegurarte que tú también aprendas lo que enseñas a los demás. Por lo regular eres quien más se esfuerza para que el trabajo se realice y el que más se ocupa de todos los detalles. Normalmente pones el buen ejemplo, porque no le temes al trabajo pesado, no obstante, debes evitar juzgar con demasiada rigidez las posibles fallas de los demás, ya que puedes caer en el reproche constante y en el error de culpar a todo mundo de tus problemas, así que tienes que aprender a minimizar el "error" dentro de ti; dándote cuenta de que el error es parte del acierto. Otra de las lecciones que debes aprender es a mirar la vida con esperanza; el realismo y la cordura no deben influir en tu optimismo y en tu alegría de vivir.

Transmuta la inseguridad en seguridad, y no conviertas en tragedia los contratiempos normales que pueden presentarse. La angustia no debe adueñarse de tu vida, utiliza tu razón lógica para ver que, regularmente, toda preocupación no tiene consistencia y puede convertirse en ocupación. En un nivel superior estás encargado de manifestarte espiritualmente en forma práctica y servicial en la tierra. La lección que aportas es que si todos trabajamos en forma solidaria y en beneficio mutuo, nos encontraremos en un plano físico de armonía y fraternidad.

Zodiaco de las vidas pasadas

En tus vidas anteriores fuiste asistente, médico espiritual, responsable de satisfacer las necesidades de los demás; por eso es que en esta vida tienes el deseo ferviente de servir; bien logrado eres humilde y dócil; quizá en tus vidas pasadas fuiste artesano o muy hábil con tus manos El haber encarnado bajo el signo de Virgo nos habla que en el pasado curabas a la gente de sus males físicos; hoy buscas el perfeccionamiento en cualquier trabajo que realices. Por eso en este presente exiges demasiada perfección, esta actitud "quisquillosa" puede interferir en tus acciones caritativas. Sin embargo, ahora te resulta difícil desprenderte de la estructura "aprensiva" y de tu deseo de perfección. Buscas el orden para no perderte en el espacio.

Es necesario que experimentes en esta vida un nuevo nacimiento; que superes la vieja inseguridad y el temor kármico de que vivimos en un mundo contaminado y sucio. Recuerda que las tendencias discriminatorias de tus vidas pasadas te llevan a menudo a separar innecesariamente lo que debería estar unido.

Hoy tienes que aprender a tener fe y regresar a tu conciencia universal, adoptar una postura menos rígida y disfrutar los placeres de la vida.

Tu protector espiritual y tu rector sideral es el Arcángel Rafael, también la Inmaculada Concepción, acude a ellos cada vez que lo necesites. La fe es la cualidad más alta a la que tienes que aspirar en esta existencia.

Meditación astral y cómo conectarte con tu estrella protectora

"Pide y os será dado", "golpea la puerta y se abrirá".

Según la astrología esotérica, Virgo es el signo de la virgen celestial, pertenece al maravilloso edén del que nos habla la Biblia; es el paraíso de los hombres virginales, es la virgen madre "Isis".

Siéntate en un sillón cómodo, enfoca la mente en tu propio ser y ruega a tu protector, el Arcángel Rafael, que te traslade a los templos de las estrellas de Virgo, para que traiga a tu casa a las deidades protectoras de Virgo; a fin de que tus regentes siderales despierten en ti el poder, la pureza, y al mismo tiempo activen la capacidad de curación que te fue dada al nacer.

Después imagínate un lago tranquilo; tira una piedra en ese lago y observa la serie de ondas que se reflejan en el agua; lleva esa misma imagen a tu mente y conéctate con tu protector sideral Rafael, que está dentro de ti, pero también se encuentra protegiéndote desde tu estrella. Posteriormente repite la palabra "OM", que es tu mantram de poder (vibración de sonido), lo puedes hacer todo el tiempo que quieras y necesites, hasta sentir un profundo estado de paz y de amor. Practícalo con regularidad.

LIBRA

El gran arte...
consiste en que conserves adecuadamente el equilibrio.
Observa...
Lewis Carroll

LIBRA. El amante conciliador
23 de septiembre al 22 de octubre

Libra es el séptimo signo del zodiaco, su símbolo representa los platillos de la balanza de alta precisión, es el emblema del equilibrio y la justicia. Es la energía de la atracción que "Eros" moviliza; según el mito es un jovencito armado de un arco y flechas, que hiere profundamente a quien toca, lleva los ojos vendados y dispara "sin ton ni son", despierta irremediablemente el deseo y el tormento de la pasión.

Un nativo de Libra hace todo lo que está en su mano para recuperar el equilibrio, en verdades y posturas que parecen estar en conflicto y divorciadas.

Eres una persona que definidamente buscas la armonía, justa y refinada. Amable por naturaleza, aunque muchas veces esta cortesía, en algunos nativos de Libra, sea más en la apariencia que en la profundidad de su espíritu. Posees una imaginación adaptable y entusiasta; como signo cardinal tienes mucho sentido de la empresa, eres adaptable, entusiasta, ambicioso y dueño de un temperamento imparcial, aunque profundamente indeciso.

Algunos nativos de Libra tienen un fuerte infantilismo, son adictos, a lo que aman, ya sean personas, recuerdos, objetos o lugares. Perteneces al trígono de elemento aire, que gobierna la mente, por eso es común encontrar a muchos libranos dotados de una fina inteligencia.

De manera innata cuentas con grandes aptitudes para tratar a la gente. Generalmente eres artista en cualquier rama, pero en particular en la danza, el arte del buen vestir, en la decoración, en el cultivo de la belleza y en el sentido de la estética. Asimismo, funcionas como comerciante de gran éxito en flores y perfumes. Muchos libranos triunfan en profesiones jurídicas y forenses; son buenos diplomáticos por su capacidad innata de conciliación.

El deseo constante que tienes de gustar y de no contrariar a nadie te provoca angustia y en ocasiones permites que las personalidades más dominantes de tu entorno abusen de ti, por ese deseo de paz y armonía que buscas a cualquier costo.

Físicamente eres de estatura mediana, erguida y elegante; esbelto en la juventud, pero puedes subir de peso al pasar de los años, las mujeres de Libra en especial poseen signos de belleza marcados y son anchas de cadera; pero los hombres también poseen rasgos hermosos y armónicos. El típico nativo de Libra tiene la tez clara y el pelo muy suave y de color castaño.

Si naciste con "buena estrella" te manifiestas con un carácter bueno, amable, cariñoso, distinguido, justo, accesible y adaptable a la influencia del ambiente; amante de la armonía y del arte, y con un gran sentido del humor. Pero si naciste con una "estrella desafiante" te muestras inestable, demasiado inclinado al otro sexo; ligero, superficial, con una necesidad enfermiza de "atraer", canalizas demasiada energía en tu apariencia, y basas tu seguridad en el aspecto físico. Algunos nativos de Libra negativos pueden ser perezosos y carentes de fuerza y voluntad; no poseen un "Yo" afirmado y se dejan someter por los otros, especialmente por la pareja.

Para armonizar tu hogar y mejorar tu ambiente adorna tu casa con flores y plantas, ya que tu signo es el más inclinado a apreciar su belleza. Las flores que te dan mejor vibra son: la rosa, el clavel y el narciso. Y las plantas, el pensamiento, el frambueso, el pino, el ciprés, el limonero y la violeta. El árbol que te protege es el haya, guardián del equilibrio climático. Para aumentar y acentuar tu atractivo usa perfumes que tengan esencia de gardenias, rosas, lilas y violeta; y utiliza estos mismos aromas en incienso para reforzar el buen ambiente de tu casa.

Los colores que más realzan tu belleza son: el rosa, el verde, el azul y todos los tonos de cobre y violeta. Las piedras que atraen tu buena suerte son: el cuarzo rosa y blanco, que inspira tu imaginación; el diamante, que aumenta tu atractivo y te da confianza; y el ópalo, que libera la energía y ordena el juicio, ayuda a las funciones renales, y te da valor para tomar decisiones justas.

Como eres uno de los signos que más se inclina a la indecisión, debes ser muy cuidadoso para elegir los días convenientes para tomar decisiones de trascendencia, y estos días son los martes y los viernes; el primero está gobernado por Marte, la polaridad contraria de Venus, en donde encuentras un balance a tu venusina naturaleza; y el viernes, obviamente porque es un día regido por tu gobernante Venus, el planeta del amor y la belleza.

Si sientes que el país en donde has vivido no te ha sido favorable, puedes cambiar tu cartografía astrológica y elegir los lugares afines para ti y con mejor fortuna, éstos pueden ser Francia, Hungría, Egipto y Argentina, y ciudades como Viena, Lisboa, Copenhague y Frankfurt.

Tus protectores espirituales y rectores siderales a los que puedes acudir son: el ángel Uriel y Orifiel, este último es uno de los señores que rige la balanza kármica, (símbolo que representa tu constelación) y el poder del viento.

La sílaba, mantram o vibración de sonido que te ayuda a experimentar paz y equilibrio mental es la palabra "HAM – SA", cuando te sientas inquieto o angustiado puedes repetirla las veces que sea necesario hasta encontrar calma y consuelo.

Ante todo posees grandes capacidades artísticas, diplomáticas y psicológicas; aunque eres muy comunicativo sabes guardar tus propósitos e intenciones de modo natural. Los nativos de Libra son "gente bonita", generalmente sensual y que siempre está en busca del afecto y del contacto con otra piel. Oportunistas y manipuladores del medio, se valen de la gracia y simpatía que Dios les dio para conseguir lo que quieren. Tienen "mano de hierro en guante de seda".

Si eres nativo de este signo, vives el ahora sin importarte mucho ni el pasado ni el futuro, te adaptas con facilidad a las circunstancias; y no puedes negar que el matrimonio y la pareja es lo más importante en tu vida, en consecuencia, atraerás a gente egoísta, abiertamente independiente; contraria y complementaria a tu naturaleza.

Por qué eres así

Para crear el equilibrio interior que necesitas te responsabilizas de los demás, y quizá cedes más de la cuenta al esperar que los otros establezcan la paz y la justicia que tú aplicas en tus relaciones, y que hasta ahora no te ha dado buen resultado. Sin embargo, no percibes ni recibes toda la armonía que has esperado de los demás, porque en el fondo requieres y exiges que los otros sean contigo como tú eres con ellos, quizá el "dar" condicionadamente no representa una actitud genuina de tu parte. Eres complaciente, pero si no logras lo que quieres para tu estabilidad, tal vez recurras a una actitud despreocupada o, en el otro caso, darás preferencia a tus sentimientos ofendidos para llamar la atención.

Cedes ante los demás porque tienes miedo a ofenderlos o por temor a que te consideren injusto; razón por la cual cuando surge una incompatibilidad con alguien que te es desagradable; para no perder el sentido de la armonía "te tragas tus sentimientos", lo que posteriormente puede hacerte daño a la salud.

En cambio, si te rodeas de gente con la cual tienes afinidades, experimentas auténtica dicha de saber que te valoran; en ese momento sale tu "verdadero ser", confías en tus propias percepciones y actúas con base en ellas para crear un equilibrio dentro de ti. Es muy sano que sepas escoger bien a la pareja y a los que te rodean. La mejor persona es la que contribuye a mejorar tu autoestima.

El camino de vida de Libra

Libra prepara su camino mediante la relación con los otros. Tu sendero ideal es compartir cada aspecto de tu vida con otra persona; pero cuando esto no es posible eres capaz, por frustración, de fragmentar y endurecer los diferentes aspectos de tu vida, por ejemplo puedes mantener una relación matrimonial por razones económicas, no por amor; a pesar de tu profunda naturaleza afectiva, eres capaz de hacer a un lado el aspecto sentimental y actuar calculadoramente, siguiendo el mismo esquema que en las relaciones de negocios; sin que por ello sientas la más mínima traición a tu esencia amorosa.

Sin embargo, lo más constante y determinante en tu camino es "el compartir", "el comprender" y "el reconocer" los beneficios para las dos partes, se trate de una relación matrimonial o amorosa; de una relación de amistad o de una relación comercial y de negocios.

Tienes una comprensión innata de la necesidad de establecer alianzas, y posees la capacidad de establecer vínculos. En resumen, la misión de tu vida es contribuir y enseñar a los que te rodean el valor de trabajar en equipo y de establecer uniones afortunadas entre los seres humanos.

La enseñanza que debes aprender

En esta vida estás aprendiendo a ser justo en todos los ámbitos, poniendo a tu "Yo" fuera de ti para sentir y comprender a los demás "poniéndote en sus zapatos". Esta actitud te permite ver cómo son los demás, conocer sus opiniones y así aprender y aprovechar sus experiencias más importantes que puedan ayudarte a tomar decisiones inteligentes en tu vida.

También estás aprendiendo a lograr el equilibrio adecuado "entre el dar y el recibir" en las relaciones con los demás, a no tomar más de lo que es justo y de lo que los otros están dispuestos a dar, o a no dar más de lo que estás dispuesto a recibir. A través de este intercambio te das cuenta que recibir de otro ser humano no es legal cuando tú no estás dispuesto a dar; ya que esto significaría un "abuso emocional". Cuando uno recibe el afecto de los demás debe corresponderlo, o por lo menos agradecerlo para de alguna manera devolverle al otro sus atenciones; aunque no es una obligación.

Por otro lado, también debes aprender que cuando alguien no está dispuesto a recibir, por ejemplo personas que tienen miedo a aceptar el amor, no debes presionarlos ni tampoco sentir que tienen la obligación de corresponderte. Perder el miedo al abandono y aprender "a no dar demasiado" es tu lección de vida.

Con Géminis gozas de buena afinidad para tus relaciones amorosas; con Acuario te llevas muy bien; con Sagitario vives intensamente y aprovechas los placeres de la vida; con Aries te atraes y te repeles, es "tu coco", pero al mismo tiempo es tu pareja complementaria; con Leo la atracción es mutua y los amores intensos. Tienes mala química con Cáncer, hay rechazo mutuo y desacuerdo, es poco probable que sus relaciones resulten duraderas; con Capricornio "líbrete el Señor" de encontrártelo como pareja, ya que los nativos de este signo son represores, sin embargo, hacen buena familia en relación con los hijos; en los nativos de Escorpión puedes encontrar un buen amante; con Piscis no tienes nada en común, "te dan flojera", los dos signos buscan apoyo en una pareja más fuerte. Con los signos restantes no es tan intensa la afinidad ni la antipatía.

Zodiaco de las vidas pasadas

En tus vidas anteriores has servido a la gente como mediador o diplomático; por las características femeninas que posees, se presume que en muchas vidas has sido mujer, este pasado te dio una identidad basada en el compartir y servir. La mayor parte de las veces dependías de la armonía emocional con la pareja.

En esta vida debes aprender a ser "tú mismo" en el contexto de tus necesidades, considerando en qué no estás satisfecho, para lograr hoy un intercambio equitativo con las personas que te rodean y con la comunidad.

En tu inconsciente existe una actitud defensiva; quizá proviene del resentimiento que acumulaste en tus vidas anteriores.

Siguiendo la teoría de que nutriste más a los demás que a ti mismo, se concluye que esta conducta te dejó sin fuerza; ya que ahora tratas de compensar tu miedo al abandono cediendo más de lo debido para no perder tus relaciones. Por mantener intacto el estado emocional del otro, sacrificas tu propia identidad.

Por otro lado, algunos nativos de Libra nacieron con aptitudes artísticas, posiblemente cultivadas en vidas anteriores. Si en la actualidad tu desarrollo de conciencia es alto, se presume que en vidas pasadas te manifestaste como músico, bailarín, cantante, actor, pintor, arquitecto, escultor o en cualquier otra manifestación de tipo artístico.

Si tu estado de conciencia está poco desarrollado en el presente, pudiste haber llevado en el pasado una vida "licenciosa" o quizá intrascendente, sedentaria y sin aspiración alguna.

Meditación astral y cómo conectarte con tu estrella protectora

Para que los nativos de Libra se fortalezcan a sí mismos, deben practicar el siguiente ejercicio espiritual, especialmente los que sufren en el amor, pues sus afectos y su vida son tan inestables como la propia balanza.

Pon firmes los pies sobre la tierra y los brazos extendidos lateralmente en forma de cruz o de balanza, dobla la cintura 7 veces hacia el lado izquierdo y 7 veces hacia el lado derecho en forma alternada con la intención de que todas tus fuerzas se equilibren.

De pie, con los ojos cerrados y los brazos extendidos, invoca espiritualmente la influencia de tu ser interior; también imagina a tu constelación (Osa Mayor), que irradia poderosas fuerzas espirituales sobre ti, y conversa con los genios siderales de esta constelación, tus protectores. Practica esto antes de irte a dormir. Además de obtener un gran descanso, alcanzarás paz y contento.

ESCORPIÓN

♏

> *La mia es una voz menor,*
> *pero debo elevarla;*
> *no vengo a sepultar la intimidad*
> *sino a ensalzarla.*
> Ogden Nash

ESCORPIÓN. El psíquico regenerador
23 de octubre al 22 de noviembre

El escorpión es el octavo signo del zodiaco. Su símbolo se parece al de Virgo, pero con una flecha en la cola, indudablemente para representar el aguijón que alude a un áspid o serpiente, evoca la serpiente del jardín de Edén y nos indica que la voluntad es gobernada por el aguijón reproductivo (el instinto). En algunas culturas estás simbolizado por el dragón, y con frecuencia está enlazado con la constelación de Aquilla, o el águila. En esta fase del zodiaco los procesos de transformación se hallan unidos.

Escorpión es un signo fijo, normalmente acaba lo que empieza y se centra en una idea con profunda emoción y entrega; pertenece al trígono de elemento agua, gobernado por los planetas Marte y Plutón. Es el signo de radicalidad y extremismo. Reprimido y concentrado, habitualmente triunfa en lo que se propone.

Existen dos clases de nativos de Escorpión: "el tipo inferior", que se distingue por su fuerte emocionalidad y sexualidad mal canalizada y por una gran posesividad en las relaciones con los demás, así como por sus celos destructivos o una conducta violenta. Si consideran que sus sentimientos fueron ofendidos, experimentan un rencor duradero y vengativo; esperan pacientemente ver pasar "el cadáver de su enemigo".

El Escorpión superior está representado por el símbolo del águila y transmuta su palabra clave "yo deseo" en "yo callo", la renuncia.

Se les reconoce por su excepcional capacidad de trabajo y porque no los frena ninguna dificultad, ningún esfuerzo, y también porque mantienen el control de sí mismos, se entregan a sus ideales y saben inmolarse por lo que juzgan digno y positivo, debido a sus altos valores espirituales. Sin embargo, el carácter de los dos tipos es emprendedor e imperioso; su mente es despierta y muy sagaz; son de temperamento dominante, analizador y penetrante.

Si eres nativo de este signo posees un gran magnetismo personal y gran poder regenerativo y curativo, tratas de penetrar en el significado más profundo de la vida en la tierra y pretendes conocer el significado de la vida humana.

Eres introvertido, tenaz y apasionado, tienes una capacidad infalible para detectar los puntos débiles de los demás. Nacido en la fase de otoño, puedes convertir tu vida en una "gran crisis" al mismo tiempo que la conviertes en una existencia creativa y satisfactoria.

Eres un amigo ferviente o un enemigo artero, cargado de energía pujante; debes encontrar la llave para abrir la puerta del conocimiento; si lo logras te convertirás en "un maestro de maestros", con poder de renuncia y desapego propio de los iluminados; pero si no logras alcanzar la sabiduría, caerás en el mundo pesado de los sentidos condenado a desperdiciar allí tus energías.

Físicamente eres de estatura superior a la mediana, fuerte y robusto, tienes la tez oscura, cabello tupido muchas veces rizado, rasgos marcados, con nariz aguileña, pómulos salientes, cuello corto y grueso, la voz clara y baja.

Escorpión rige los genitales y el ano. El ano se ocupa de los desechos del cuerpo, es el principio de eliminación de lo viejo, caduco e inservible para que el ciclo vital continúe. Los genitales, como es bien sabido, son los encargados de la reproducción, el medio creador de una nueva vida mediante la cópula. Por lo tanto, Escorpión rige la vida y la muerte.

Los padecimientos que comúnmente sufres son infecciones en la garganta, en el sistema linfático y todas las enfermedades de origen sexual.

Si naciste con "buena estrella" eres digno, intrépido, muy perseverante, de resoluciones enérgicas y de sensibilidad delicada; tienes un gran dominio de ti mismo y una gran capacidad de transformación, "para renacer hay que morir", mentalmente eres de comprensión rápida, fácil y profunda. Pero "Dios nos tome confesados" si naciste con una "estrella desafiante", porque no olvidas jamás y eres muy vengativo, no importa el tiempo que te lleve devolver cualquier ofensa por pequeña que sea; eres el único capaz de beber tu propio veneno si de esta manera te llevas a otros por delante. En este signo está asociado el sadismo y el masoquismo y la obsesión autodestructiva, puedes cometer actos muy crueles de manera muchas veces encubierta y "a sangre fría".

Sin embargo, tu capacidad de renacer puede convertirte en un santo aunque hayas sido el "peor pecador". Eres el único que tiene dos símbolos: un escorpión y un águila real; el escorpión se arrastra bajo las piedras en espera de picar, y el águila posee un enorme poder regenerador que llevará tu visión y percepción a las máximas alturas, desarrollará en ti un gran poder psíquico y con ello podrás detectar las situaciones mucho antes que se manifiesten.

Para armonizar tu hogar y mejorar tu ambiente debes adornar tu casa con flores rojas y crisantemos. Las plantas que van contigo son: la zarzamora, el ajenjo y el nabo. El árbol que te protege es el ginkgo, símbolo de regeneración. Para reforzar tu campo magnético usa aromas, en perfume y en incienso, que lleven esencia de rosas, ámbar gris, Artemisa y jazmín, que son afrodisíacas. Los colores que te dan buena suerte y una vibración de atracción son: todos los tonos de rojo, especialmente el rojo vino y el púrpura. Las piedras que te dan poder y buena suerte: la amatista, que es una piedra como un imán y refuerza tu atracción; el rubí que te ayuda a mantener la fe y el coraje para hacer frente al mundo; y el granate que equilibra tus deseos sexuales.

Los días en los que las decisiones te salen "de lujo" son los martes, fuertemente regidos por la vibración marciana; y el jueves, regido por Júpiter, planeta de la expansión que propicia tus logros.

Si en el lugar donde resides no has tenido el éxito que esperas puedes cambiar a países más propicios regidos por tu signo como Marruecos, Noruega, la India o Brasil, o a ciudades como Washington, Valencia, Liverpool y Parma.

Tus protectores y rectores siderales a los que puedes acudir son Samael, la fuerza del mago y el reino de Plutón; a los maestros de Marte; a la diosa Kundalini y a Buda. Tu mantram (fuerza de sonido) y palabras mágicas para experimentar paz mental son "kandil – bandil" y el sonido de la r (rrrrrrrrrrrrrrrrrrrrrr).

Por qué eres así

El enorme magnetismo que tienes, "para bien o para mal", además de tu extraordinaria capacidad de autocontrol te mantiene estoico aun en circunstancias difíciles. Posees también un campo de atracción magnética sobre los demás, a quienes irremediablemente dominas, "celas" y controlas.

Si el mundo te dice que sí, tú dices no; te comportas así porque en el inconsciente te gusta vencer los desafíos, gozas y padeces de una atracción secreta hacia el peligro, ya que existe en ti la necesidad de morir para renacer.

La muerte es "la esencia de tu metamorfosis", eres un liberador del inconsciente y el subconsciente, y el encargado de limpiar el sótano para conectar tu

"Yo" profundo, "morir en lo viejo y renacer en lo nuevo", "el ave fénix que se integra a partir de sus cenizas".

Buscas el submundo para confirmar que eres capaz de liberarte y de continuar hacia el futuro. Eres bueno creando crisis; donde para los demás no debía de haberla, defiendes tus posturas ante ellos porque tienes una tendencia innata a seguir ideologías fuera de la norma y a vivir pasiones y sentimientos extremos.

Dueño de una enorme energía para realizar curaciones. Sanas los sistemas de valores de la gente, tal vez sin intentarlo. Durante este proceso transmites poder a los demás para que aprovechen de manera creativa sus recursos y alcancen lo que se proponen; enseñas a los demás a utilizar su energía curativa para ponerse en armonía con ellos mismos. Puedes usar, con la misma intensidad, el poder de destrucción y de construcción al mismo tiempo.

El camino de vida de Escorpión

Tu camino de vida se basa en la necesidad de estar conciente de tu responsabilidad espiritual; has asumido el plan universal, y no puedes pasar por alto esta responsabilidad. Es muy importante que aprendas a dar libre curso a tus creaciones confiando en lo que valoras y compartiendo tus conocimientos espirituales con los demás. Tu camino es el sendero de la transformación y de la regeneración. La poderosa energía que permite eliminar lo viejo para que haga su aparición lo nuevo; es el camino del nacimiento y el renacimiento. No debes permitir que en tu sendero se creen bloqueos, es necesario que elimines las obstrucciones; de no hacerlo así puedes sufrir problemas físicos por retener lo que necesitas liberar, en algunos escorpiones generalmente pueden presentarse problemas en el recto, en los órganos sexuales, en el colon o en el intestino.

Representas el poder de eliminación, el mismo que procesa la basura y la convierte en material utilizable.

Eres el caminante que debe aprender y enseñar a los demás que toda dificultad se puede convertir en néctar.

La enseñanza que debes aprender

La lección que debes aprender se fundamenta en dejar de controlar a los demás. Ya que aprovecharás más tu energía para la creatividad y la renovación, la cual necesitas para llevar a cabo tus ideales y tus potenciales evolutivos con el fin de sentirte bien contigo mismo. Cuando logres abandonar tu posición de dominio sobre los otros podrás conocerlos con más objetividad y tu relación con ellos será más estimulante.

Por otro lado, creces como ser humano cuando asumes el estímulo del cambio, utilizando tu poder para el riesgo y el misterio sin que ello implique situaciones de peligro que puedan destruirte. Para aumentar tus conocimientos tendrás que deshacerte de lo que quieres creer, pero que ya no te sirve.

Sé generoso con quienes te rodean usando tus ideas reveladoras y tus percepciones para llevarlos a descubrir sus recursos ocultos. Exprésale a la gente tu reconocimiento de las habilidades que tienen escondidas, de esta manera los ayudarás a cumplir sus objetivos y tendrás la posibilidad de llegar a una convivencia más profunda y amorosa con los demás sin oponerte a su corriente.

Cuando ya no le des importancia al control que quieres ejercer sobre los demás, alcanzarás relaciones verdaderas y satisfactorias con las personas. Al compartir más tu sentido constructivo que el destructivo, puedes encontrar al compañero o compañera que has buscado durante tanto tiempo, ya que aunque parezca que destruir es más rápido y fácil, lo es más construir una relación basada en cimientos sólidos, sentimientos puros y la energía creativa de ambos. Eres leal a tus ideales y, aunque por lo general no expreses lo que percibes, amas profundamente a los demás y eres una persona que deja huella y enseñanza; por algo te reconocen como "el maestro de maestros".

Con Tauro tienes buena química, se atraen fuertemente, puede haber tanto grandes amores como grandes odios, sin embargo, es tu pareja complementaria; con Cáncer tienes muchas cosas en común, en especial las emociones, son dos signos fértiles; con Piscis existe atracción mutua como entre dos imanes, armonizan bien; con Capricornio encuentras equilibrio, los capricornios son fríos y los escorpiones pasionales; con Virgo formas buenos matrimonios, siempre y cuando no haya tantas críticas por parte de los dos. Sueles tener mala química con Acuario, ya que estos nativos libertarios no aguantan tu sentido de posesión; con Géminis no estás en la misma frecuencia, ellos son muy "ligeritos" y tú eres profundo e incisivo; con Leo chocas porque el ego de los dos es muy grande, sin embargo, cuando unen su poder pueden llegar a grandes alturas. Con los signos restantes no es tan intensa la afinidad ni la antipatía.

Zodiaco de las vidas pasadas

En tus vidas anteriores has vivido una intensidad emocional extrema y te has visto envuelto en terribles luchas de poder. Príncipe y mendigo, luchador social y delincuente. Santo y pecador. Puritano y libertino o cortesana. Fuiste herido y esto te ha proporcionado un instinto muy grande de sobrevivencia. Debido a que en tus vidas anteriores sufriste muchas "crisis" y todo tipo de traiciones, tiendes a desconfiar de las intenciones de los demás. Este sentimiento es tan fuerte que a veces provocas que se manifieste el peor lado de las personas que tratas, lo que en múltiples ocasiones causa que te aísles, ya que estando en soledad encuentras paz. Te vuelves muy selectivo con las personas en las que sí puedes confiar. Sin embargo, debido a las experiencias de engaño de vidas pasadas, abordas tus relaciones en general de manera obsesiva y exigente; tus contactos se vuelven enfermizos, fluctúan entre el sadismo y el masoquismo; en este punto los conflictos te llevan a conocer las motivaciones del inconsciente y el subconsciente y te conviertes en el mejor psicólogo curador.

En esta vida estás aprendiendo a equilibrar las experiencias del pasado con serenidad, centrándote en lo que quieres crear. Como eres una alma vieja, "ya muy corrida", tus objetivos existenciales están relacionados con una rica vida espiritual en la que tu sentido de renuncia y paz se dan de manera natural. Una vez que superes la influencia de tus vidas anteriores, de controversia y destrucción, sólo desearás crear y construir. Los escorpiones más elevados quizá ya no se dejan manejar por el deseo y tienen su "hoja de renuncia" en la mano.

MEDITACIÓN ASTRAL Y CÓMO CONECTARTE CON TU ESTRELLA PROTECTORA

Escorpión rige los órganos sexuales, y en esto reside el poder de mago que poseen los nativos de este signo, dentro del majestuoso templo corazón de su planeta regente, Plutón. En muchas ocasiones los escorpiones son atacados por fuerzas tenebrosas de los señores negativos de su planeta regente. Para evitarlo y purificar tu energía te daré un secreto que puedes practicar tú mismo o con tu pareja.

Recuerda que en el sexo está el poder divino, así que puedes hacerlo solo o cuando estés haciendo el amor con tu pareja. Vas a repetir los siguientes mantram (vibración de sonido): sooooooo, rrrrrrrrrr. Vocalízalos en forma de canto y pronúncialos en tono alto y agudo. Al repetir estos mantram, que son muy poderosos para despertar la energía divina que todos llevamos dentro, a través de un sonido fuerte y prolongado, nunca sentirás cansancio. Esta práctica activará tus centros de energía.

SAGITARIO

> *Ve a colocar una escalera:*
> *¡súbete a ella!*
> *Aun si se quiebra es preferible que corretear abajo*
> *y sorber la vana copa de la vida.*
> Anónimo

SAGITARIO. El viajero optimista
23 de noviembre al 21 de diciembre

El arquero es el noveno signo del zodiaco. Su símbolo, que es una estrella y una parte de un arco, significa la aspiración, que es sostenida por el esfuerzo y se dirige a las estrellas. Habitualmente se representa como un centauro, mitad caballo, mitad hombre, que significa el conflicto entre el pensamiento filosófico y el instinto de la conquista. Uno de los sentimientos de Sagitario está indicado en el arco, que simboliza el entusiasmo y el esfuerzo, los cuales siempre tienden a ir en busca de las alturas.

También es un signo de progreso cósmico y de abundancia, que se convierte en prodigalidad con los demás. El típico sagitariano es un optimista, perspicaz y alegre; como dice Ovidio: "La constelación de Sagitario, entre doradas estrellas está ahora resplandeciente, y aguijonea a Escorpión con su arco doblado".

La fase del arquero es externa, ya no intenta, como Escorpión, penetrar en el "porqué" de las cosas. Él ahora busca alcanzar la síntesis. Como signo de fuego, Sagitario está implicado principalmente en el pensamiento intuitivo; su gran simpatía por las relaciones lo distingue de los otros signos.

Es un signo mutable de energía psíquica, que en muchas ocasiones va hacia dentro y hacia fuera; aunque sus impulsos son tan fuertes que la naturaleza de su aspecto externo lo domina y constantemente lo lleva hacia el exterior. Sagitario tiene como clave "Yo veo", así que es un excelente vidente, o un visionario; su percepción raya en lo profético. El gran astrólogo Nostradamus nació bajo este signo.

Si eres nativo de este signo defiendes a capa y espada la verdad, eres franco y directo, quizá "más de la cuenta"; por eso la sutileza y el tacto no son tus principales cualidades, incluso muchos nativos de este signo tienen muchas "broncas" porque no pueden mentir.

Buscas siempre tu objetivo y no puedes vivir reprimido, representas la expansión y la integración; dedicas tu vida a los altos ideales.

Por tu sentido humano, das la impresión de ser impersonal, sin embargo, tus opiniones son muy personales y hasta apasionadas; te encanta polemizar y discutir temas de todo tipo; en reuniones sociales eres la alegría de la fiesta, tu gran sentido del humor te convierte en un gran contador de buenos chistes. Asimismo, tienes inclinación al juego y a las apuestas.

Generalmente eres indiscreto; la gente no debe confiarte sus secretos, ya que más tardan en decírtelos que tú en irlos a contar, ¡claro!, no todos son así, algunos nativos de este signo sí son reservados, pero no son muchos.

Sin embargo, los sagitarios más evolucionados buscan siempre el aspecto más profundo de las cosas y tienen una visión universal. El arquero es el signo de esperanza, "lleno de fe", con una naturaleza un tanto infantil y despreocupada; Gabilondo Soler "Cri-Cri" y Walt Disney nacieron bajo este signo y son el ejemplo más representativo de esta gran cualidad.

Eres un "niño grandote", por tu capacidad de ilusionarte y tu entusiasmo. Muy apasionado, pero de tu libertad. Soportas mal la posesión y la desconfianza. Aunque no eres infiel por naturaleza, no te gusta sentirte enjaulado ni atrapado. Amas la vida y crees firmemente en el amor.

En el aspecto profesional, tu ocupación más frecuente está en el campo jurídico; muchos nativos de este signo son jueces, magistrados o profesores; también te inclinas a la política como funcionario de gobierno, senador o ministro. Te relacionas con el extranjero, destacas como embajador y diplomático. Si te inclinas por el camino de la empresa, generalmente tendrás negocios de importación y exportación. Como eres el "eterno viajero" eres un buen promotor y guía de turismo.

Por otro lado, en tu signo existe una gran cantidad de filósofos, sacerdotes, literatos y oradores.

Amas la vida al aire libre, y el riesgo y la competencia son tu pasión. Sin duda alguna eres el signo del zodiaco que mejor se expresa físicamente. Muchos de ustedes son excelentes futbolistas, atletas, físicoculturistas, corredores de autos, etcétera.

Físicamente eres de cuerpo fuerte, ancho, bien proporcionado, por lo general tus muslos son muy fuertes y los músculos de las nalgas muy desarrollados y firmes; eres de ojos grandes, cejas tupidas, boca grande con labios llenos, cabello rizado u ondulado, algunos nativos de Sagitario son calvos prematuros, y tu voz es grave.

Si naciste con "buena estrella" te manifiestas vivo, franco, muy abierto, justo y de buen humor. Mentalmente eres idóneo para dirigir y mandar; estás exento de perjuicios, desprecias todo lo mezquino, tienes buen sentido de la palabra, estás abierto al conocimiento, eres un excelente filósofo y pensador. Tu necesidad de aventura y curiosidad, así como tu optimismo, hacen que superes cualquier dificultad. Tu lema es: "el menor esfuerzo por el mayor provecho". El sagitariano positivo es una persona responsable y respetuosa de la ley, y se puede entregar a cualquier disciplina espiritual o material. Los fracasos no te afectan, no eres rencoroso, aprendes de la experiencia y compartes lo aprendido. Pero si naciste con una "estrella desafiante", te manifiestas exageradamente sociable, no tienes el sentido de la medida, casi siempre caes en excesos. Eres fanfarrón, falso profeta, ostentoso, particularmente desinteresado en el trabajo, te niegas a cualquier reflexión profunda y tu caos interno te lleva a desestimar cualquier esfuerzo o dificultad; sólo quieres diversión y placer. Algunos nativos de tu signo son irresponsables, no se quieren comprometer con nada, y algunos sagitarianos negativos abusan del alcohol, son muy mujeriegos y un sinfín de cosas más hasta caer en un estado caótico. Son poco adaptados a la sociedad, algunos de ellos recurren a la "tranza", al fraude, y por lo general no pagan sus deudas.

Frecuentemente padeces problemas visuales, debido a la influencia de la estrella "Antares", ubicada en la constelación de Sagitario, que en muchos casos produce problemas en los ojos, así como enfermedades nerviosas, problemas de circulación y afecciones hepáticas.

Las piedras que te dan buena vibra son: la turquesa, que te protege de las catástrofes, la amatista, que promueve la suavidad y la comprensión; el citrino, que actúa como mediador entre el "Yo" superior y el inferior, y el zafiro azul, que te da protección en general. Los metales que atraen tu buena suerte son: el estaño y las piedras salpicadas de rojo y verde. Los colores que te favorecen y acentúan tu jovial personalidad son: lila, morado, púrpura, todos los tonos de azul, así como todos los colores violáceos. Puedes usar perfumes e inciensos con esencia de aloe, sándalo, orquídea o anís. Realzarán tu encanto y te serán útiles para la curación por medio de la aromaterapia.

Para armonizar tu hogar y mejorar tu ambiente adorna tu casa con flores como la hortensia, la violeta y la amapola; también puedes usar plantas para protegerte y acentuar las buenas energías, por ejemplo la begonia, el espárrago y la castaña roja. El árbol que te protege es el olivo, que estaba consagrado a Júpiter, tu planeta, y que además es símbolo de victoria y éxito.

Los días más propicios para tomar decisiones de trascendencia son los martes, gobernados por Marte, el planeta del impulso; y los jueves, gobernados por "el gran benévolo mayor", tu regente, Júpiter.

Si el lugar en el que vives no te es favorable, puedes radicar con mejor fortuna en países gobernados por Sagitario como España, Australia, Arabia, Croacia, República checa, Madagascar y Hungría, o en ciudades como Florencia y Toledo.

Por qué eres así

Es posible que te intereses en el cuidado de tu cuerpo, por lo general es así porque entiendes la necesidad de mantenerte en movimiento para estar en buena salud. Has aprendido que en el Universo nada es estático, todo está en un constante movimiento; este movimiento implica libertad, cualidad que te llevará a la toma de conciencia. Cuando te permites una verdadera libertad de expresión eres capaz de concebir muchas ideas, como ya he dicho anteriormente, eres excelente filósofo, consejero y maestro. A pesar de que para nada es tu intención que la gente te siga, emanas una energía que atrae a los demás hacia ti, por eso eres un gran conversador.

Si bien esperas encontrar a las personas que tienen una conciencia parecida a la tuya, es frecuente que tú mismo seas un alma solitaria; eres así porque comprendes que en tu viaje a la conciencia puedes acompañarte de muy pocos, a esto se debe que muchos nativos de Sagitario permanezcan con una actitud de solteros aun estando casados.

Los sagitarios negativos se manifiestan con un sentido de "autoderrota", no escuchan a sus semejantes. Comúnmente se "aferran" al camino que escogieron y terminan por ser muy rígidos, ya que existen dos tendencias en el Sagitario negativo: el rígido, puritano y controlador como un "inquisidor", y el que se expresa en plan caótico. Tal vez ambos sean así porque están actuando con la parte más baja de su conciencia (que representa al caballo, la parte animal del centauro). El segundo tipo es "un caos desbordado", inconstante, amoral e irreverente y sin ningún respeto hacia la vida, que se niega a seguir cualquier estructura y todo "le vale gorro".

El camino de vida de Sagitario

El camino de vida del sagitariano positivo tiene como finalidad constante confirmar su superioridad intelectual.

Has aceptado la responsabilidad de entender las filosofías y los sistemas de creencia de la humanidad. Estás difundiendo el conocimiento de que "todos somos uno y que todos vamos en la misma dirección". Sientes mucho amor por tus semejantes, así como un sentido de responsabilidad para llevarlos a alcanzar su toma de conciencia. Tu objetivo no es ser líder, pero tienes la capacidad de generar conciencia espiritual y devolverle a la gente su libertad interna. Tu camino de vida se basa en vivir una libertad plena, así como en enseñar a los demás a no perder la libertad de encontrar su propio camino; ya que más que buscar líderes, lo que la gente necesita es descubrir una conciencia superior desde su fuero interno.

En el camino de vida de Sagitario no está el sentirse culpable por ser diferente, ya que cuentas con el permiso de tu Dios interno, que es el planeta Júpiter, Zeus en la mitología griega, de ser verdaderamente libre y de ser tú mismo. Rompes con la estructura cotidiana de tu entorno cada vez que te sientes atrapado en ella.

Gracias a tu gran capacidad interior puedes distinguir lo que es tuyo y diferenciar los conceptos normales de la sociedad con los cuales no te identificas.

Estás impulsado en este sendero a la reunión con "el dios de tu conciencia", "a ser uno con el padre"; tienes criterio y fortaleza para elegir tu propio camino.

La enseñanza que debes aprender

En la vida estás aprendiendo a ver que la chispa de la conciencia está brillando. Al mismo tiempo estás aprendiendo a superar los esquemas de un pasado posesivo que te hicieron propenso a sentimientos muy limitados en cuanto a tu libertad.

Estás asimilando tener confianza en ti mismo, a través de tu capacidad innata de ver la verdad en todo lo que te rodea; asimismo, puedes enseñar a los demás a eliminar los velos de la ilusión que nublan un pensamiento claro.

Como posees la mejor "antena" de todo el zodiaco, debido a tu "tercer ojo", y respondes a la clave de tu signo, que es "yo veo", puedes percibir una realidad más profunda, precisa y lejana; miras la verdad desde muy lejos y como parte de tu enseñanza te corresponde compartir esa capacidad con todos los que estén dispuestos a aprender contigo.

En tu proceso de descubrimiento de la verdad actúas convencido de que todos los caminos son correctos y te pones a la disposición de las personas que necesitan tu ayuda.

Con Leo puedes tener una relación muy placentera, calurosa y espontánea, sueles hacer buenos matrimonios con él. Con los nativos de Aries puedes relacionarte en forma excelente, ya sea como socio o como pareja, ya que ambos aman la acción, el movimiento, el riesgo y la aventura; con Géminis tu naturaleza es complementaria, el atractivo entre ambos es muy fuerte, se unen de manera muy juvenil, pero no hay términos medios en su relación; con Libra tienes grandes afinidades y gran atractivo, son mutuamente complacientes y gustan compartir los viajes; con Acuario tu lema es "vive y deja vivir", mantienes buenas relaciones con él, ya que comparten el espíritu de libertad y los ideales humanitarios. Tienes mala química con Virgo, pues tus relaciones pueden ser incomprensibles, porque tú amas la expansión y Virgo limita tu espacio; con Piscis, aunque la relación es dinámica, existen grandes problemas en la convivencia, tú eres activo y piscis contemplativo; con Cáncer tus tendencias son opuestas, mientras tú eres independiente y libre, Cáncer gusta de la dependencia y se cansará de tu agitación; con Tauro parece difícil el contacto, ya que él es rutinario y detesta el cambio, mientras que tú eres muy dinámico y necesitas moverte. Con los signos restantes no es tan intensa la afinidad ni la antipatía.

Zodiaco de las vidas pasadas

Has pasado tus vidas anteriores enriqueciéndote con verdades espirituales que te han permitido servir. Esto se debe a que los sagitarios con nivel de conciencia superior fueron, en una vida anterior, grandes filósofos, líderes espirituales, humanistas, exploradores y conquistadores. Quizá, en algunos casos, algunos nativos de este signo hicieron mal uso de sus posiciones de autoridad espiritual en el pasado, se presume que se colocaron por encima de la ley y posiblemente en esta vida no se adaptan a las costumbres sociales. Estás aquí para comprender que ya no es necesario el desacierto que vaya acompañado de castigos o retribuciones injustas por parte de la sociedad. Estás aprendiendo a no colocarte con una actitud inapropiada por encima de las leyes éticas y sociales; ahora debes cooperar con las costumbres sin que por ello permitas que la sociedad inhiba tus deseos de libertad.

Tu pasado se caracteriza por haber seguido tu propio camino sin tomar en cuanta las demandas de la sociedad, es decir, viviendo bajo tu propia ley, y has venido con el deseo de que los demás te comprendan y te acepten. Te gustaría compartir con la gente la verdad, la inspiración y el conocimiento que obtuviste en tus vidas pasadas con la esperanza de que exista un intercambio. Pero tienes que abandonar tu cima filosófica y deshacerte de las actitudes de superioridad que te aíslan de los demás. En el caso del Sagitario negativo, debe integrarse con mejores normas de comportamiento social para que pueda ser aceptado y querido.

Meditación astral y cómo conectarte con tu estrella protectora

La lección de Júpiter es una de las vibraciones más altas, es el padre de los dioses; puedes recurrir a él cuando así amerite el caso, o como práctica habitual de vida, para elevar tu frecuencia y realizar tus sueños.

Siéntate en una manta de lana, de preferencia colócala en el suelo, con la espalda erguida y las piernas cruzadas, descansando tus manos en tus piernas, con los dedos unidos, el índice con el pulgar, coordina tu respiración y atrae hacia ti los rayos del benevolente Júpiter, magnetiza tu cuerpo, tu espíritu y tu mente con los poderosos rayos color violeta.

Repite suavemente el mantram o vibración de sonido, de manera pausada: liiiiiiiiiiisssssssssss, además de agudizar la clarividencia que ya posees, ganarás paz y consuelo. Ruega también al ángel Zachariel, tu protector espiritual, que te ayude en todo lo que te haga falta. Practícalo por las mañanas cada vez que puedas para cargarte de energía.

CAPRICORNIO

Alcé muros,
construí un baluarte profundo y poderoso
que nadie podrá traspasar...
soy una roca; soy una isla
Simon y Garfunkel

CAPRICORNIO. El gobernante práctico
22 de diciembre al 20 de enero

Capricornio es el décimo signo del zodiaco. En la astrología hindú es considerado como el más importante de todos los signos. Su símbolo representa la parte delantera de un chivo, con la cola de un pez sugiriendo vagamente la sirena; a veces también por el chivo marino o delfín. El chivo trepador de montes, que no se da por vencido hasta que no llega a las alturas que se propone, sus cambios se producen con el tiempo, es el signo de la iniciación, el orden y la justicia cósmicos, en el que la individualidad se desarrolla, y los seres humanos cumplen sus obligaciones para con los demás. Es el signo de la organización y coordinación; con infatigable esfuerzo escala el éxito, "una y otra vez vuelve a la carga para obtener más".

En la fase de Capricornio se asimila todo lo que se aprendió y entendió de los aspectos más amplios de la vida, lo que se puede hacer y conseguir dentro de la sociedad. Capricornio es un signo de tierra y cardinal, se interesa por las actividades materiales, quiere la prosperidad material y se responsabiliza por ello,

la estabilidad de la forma y la energía que se extrovierte para dar forma a las cosas.

Tu principal interés es la búsqueda de una posición, y a esto se debe que tengas una gran destreza personal; eres ambicioso y buscas estatus social y respeto. Para lograrlo te basarás en la perseverancia, la austeridad y la disciplina, tu estilo es empresarial y das la impresión de ser bastante frío y carente de sentimientos. Sin embargo, tras esa careta guardas y ocultas muchas cosas. Tienes el riesgo de quedar atado a las estrechas normas y regulaciones que tú mismo te impones. Posees una poderosa imaginación unida a intensa labor, cuentas con una aptitud natural para aprehender elevados ideales y expresarlos en forma concreta.

Sobresales por tu diplomacia, inteligencia, astucia y tenacidad para situarte en los cargos directivos, tienes gran habilidad para dirigir; puedes ser un destacado político e industrial, tienes también capacidad para administrar donde se requiere experiencia y control, eres de las personas más responsables del zodiaco.

Físicamente los nativos de Capricornio son de cuerpo débil, esbelto, a veces con algún defecto en las rodillas; cara larga con rasgos muy marcados y a menudo caracterizados por un aire de astucia y artimaña; nariz larga, labios finos pero firmes, barba y cabello escasos.

Si naciste con "buena estrella" te manifiestas con voluntad y ambición, eres muy reservado y desafecto a las demostraciones sentimentales, orgulloso, amante de la independencia y de espíritu inteligente. Defiendes integralmente los propios intereses. Pero si naciste con una "estrella desafiante" eres receloso, descontento, con falta de estima hacia ti mismo, astuto, inhumano, frío, egoísta y avaro; te aprovechas y abusas de la debilidad de otras personas, tomas ventaja de ellas en tu propio beneficio.

Regularmente padeces de enfermedades crónicas, así como de fracturas y luxaciones. Tus rodillas poseen una maravillosa sustancia que les permite el libre movimiento de tan sencillo y maravilloso engranaje óseo, ya que las rodillas se cargan con el plomo de Saturno, así adquieren la solidez, forma y fuerza que tiene analogía con tus características emocionales. Al caminar doblamos las rodillas porque salvamos el obstáculo.

Las piedras que te protegen son: todas las piedras negras y cenizas; el diamante, que incrementa la confianza en uno mismo y da ambición; el zafiro, que combina la disciplina y la amistad; y el onix, para el desarrollo de la fuerza psíquica. Entre los metales y minerales que te benefician están: el plomo, el crisopacio y el carbón.

Para armonizar tu hogar y mejorar tu ambiente usa flores de loto, benjuí, albahaca y gardenia; y plantas como el plátano, beleño, abeto, adormidera, cicuta y belladona. El árbol que te protege es el abedul, símbolo de paciencia y crecer solitario. Los perfumes que te dan buena suerte y mejoran tu atracción son el extracto de pino, alelí y lavanda; también puedes usarlos como inciensos para equilibrar tu ambiente, y en aplicaciones de aromaterapia.

Los colores que te favorecen son todos los colores oscuros como el gris Oxford, azul marino y negro, que enfatizan tu fuerte personalidad regida por Saturno, "el padre", y "Cronos", dios del tiempo en la mitología griega. Los días propicios para tomar decisiones trascendentales son los miércoles y los sábados; el miércoles es un día regido por Mercurio, y es el que mejor armoniza con Saturno, tu regente; el sábado, un día de guardar o de descanso de acuerdo con la tradición judía, está asociado con Saturno.

Si el lugar en donde vives no te es favorable puedes radicar para mejorar tu fortuna en países como Bulgaria, México, Albania y Lituania; o en ciudades como Oxford, Bruselas, Constanza y Port Said.

Los protectores espirituales y rectores siderales a quienes puedes acudir son: Orifiel, Sagdalón y Semakiel. Tu mantram (vibración de sonido o palabra mágica) para experimentar paz mental es Faaaaaaaaaaaaaa Raaaaaaaaaaaaa Ommmmmmmmmm.

Por qué eres así

Eres así porque estás enseñando el valor de mantener una buena reputación, sólo pretendes, en forma positiva o negativa, que al observarte la gente aprenda lo importante que es el prestigio y decida si debe llegar hasta la cima, ya que generalmente no tienes la intención de favorecer a otros, porque no es tu naturaleza, sino de enseñarles con el ejemplo.

Siempre consigues lo que quieres, pero sin alardes, por eso lo haces de manera silenciosa, reservada y autodisciplinada. No te importa el tiempo empleado porque nunca pierdes de vista lo que te has propuesto. No persigues ideales ni utopías porque te gusta la realidad material y palpable. Te gusta el poder y sabes usarlo. Para ello planeas meticulosamente tus objetivos y te armas de paciencia, que es una de tus mejores cualidades. No dejas jamás las cosas a medias, porque no puedes olvidar tus propósitos ni tus metas.

Eres una persona de tipo perceptivo, como buen Capricornio. Te resulta muy difícil mostrar tu emoción, pues ésta no pertenece al mundo de las realidades tangibles y concretas; en consecuencia, te "aferras" a tus sentimientos durante mucho tiempo y te cuesta trabajo olvidar las heridas y las experiencias dolorosas, sólo cedes camino si es conveniente para tus propósitos, y no te importa cuánto tengas que esperar para lograrlos.

Los nativos de Capricornio son materialistas, porque se apegan muchísimo a las cosas y al dinero, y algunos negativos incluso pueden tornarse muy avaros.

El camino de vida de Capricornio

Tu clave ante la vida se resume en una frase bíblica: "Yo uso concientemente los tesoros que me has conferido", este enunciado revela, tanto para bien como para mal, que los nativos de Capricornio poseen el don de la oportunidad.

El sendero de vida de Capricornio está basado en la paciencia y en el tiempo. Este nativo soporta pacientemente las restricciones, las frustraciones y las dificultades, pues todas entran en su marco de referencia, tiene un modesto número de metas a largo plazo, prácticas y plausibles, si es necesario dedica toda su vida a esas metas según lo estableció.

De todos los signos del zodiaco, Capricornio es el único dueño de su propia existencia. Sabe quién es y lo que quiere, y también cómo conseguirlo, cómo enfrentarse al mundo para sacar mayor provecho; por algo tiene fama de frío, sereno y calculador, ya que planifica las jugadas igual que un jugador de ajedrez y enfrenta todas las dificultades con la cabeza fría.

Tu lucha por el reconocimiento surge del deseo de preservar el aspecto formal de las cosas. Generalmente tu cabra se vuelve solitaria y melancólica en el camino ascendente de la vida, lo cual puede tener repercusiones sobre tu experiencia emocional.

Los dolores morales de los capricornianos son muy duros, afortunadamente su sentido práctico de la vida los salva y pronto se sobreponen a las peores amarguras de la vida. Las mujeres de Capricornio son magníficas esposas, fieles hasta la muerte, hacendosas y trabajadoras, sin embargo, su experiencia en el amor no siempre es afortunada.

La enseñanza que debes aprender

La enseñanza que debes aprender se resume a una sola frase: "más vale prevenir que llorar". Debes aprender a manejarte emocionalmente, amigo de Capricornio, puedes parecer poco expresivo, incluso duro, fuerte e insensible, pero no te engañes, tienes miedo a ser herido. Cuando te abres al sentimiento, eres cálido y acogedor, ya que para ti, el amor, como cualquier otra cosa, es un asunto muy serio. Quieres entrar en las cosas seguro del terreno que pisas, pero como en todo, cuando decides adentrarte en ese terreno te haces responsable de tus experiencias, eres capaz de resistir, esforzarte y sacrificarte por lo que amas como ningún otro signo del zodiaco. Las relaciones de los hombres y mujeres de Capricornio son egoístas, sobre todo en el tipo inferior de estos nativos; no así en el tipo superior. Debes aprender a mejorar tus relaciones con los demás, a dejar fluir lo que sientes entregándote sin garantías, ya que a veces tus uniones se basan en la utilidad que pueden brindarte sin implicar tus sentimientos.

Con Virgo armonizas bien, casi siempre se unen para concretar relaciones sólidas y duraderas, que tal vez no son apasionadas, pero sí tranquilas; con Tauro puedes tener una relación estable y cómoda, pues ambos buscan seguridad material y social, los dos son ambiciosos, razonables y se pueden tener una gran confianza; con Cáncer, tu complemento, compartes la preocupación por el hogar y las tendencias domésticas, son los mejores compañeros para darse garantías de seguridad y fidelidad, la sensibilidad de Cáncer ablanda al corazón de Capricornio; con Piscis se amalgama y puede convivir sin antagonismos, porque Piscis es de elemento agua y capricornio de tierra, sin embargo, no es la unión ideal; con Escorpión te llevas bien, se adaptan el uno al otro, ambos se inspiran una gran confianza, Escorpión aprecia la serenidad de Capricornio y no le despierta su naturaleza tan celosa. Sueles tener mala química con Aries, porque tienen muchas dificultades de adaptación, el fuego y la tierra son incompatibles, su iniciativa y su afán de poder "chocan", y el resultado de esta combinación es un contacto agresivo; con Libra difícilmente estableces una relación de armonía, dado que la naturaleza de los dos es disonante, a pesar de que los nativos de Libra son complacientes, te desesperas por su pasividad y aparente pereza; con Leo no se producen resultados felices, a Leo le atrae la vida espléndida y de brillo social mientras que a ti no te gusta figurar, eres muy materialista y objetivo, generalmente sus egos están en disputa, sin embargo, en el trabajo pueden llevarse bien; con Sagitario se da una relación entre el clásico optimista y el clásico pesimista, el clásico liberal con el conservador, pueden equilibrarse, pero generalmente no armonizan, su relación resulta chocante; con Géminis, sus naturalezas son muy diferentes, tú eres serio y reservado, y Géminis es más comunicativo de la cuenta, el contacto entre los dos produce irritación y falta de cohesión, no se toleran. Con Acuario no es tan intensa la afinidad ni la antipatía, y con tu mismo signo generalmente no hay el contraste que se necesita para sentirse atraídos.

ZODIACO DE LAS VIDAS PASADAS

Has pasado tus vidas anteriores siendo figura y cabeza, líder político, has tenido cargos de mando y autoridad en puestos socialmente prestigiosos. Te has acostumbrado a recibir respeto, deferencia y la cooperación automática de los que te rodean. En encarnaciones pasadas trabajaste mucho para lograr reconocimiento; tu alma refleja que los enormes sacrificios que hiciste en otras vidas te han capacitado para conducirte en ésta con resistencia y dureza. Tu alma es profunda y oscura.

Como siempre has tenido poder, si en esta encarnación no lo tienes, te sientes muy inseguro, porque estás acostumbrado a tener una fuerza material que te dé sustento.

Levantas una Muralla China alrededor de todas aquellas cosas que amenazan tu intimidad, especialmente en el campo de los afectos, en los que buscas dominar, pero es necesario que recuerdes que abrir los sentimientos y expresarlos, aunque no tengas a nada ni a nadie bajo control, te dará la experiencia de integración al unir tu parte femenina y masculina.

En vidas anteriores llegaste a contraer matrimonio generalmente por conveniencia material, con tal de mejorar tu estatus social. Todavía te quedan residuos de ese pasado.

Lo único que te falta por aprender en esta vida es a tolerar el fracaso y a "dejarte ir" en tus relaciones. Con calidez y sentimiento podrás identificar tus deseos y los de los otros, con lo que lograrás eliminar tu miedo al amor. Al expresar tus sentimientos conseguirás un nuevo equilibrio y un reajuste entre tu persona y tus circunstancias, tendrás seguridad y lograrás cumplir tu misión siendo una autoridad feliz en el mundo.

Meditación astral y cómo conectarte con tu estrella protectora

En las horas de la Luna puedes trabajar con tu maestro Saturno, en la morada de las altas jerarquías del sabio. Capricornio, dice la astrología gnóstica, es la puerta del cielo.

Siéntate en una posición cómoda, respira concientemente, inhala y exhala cinco veces seguidas; ahora siente que el infinito está dentro de ti, puedes cerrar los ojos para aumentar tu sensación de bienestar y alcanzar la profundidad de tu espíritu. Céntrate en tu corazón y repite el mántram o vibración de sonido del signo de Capricornio, también puedes hacer la repetición mentalmente; hazlo como desees. El sonido es el siguiente: Faaaaaaaaaaaaaa Raaaaaaaaaaaaa Ommmmmmmmmm.

Ruega a tu maestro interno que te proteja, te llene de luz, y que te conceda toda clase de dones.

Practícalo cada vez que lo necesites, también puedes hacerlo todos los días como un hábito de vida.

ACUARIO

> *Llega hasta un límite y trasciéndelo.*
> *Nuestra única seguridad consiste en nuestra actitud para el cambio.*
> Sam Keen parafraseando a John Lilly

ACUARIO. El investigador impersonal
21 de enero al 20 de febrero

El aguador es el undécimo signo del zodiaco. Su símbolo representa al servidor de la humanidad, que vierte el agua del conocimiento para mitigar la sed del mundo. Las ondas del agua representan a las ondas vibratorias de la electricidad; son líneas de fuerza en un campo de fuerzas.

Acuario es el principio humanitario que coordina el espíritu y la materia, impulsa todos los actos de amor desinteresado, obra y siente por los otros como si fueran él mismo; estos nativos se distinguen por una fuerte voluntad que está gobernada por la razón, aunque en muchas ocasiones sus razonamientos sean defectuosos. Es de cualidad fija, de elemento aire, no de agua como popularmente se cree. Es positivo y cálido; gobernado por Urano como regente diurno, y por Saturno como regente nocturno. Es un signo contrario a la forma, todo lo que ya no sirve o no ha pasado la prueba es dejado atrás.

El significado oculto de acuario es "saber". El signo del aguador dentro del zodiaco es eminentemente revolucionario.

Eres el bohemio del zodiaco, y si estás mal aspectado, tienes serias dificultades para asumir el orden y la disciplina; casi todo lo que haces lo efectúas con un ritmo intermitente y esporádico; sin embargo, eres genial y oportuno en todas tus manifestaciones. Sufres cambios inesperados e imprevistos y rompes con todo convencionalismo.

Sin embargo, ciertos tipos de acuarianos en los que influye más el planeta Saturno, tu corregente, son tranquilos y tolerantes, les gusta que todo transcurra sin dificultades y comparten características con los nativos de Capricornio, evitan el contacto social, son metódicos, reservados, trabajan mucho y permanecen solteros y viviendo con la madre hasta edades avanzadas. No obstante, contrasta con ellos el "típico" nativo de Acuario gobernado por Urano, el rebelde, el inventor, el genio, "el que da hasta la camisa por los amigos" y pasa en reuniones sociales la mayor parte de su tiempo, el que padece cierto grado de alcoholismo; conducta que es cotidiana en algunos ejemplares negativos.

El típico acuariano positivo es muy original, lucha por mantener la objetividad y defiende a toda costa sus verdades, es esporádico en su acción, así como "loco" y genial en su manifestación mental.

Si eres nativo de acuario puedes realizar las más diversas y atípicas profesiones, por ejemplo, futurología, astrología, metafísica, psicología arqueológica, sociología y cualquier trabajo en el que se requiera investigar, como aviación, astronomía, electrónica (radio, televisión, Internet), ingeniería, física y nuclear, invención y toda clase de actividades fuera de lo común y del orden establecido; muchos guerrilleros tienen este elemento o han nacido bajo este signo. Eres evolucionado y también puedes ser profesor universitario de materias como física y química; participas en grandes sociedades humanísticas. Vas a la vanguardia de la época, así que tienes gran facilidad para la electrónica y la cibernética.

Físicamente eres de estatura mediana, con formas armoniosas y llenas; tez clara y fina, ojos azules u oscuros, cabello castaño, rojizo o rubio y cara oblonga. Las nativas de este signo generalmente son bellas, de cuerpo delgado y de estatura alta.

Acuario rige las pantorrillas y la circulación sanguínea para que el cuerpo no se deteriore. La circulación representa, en forma simbólica, que "en la vida todo fluye"; la obstaculización en el riego sanguíneo produce problemas como la trombosis. Por otro lado, las pantorrillas permiten el salto; metafóricamente hablando "saltan para eludir lo que se interpone en el camino", de esta manera es como los nativos de este signo libran los obstáculos en la vida.

Por otra parte, también las enfermedades del sistema nervioso están asociadas con este signo; regularmente padeces de convulsiones.

Si naciste con "buena estrella" te manifiestas en un temperamento equilibrado, fiel a las amistades; con sentimiento de instintivo acierto para juzgar el carácter de la gente, pensamiento original y conocimiento relámpago; eres bondadoso, tremendamente leal a tus aspiraciones y a tus sueños más profundos; tu concepto de fidelidad se traduce en compartir ideales e inquietudes; defiendes, a toda costa tu sentido del "ser", de la misma manera permites "ser" a los demás. Pero si naciste con una "estrella desafiante", te muestras poco digno de confianza, ¡desconfías hasta de ti mismo!; tienes una mentalidad limitada; deseas ser original pero resultas bastante excéntrico, no estableces lazos de ninguna clase y piensas que el mundo es imperfecto e inepto, y que sólo tú posees la visión de lo que debería ser.

Las piedras que te dan buena vibra son: la aguamarina, que desahoga emociones y combate la depresión; el zafiro, que puedes usar en un anillo para que Urano te proteja; el ámbar, que calma la inquietud; y el ágata como amuleto para la buena suerte en el plano material. Los metales y minerales que te benefician son: el aluminio, el uranio, el plomo y la obsidiana.

Para armonizar tu hogar y mejorar tu ambiente debes usar las siguientes flores: la madreselva y la mandrágora, el nardo y la orquídea; y plantas como el eucalipto, el pino, el ciprés y la mirra. El árbol que te protege es el baobab, un árbol que parece que lo hubieran plantado al revés y que simboliza lo impredecible. Los perfumes que te dan buena suerte y aumentan tu atracción magnética son la esencia de nardo, magnolia, violeta y pachulí; también puedes usar estas fragancias en inciensos y aromaterapia.

Los colores que te favorecen son: el azul en todos sus tonos, los colores oscuros, los grises, los tonos lilas y los violáceos.

Los días propicios para tomar decisiones de trascendencia son los miércoles, regidos por Mercurio, el planeta de la inteligencia; y los sábados, gobernados por tu corregente, que es Saturno, el planeta de la concentración.

Si el lugar en donde vives no te es favorable, puedes residir con mejor fortuna en países regidos por Acuario como Suecia, Prusia, Rusia y parte de Polonia; o en ciudades como Hamburgo, Trento y Bremen, entre otras.

Por qué eres así

Como naciste en la estación del invierno, y en esta época del año "se dejan caer las ramas y las hojas muertas", lo mismo ocurre en tu psique personal, sometes a investigación y análisis todo para eliminar lo que ya no sirve. Eres buscador de la condición humana en el contenido universal. A esto se debe que te liberes de la forma y vayas más allá de los límites, ya que Acuario se eleva por encima de la apariencia de las cosas. Eres impersonal porque pretendes que tus sentimientos no interfieran con tu objetividad.

Como tus pensamientos están muy activos y controlados, tu vida amorosa no es muy emotiva, al menos eso es lo que demuestras. El gran flujo de tu energía psíquica hacia el interior enriquece tus pensamientos e ideas; has ido más allá de lo material y externo, sin embargo, puedes quedar anclado en el mundo mental.

El acuariano puede ser muy fiel en todas sus relaciones, siempre y cuando tenga libertad para alternar con amigos de ambos sexos; la amistad y el intercambio de pensamientos e ideas es algo esencial para las personas que nacieron bajo el signo del aguador.

Tiendes a romper los límites y las formas fijas porque eres un ciudadano del mundo. Generalmente vives la ruptura, no porque seas destructivo, sino porque tienes la intención de reconstruir. "Las viejas ramas que se caen en el invierno dejan espacio para que haya brotes nuevos."

Eres excéntrico e inconvencional porque estás aquí para revolucionar un orden caduco, ya que eres un renovador de ideas, un revolucionario. Tu anhelo de búsqueda y de cambio es porque naciste con una conciencia individual desarrollada.

Buscas continuamente variedad en la vida porque te aterroriza la rutina; estás proyectado hacia el futuro y te cuesta trabajo vivir el aquí y el ahora.

El camino de vida de Acuario

El camino de vida de los acuarianos, dentro del orden social, es una influencia regeneradora y reformadora. Lo que piensa un acuariano será normal para la forma de vida después de sesenta años; es un nativo que nació adelantado a la época en que vive. El poder por el poder mismo le interesa muy poco, su máximo interés es estudiar la estructura social y la dirección de los destinos ajenos.

Acuario es un signo de contrastes, se puede decir de ellos que son "medio locos", pero todos tienen un común denominador: La facilidad para el cambio de rumbo y lugar en cualquier momento. En muchos casos causan escándalo, no se adaptan al medio y valoran su individualidad e independencia y la imponen por encima de todo. Su camino siempre está activado en dirección a la conciencia grupal a pesar de su fuerte sentido individual.

Preservas su intimidad y tienes una fuerte necesidad de distancia, que los otros perciben como desinterés. Conoces los cambios de la vida y sabes que las experiencias llegan en todo momento, en diferentes edades o en distintas situaciones, y tienes la capacidad de asumirlo; rompes la estructura y aceptas el cambio según se vaya presentando en tu vida. Tu tendencia en el sendero no es llevar demasiada carga, no quieres nada que te reste libertad ni que te "ate".

Como todo buen buscador te rebelas. Esta rebelión se vuelve crítica para los demás, y generalmente el típico acuariano no se adapta ni se integra a la sociedad, la quieres modificar con una visión utópica, en la que esperas que sea la sociedad y el conjunto humano el que se adapte a ti.

La casa 11 es la casa de la amistad y tiene analogía con el signo de Acuario, al mismo tiempo que defiendes tu "Yo" disfrutas enormemente la compañía de los demás, siempre y cuando respeten las diferencias individuales.

Amigos no son los conocidos, ya que éstos serían muchos; sino los que establecen vínculos profundos contigo pero respetan tu libertad y permiten la colaboración desinteresada y efectiva en los logros mutuos.

La enseñanza que debes aprender

La lección básica de tu vida es aprender a tomar conciencia de lo que quieres y a manifestar tu poder creativo, creando lo que deseas y cuidando que las relaciones sean sanas para que te hagan evolucionar.

Si eres nativo de este signo, tienes la capacidad de adoptar nuevas ideas y proyectos, con lo que ayudas a los otros a conocer la era de Acuario. Cuando eres impersonal estás enseñando a los demás que el distanciamiento ayuda a entender que no debemos "aferrarnos" a nada en este plano de la tierra; todo lo que podemos llevar con nosotros mismos es la experiencia, y de lo que realmente somos dueños es de nuestro tiempo. A la vez que estás aprendiendo esta lección, estás transmitiendo a otros este conocimiento.

Por otro lado, también estás intentando equilibrar tu mente, que regularmente tienes en el cielo, con los pies, que deben estar en la tierra.

Estás aprendiendo y enseñando que todos los seres son iguales, y que nadie tiene más derechos y pase sobre los otros. Tu reto es liberarte de todas las emociones negativas y posesivas, como los celos y el apego.

Tu lección no es amar por amar, sino aprender a amar sin presiones, y aceptar ser amado por lo que eres y no por el papel que desempeñas. Viniste a aplicar tu creatividad y el genio para mejorar la calidad de vida humana como representante de esta nueva era.

Con Libra tu combinación es positiva y excelente por tratarse de dos signos positivos del elemento aire, la atracción más importante en este contacto es de amistad, sin embargo, prefieren la unión libre al matrimonio; con Géminis te entiendes de maravilla, ambos progresarán en propósitos intelectuales, pues uno constituirá un estímulo para el otro, habrá comunión de almas y de pensamientos; Leo y tú se complementan al mismo tiempo que se rechazan, ya que son dos signos fijos opuestos en el zodiaco, ambos son individualistas y sus tendencias van en direcciones distintas, sin embargo, también hay amor en sus relaciones, y las tendencias exclusivistas de Leo tienen que hacerse más universales para que la relación dure; con Sagitario la combinación de pareja es positiva, con ellos puedes mantener buenas relaciones porque comparten la libertad y la búsqueda de ideales; con Aries la combinación es muy agradable y nada monótona, las experiencias compartidas son insólitas y emocionantes, la franqueza y la comprensión natural que se da en su relación les da un excelente contacto. Tienes mala química con Tauro, son incompatibles, tus intereses se orientan a un plano mental y de conocimiento, mientras que los de Tauro se inclinan hacia las posesiones y el dinero, tú eres independiente y Tauro posesivo, ambos son fijos y necios; con Escorpión compartes el dominio, pero su forma de abordarlo es muy distinta, mientras que tú buscas la supervivencia a través de un sentido de libertad, Escorpión lo maneja ejerciendo control sobre todo, ambos son rebeldes a la autoridad; con Cáncer se confrontan dos naturalezas que combinan mal, las ondas de uno son muy distintas a las del otro, el nativo de Cáncer se refleja en el pasado y tú en el futuro, eres independiente y Cáncer apegado; con Virgo sólo existe un punto en común y es que ambos son mentales, pero en el aspecto amoroso Virgo es atento y le gustan los detalles, mientras que a ti todo se te olvida, hasta las fechas de cumpleaños, ellos ven el árbol y tú el bosque. Con los signos restantes no es tan intensa la afinidad ni la antipatía.

ZODIACO DE LAS VIDAS PASADAS

En tus vidas anteriores experimentaste situaciones comunitarias (harems, monasterios, ashrams, internados, cárceles, etc.), tu conciencia está vinculada al contexto grupal y depende de la correspondencia de las personas que te rodean. El concepto de amistad es lo más grande para ti.

Las vivencias del pasado te han dotado de un olfato natural para saber qué es positivo a la comunidad y lo que va a propiciar el bien colectivo.

Como en sus vidas anteriores les faltó un verdadero amor y predominó un ambiente impersonal, muchos nativos de Acuario en esta vida prefieren la soltería, pero otros sí desean contraer matrimonio, sin embargo, sienten que la vida los obliga a estar solos y a menudo no tienen ningún hombro en el cual apoyarse, en consecuencia, aprenden a crear su propio bienestar y pasan largos periodos de soledad y aislamiento.

Tu alma también vivió como ermitaña en encarnaciones pasadas.

Por otro lado, en vidas anteriores desarrollaste un sentimiento de rebeldía contra el resto del mundo, al parecer fuiste castigado y sacrificado por tus ideas "de avanzada" en distintas épocas de la historia (cristianismo, inquisición, Revolución francesa, movimientos de independencia, etc.).

De alguna manera has estado separado de la sociedad; lo que te ha permitido seguir tu propio camino, quizá también en el pasado has sido vagabundo o intelectual, y por eso no te importan las tradiciones sociales ni deseas seguir los convencionalismos.

Como has sido pobre y rico, crees en la igualdad, ya que el contraste de vida que experimentaste cambió tu forma de ser y puedes pasar por alto las diferencias de condición económica. Hoy aspiras a elevarte muy alto y a ya no convertirte en oveja.

Meditación astral y cómo conectarte con tu estrella protectora

Entra en los templos siderales de Acuario y pide a tu regente sideral que te traiga a los genios de la sabiduría, los ancianos Archer y Sakmakrel, que rigen tu constelación, y ruégales a estos genios de la casa de Urano que intercedan para que a través de ellos: "La fuerza divina penetre en tu corazón y llene tu cuerpo de una gran corriente de luz que descienda de arriba y cubra tu cuerpo y tu alma con su espíritu radiante".

Medita en tu maestro interno, que es tu propio ser y está dentro de ti; repite la palabra mágica, vibración de sonido o mantram de la siguiente manera luuuuuuuuuuuuuzzzzzzzzzzzzzz, (luz, luz, luz).

Siéntate en un sillón cómodo durante media hora; aparta de tu mente todo pensamiento que te preocupe y enfoca con todo tu corazón y con toda tu alma a la estrella de Urano, tu planeta regente; pide el favor que desees y que necesites. Al mismo tiempo que experimentarás paz y amor, disfrutarás el estado de plenitud que reside en todo tu cuerpo.

Practícalo cada vez que lo necesites, conéctate en meditación con tu fuente interna, con tu maestro de la conciencia, hasta que un día logres la iluminación.

PISCIS

♓

> *¿Quién va a rescatar a quien rescata?*
> Charles Schultz

PISCIS. El receptivo rescatador
21 de febrero al 20 de marzo

Piscis es el duodécimo signo del zodiaco. Su símbolo representa una pareja de grandes caballos marinos o leones marinos, unidos; que moran en las más profundas regiones del mar; y significa la vida después de la muerte; la expresión propia y la lucha del espíritu dentro del cuerpo.

Piscis está sabiamente simbolizado por dos peces. El pez es el símbolo viviente del cristianismo. Los dos pescados de Piscis, enlazados por un guión, tienen un profundo significado; representan a las dos almas y a las dos polaridades, una femenina y otra masculina; la sagrada pareja y el divino matrimonio; la integración de los contrarios.

Piscis es el arquetipo del protector. Como signo de agua, es sensible, emotivo e impresionable. Como signo mutable, Piscis no siempre sabe qué hacer con sus emociones y, en consecuencia, presenta muchos cambios en el estado de ánimo. Personaliza todas las influencias, por esto mismo tiene la capacidad de mimetizarse y de convertirse en muchos, como un camaleón que toma el color de donde se para. Su energía psíquica fluye libremente, y en los nativos de este signo se da la batalla entre los sentimientos y la mente; entre sus experiencias personales e impersonales.

Algunos nativos de Piscis parecen inestables; al menos esa es la impresión que dan, porque el sentido práctico a algunos no se les da; prefieren evitar las responsabilidades materiales y se sienten más felices cuando están a solas con sus pensamientos. Prefieren su mundo privado de los sueños y los ideales.

Si eres nativo de este signo te inclinas por el arte en general, la música y la escultura; puedes ser un gran actor (son los mejores), pintor o arquitecto. Tienes vocación y calidad profesional en actividades como el sacerdocio y todo tipo de funciones religiosas; destacas en actividades culinarias desde cocinero hasta jefe de hotelería; por otro lado puedes ser un excelente médico y enfermero; en el área de la curación eres brillante tanto en la medicina alópata como en la alternativa; generalmente te desenvuelves en las instituciones de curación y caridad. Muchos nativos de Piscis se dedican al ocultismo y a las materias esotéricas como el espiritualismo y las artes adivinatorias. En empleos más humildes realizas labores de ventas de bebidas; otros son marinos, navegantes y obreros; tienes muchas actividades a lo largo de tu vida; eres un "mil usos".

Sin embargo, muchas veces te gusta trabajar en grandes organizaciones colectivas, detrás del telón, donde tu compasión pueda expresarse ayudando a los demás en lugares cerrados, por ejemplo hospitales, cárceles e instituciones de beneficencia. Por tu gran movimiento psíquico tienes considerables poderes de asimilación, pero raramente obtienes ventaja de ellos por tu falta de autoestima y tu gran sensibilidad emocional... ¡no ganas dinero!.

Eres un signo que tiene fama de estar siempre a punto, de acoger al vecino, por tu desarrollado instinto de protección; eres un "paño de lágrimas" para todo el que necesita ser escuchado. Tu regente, el planeta Neptuno, rey de los mares, es la imagen del perfecto protector, nutriente, amante y atento al desarrollo de los niños y al auxilio de los débiles. Esa es la razón por la que sientes un interés desmesurado por cualquier ser humano que personifique al "niño abandonado" o a una persona desvalida; vibras con las necesidades de los otros y te haces cargo de su situación, aunque luego te arrepientas y ya no sepas qué hacer "con tantas broncas que te echaste encima". Creo que reflejas en ellos tu propia naturaleza de orfandad y una profunda necesidad de ser auxiliado y amado.

Físicamente eres de poca estatura, formas llenas y carnosas, tiendes a ser "gordito"; miembros cortos y a menudo desproporcionados, la cara es ancha, grande, carnosa y pálida; ojos grandes, salientes y de mirada dormida, cabello comúnmente castaño claro. La parte sensible de Piscis son los pies, algunos de ellos tienen pies mal formados por la aparición de problemas como callos, inflamación, sudoración e irritación; otros nativos de este signo son muy cuidadosos con sus pies y se sienten orgullosos de ellos; ya que los pies representan la capacidad física de andar por la vida, y psicológicamente significan el andar correcto; los pies tocan la tierra, la realidad "del aquí y el ahora".

Piscis gobierna el sistema linfático, el cual controla el sistema inmunológico, que nos defiende de las enfermedades. Este signo también rige el hígado, cuya función es neutralizar y transformar las toxinas del cuerpo para que no nos envenenen. Los nativos de Piscis regularmente son propensos a la intoxicación, a pesar de esto, un gran número de personas nacidas bajo este signo pueden ser adictas a los fármacos, al alcohol o a cualquier otro tipo de droga, tal vez están intentando, a través de este mal, protegerse o evadir la cruda realidad que no pueden soportar; padecen de afecciones reumáticas, catarros, úlceras y problemas de sueño (duermen poco o mal porque suelen tener pesadillas debido a su gran imaginación).

Si naciste con una "buena estrella" eres alegre, comunicativo, pacífico, refinado y muy susceptible a las influencias del ambiente; de comprensión rápida, de juicio sano y amplio, protector, compasivo y tolerante con cualquier ser vivo, intuitivo como ninguno, tienes una gran fortaleza, posees equilibrio interior y eres una persona altamente mística y desarrollada. Pero si naciste con una "estrella desafiante" eres perezoso, indolente, algunas veces negligente; buscas la comodidad, eres propenso a las adicciones, te gusta el secreto, eres inestable, poco fidedigno o creíble, demasiado sugestionable, no tienes aspiraciones, te gusta vivir como parásito a través de otros, y puedes asumir el papel de mártir mostrando una debilidad que no tienes.

La mayoría de los nativos de Piscis creen en la supremacía del espíritu sobre la materia y, en consecuencia, se entregan a causas o proyectos idealistas. Sin embargo, tienen una visión profundamente realista de la vida y se interesan por todas las ramas del conocimiento humano, desde las cuestiones prácticas de la vida cotidiana, hasta el aprendizaje profundo de las ciencias, las artes, la política y la filosofía.

Gracias a tu naturaleza liberal eres receptivo a todo peligro.

Las piedras y minerales que fortalecen tu campo magnético son: la amatista, que te protege de las adicciones; el ópalo, que aumenta la ilusión; la perla, que sirve de consolación; el jade, que equilibra la función renal; y en general las piedras de mar como el coral. En metales debes usar anillos, pulseras, accesorios en general de platino y estaño.

Los perfumes que te dan buena suerte y aumentan tu atracción son la mirra, el jazmín y el sándalo, también puedes utilizar estas esencias en incienso y en aromaterapia. Los colores que te favorecen y enfatizan tu personalidad son: el violeta, el azul agua, el turquesa, el verde pálido y el verde limón.

Para armonizar tu hogar y mejorar el ambiente de tu espacio usa flores como las violetas, la begonia y el jazmín; y plantas como el maguey, los helechos, los musgos, las algáceas y el olmo. El árbol que te protege es el sauce, que significa pureza y misticismo.

Los días propicios para tomar decisiones de trascendencia son los jueves, regidos por Júpiter, tu planeta corregente; y los viernes, regidos por Venus, el planeta del amor.

Si el lugar en donde vives no te es favorable puedes residir con mejor fortuna en países como Normandía, Portugal o Uruguay, o en ciudades como Alejandría, Lancaster, Galicia y Sevilla; o bien, en regiones como Calabria y en lugares cercanos al desierto del Sahara.

Por qué eres así

¿Porqué los piscianos son almas auxiliadoras?

Eres muy sensible a las energías que están a tu alrededor y captas las vibraciones fácilmente, porque eres el signo del zodiaco más desarrollado en el plano psíquico. Por lo tanto, debes ser cuidadoso de no absorber la negatividad de los demás.

Piscis rige la XII casa; entre muchos otros significados simboliza el claustro materno y la muerte, el principio y el final de la persona en sí. Piscis necesita mucho del afecto, por eso vive más de su corazón que de su mente, y pide a los demás que sientan lo mismo que él.

Te entregas a tus sentimientos sin pensarlo dos veces; sientes el placer y el dolor con la misma intensidad, por eso es fácil herirte, y cuando algo te interesa te das en cuerpo y alma; aguantas por amor situaciones difíciles y a personas insoportables; pero el día que te das cuenta que no eres correspondido y que tocas tierra, te desapareces sin dejar huella ni dar explicación alguna, y casi es seguro que te habrás marchado para siempre, porque no vuelves atrás, tal vez por esta característica las personas que interactúan contigo te perciben cambiante e inestable emocionalmente.

Le das a la gente la libertad de ser ella misma, porque reconoces que todos estamos en un estado en el que necesitamos trabajar nuestras lecciones para superarnos en esta vida.

Por tu gran susceptibilidad a la atmósfera de la realidad, tiendes a tener un temperamento místico; quieres conocer las verdades más profundas y ocultas, así que puedes volverte muy devoto de una determinada doctrina. Tienes una intuitiva comprensión de los sentimientos y de la unidad de la naturaleza humana universal con tu naturaleza personal lo que te permite llegar a planos superiores.

El camino de vida de Piscis

Como eres el último signo del zodiaco, recoges la sabiduría final, la unión y la experiencia obtenida durante el ciclo de los doce signos. Eres el resultado final del ciclo de las once partes, y la semilla de un nuevo ciclo de experiencias, que es la tuya. Te estás preparando para un nuevo ciclo.

Los Piscis pueden ser conscientes de esto o no; pero en esta vida madurarán convirtiéndose en un ser que ha unido en sí mismo los dos opuestos, lo personal y lo impersonal. Piscis nace en el invierno; paralelamente la naturaleza en el periodo de Piscis ara y prepara la tierra para plantarla y sembrarla.

Eres un signo individual, y como es poca tu estructura, disuelves las formas; pero a pesar de ello obtienes el depósito total del conocimiento, debido a que cuentas con una visión universal para ver las cosas.

Tu sendero es aprender a sentir y a ponerte en contacto con el espíritu que llevas dentro; a entregarte al universo de manera consciente. Puedes lograrlo como maestro o líder espiritual; como un ejemplo viviente de compasión y sensibilidad, como una persona que apoya y reafirma los procesos de vida de sus compañeros de viaje.

En tu camino de vida fuiste dotado de habilidad para sentir cuando alguna persona está pasando por algún problema.

"La haces muy bien" como consejero por tu profundo nivel de sensibilidad. En tu camino de vida atraes a personas que son muy críticas de sí mismas y que necesitan ver las cosas con mayor amplitud y libertad.

Por medio de la compasión natural que posees, puedes ayudar a los otros a tener un sentimiento de autovaloración. Sin embargo, no debes perder el camino y quedarte atrapado en el patrón del autoengaño; en ocasiones te sientes víctima y te complaces en el esquema de sentir lástima por ti mismo, o en conductas de un escapismo destructivo.

Necesitas mucha objetividad para volver a la realidad y desarrollar modelos de comportamiento más positivos. Por tu naturaleza tan sensible puedes impulsarte más profundamente dentro de ti mismo, conocerte y conocer a los demás. Tienes el don de curar a los otros por medio de tu compasión, y la gente se siente mejor en tu compañía.

Estás destinado a vivir con plenitud los altibajos de la vida; por suerte eres muy resistente, ¡no débil como se cree!, y te recuperas de caídas a las que otros no podrían sobrevivir.

La enseñanza que debes aprender

Estás aprendiendo y enseñando a los demás que todos somos hijos de Dios, y nuestra esencia divina es la misma del creador. Tu clave es "Yo creo", que significa creer para crear.

"Deshonrar a cualquier ser humano es deshonrar a Dios y a todos los seres humanos."

Estás aprendiendo a sentir respeto, amor y compasión por los demás; ya que todos somos niños extraviados en nuestro camino por la tierra. Con el don natural de la intuición que posees puedes enseñar a los otros a tener valor para seguir sus corazonadas, así como a utilizar esta conciencia. Como pocos, tienes corazonadas que son ciertas, aunque ni siquiera estés conciente de por qué dices algunas cosas o de donde proviene tu información. Sin embargo, estás lo suficientemente conectado con tu energía interior para saber que lo que presientes es verdadero y que debes hacerle caso a tus intuiciones. Este don te ayuda mucho tanto a ti como a las personas con las que entras en contacto.

Con Escorpión creas una relación cargada de emociones intensas, tus relaciones son dramáticas pero felices; con Cáncer, sentimentalmente formas una pareja homogénea, ambos son sensibles y poseen una mente exclusiva; con Virgo la relación puede resultar un completo fracaso o un éxito extraordinario, son opuestos y complementarios a la vez; con Capricornio puedes hallar seguridad, protección y cuidado; él puede encontrar lo mismo en ti. Con Géminis hay rechazo, casi siempre tienen incompatibilidad de temperamentos porque el intelecto de los nativos de este signo choca con tu sensibilidad; con Leo puedes llegar a una relación contrastante y desproporcionada, tu humor inestable saca de quicio a la naturaleza fija de Leo; él es tirano y autoritario contigo; con Libra se juntan diferentes temperamentos y conductas; lo que crea problemas para la convivencia, se trata de dos tipos zodiacales dependientes, no hay equilibrio en su contacto. Con los signos restantes no es tan intensa la afinidad ni la antipatía.

Zodiaco de las vidas pasadas

Los nativos de Piscis pudieron haber pasado sus vidas anteriores encerrados en monasterios, conventos u otros lugares; esto los ha inclinado a que en esta vida sean poco adaptables al medio material; muchos de ellos conservan una visión idealista e ingenua de la vida pasada. Parece que flotaran a través de las duras realidades de la vida cotidiana; la frase de Jesús, el Cristo, "mi reino no es de este mundo" encaja perfectamente con la naturaleza de estos nativos.

Conscientemente no te gusta hacer daño a otras personas, más bien tienes tendencia a hacerte daño a ti mismo y a dejar pasar oportunidades que te pueden favorecer, en esta vida trabaja la confianza en ti mismo. Tienes que superar las supersticiones de que fuiste víctima en vidas pasadas; estas grabaciones del pasado son registros que te impiden ver la verdad en todas las cosas, en ocasiones te sientes confundido respecto al futuro.

Es posible que anteriormente hayas vivido experiencias en prisiones u hospitales, y también que hayas tenido existencias místicas y religiosas llevadas al extremo. En esta vida debes clarificar tu mente para no perderte en la memoria del caos que pudiste haber experimentado en encarnaciones pasadas.

En este presente debes retribuir a la sociedad todo lo que has aprendido en otras reencarnaciones por medio de las instituciones que patrocinaron tu ilustración; es hora de que utilices los frutos de tus prácticas espirituales, el amor incondicional y la capacidad de curar espiritualmente, ya que Piscis es un curador nato.

Para ti esta vida es para servir, no para sufrir.

MEDITACIÓN ASTRAL Y CÓMO CONECTARTE CON TU ESTRELLA PROTECTORA

Todo ser humano nace en cada reencarnación humana bajo un astro distinto, a fin de ir redondeando y transmutando el ego poco a poco.

Hay un astro que pule el alma desde nuestro interior, es nuestro astro regente y protector sideral.

Los señores de tu estrella son Júpiter y Neptuno, ¡aprende a conocerlos y a conectarte con la estrella de tu constelación, ya que son tus legítimos guardianes!

Antes del amanecer céntrate en tu propio corazón, puedes estas acostado, sentado, o en posición de loto (sentado en el suelo con las piernas cruzadas). Para centrar el corazón coloca tus manos a la altura de este órgano, una sobre la otra, no importa el orden de las manos, y repite en voz alta: "Yo soy divino y estoy con mi ser, aquí y ahora porque yo soy el ser".

Existen 24 sabios ancianos que rigen las 12 constelaciones, pero dirígete a Rasamosa y Ucabiel, los regentes del signo de Piscis, y por supuesto a los maestros Júpiter, el benéfico mayor, y Neptuno, el rey de los mares.

Practica esta pequeña oración para alcanzar en tu vida luz espiritual y fortuna material: "Poder creativo de mi estrella, digno eres de recibir gloria y virtud, tú que eres el creador infúndeme el poder de la fe y de materializar todo lo que necesito y deseo, bajo tu suprema voluntad. Así sea".

Practica el ejercicio acompañado de la oración cada vez que lo requieras.

CAPÍTULO IV
Los decanatos del zodiaco

¿Cómo soy de acuerdo con mi decanato zodiacal?

Cada signo del zodiaco se divide en tres partes de 10 grados, ya que tienen 30 grados en total, y dichas fracciones se conocen como decanatos. El decanato al que se pertenece depende de la fecha de nacimiento de la persona, por ejemplo los que nacieron entre el 21 al 30 de cada mes; pertenecen, al primer decanato; los que vienen al mundo entre el 1° y el 10 de cada mes les corresponde el segundo decanato del signo, y por último, los que nacen del 11 al 20 del mismo signo, les concierne el tercer decanato.

Esto indica que existe una unión de vibraciones apuntando hacia determinado signo zodiacal por medio de las posiciones de los planetas del mismo elemento, lo que nos ayudará a obtener una conclusión energética, vibratoria para cada cual.

Por ejemplo: Itatí Cantoral nació un 15 de mayo; ella es una nativa de Tauro del tercer decanato; su nacimiento está comprendido en el periodo del 11 al 20 de mayo. Se sitúa en el tercer decanato del signo que corresponde al signo de Capricornio elemento tierra; sin duda alguna, se inclina a la ambición propia de este signo.

Se dividen de la siguiente manera:
Quienes nacen el 23 de febrero, son del primer decanato del signo Piscis, elemento agua.
Examina la siguiente gráfica para saber a qué decanato perteneces.

El zodiaco de cada signo dividido en tres tipos

Signo	Fecha de Nacimiento	Decanatos	Características
Aries 21 de marzo al 20 de abril	21 al 30 de marzo	1er Aries	Son competitivos.
	1 al 10 de abril	2do Leo	Son atrevidos y valientes.
	11 al 20 de abril	3er Sagitario	Son ambiciosos, culturalmente.
Tauro 21 de abril al 20 de mayo	21 al 30 de abril	1er Tauro	Se aferran a sus ideas.
	1 al 10 de mayo	Virgo	Son analíticos.
	11 al 20 de mayo	Capricornio	Son ambiciosos y estables.

Géminis	21 al 30 de mayo	Géminis	Son perceptivos y curiosos.
21 de mayo	1 al 10 de junio	Libra	Tienen buena comunicación mental.
al 22 de junio	11 al 22 de junio	Acuario	Son originales e intuitivos.
Cáncer	23 al 30 de junio	Cáncer	Son sensibles y emotivos.
23 de junio	1 al 10 de julio	Escorpión	Son tenaces e intensos en lo emocional.
al 22 de julio	11 al 22 de julio	Piscis	Son emotivos espiritualmente.
Leo	23 al 30 de julio	Leo	Son vitales y autoritarios.
23 de julio	1 al 10 de agosto	Sagitario	Son líderes culturales.
al 22 de agosto	11 al 22 de agosto	Aries	Tienen iniciativa y vigor.
Virgo	23 al 30 de agosto	Virgo	Poseen discernimiento y afán de perfección.
23 de agosto	1 al 10 de sept.	Capricornio	Son organizados y ambiciosos.
al 22 de sept.	11 al 22 de sept.	Tauro	Perseveran en sus esfuerzos.
Libra	23 al 30 de sept.	Libra	Aman la armonía y la justicia.
23 de sept.	1 al 10 de octubre	Acuario	Tienen sentido de libertad y entendimiento.
al 22 de octubre	11 al 22 de octubre	Géminis	Tienen habilidad literaria.
Escorpión	23 al 30 de octubre	Escorpión	Son intensos y determinados.
23 octubre	1 al 10 de nov.	Piscis	Son intuitivos y perceptivos.
al 21 de nov.	11 al 21 de nov.	Cáncer	Son tenaces, posesivos y controladores.
Sagitario	22 al 30 nov.	Sagitario	Son expansivos filosóficamente.
22 de nov.	1 al 10 de dic.	Aries	Son activos y tienen iniciativa.
al 20 de dic.	11 al 20 de dic.	Leo	Son creativos y vitales.
Capricornio	21 al 30 de dic.	Capricornio	Son organizados y ambiciosos.
21 de dic.	1 al 10 de ene.	Tauro	Son materialistas y perseverantes.

al 19 de ene.	11 al 19 de ene.	Virgo	Son muy eficientes y productivos.
Acuario	20 al 30 de ene.	Acuario	Son liberales y originales.
20 de enero	1 al 10 de feb.	Géminis	Son curiosos e inventivos.
al 18 de feb.	11 al 18 de feb.	Libra	Son humanistas y sociables.
Piscis	19 al 28 (29*) de feb.	Piscis	Son imaginativos y compasivos.
19 de feb. al	1 al 10 de marzo	Cáncer	Son sensibles, intuitivos y emocionales.
20 de marzo	11 al 20 de marzo	Escorpión	Son determinantes y les gusta guardar secretos.

* En año bisiesto

CAPÍTULO V
El mapa de los cielos

¿QUÉ SIGNO ASCENDENTE SOY?

*Nací... señor, cuando ascendía Cáncer;
todos mis asuntos se fueron para atrás.
Alusiones de Shakespeare a la
astrología, en boca del rey Lear.*

Las antiguas autoridades astrológicas hablan del ascendente como el grado del zodiaco de cualquier signo, que asciende y que corresponde a la hora de nacimiento y, también a la totalidad de la primera casa. El ascendente refleja la personalidad de un individuo, su forma de ser, así como sus complejos, su vitalidad, los recursos con los que cuenta y los que no posee; es la idea general que tiene un ser humano de todo lo que le rodea, su adaptación o no al medio, su aspecto físico y el talento; es el niño que todos llevamos dentro.

Conjuntamente con la influencia del signo solar que te corresponde por día, mes y año de nacimiento, existe un segundo signo que identifica a tu "Yo"; éste se determina por la hora del alumbramiento; es decir, el mismo instante que salimos del vientre materno y hacemos contacto por primera vez con el mundo.

Asimismo, el ascendente forma el horóscopo natal o el "mapa de los cielos", como antaño se le llamaba.

El horóscopo o mapa de los cielos se divide en doce áreas, como "rebanadas de un pastel"; cada casa es un área de manifestación, pero son los planetas y sus aspectos los que determinan las experiencias positivas o negativas de cada persona.

En la astrología se les denomina "casas"; y éstas representan las diversas facetas del ser humano, su carácter, su entorno y sus acontecimientos. Lo que una persona vive a lo largo de su existencia está reflejado en las casas, planetas y signos astrológicos; se recibe esta energía a través de los aspectos que forman entre sí las emanaciones planetarias; o la forma en que interactúan los astros en el momento del nacimiento; el horóscopo revela el programa inclinativo de la vida, es la historia de un ser. Sin embargo, no hay que olvidar que las condiciones de vida pueden ser superadas o transformadas a través de la voluntad del hombre. El principal axioma astrológico es: *Las estrellas inclinan pero no obligan. El sabio puede dirigir sus estrellas, el necio, debido a su ignorancia, las obedece.*

Saber la hora exacta del nacimiento es básico para conocer el ascendente y las doce casas o áreas que indican cuál es el destino y las circunstancias con las que nace un individuo.

Conoce tu ascendente

Tu ascendente, que es como la carrocería de un automóvil, es el signo que te corresponde por la hora de tu nacimiento. En ocasiones el ascendente puede influir más que el signo solar en tu tipo físico (cara y cuerpo) y en lo que más resalta de ti, sin embargo, esto varía de acuerdo con tu horóscopo; a través del cálculo del mapa natal se sabe cuál de los dos influye en ti con más fuerza.

Las gráficas generales, según la fecha y hora de nacimiento, que se muestran a continuación te servirán para saber cuál es tu ascendente.

Lo primero que tienes que hacer para encontrarlo es buscar la columna donde aparece tu fecha de nacimiento y después localizar la hora en que naciste.

Por ejemplo: Angélica Vale nació un 11 de noviembre a las 9:50 am; ella es una nativa del signo de Escorpión y, por la hora de su nacimiento, su ascendente está comprendido entre el 11 y el 22 de noviembre, entre las 8:30 y las 10:30 de la mañana, el signo que estaba ascendiendo en el horizonte es Capricornio. Por lo tanto, ella es Escorpión de signo solar y ascendente Capricornio: (Escorpión-Capricornio).

Los signos solares

Gráfica 1

Del 21 de marzo al 20 de abril	Aries
Del 21 de abril al 20 de mayo	Tauro
Del 21 de mayo al 22 de junio	Géminis
Del 23 de junio al 22 de julio	Cáncer
Del 23 de julio al 22 de agosto	Leo
Del 23 de agosto al 22 de septiembre	Virgo
Del 23 de septiembre al 22 de octubre	Libra
Del 23 de octubre al 21 de noviembre	Escorpión
Del 22 de noviembre al 20 de diciembre	Sagitario
Del 21 de diciembre al 19 de enero	Capricornio
Del 20 de enero al 28 de febrero	Acuario
Del 19 de febrero al 20 de marzo	Piscis

¿Cuál es mi signo ascendente?

En las siguientes columnas aparecen los meses y las horas de nacimiento. Localiza la hora de tu nacimiento para ver cuál es tu signo ascendente.

Descubre tu signo ascendente

Gráfica 2

Enero 1 al 10		Enero 11 al 20		Enero 21 al 31	
Hora de nacimiento	Ascendente	Hora de nacimiento	Ascendente	Hora de nacimiento	Ascendente
23:10 a 1:10	Libra	0:30 a 2:30	Escorpión	23:50 a 1:50	Escorpión
1:10 a 3:10	Escorpión	2:30 a 4:30	Sagitario	1:50 a 3:50	Sagitario
3:10 a 5:10	Sagitario	4:30 a 6:30	Capricornio	3:50 a 5:50	Capricornio
5:10 a 7:10	Capricornio	6:30 a 8:30	Acuario	5:50 a 7:50	Acuario
7:10 a 9:10	Acuario	8:30 a 10:30	Piscis	7:50 a 9:50	Piscis
9.10 A 11:10	Piscis	10:30 a 12:30	Aries	9:50 a 11:50	Aries
11:10 a 13:10	Aries	12:30 a 14:30	Tauro	11:50 a 13:50	Tauro
13:10 a 15:10	Tauro	14:30 a 16:30	Géminis	13:50 a 15:50	Géminis
15:10 a 17:10	Géminis	16:30 a 18:30	Cáncer	15:50 a 17:50	Cáncer
17:10 a 19:10	Cáncer	18:30 a 20:30	Leo	17:50 a 19:50	Leo
19:10 a 21:10	Leo	20:30 a 22:30	Virgo	19:50 a 21:50	Virgo
21:10 a 23:10	Virgo	22:30 a 0:30	Libra	21:50 a 23:50	Libra

Febrero 1 al 10		Febrero 11 al 20		Febrero 21 al 29	
Hora de nacimiento	Ascendente	Hora de nacimiento	Ascendente	Hora de nacimiento	Ascendente
23:10 a 1:10	Escorpión	0:30 a 2:30	Sagitario	23:50 a 1:50	Sagitario
1:10 a 3:10	Sagitario	2:30 a 4:30	Capricornio	1:50 a 3:50	Capricornio
3:10 a 5:10	Capricornio	4:30 a 6:30	Acuario	3:50 a 5:50	Acuario
5:10 a 7:10	Acuario	6:30 a 8:30	Piscis	5:50 a 7:50	Piscis
7:10 a 9:10	Piscis	8:30 a 10:30	Aries	7:50 a 9:50	Aries
9.10 A 11:10	Aries	10:30 a 12:30	Tauro	9:50 a 11:50	Tauro
11:10 a 13:10	Tauro	12:30 a 14:30	Géminis	11:50 a 13:50	Géminis
13:10 a 15:10	Géminis	14:30 a 16:30	Cáncer	13:50 a 15:50	Cáncer
15:10 a 17:10	Cáncer	16:30 a 18:30	Leo	15:50 a 17:50	Leo
17:10 a 19:10	Leo	18:30 a 20:30	Virgo	17:50 a 19:50	Virgo
19:10 a 21:10	Virgo	20:30 a 22:30	Libra	19:50 a 21:50	Libra
21:10 a 23:10	Libra	22:30 a 0:30	Escorpión	21:50 a 23:50	Escorpión

Marzo 1 al 10		Marzo 11 al 20		Marzo 21 al 31	
Hora de nacimiento	Ascendente	Hora de nacimiento	Ascendente	Hora de nacimiento	Ascendente
23:10 a 1:10	Sagitario	0:30 a 2:30	Capricornio	23:50 a 1:50	Acuario
1:10 a 3:10	Capricornio	2:30 a 4:30	Acuario	1:50 a 3:50	Piscis
3:10 a 5:10	Acuario	4:30 a 6:30	Piscis	3:50 a 5:50	Aries
5:10 a 7:10	Piscis	6:30 a 8:30	Aries	5:50 a 7:50	Tauro
7:10 a 9:10	Aries	8:30 a 10:30	Tauro	7:50 a 9:50	Géminis
9.10 A 11:10	Tauro	10:30 a 12:30	Géminis	9:50 a 11:50	Cáncer
11:10 a 13:10	Géminis	12:30 a 14:30	Cáncer	11:50 a 13:50	Leo
13:10 a 15:10	Cáncer	14:30 a 16:30	Leo	13:50 a 15:50	Virgo
15:10 a 17:10	Leo	16:30 a 18:30	Virgo	15:50 a 17:50	Libra
17:10 a 19:10	Virgo	18:30 a 20:30	Libra	17:50 a 19:50	Escorpión
19:10 a 21:10	Libra	20:30 a 22:30	Escorpión	19:50 a 21:50	Sagitario
21:10 a 23:10	Escorpión	22:30 a 0:30	Sagitario	21:50 a 23:50	Capricornio

Abril 1 al 10		Abril 11 al 20		Abril 21 al 30	
Hora de nacimiento	Ascendente	Hora de nacimiento	Ascendente	Hora de nacimiento	Ascendente
23:10 a 1:10	Capricornio	0:30 a 2:30	Capricornio	23:50 a 1:50	Acuario
1:10 a 3:10	Acuario	2:30 a 4:30	Acuario	1:50 a 3:50	Piscis
3:10 a 5:10	Piscis	4:30 a 6:30	Piscis	3:50 a 5:50	Aries
5:10 a 7:10	Aries	6:30 a 8:30	Aries	5:50 a 7:50	Tauro
7:10 a 9:10	Tauro	8:30 a 10:30	Tauro	7:50 a 9:50	Géminis
9.10 A 11:10	Géminis	10:30 a 12:30	Géminis	9:50 a 11:50	Cáncer
11:10 a 13:10	Cáncer	12:30 a 14:30	Cáncer	11:50 a 13:50	Leo
13:10 a 15:10	Leo	14:30 a 16:30	Leo	13:50 a 15:50	Virgo
15:10 a 17:10	Virgo	16:30 a 18:30	Virgo	15:50 a 17:50	Libra
17:10 a 19:10	Libra	18:30 a 20:30	Libra	17:50 a 19:50	Escorpión
19:10 a 21:10	Escorpión	20:30 a 22:30	Escorpión	19:50 a 21:50	Sagitario
21:10 a 23:10	Sagitario	22:30 a 0:30	Sagitario	21:50 a 23:50	Capricornio

Mayo 1 al 10		Mayo 11 al 20		Mayo 21 al 31	
Hora de nacimiento	Ascendente	Hora de nacimiento	Ascendente	Hora de nacimiento	Ascendente
23:10 a 1:10	Acuario	0:30 a 2:30	Piscis	23:50 a 1:50	Piscis
1:10 a 3:10	Piscis	2:30 a 4:30	Aries	1:50 a 3:50	Aries
3:10 a 5:10	Aries	4:30 a 6:30	Tauro	3:50 a 5:50	Tauro
5:10 a 7:10	Tauro	6:30 a 8:30	Géminis	5:50 a 7:50	Géminis
7:10 a 9:10	Géminis	8:30 a 10:30	Cáncer	7:50 a 9:50	Cáncer
9.10 A 11:10	Cáncer	10:30 a 12:30	Leo	9:50 a 11:50	Leo
11:10 a 13:10	Leo	12:30 a 14:30	Virgo	11:50 a 13:50	Virgo
13:10 a 15:10	Virgo	14:30 a 16:30	Libra	13:50 a 15:50	Libra
15:10 a 17:10	Libra	16:30 a 18:30	Escorpión	15:50 a 17:50	Escorpión

17:10 a 19:10	Capricornio	18:30 a 20:30	Sagitario	17:50 a 19:50	Sagitario
19:10 a 21:10	Escorpión	20:30 a 22:30	Capricornio	19:50 a 21:50	Capricornio
21:10 a 23:10	Sagitario	22:30 a 0:30	Acuario	21:50 a 23:50	Acuario

Junio 1 al 10		Junio 11 al 20		Junio 21 al 30	
Hora de Nacimiento	Ascendente	Hora de Nacimiento	Ascendente	Hora de Nacimiento	Ascendente
23:10 a 1:10	Escorpión	0:30 a 2:30	Aries	23:50 a 1:50	Aries
1:10 a 3:10	Sagitario	2:30 a 4:30	Tauro	1:50 a 3:50	Tauro
3:10 a 5:10	Capricornio	4:30 a 6:30	Géminis	3:50 a 5:50	Géminis
5:10 a 7:10	Acuario	6:30 a 8:30	Cáncer	5:50 a 7:50	Cáncer
7:10 a 9:10	Piscis	8:30 a 10:30	Leo	7:50 a 9:50	Leo
9.10 A 11:10	Aries	10:30 a 12:30	Virgo	9:50 a 11:50	Virgo
11:10 a 13:10	Tauro	12:30 a 14:30	Libra	11:50 a 13:50	Libra
13:10 a 15:10	Géminis	14:30 a 16:30	Escorpión	13:50 a 15:50	Escorpión
15:10 a 17:10	Cáncer	16:30 a 18:30	Sagitario	15:50 a 17:50	Sagitario
17:10 a 19:10	Leo	18:30 a 20:30	Capricornio	17:50 a 19:50	Capricornio
19:10 a 21:10	Virgo	20:30 a 22:30	Acuario	19:50 a 21:50	Acuario
21:10 a 23:10	Libra	22:30 a 0:30	Piscis	21:50 a 23:50	Piscis

Julio 1 al 10		Julio 11 al 20		Julio 21 al 31	
Hora de nacimiento	Ascendente	Hora de nacimiento	Ascendente	Hora de nacimiento	Ascendente
23:10 a 1:10	Aries	0:30 a 2:30	Tauro	23:50 a 1:50	Tauro
1:10 a 3:10	Tauro	2:30 a 4:30	Géminis	1:50 a 3:50	Géminis
3:10 a 5:10	Géminis	4:30 a 6:30	Cáncer	3:50 a 5:50	Cáncer
5:10 a 7:10	Cáncer	6:30 a 8:30	Leo	5:50 a 7:50	Leo
7:10 a 9:10	Leo	8:30 a 10:30	Virgo	7:50 a 9:50	Virgo
9.10 A 11:10	Virgo	10:30 a 12:30	Libra	9:50 a 11:50	Libra
11:10 a 13:10	Libra	12:30 a 14:30	Escorpión	11:50 a 13:50	Escorpión
13:10 a 15:10	Escorpión	14:30 a 16:30	Sagitario	13:50 a 15:50	Sagitario
15:10 a 17:10	Sagitario	16:30 a 18:30	Capricornio	15:50 a 17:50	Capricornio
17:10 a 19:10	Capricornio	18:30 a 20:30	Acuario	17:50 a 19:50	Acuario
19:10 a 21:10	Acuario	20:30 a 22:30	Piscis	19:50 a 21:50	Piscis
21:10 a 23:10	Piscis	22:30 a 0:30	Aries	21:50 a 23:50	Aries

Agosto 1 al 10		Agosto 11 al 20		Agosto 21 al 31	
Hora de nacimiento	Ascendente	Hora de nacimiento	Ascendente	Hora de nacimiento	Ascendente
23:10 a 1:10	Tauro	0:30 a 2:30	Géminis	23:50 a 1:50	Géminis
1:10 a 3:10	Géminis	2:30 a 4:30	Cáncer	1:50 a 3:50	Cáncer
3:10 a 5:10	Cáncer	4:30 a 6:30	Leo	3:50 a 5:50	Leo
5:10 a 7:10	Leo	6:30 a 8:30	Virgo	5:50 a 7:50	Virgo
7:10 a 9:10	Virgo	8:30 a 10:30	Libra	7:50 a 9:50	Libra

9.10 A 11:10	Libra	10:30 a 12:30	Escorpión	9:50 a 11:50	Escorpión
11:10 a 13:10	Escorpión	12:30 a 14:30	Sagitario	11:50 a 13:50	Sagitario
13:10 a 15:10	Sagitario	14:30 a 16:30	Capricornio	13:50 a 15:50	Capricornio
15:10 a 17:10	Capricornio	16:30 a 18:30	Acuario	15:50 a 17:50	Acuario
17:10 a 19:10	Acuario	18:30 a 20:30	Piscis	17:50 a 19:50	Piscis
19:10 a 21:10	Piscis	20:30 a 22:30	Aries	19:50 a 21:50	Aries
21:10 a 23:10	Aries	22:30 a 0:30	Tauro	21:50 a 23:50	Tauro

Septiembre 1 al 10		Septiembre 11 al 20		Septiembre 21 al 30	
Hora de nacimiento	Ascendente	Hora de nacimiento	Ascendente	Hora de nacimiento	Ascendente
23:10 a 1:10	Géminis	0:30 a 2:30	Cáncer	23:50 a 1:50	Cáncer
1:10 a 3:10	Cáncer	2:30 a 4:30	Leo	1:50 a 3:50	Leo
3:10 a 5:10	Leo	4:30 a 6:30	Virgo	3:50 a 5:50	Virgo
5:10 a 7:10	Virgo	6:30 a 8:30	Libra	5:50 a 7:50	Libra
7:10 a 9:10	Libra	8:30 a 10:30	Escorpión	7:50 a 9:50	Escorpión
9.10 A 11:10	Escorpión	10:30 a 12:30	Sagitario	9:50 a 11:50	Sagitario
11:10 a 13:10	Sagitario	12:30 a 14:30	Capricornio	11:50 a 13:50	Capricornio
13:10 a 15:10	Capricornio	14:30 a 16:30	Acuario	13:50 a 15:50	Acuario
15:10 a 17:10	Acuario	16:30 a 18:30	Piscis	15:50 a 17:50	Piscis
17:10 a 19:10	Piscis	18:30 a 20:30	Aries	17:50 a 19:50	Aries
19:10 a 21:10	Tauro	20:30 a 22:30	Tauro	19:50 a 21:50	Tauro
21:10 a 23:10	Aries	22:30 a 0:30	Géminis	21:50 a 23:50	Géminis

Octubre 1 al 10		Octubre 11 al 20		Octubre 21 al 31	
Hora de nacimiento	Ascendente	Hora de nacimiento	Ascendente	Hora de nacimiento	Ascendente
23:10 a 1:10	Cáncer	0:30 a 2:30	Leo	23:50 a 1:50	Leo
1:10 a 3:10	Leo	2:30 a 4:30	Virgo	1:50 a 3:50	Virgo
3:10 a 5:10	Virgo	4:30 a 6:30	Libra	3:50 a 5:50	Libra
5:10 a 7:10	Libra	6:30 a 8:30	Escorpión	5:50 a 7:50	Escorpión
7:10 a 9:10	Escorpión	8:30 a 10:30	Sagitario	7:50 a 9:50	Sagitario
9.10 A 11:10	Sagitario	10:30 a 12:30	Capricornio	9:50 a 11:50	Capricornio
11:10 a 13:10	Capricornio	12:30 a 14:30	Acuario	11:50 a 13:50	Acuario
13:10 a 15:10	Acuario	14:30 a 16:30	Piscis	13:50 a 15:50	Piscis
15:10 a 17:10	Piscis	16:30 a 18:30	Aries	15:50 a 17:50	Aries
17:10 a 19:10	Tauro	18:30 a 20:30	Tauro	17:50 a 19:50	Tauro
19:10 a 21:10	Aries	20:30 a 22:30	Géminis	19:50 a 21:50	Géminis
21:10 a 23:10	Géminis	22:30 a 0:30	Cáncer	21:50 a 23:50	Cáncer

Noviembre 1 al 10		Noviembre 11 al 20		Noviembre 21 al 30	
Hora de nacimiento	Ascendente	Hora de nacimiento	Ascendente	Hora de nacimiento	Ascendente
23:10 a 1:10	Leo	0:30 a 2:30	Virgo	23:50 a 1:50	Virgo
1:10 a 3:10	Virgo	2:30 a 4:30	Libra	1:50 a 3:50	Libra
3:10 a 5:10	Libra	4:30 a 6:30	Escorpión	3:50 a 5:50	Escorpión
5:10 a 7:10	Escorpión	6:30 a 8:30	Sagitario	5:50 a 7:50	Sagitario
7:10 a 9:10	Sagitario	8:30 a 10:30	Capricornio	7:50 a 9:50	Capricornio
9.10 A 11:10	Capricornio	10:30 a 12:30	Acuario	9:50 a 11:50	Acuario
11:10 a 13:10	Acuario	12:30 a 14:30	Piscis	11:50 a 13:50	Piscis
13:10 a 15:10	Piscis	14:30 a 16:30	Aries	13:50 a 15:50	Aries
15:10 a 17:10	Tauro	16:30 a 18:30	Tauro	15:50 a 17:50	Tauro
17:10 a 19:10	Aries	18:30 a 20:30	Géminis	17:50 a 19:50	Géminis
19:10 a 21:10	Géminis	20:30 a 22:30	Cáncer	19:50 a 21:50	Cáncer
21:10 a 23:10	Cáncer	22:30 a 0:30	Leo	21:50 a 23:50	Leo

Diciembre 1 al 10		Diciembre 11 al 20		Diciembre 21 al 31	
Hora de nacimiento	Ascendente	Hora de nacimiento	Ascendente	Hora de nacimiento	Ascendente
23:10 a 1:10	Virgo	0:30 a 2:30	Libra	23:50 a 1:50	Libra
1:10 a 3:10	Libra	2:30 a 4:30	Escorpión	1:50 a 3:50	Escorpión
3:10 a 5:10	Escorpión	4:30 a 6:30	Sagitario	3:50 a 5:50	Sagitario
5:10 a 7:10	Sagitario	6:30 a 8:30	Capricornio	5:50 a 7:50	Capricornio
7:10 a 9:10	Capricornio	8:30 a 10:30	Acuario	7:50 a 9:50	Acuario
9.10 A 11:10	Acuario	10:30 a 12:30	Piscis	9:50 a 11:50	Piscis
11:10 a 13:10	Piscis	12:30 a 14:30	Aries	11:50 a 13:50	Aries
13:10 a 15:10	Tauro	14:30 a 16:30	Tauro	13:50 a 15:50	Tauro
15:10 a 17:10	Aries	16:30 a 18:30	Géminis	15:50 a 17:50	Géminis
17:10 a 19:10	Géminis	18:30 a 20:30	Cáncer	17:50 a 19:50	Cáncer
19:10 a 21:10	Cáncer	20:30 a 22:30	Leo	19:50 a 21:50	Leo
21:10 a 23:10	Leo	22:30 a 0:30	Virgo	21:50 a 23:50	Virgo

COMBINACIÓN DEL SIGNO SOLAR CON EL SIGNO ASCENDENTE

Cómo soy según estos dos elementos

Los nacidos bajo el Sol en el signo de Aries, combinado con su signo ascendente, se caracterizan por lo siguiente:

Signo solar-Signo ascendente
Aries-Aries: Son iniciadores, atrevidos, impulsivos, así como vitales, impetuosos

e impacientes. Viven con intensidad el momento presente, no son nada tímidos y van derecho a su objetivo. Son francos y nada diplomáticos.

Aries-Tauro: Son personas autoafirmadas, negociantes, posesivas y egoístas. Su temperamento es lento, rutinario y conservador; son pioneros y creadores de ideas, así como excelentes organizadores.

Aries-Géminis: Esta combinación los hace rápidos en la acción, son arrogantes, muy intelectuales, inquietos e innovadores. Impresionan por su juvenil dinamismo. Sin embargo, no son profundos ni estables, están hechos para los cambios y la diversidad, y detestan la vida rutinaria.

Aries-Cáncer: Son personas que protegen mucho sus sentimientos y sensaciones, por lo tanto, esconden sus sueños y ansiedades. Son inmaduras, manifiestan agresividad emotiva y son absorbentes con los demás. Sin embargo, poseen un mundo interior, donde desenvuelven una vida subjetiva con imaginación.

Aries-Leo: Son dos signos de fuego, que combinados producen valentía, dominio de los otros, les gusta llamar la atención, son creativos e inquietos. Tienen un orgullo muy marcado y un gran deseo de ser admirados como reyes. No admiten obstáculos.

Aries-Virgo: Tienen gran capacidad de trabajo; son autosuficientes y poseen gran capacidad de autoanálisis, lo mismo que un exagerado control y fuerte tendencia hacia el perfeccionismo. En cuanto al dinero son contradictorios, despilfarran al mismo tiempo que administran.

Aries-Libra: Son muy indecisos y siempre están en búsqueda del equilibrio debido a que son la unión de dos opuestos. Con agudo sentido de la justicia, tienden a las actitudes autoritarias, al mismo tiempo que se rebelan contra las arbitrariedades. No soportan que les reprochen sus errores.

Aries- Escorpión: Es una combinación intensa, de día son Marte por Aries y de noche Marte por Escorpión; son posesivos y autodestructivos, pero simultáneamente son regenerativos, en ocasiones son envolventes y tienden a complicar y dramatizar todo. Son fuertes guerreros de la vida.

Aries-Sagitario: Son pioneros, defensores de su verdad, entusiastas y autoexpansivos. Son resultado de la combinación de dos signos de fuego, por ello les gustan las empresas audaces y las exploraciones. Tienden a formar equipos en los juegos y en las carreras de velocidad.

Aries-Capricornio: Los caracteriza la exagerada ambición personal y el que aman el poder por sobre todas las cosas, sus decisiones son estructuradas y son responsables de sí mismos. Metódicos, usan la iniciativa y la creación constantemente en el terreno que sea. Terminan cualquier labor paciente y concienzudamente hasta llegar a la cima.

Aries-Acuario: Les gusta lo nuevo y son muy libres para vivir, son rebeldes, inquietos, egocéntricos y muy independientes. Francos y abiertos, atribuyen gran importancia a sus relaciones sociales y crean amistades por todas partes.

Aries-Piscis: Generalmente son personas con rasgos de Aries, impulsivos y directos, pero de tendencia compasiva, más profundos y sensibles que el Aries promedio, con ciertos miedos que los pueden hacer paranoicos o con delirio de persecución; sin embargo, muchos de ellos son personas muy seguras y con tendencias espirituales y místicas.

Tauro

Los nacidos bajo el Sol en el signo de Tauro, combinado con su signo ascendente, se caracterizan por lo siguiente:

Signo solar-Signo ascendente
Tauro-Aries: Son posesivos, algo egoístas, persistentes y de carácter íntegro y leal. Sensuales y sexualmente potentes, las relaciones sexuales para ellos son una necesidad; sin embargo, se interesan mucho por todo lo concerniente a las posiciones materiales. El dinero y la búsqueda de comodidad y seguridad son sus objetivos existenciales.

Tauro-Tauro: Tienden a la armonía de lo estable, así como a la creatividad y estructura; sin embargo, son lentos y testarudos para actuar. Son amantes del placer, de la belleza, y son de voluntad firme. Tienen un sentido innato de la administración de sus bienes y tendencia a atesorar. Poseen facultades artísticas (canto, danza, pintura, escultura, etc.)

Tauro-Géminis: Son personas de intelecto práctico y excesivamente concreto. Sin embargo, son de ideas fijas, se interesan sólo por determinados temas, y a veces sólo de manera superficial. Suelen sufrir grandes reveses en la estabilidad mental y afectiva, incluso en la familiar.

Tauro-Cáncer: Tienen mucha necesidad de seguridad y belleza, son prácticos, testarudos, así como emocionales. Son muy sensibles a su lado maternal, lo que les impulsa a adoptar y a velar por el bienestar de sus seres queridos. Aman el dinero y lo ahorran para sentirse seguros.

Tauro-Leo: Dominan para proteger, poseen gran creatividad; son prácticos e infantiles. Encuentran a lo largo de su vida a personas que facilitan su éxito; generalmente les importa el renombre social. Son muy vanidosos y sienten que todo irá bien cuando destacan por sus éxitos. Son muy autoritarios y materialistas.

Tauro-Virgo: Son personas eficientes, maniáticas y prácticas, sutiles y demasiado realistas. Artísticas, lentas y de temperamento perfeccionista. No son tan testarudas como otros nativos de Tauro, porque su inteligencia es viva, racional y analítica. Sin embargo, su sentido crítico puede traerles problemas. Frecuentemente tienen complejos de inferioridad.

Tauro-Libra: Son esteticistas, con tendencia al equilibrio monótono, así como al placer de disfrutar, se sienten muy atraídos por la belleza y el bienestar material; sin embargo, son más delicados que otros nativos de Tauro, ya que buscan placeres culturales y mundanos, les gusta la vida fácil. Disfrutan mucho lucirse en fiestas y reuniones sociales. Necesitan ser elogiados.

Tauro-Escorpión: Son intensamente posesivos, pasionales y sensuales, siempre están regenerando los aspectos materiales de su vida. Los hombres tienen gran potencia y virilidad; las mujeres, gran atractivo magnético y sexual con el sexo opuesto. Sin embargo, tienen muchos conflictos en las relaciones amorosas. No sueltan ni dejan ser a la pareja.

Tauro-Sagitario: Son de ideas útiles y pragmáticas, poseen expansión en la estructura. El carácter se vuelve difícil por esta combinación contradictoria, ya que son estables y prácticos, al mismo tiempo que cambiantes y aventureros. Tienen que negociar consigo mismos para armonizar estas naturalezas tan distintas.

Tauro-Capricornio: Son conservadores, materialistas, ambiciosos, realistas, responsables y prácticos. A pesar de todo esto, son afectuosos y bastante sensuales; no hacen gala de impulsividad; son más bien sobrios, profundos, confiables y de relaciones duraderas, casi con una fidelidad absoluta.

Tauro-Acuario: Son testarudos, extravagantes, con muchos recursos ingeniosos y humanitarios al mismo tiempo que realistas. Tienen ideas fijas, aunque estén llenos de concepciones nuevas. Luchan consigo mismos entre su dependencia y su independencia, el dilema es: ¿son más mentales o emocionales?

Tauro-Piscis: Poseen gran compasión realista, son útiles y sensibles. Se inclinan por el amor físico, les gustan las caricias, tienen un fuerte sentido de abnegación. Son esclavos de sus sentimientos y un poco indecisos; pero el deseo de bienestar económico los lleva a pisar tierra, entonces se vuelven prácticos y apegados a los hechos.

Géminis

Los nacidos bajo el Sol en el signo de Géminis, combinado con su signo ascendente, se caracterizan por lo siguiente:

Signo solar-Signo ascendente

Géminis-Aries: Los nacidos bajo esta combinación son emprendedores, ambiciosos y tienen gran capacidad inventiva. Son inquietos e irritables en muchas ocasiones, pero muy ágiles mentalmente; despiertos y llenos de recursos, su conversación nunca languidece.

Géminis-Tauro: Tienen mentalidad romántica e inspirada. Tauro les da elementos terrenales combinados con características libres de Géminis; sin embargo, la combinación es muy contrastante, son firmes y estables al mismo tiempo que fluctuantes y difusos.

Géminis-Géminis: Viven en la dualidad y el nerviosismo, son todos ¡unos colegiales!; generalmente les gusta llevar la contraria, su alma juvenil los hace agradables ante los demás, pero en muchas ocasiones son muy cambiantes y poco responsables.

Géminis-Cáncer: Viven entre la razón y la emoción; son absorbentes y sutiles, infantiles y juguetones, poseen una gran memoria. Están apegados a la familia, pero no los ata nada en particular. Desplazarse, viajar y multiplicar sus contactos es lo que les agrada.

Géminis-Leo: El talento artístico de Leo y la gran aptitud mental de Géminis los inclina a ser mensajeros y portavoces, con grandes habilidades para la comunicación. Su espíritu dramático puede llevarlos al teatro. Pueden ser oradores, escritores, tienen un ego demostrativo; son siempre jóvenes y vanidosos.

Géminis-Virgo: Son calculadores fríos y racionales, su comunicación debe ser precisa y detallada; el rasgo más sobresaliente de su carácter es el nerviosismo y la contradicción. Tienen la cabeza muy bien asentada sobre los hombros y no se dejan llevar por impulsos emotivos y pasionales.

Géminis-Libra: Son muy curiosos, todo lo quieren escuchar, todo lo quieren saber y todo lo comunican, no se saben callar. El talento más grande que poseen es el manejo de sus relaciones sociales; sin embargo, son muy indecisos, pero adaptables y diplomáticos.

Géminis-Escorpión: Son personas que verbalizan sus debilidades, con lujo de sarcasmo, su entendimiento es profundo y ágil; son grandes regeneradores de la mente; sin embargo, tienen que frenar un poco la ironía que produce esta combinación y hacer gala de diplomacia. Son muy astutos, pero sus instintos son extremistas.

Géminis-Sagitario: Son grandes mensajeros y filósofos, pero existe una fuerte lucha entre su pensamiento concreto y materialista con el espiritual. Es sano que practiquen una disciplina mental y física como el Yoga o el Tai-chi, y que se vigilen a sí mismos para no caer en la mentira.

Géminis-Capricornio: Tanto Géminis como Capricornio son dos signos que combinados producen una gran frialdad de sentimientos; sin embargo, son grandes realizadores de ideas, poseen una ambición flexible y se esfuerzan en exceso por ejecutar bien su trabajo y su profesión.

Géminis-Acuario: De intelecto libre, son exploradores y descubridores de lo nuevo, muy inventivos y creativos, agradables y simpáticos, cuando actúa su "ego intelectual" se vuelven arrogantes mentales y distantes de los demás. "Sienten que el mundo no los merece."

Géminis-Piscis: Al mismo tiempo que mentales y susceptibles, son personas difíciles, esto se debe a la combinación de aire y agua de los elementos de sus signos, que les confieren la gran insatisfacción que produce el ser inestable.

Cáncer

Los nacidos bajo el Sol en el signo de Cáncer, combinado con su signo ascendente, se caracterizan por lo siguiente:

Signo solar-Signo ascendente
Cáncer-Aries: Son tiernos y violentos, poseen gran imaginación y una voluntad tenaz, a veces son intrépidos, a veces tímidos. El mundo interior donde se desenvuelven les da una vida subjetiva, como todo buen Cáncer, son centrados en el pasado; sin embargo, esta combinación da como resultado que por una parte sean malhumorados y por otra permanezcan en un silencio cargado de reproches.

Cáncer-Tauro: Sus afectos son intensos y duraderos; son muy apegados a las cosas del hogar y al dinero. Son apasionados y cariñosos, tragones y golosos. Tienen que cuidarse del sobrepeso. Fundar una familia es el motor que impulsa su vida.

Cáncer-Géminis: Son amantes del hogar y al mismo tiempo viajeros, además son muy estudiosos y tremendamente inquietos, cambiantes como la Luna e irritables y enojones. Hablan mucho y hacen poco. Fortalecen su carácter por medio de su voluntad.

Cáncer-Cáncer: Son muy absorbentes emocionalmente, siempre en la búsqueda de seguridad y de cariño; sensibles e intuitivos, padecen una gran obsesión por el pasado. Son románticos y artistas, y muy apegados a la familia. Deben cuidar que su sensibilidad no se convierta en susceptibilidad.

Cáncer-Leo: Poseen exagerado dramatismo emocional. Deben evitar hacer una tormenta en un vaso de agua. Tienen la capacidad de ser padre y madre a la vez. Necesitan de contacto social al mismo tiempo que les gusta estar solos.

Cáncer-Virgo: Son prácticos y realistas, muy analíticos en el trabajo; emocionales y cariñosos en sus relaciones afectivas y familiares, trabajadores, inteligentes, abnegados e ingeniosos, les gusta limpiar la casa, son hogareños, exigentes y quisquillosos.

Cáncer-Libra: Se caracterizan principalmente por su amabilidad y por querer complacer siempre a los demás; son sensibles, pero no pierden sus propias motivaciones al entregarse. Les gusta demasiado el amor, pero sus relaciones amorosas no siempre son duraderas. Son seductores y galantes.

Cáncer-Escorpión: Hipersensibles y psíquicos, poseen una gran intensidad emocional y posesiva; sin embargo, son regeneradores y curadores de emociones. Aman intensamente y exigen fidelidad hasta el punto de querer ejercer un derecho de celosa vigilancia con los que aman. De gran intuición, nunca se dejan engañar por falsas apariencias.

Cáncer-Sagitario: Generalmente sufren intranquilidad emocional; dispersan su energía, pues son poco prácticos; muy contrastantes en sus sentimientos, les gustan los deportes y viajan generalmente con la familia. En ocasiones son tranquilos, soñadores y meditabundos.

Cáncer-Capricornio: Prudentes y responsables, poseen una ambición realista, pero son protectores, como si fueran papá y mamá a la vez. Son estables en sus relaciones, construyen sobre la roca. Son personas prevenidas que valen por dos; de esta manera dirigen su destino. Les interesa el ascenso y el éxito social.

Cáncer-Acuario: Son muy excéntricos y con gran compasión hacia la vida, poseen una de las contradicciones más acentuadas: apego por la familia y gran dedicación a los amigos; en ocasiones se expresan con franqueza y en otras sufren crisis de susceptibilidad. De gran imaginación, sus emociones y su mente casi siempre están en lucha.

Cáncer-Piscis: Son muy susceptibles, compasivos y con imaginación desbordante; generalmente poseen el don de la curación. El aspecto maternal de Cáncer es incrementado con la vulnerabilidad de Piscis. Buscan seguridad emocional y apoyo sentimental en sus relaciones.

Leo

Los nacidos bajo el Sol en el signo de Leo, combinado con su signo ascendente, se caracterizan por lo siguiente:

Signo solar-Signo ascendente
Leo-Aries: Tienen un carácter impulsivo y desean ser admirados, pero son rectos

en lo que hacen y dicen. Una de sus cualidades es la de ser demostrativos y magnánimos al tiempo que son demasiado autoritarios y enérgicos. Sin embargo, también pueden ser orgullosos y coléricos.

Leo-Tauro: Son muy dominantes, de pasiones desbordadas, su creatividad práctica los hace tener buen sentido del humor. Pero tienen contrastes entre el arrojo y la audacia y su sentido de seguridad. Debido a su falta de flexibilidad, pueden chocar con otras voluntades tan fijas como la de ellos. Se resisten a los cambios.

Leo-Géminis: Son activos y entusiastas, muy inteligentes, generosos, voluntariosos, humoristas y simpáticos. Gracias a su carácter flexible y a su adaptabilidad, les resultará fácil fluir con las circunstancias de la vida. Sin embargo, son firmes, orgullosos y autoritarios, les gusta acaparar la atención.

Leo-Cáncer: Poseen una personalidad dramática, pero con gran sentido de protección; tienden a las manías de grandeza; les gustan las aventuras; normalmente su carácter tiende a las oscilaciones extremas. Les encantan las fiestas y las reuniones sociales. Son ambiciosos y generalmente consiguen crearse una situación de renombre.

Leo-Leo: El cielo es el límite; están destinados a triunfar y a lograr todo lo que se propongan y a disfrutar todo lo que deseen; cuentan con un gran potencial. Les gusta tener poder; son muy autoritarios, egocéntricos y orgullosos, pero de nobleza infantil. Su dramatismo creativo los lleva a realizar grandes sueños.

Leo-Virgo: El exhibicionismo que Leo les confiere es controlado por la capacidad de análisis del signo de Virgo; casi siempre actúan sistemáticamente y tienen miedo a hacer el ridículo. Quizá su lema sea: "el que no vive para servir, no sirve para vivir". Son perfeccionistas y profesionales en su trabajo: los conquistan y los sacan de "onda" los detalles.

Leo-Libra: "Buena vibra te dé Dios, que el saber poco te importe". A estos nativos Dios les ha dado gracia para conseguir las cosas; quizá se deba a su buen humor y a su actitud positiva, le caen bien a la gente! La creatividad, el romanticismo y lo demostrativos que son se equilibra con lo político y con el sentido que tienen de la justicia.

Leo-Escorpión: "Dijo un sabio doctor, que sin celos no hay amor", parece ser que este refrán habla de lo pasionales que son; la fuerza negativa del destino les produce descontento y rebeldía; no pueden hacer nada en contra de su voluntad. No son hipócritas, pero sí autoritarios y manipuladores de recursos, generan creatividad en los demás.

Leo-Sagitario: Poseen un dramatismo inspirado; son honestos y benevolentes, algunas veces fanáticos de sus ideas, ya sean religiosas o políticas, de cualquier manera las llevan al extremo. Estos nativos deben recordar que nadie es más ciego que el que no quiere ver. Son muy queridos en sociedad.

Leo-Capricornio: Son muy autoritarios, comprometidos y ambiciosos del poder, tradicionalistas y paternales, y hasta cierto punto conservadores; quizá necesiten reblandecer sus sentimientos. Generalmente son muy trabajadores y responsables, tanto de la profesión como de la familia. Los aspectos económicos tienen prioridad para ellos.

Leo-Acuario: Estos dos signos opuestos en el zodiaco dan mucha fijeza, señalan ideales y concepciones de la vida muy contrastantes. Los nacidos bajo estos signos son al mismo tiempo revolucionarios y convencionales, aman el estatus. Voluntariosos, de afectos intensos, independientes y prácticos, sus emociones son sinceras y desinteresadas. Casi siempre son muy originales.

Leo-Piscis: Son personas que se entusiasman al iniciar un proyecto, pero que generalmente no lo concluyen; "entran como caballo fino y salen como burro flaco". Necesitan ser más perseverantes. El sentimentalismo de Piscis "boicotea" su voluntad; cuando no se sienten amados disminuye su fuerza para luchar. Son intuitivos, de sentimientos amorosos y caritativos; sin embargo, a veces su disposición es determinante e inflexible, y otras muy cambiante.

Virgo

Los nacidos bajo el Sol en el signo de Virgo, combinado con su signo ascendente, se caracterizan por lo siguiente:

Signo solar-Signo ascendente
Virgo-Aries: Son personas muy trabajadoras, se esfuerzan mucho para lograr lo que quieren, su carácter es leal pero irritable; son rígidos y muy exigentes consigo mismos y con los demás. Sin embargo, en el plano práctico pueden construir grandes empresas. Poseen gran talento e independencia.

Virgo-Tauro: Su naturaleza es práctica, generalmente esta combinación da buenos administradores, son excelentes para la economía, serios, concisos y previsores, al mismo tiempo poseen un cierto toque de sensualidad que la influencia de Tauro acentúa. Algunas personas con esta combinación también tienen tendencia al arte.

Virgo-Géminis: Son muy contradictorios, estas personas nunca actúan de la misma forma, por un lado son muy responsables y prácticos, y por otro son inquietos e inestables. Son exigentes con la conducta de los demás y muchas veces sufren, pero no soportan las contrariedades. "Eso que no pueden ver, en su casa lo han de tener".

Virgo-Cáncer: Son muy hogareños y pudorosos, sus inclinaciones emotivas están muy marcadas; son muy responsables y exclusivos en sus afectos, amantes de las costumbres y del orden. Son metódicos, se entregan al hogar y al cuidado de los hijos.

Virgo-Leo: Desean alcanzar la perfección y tienden al exhibicionismo, pero al mismo tiempo son excesivamente modestos y tímidos. Muy morales y éticos, no soportan los imprevistos. Son gente servicial y que cumple lo que promete.

Virgo-Virgo: Pecan de analíticos, y su manía por la limpieza es extrema, no soportan la suciedad, exigen en especial que los alimentos y los utensilios de la cocina se manejen con mucha higiene. En ocasiones son reprimidos y perfeccionistas, y en otras muy serviciales, siempre están dispuestos a hacer algo por los demás; por lo general son puritanos.

Virgo-Libra: Las personas nacidas bajo esto signos buscan instintivamente armonía; son perfeccionistas con el vestir, les gusta verse bien y tienen gustos muy elegantes y clásicos. Gastan mucho en artículos de lujo, productos de belleza, placeres y recepciones mundanas. Sin embargo, les gusta servir a los demás.

Virgo-Escorpión: Tienen poder de ejecución, son personas muy trabajadoras que saben cómo tener éxito en lo que se proponen; son perfeccionistas y muy duros con las debilidades de los demás. Su sentido de la crítica es mordaz. Son profundamente analíticos. Esta combinación por lo general da excelentes terapeutas.

Virgo-Sagitario: Algunos nativos con esta combinación son arriesgados y aventureros, despreocupados del porvenir. Toman la vida por el lado bueno; sin embargo, su mentalidad es tímida, reservada, crítica y calculadora. Son rigurosos en el análisis filosófico, buscan la definición de la verdad, de la sabiduría útil y de la flexibilidad realista.

Virgo-Capricornio: Son personas demasiado realistas, su esfuerzo es controlado; son excelentes negociantes, generalmente ganan buen dinero debido a su perseverancia y ambición; son prácticos, concretos y utilitarios, no buscan llegar alto en la escala social, pero pueden tener grandes fortunas debido a su fuerte sentido profesional ejecutivo. Son pesimistas en los afectos.

Virgo-Acuario: La combinación de estos dos signos, que encierra un fondo de intelectualidad, da como resultado individuos que razonan, critican y analizan todo con detalle; pero que también poseen conceptos superiores alimentados por una fuerte intuición. De una utilidad excéntrica, se interesan también por los problemas humanos.

Virgo-Piscis: Los cambios de humor y el sentido crítico y emocional que poseen estas personas resultan muy perturbadores para que puedan vivir con tranquilidad. Poseen gran espíritu de sacrificio, concretan lo intangible, y cuentan con una intuición analítica y dones para la curación espiritual. Algunos de ellos son excelentes médicos y curadores.

Libra

Los nacidos bajo el Sol en el signo de Libra, combinado con su signo ascendente, se caracterizan por lo siguiente:

Signo solar-Signo ascendente
Libra-Aries: Su carácter es contradictorio, son directivos y mandones, pero al mismo tiempo les fascina la belleza y la gracia. En ocasiones son discutidores y argumentadores, pero en otras son complacientes y pacíficos con un agudo sentido de justicia.

Libra-Tauro: Se enamoran de la belleza, son personas con sentido artístico y estético, que disfrutan de los placeres delicados y mundanos. Tienen fuerte tendencia a comer demasiado, a veces son celosas, inconstantes y posesivas. Debido a su vanidad, pronto se cansan de sus relaciones afectivas.

Libra-Géminis: La combinación de estos dos signos de aire produce personas intelectuales, delicadas y muy idealistas; de carácter generalmente bondadoso, afectivo y tierno, que suelen viajar mucho. Su afecto tiene la particularidad de ser elástico, porque ambos signos, combinados, gustan del flirteo.

Libra-Cáncer: Generalmente son personas tiernas, amorosas, muy dedicadas a la familia y a la pareja; aunque suelen experimentar al mismo tiempo sentimientos de rechazo y aceptación hacia los demás. En ocasiones son muy activos y en otras muy perezosos.

Libra-Leo: Son nativos exigentes con lo estético, con lo artístico y con gran atracción por el placer en general. Muchos de ellos son soberbios, orgullosos y bastante livianos, coquetos e inconstantes, pero siempre necesitan ser admirados.

Libra-Virgo: Son a la vez complacientes y exigentes, y no soportan la fealdad. Esta combinación hace a los nativos quisquillosos con la limpieza. Son, además, tímidos y dependientes de los afectos. Conservan intactas sus ilusiones. Sólo tienen que superar su afán de notar las imperfecciones.

Libra-Libra: Son personas demasiado agradables, les gusta la armonía y la belleza; aunque la mayoría no se conocen a sí mismos. Son sensibles a la injusticia, y siempre buscan un ambiente muy pacífico. Su carácter es alegre y despreocupado, son excesivamente sociables.

Libra-Escorpión: Son gente que manipula diplomáticamente a través de la sicología humana; una de las cualidades fuertes que poseen es que les basta con ver a las personas una vez para conocer su interior. Eligen relaciones sexuales combinadas con el amor.

Libra-Sagitario: Son de naturaleza armónica; les gusta la filosofía, la diplomacia y la sabiduría de la justicia. Son personas con un gran entusiasmo y optimismo; pero a veces son demasiado expansivas. La simpatía que irradian los lleva a conseguir lo que quieren.

Libra-Capricornio: Son personas con un instinto nato de juez y mediador. Poseen cualidades contradictorias, por un lado tienen un gran deseo de expansión y de disfrutar el placer, y por el otro son rígidos y, en ocasiones, pesimistas. Se relacionan en forma madura y con entrega controlada.

Libra-Acuario: Esta combinación produce gente humanitaria y muy sociable. Tienen la capacidad para entender las relaciones excéntricas y libres. Poseen un marcado toque bohemio; conciben la vida libremente y son excelentes anfitriones.

Libra-Piscis: Son bondadosos y dulces, pero la mayoría carecen de personalidad; también son tímidos e inseguros; aun así, son personas con una gran profundidad humana. Joviales, amantes de la vida alegre, son muy perceptivos y psíquicos; sin embargo, son sugestionables y se dejan influir fácilmente por los demás.

Escorpión

Los nacidos bajo el Sol en el signo de Escorpión, combinado con su signo ascendente, se caracterizan por lo siguiente:

Signo solar-Signo ascendente

Escorpión-Aries: Aries es Marte de día y Escorpión es Marte de noche; su naturaleza es especialmente guerrera, son discutidores y dominantes. Son personas con capacidad regenerativa y de gran intensidad emocional; aunque se caracterizan por la sensualidad, son leales y fieles, se atan al compañero y esperan ser correspondidos de la misma manera.

Escorpión-Tauro: Son nativos profundamente apasionados, posesivos y celosos, pero sensuales y exuberantes, así como fieles y amorosos. Son muy inclinados al sexo y a las relaciones duraderas; y una de sus cualidades principales es la lealtad.

Escorpión-Géminis: Son personas con un excesivo contraste en el temperamento; al mismo tiempo intelectuales y posesivos. En ocasiones son muy celosos de sus parejas y muy consecuentes con sus propias debilidades. Por lo general son inestables e infieles.

Escorpión-Cáncer: Estos nativos son muy sensibles, psíquicos, amorosos, posesivos, celosos y absorbentes, de intensa sexualidad. Son regeneradores de emociones. Poseen una gran intuición, y cuando se comprometen lo hacen con lazos particularmente sólidos. Sin embargo, siempre sufren sospechas y desconfianza.

Escorpión-Leo: Generalmente son personas con temperamento contradictorio. Abiertos y francos al mismo tiempo que cerrados, con un halo misterioso, tenebroso e insondable. Ambiciosos, triunfan en lo que se proponen. Algunas viven sus relaciones con dificultades.

Escorpión-Virgo: Son "criticones" en extremo, muy agudos mentalmente, tienen excelente capacidad para la medicina, pues son regeneradores de la salud y perceptivos de las debilidades de los demás. Tienen poder de ejecución; generalmente son rencorosos, nunca olvidan una ofensa.

Escorpión-Libra: Son muy sensuales y sexuales, adictos al amor, manipulan diplomáticamente. Son buenos psicólogos. De carácter dulce y conciliador, buscan la sociedad; no toleran las escenas violentas, pero su instinto es posesivo y egoísta.

Escorpión-Escorpión: Son excelentes psicólogos, de mirada penetrante; drásticos en sus decisiones, pero con un gran poder de regeneración o degeneración; la videncia se les da de manera natural. Son intensamente pasionales, posesivos y celosos. Tienen la capacidad de transmutar sus defectos en virtudes.

Escorpión-Sagitario: Expresan las debilidades con una visión positiva; tienen gran sabiduría para la transformación. Generalmente sus propósitos de superación son muy firmes. Sostienen una perpetua lucha entre su mente superior y sus instintos.

Escorpión-Capricornio: Astutos y utilitarios, combinan y amalgaman las dos claves de Escorpión y Capricornio: "Yo deseo" y "Yo uso". Son perseverantes y saben trabajar duro para llevar a término una tarea. En ocasiones son sensuales y en otras frígidos.

Escorpión-Acuario: Poseen rebeldía y originalidad, así como recursos sin límite. Destacan por sus cualidades psíquicas y por una gran capacidad de comprensión de las leyes metafísicas.

Escorpión-Piscis: Son personas sumergidas en secretos y angustias, que desconciertan a los demás; poseen dones para la curación espiritual y la transformación trascendental. Muy tiernos y centrados en el sexo, se dejan llevar abiertamente por los placeres; dependen mucho de la sensibilidad y el afecto de los demás.

Sagitario

Los nacidos bajo el Sol en el signo de Sagitario, combinado con su signo ascendente, se caracterizan por lo siguiente:

Signo solar-Signo ascendente
Sagitario-Aries: Aman la acción y el movimiento, el riesgo, la aventura, el desgaste físico y el cambio. Son expansivos y entusiastas, y desperdician sus recursos, pero su optimismo y su fe les dan "buena estrella". Tienen cualidades atléticas y pasión por el deporte y los viajes.

Sagitario-Tauro: Aunque rutinarios y comodinos, en ocasiones son dinámicos, ya que necesitan moverse para descargar sus tensiones. Enfrentan un gran dilema: llevar una vida rutinaria o una aventurera. Tienen afición por los deportes, los placeres y la buena comida. Son los sagitarianos más responsables.

Sagitario-Géminis: Son filósofos y habladores, ávidos de conocimientos, pero fragmentarios. Muy libres e infieles, se arriesgan en todas las empresas; algunos de ellos pueden caer en la mentira. Se inclinan a vivir aventuras en el amor, son poco maduros y no suelen entregarse en sus relaciones.

Sagitario-Cáncer: Son una combinación difícil, al mismo tiempo que son poco prácticos, emocionales y dispersos, son hogareños, vagos y aventureros, así como caprichosos. La naturaleza independiente de Sagitario choca con el carácter casero que da el signo de Cáncer. Son nativos de Sagitario con tendencia familiar.

Sagitario-Leo: Son personas que gozan de la vida plenamente, amantes de la alegría, sus relaciones son francas, directas y sinceras. Independientes y autoritarios, pueden llegar a ser buenos deportistas. Basan sus relaciones en puntos de vista idealistas y seleccionan las experiencias que merecen la pena de vivirse.

Sagitario-Virgo: La intensa alegría de vivir de Sagitario, y su espíritu arriesgado y aventurero, se moderan con la naturaleza calculadora, meticulosa y previsora de Virgo, el principal problema lo tienen con el dinero: no saben si gastarlo o ahorrarlo.

Sagitario-Libra: Su naturaleza es placentera y artística; son grandes filósofos y diplomáticos, tienden a la justicia; algunos son muy buenos abogados, atractivos y sociales. Se interesan por la cultura, muchos de ellos pueden llegar a tener dinero y comodidades.

Sagitario-Escorpión: Tienen naturaleza filosófica y sabiduría de la transformación, gran capacidad de aventura y superación. Sin embargo, al mismo tiempo que son posesivos y sensuales, son desapegados en sus afectos. La batalla principal la tienen entre su espíritu libre y su gran obstinación, que los encadena a sus relaciones afectivas.

Sagitario-Capricornio: Poseen un juicio responsable y al mismo tiempo son conservadores y liberales. Son grandes organizadores y políticos, con los años maduran y se vuelven altamente responsables, sin embargo, siempre se deben a sus ideales.

Sagitario-Acuario: Los Sagitario que tienen ascendente Acuario son emprendedores y muy abiertos a nuevas ideas; algunos de ellos pueden profetizar, ya que ambos signos poseen gran intuición. Sagitario tiene como clave "Yo veo" y Acuario "Yo sé" con ideales futuristas e independientes.

Sagitario-Piscis: Ambos signos poseen sabiduría intuitiva, pero con pensamientos esparcidos y confusos. Los Sagitario con ascendente Piscis son liberales y tolerantes, estas cualidades les aseguran concordia en sus relaciones; pero necesitan fortalecer sus valores, pueden ser ligeros, superficiales e influidos por el medio. Son soñadores crónicos.

Capricornio

Los nacidos bajo el Sol en el signo de Capricornio, combinado con su signo ascendente, se caracterizan por lo siguiente:

Signo solar-Signo ascendente
Capricornio-Aries: Son personas con grandes dificultades de adaptación, porque tienen dos elementos incompatibles, fuego y tierra; son impacientes y entusiastas, al mismo tiempo que reservados y calculadores. Aman el poder sobre todas las cosas.

Capricornio-Tauro: Son muy materialistas, con gran sentido práctico. Son estables, se interesan por el dinero y la comodidad; trabajadores y muy contrastantes en su sexualidad, pueden ser sensuales y frígidos a la vez. Estos nativos generan riqueza a través del tiempo.

Capricornio-Géminis: Dos naturalezas disímiles; en ocasiones son serios y reservados, en otras prácticos y comunicativos. Su interés principal en la vida lo constituye su trabajo y su carrera, son muy curiosos, pero reprimidos, y temen a la crítica.

Capricornio-Cáncer: Son responsables y protectores, con tendencias domésticas, apego al hogar y preocupación por la seguridad, son fríos y románticos a la vez. Se resisten a los cambios. Son estables y ambiciosos, pero nobles y confiables.

Capricornio-Leo: Son muy ambiciosos y con un gran deseo de poder y reconocimiento, muy susceptibles a la crítica, a la imagen y al qué dirán. Son buenos políticos, controladores de las masas y poco demostrativos de sus sentimientos.

Capricornio-Virgo: Son responsables y trabajadores. No pasionales; su temperamento es cerebral y práctico, buscan la seguridad sobre todas las cosas; siempre exigen a los demás garantías, seriedad y honorabilidad. Generalmente son dignos de confianza.

Capricornio-Libra: Gustan al mismo tiempo de la compañía y de la soledad; son sociables, pero en ocasiones ermitaños, a pesar de eso les gusta agradar, el contacto con la alta sociedad y la elegancia en la ropa. Son calculadores y egoístas.

Capricornio-Escorpión: Industriosos y perseverantes, saben trabajar duro para llevar a término una tarea. En ocasiones son discordantes sexualmente, fríos y reprimidos y demasiado rigoristas; en otras son todo lo contrario.

Capricornio-Sagitario: Tienen sabiduría para manejar asuntos políticos; son optimistas y al mismo tiempo pesimistas; unas veces atrevidos, y otras severamente reprimidos, tienden a la administración de los bienes materiales.

Capricornio-Acuario: Aquí se combinan dos naturalezas planetarias: la saturnina, que es grave y severa, y la uraniana, que es bohemia y original, tanto en sus actos como en sus ideas. Poseen responsabilidad humanitaria, testarudez de su libertad y ambición por alcanzar ideales superiores. Profesionalmente pueden ser inventores o políticos.

Capricornio-Piscis: Estos dos signos pertenecen al elemento tierra y agua, respectivamente; ambos son pasivos, sin embargo, la combinación da como resultado personas trabajadoras, honestas, ambiciosas y ordenadas, que tienen la ambición y la capacidad de trabajo de Capricornio y la abnegación de Piscis. Son responsables en lo espiritual.

Acuario

Los nacidos bajo el Sol en el signo de Acuario, combinado con su signo ascendente, se caracterizan por lo siguiente:

Signo solar-Signo ascendente

Acuario-Aries: Les gusta la variedad y los sucesos imprevistos, y tienden a vivir situaciones extraordinarias. Son violentos, y en ocasiones cambian súbitamente de ideas, pero son originales y libres al manifestarlas.

Acuario-Tauro: Son contradictorios, posesivos y liberales. Se orientan a un plano material, pero al mismo tiempo muestran desinterés por las contingencias materiales. Son personas resistentes al cambio, muy necias y testarudas, que se aferran a sus ideas.

Acuario-Géminis: Idealistas, simpáticos y amistosos, son muy cerebrales, siempre originales e intuitivos; piensan y se expresan con habilidad, ya sea oralmente o por escrito; la pasión y el amor se les dan poco, aun así son muy simpáticos.

Acuario-Cáncer: Son revolucionarios y poco convencionales, pero tienden a la vida en familia; son individualistas e independientes, brutalmente francos y de reacciones inesperadas. Desconciertan a quienes los tratan. Son románticos y buenos escritores.

Acuario-Leo: Son personas muy fijas en sus ideas, autocráticas y cultas. Lo dramático de Leo se combina con la naturaleza social y humanística de Acuario; les gusta tener amigos y dan hasta la camisa por ellos.

Acuario-Virgo: Son intelectuales y razonadores, critican y analizan los detalles, sin embargo, poseen conceptos superiores y una fuerte intuición. Son trabajadores, pero no soportan que los dirijan. En el amor y el sexo son tímidos y reservados.

Acuario-Libra: Les gusta la concordia; son curiosos por lo nuevo y lo moderno, sus relaciones son lo más importante para ellos y se basan particularmente en la amistad, el matrimonio los atrae, pero al mismo tiempo lo rechazan.

Acuario-Escorpión: Son personas que aprenden a dominar sus pasiones, fuertemente contradictorias, ya que al mismo tiempo que son posesivas y celosas, les gusta tener amigos y convivir de manera agradable con los demás. Son muy rebeldes a la autoridad y fuertemente intuitivas.

Acuario-Sagitario: Son personas que viven y dejan vivir, libres e independientes; buscan ideales elevados y tienen ideas audaces y místicas respecto al amor universal; son flexibles y poco apasionadas en sus relaciones.

Acuario-Capricornio: No son sentimentales. Sin embargo, son bohemios y originales en sus ideas, se cansan de la compañía de los demás y se aferran a sus ideales. Siempre están interesados en los movimientos sociales y políticos. Son buenos analistas.

Acuario-Acuario: Son personas que tienden a colaborar en obras sociales, movimientos o sociedades ocupadas en cuestiones humanitarias o psicológicas. Aman las ciencias progresistas y las técnicas de vanguardia. Son excelentes ingenieros electrónicos. Manifiestan excesiva rebelión contra la autoridad y son las más excéntricas del zodiaco. Les gusta tener independencia de acción.

Acuario-Piscis: Son cerebrales y sentimentales, francos y directos, al mismo tiempo que cortantes y exploradores de sí mismos; su "Yo" práctico quiere reformar al mundo y su otro "Yo" renuncia a los apegos mundanos; son una "especie aparte".

Piscis

Los nacidos bajo el Sol en el signo de Piscis, combinado con su signo ascendente, se caracterizan por lo siguiente:

Signo solar-Signo ascendente
Piscis-Aries: Tienen una mezcla de sensibilidad profunda y una gran emotividad; así como una gran impulsividad y obstinación. En ocasiones son muy activos y en otras sumamente pasivos, son tiernos y dulces, muy volubles e inestables.

Piscis-Tauro: Extremadamente sensibles y dóciles, son abnegados y de sentimientos delicados. Imprimen un toque de fantasía e idealismo en todo lo que hacen; muchos de ellos parecen vivir en la irrealidad al mismo tiempo que son prácticos e idealistas; son grandes artistas.

Piscis-Géminis: La combinación de estos signos da como resultado emoción e intelecto en choque, de modo que las personas regidas por ellos son muy comunicativas, pero que al mismo tiempo se sumergen en sus sueños y son demasiado inestables y contradictorias. Por lo general son personas difíciles, que escapan de la realidad.

Piscis-Cáncer: Son profundamente emocionales; de una imaginación superlativa y de poderosas antenas psíquicas, introvertidos y con temperamento pasivo, se sienten vulnerables y se "encierran en su concha" por temor a ser heridos.

Piscis-Leo: Son protectores, rescatadores de seres que sufren, hipersensibles e impresionables, parecen verdaderos torbellinos psíquicos y anímicos. Esto dificulta la convivencia con ellos.

Piscis-Virgo: La extrema sensibilidad de Piscis es compensada por el sentido racional y práctico de Virgo, con lo que ambos se equilibran, el resultado son nativos bohemios y desordenados, al mismo tiempo que lógicos, concretos y racionales; pero que, sin embargo, son irritables y, en ocasiones, carentes de firmeza de carácter.

Piscis-Libra: Son sensibles y perezosos, pero de carácter dulce, aman la paz y ceden ante cualquier situación de conflicto. Buscan excesivamente la calma y lugares donde puedan estar tranquilos para seguir soñando. Les falta fuerza de carácter.

Piscis-Escorpión: De emociones muy cargadas, son intuitivos y psíquicos. Reaccionan dramáticamente ante cualquier estímulo, son apasionados, posesivos y exigentes. En ocasiones manejan el poder y en otras, debido a su compasión, son explotados por los demás.

Piscis-Sagitario: Místicos y contemplativos, son animados por su fe; son ultrasensibles al medio ambiente. Tienen periodos de calma y soledad, de exuberancia y agitación. Son muy indecisos.

Piscis-Capricornio: Son serios y soñadores al mismo tiempo, su carácter es melancólico y con cierta tendencia a la depresión. Su vida es rutinaria y monótona, son muy trabajadores y se subordinan a la autoridad, pero necesitan tiempo de esparcimiento.

Piscis-Acuario: Son bohemios de corazón, poco adaptados al medio, sensibles y poco prácticos; generalmente no ganan mucho dinero, pues se contentan con vivir al día. Algunos de ellos se inclinan al alcoholismo. Bien inclinados son espirituales y místicos.

Piscis-Piscis: Son muy emotivos y sentimentales, extraños e inconsistentes, carecen de voluntad, firmeza, decisión, orden y método; generalmente sufren los cambios del destino sin reaccionar; se sacrifican por los demás y son muy románticos y sensuales.

Las doce áreas de la vida que forman la carta natal

Casas astrológicas que forman el mapa de los cielos

Casa 1
¿Quién soy y cómo soy?
El "Yo" es la personalidad individual, en él destacan el orgullo y el ego, el propio valor; los pensamientos, complejos, aptitudes, conducta, aspecto físico, la imagen que se refleja. Mientras el "Yo" no adquiera seguridad, culpará a los demás por sus errores.

Casa 2
¿Qué tengo y cuánto tengo?
Instintos de conservación, posesiones, riquezas, capacidad adquisitiva, logros, recursos y energía. Nuestra creación de recursos y propiedades en general. La

necesidad de poseer cosas marca la forma en que nos relacionamos con el dinero.

Casa 3
¿Qué pienso y cómo pienso?
Tipo de inteligencia, comprensión y comunicación, lógica, razonamiento, intercambios, los desplazamientos o cambios de localidad, viajes y cambios de domicilio, especialmente la capacidad que poseemos para comunicar nuestras ideas, para crear.

Casa 4
¿Qué siento y cómo son mis padres?
Los padres, la familia, el hogar, la herencia, la genética, costumbres, tradiciones y el pasado; también indica como transcurrirá el final de la vida que rodea a cada persona antes de morir. Es también la casa física que habitamos y nuestros sentimientos y lazos con nuestros padres y antecesores.

Casa 5
¿A quién amo, cómo amo y qué clase de hijos tengo?
La creatividad, todo lo que nace de uno mismo, nuestro nivel interior está conectado con la inspiración que de aquí surge. Los sentimientos, el amor, los hijos, los noviazgos, la suerte y la fortuna.

Casa 6
¿En qué trabajo, cómo trabajo y cómo está mi salud?
La salud, el trabajo, la responsabilidad, las preocupaciones, obligaciones, la capacidad de asumir un servicio. En esta casa proyectamos nuestros propios valores en la cultura o en la sociedad. Periodo de crisis y tensión por enfermedades.

Casa 7
¿Cómo interactúo con los demás y la sociedad; y quién y cómo es mi compañero de matrimonio?
El ser humano no está solo, vive en sociedad y recibe las influencias de su entorno. El no "Yo", la aceptación o rechazo en el medio, el matrimonio; compartimos los deseos con otros y cuidamos el equilibrio de los otros; la lucha social, los enemigos declarados.

Casa 8

Mi percepción psíquica, ¿cómo hago el amor y cómo es mi muerte?

La regeneración, la muerte y el renacimiento; el uso de nuestra potencia psíquica. Es la casa de la autorrealización o la autodestrucción, la experiencia que adquiere el individuo de sus propios hechos, además, representa la sexualidad y el inconsciente.

Casa 9

Mis viajes, mi cultura, mis estudios superiores, el conocimiento y en qué creo.

La vida en Dios, la búsqueda de la unidad a través de la meditación y la armonización mística. Mis estudios superiores, cultura y religión. Los altos ideales, política, filosofía, moral, etcétera. La aceptación consciente de las normas sociales, los viajes y los contactos del lugar y la posible residencia en el extranjero.

Casa 10

Cómo destaco profesionalmente y mi fama.

El estatus social es, sobre todas las cosas, la clave de la vida. El triunfo, el éxito, los honores, el reconocimiento de la sociedad por una labor profesional, la satisfacción de conseguir un objetivo y una meta. El poder en el mundo.

Casa 11

Cómo hago amistad y qué anhelos tengo. ¿A qué vine al mundo?

La importancia de ser o estar en la sociedad, los amigos sinceros que rodean al individuo y convierten sus ideales en hechos; los apoyos sociales de personas encumbradas y los sueños y objetivos.

Casa 12

Qué pruebas vivo para desarrollar la conciencia. La casa del karma.

Representa las enfermedades graves o crónicas en los hospitales o cárceles, la sociedad, el aislamiento y el sacrificio, voluntario o no, el subconsciente, encierro y liberación. La transformación y la disolución del propio karma y el dolor. Aquí encontramos la introspección de todas las cosas y la vida espiritual, y en los monasterios la liberación del alma.

El paso astrológico del tiempo

El reloj de la vida

La vejez no es una obra del tiempo sino del desgaste.
Anónimo

Ciertas edades en el ser humano son determinantes en su desarrollo, la sicología tiene correspondencia con los ciclos planetarios en etapas que consideramos son de crisis y de crecimiento.

Los ciclos planetarios, especialmente los de los planetas lentos, son los que más información nos proporcionan.

Siete años. Edad de la razón
A los siete años en un ser humano se le denomina la edad de la razón. El planeta Saturno se encuentra en un ángulo de cuadratura de 90° (conflicto por el desarrollo). El niño pasa por un proceso de inhibición, entra en choque con la realidad, su mente se vuelve muy concreta y siente apremio por las responsabilidades. Es una época de desarrollo de la personalidad; el niño empieza a preocuparse por las situaciones que enfrenta; en esta edad se adquiere la responsabilidad. El niño cambia de dentadura, lo cual tiene una relación directa con el planeta Saturno, que es el que rige el calcio.

Doce años. Edad de la búsqueda del placer
En esta edad el niño tiene una expansión sexual y un crecimiento un tanto desmesurado, ya que es su primer retorno de Júpiter, el planeta benéfico mayor y que señala en esta etapa de la vida el despertar sexual y hormonal.

En los hombres aparece la eyaculación y en las mujeres la primera menstruación. En este periodo el individuo busca su libertad.

Catorce años. Edad de adolecer
En esta edad, Saturno, el planeta del deber y la estructura, está en oposición consigo mismo y provoca, debido al "sextil" (ángulo de oportunidad del planeta Urano que representa la necesidad de individualidad y libertad), una serie de problemas psicológicos que corresponden a la famosa adolescencia, en la que se sufren trastornos desde físicos hasta sicológicos, así como un sinnúmero de presiones para alcanzar el desarrollo. Como todos sabemos, es una etapa de

evolución muy rápida, compleja y difícil, comprendida entre los trece y los veinte años.

**Veintitrés a veinticuatro años. Edad de los
cambios armónicos y constructivos**
Segundo regreso de Júpiter. Es una edad tranquila, muy constructiva y placentera; podemos resolver conflictos de edades anteriores y prepararnos para enfrentar los veintiocho años, es decir, la edad adulta.

**Veintiocho a treinta años. Etapa de decisiones
y compromisos de larga duración**
Es una edad muy crítica, de las más desafiantes en la vida de un ser humano, porque en esta etapa decidimos nuestra vida, ya sea casarnos, divorciarnos o hacer el examen profesional; en la que tenemos que compensar lo que hemos abandonado en años anteriores; en la que los problemas del pasado que no hemos resuelto nos van a presionar con insistencia y angustia, aun así, es la mejor época para terminar lo que dejamos inconcluso. Se cierra el pasado y la infancia sicológica se queda atrás. Si nuestros conflictos mentales están acumulados, va a ser una etapa desestabilizadora; así que lo más indicado en ésta época, para tener mayor claridad y sabiduría, es llevar psicoterapia o prácticas espirituales.

Treinta y tres años, la edad del sol. Reencuentro con uno mismo
Esta edad, conocida como la edad de Jesucristo, se distingue por la plenitud del Sol; que vuelve a su misma posición de nacimiento. Nos marca un gran reencuentro con nosotros mismos. Es la edad del renacer y la transformación; aquí es donde surge nuestro mayor desarrollo, incluso el aspecto físico de las personas que tienen esta edad refleja una gran belleza. El renacimiento y la transformación se manifiestan en plenitud en el trabajo, en tener hijos hermosos, etcétera.

La generación actual de jóvenes de esta edad es el ejemplo más vivo de cómo, a esta edad muy temprana, se pueden tener cargos directivos en la política y en las empresas de alto nivel.

Treinta y seis años. Los hechos significativos
Júpiter retornará a su posición natal y cumplirá su tercera vuelta de doce años; pues este planeta regresa cada doce años a su posición de nacimiento, el efecto de las decisiones que se tomen en esta etapa se verá en un futuro no muy

lejano. Nos acercamos a la cuarentena, y si no nos hemos casado, tenido hijos, titulado profesionalmente, etc., sentiremos la premura de hacerlo, porque ya existe la conciencia de que nos queda poco tiempo para cumplir con esas metas.

Treinta y ocho a cuarenta y dos años. Gran crisis

En esta edad se manifiesta la segunda adolescencia, se llega más o menos a la mitad de la vida y se siente que se rebasa una marca y que nos queda muy poco tiempo de realización. Vivimos las consecuencias de las decisiones que tomamos a lo largo de nuestra vida, los malos hábitos hacen sus estragos; quienes han sido adictos al alcohol tal vez empiecen a tener problemas con el hígado, quienes tendieron a comer demasiado posiblemente habrán engordado y su cuerpo ya no reaccione igual para bajar de peso. Es posible que muchos hombres y mujeres se estén divorciando. Todo ello ocurre por una serie de resonancias planetarias que operan en este tiempo; es el regreso de Urano, planeta de los cambios súbitos; Neptuno se encuentra en conflicto consigo mismo; Saturno está en oposición, etc. En resumen, existe un desengaño y una conciencia de que tenemos muchas cosas por hacer en poco tiempo. Es una etapa en la que pasamos por una especie de examen del que saldremos exitosos si aprendemos a trascender el miedo a la vejez y a la muerte.

Cuarenta y siete a cincuenta y seis años. Edad de la satisfacción y la estabilidad

A este periodo se le considera un tiempo de realización, porque los planetas emanan aspectos favorables y positivos en nuestras vidas, como el cuarto regreso de Júpiter. Somos filósofos de la vida; es la edad de oro, los cincuenta años. Si nos desarrollamos naturalmente en este tiempo, encontraremos el sentido de la vida. Es la edad madura y nuestros sueños deben haberse realizado.

Cincuenta y ocho a sesenta años
Prudente como la serpiente
y sencillo como la paloma
La Biblia

Los psicólogos llaman a este tiempo de nuestra vida "la tercera edad". Estamos en una etapa de retiro, es tiempo de jubilación; los hijos ya tomaron su propio rumbo, es una etapa de conclusiones, sin embargo, debemos haber logrado un equilibrio en nuestro estado psicológico y emocional. Saturno y Júpiter son planetas de sabiduría; el primero tiene su segundo retorno de veintiocho años, y Júpiter, que se mueve cada 12 años, da su quinta vuelta. Si aprendimos a manejar la vida, ésta es una etapa de gran sosiego y desarrollo espiritual.

Ochenta años. La edad de los recuerdos
Si la muerte no ocurrió antes, y tenemos el privilegio de llegar bien a esta edad, Urano, el planeta de la libertad y los cambios, nos indica una nueva manera de desapego para ver la vida; llenos de experiencia regresamos a la infancia, volvemos a ser como niños con todo un caudal de recuerdos y vivencias olvidadas, nos preparamos para el punto final de la vida, que para muy pocos puede extenderse después de los noventa años.

CAPÍTULO VI
Previsiones astrológicas para ti

Cuando te encuentras en un estado de receptividad, la puerta se abre... y esperas.
Escuchar es el arte de volverse pasivo.
Osho. *El juego trascendental del zen*, pág. 59.

ARIES AÑO 2004. TRASCENDER OBSTÁCULOS

Aviso general

Recuerda que la arrogancia es un obstáculo, para alcanzar tus propósitos en este 2004, ten mucho cuidado de no humillar a los demás, pero también de no permitir que te humillen a ti.

En el año 2004 te espera la continuación del tránsito de Saturno, un astro que actúa a la manera de un gran maestro que va a poner tus habilidades, ideas y valores a prueba. El arte consistirá en encontrar la manera en que puedas comprender la razón de tales pruebas. El movimiento de este planeta te llevará a cristalizar y concretar tus ideas gradualmente.

Poco a poco irás siendo consciente de lo que eres y de lo que puedes ser, aunque tú, nativo de Aries, eres muy seguro de ti mismo, ya que tu clave es "Yo soy".

Sin embargo, vas a fortalecer tu confianza en ti mismo de una manera profunda, y lo más probable es que este planeta trabaje tu personalidad hasta el punto de modificar tu ego; quizá te presente situaciones difíciles y severas, y tu naturaleza guerrera tendrá que surgir para poder afrontar, superar la crisis y trascender los obstáculos.

La duración de este tránsito es de un año más o menos, durante este tiempo tendrás la oportunidad de hacer un balance, de preguntarte quién eres tú, qué haces y por qué lo haces, en el lenguaje técnico astrológico, en tu casa habrá un ángulo de cuadratura con tu sol. Esto, traducido en hechos de tu vida, representará dificultades en tus sentimientos, los que quizás sean depresivos o estén matizados por algún resentimiento. En el trabajo implica hacer un esfuerzo muy grande para conservar tus condiciones laborales. En lo económico serán épocas no tan abundantes; en donde si has contraído deudas estarás obligado a pagarlas, en estos tiempos lo mejor es el ahorro. En el amor, pareja y familia habrá que hacer ajustes. En los asuntos de pareja normalmente las relaciones que ya están establecidas, si no están bien fundamentadas o en armonía; lo más probable es que se enfríen; muchos nativos de Aries solteros (as), podrán contraer compromisos matrimoniales, pero muy forzados, o acompañados de obstáculos o de fuertes conflictos por parte de los padres de ambas parejas.

Aviso por decanato

Si naciste entre el 20 de marzo y el 30 de marzo sientes los efectos del tránsito de Saturno en un ángulo de cuadratura con tu Sol, lo que te hará sentir limitaciones. Debes cuidarte a ti mismo.

- Algunos nativos de Aries verán enfriadas sus relaciones por el efecto de Saturno, el planeta de la razón.
- Si naciste entre el 1º y el 10 de abril, en lo que se refiere al trabajo tu participación será constructiva, sin embargo, es un año de mucho esfuerzo para mantener tu posición, los frutos de tu labor los verás a largo plazo.
- En el amor tienes cambios, Júpiter en Libra en el segundo semestre inclinará a algunos nativos de este decanato a contraer matrimonios precipitados.

Si naciste entre el 11 y el 20 de abril, en lo económico y en el trabajo es un año de nuevos proyectos, en forma independiente el impacto de Plutón en armonía con tu Sol te marca un periodo de crecimiento en los asuntos profesionales.

- Mejoras tus asuntos familiares y revives el amor con personas del pasado.
- Debes proteger la garganta, y los riñones, evitar los excesos y el cansancio por un trabajo agobiante que puede llevarte a un agotamiento general.

Número de la suerte en el 2004

Tu número clave y de buena suerte para los pronósticos y lotería en el 2004 es el 7.

El 7 es el número del filósofo, simboliza la búsqueda constante en nuestro interior. Es el metafísico que nos indica que en el año 2004 te inclinarás por el misticismo y la religión, elegirás la soledad con el propósito de leer más y de meditar, tus estudios se desarrollarán al máximo.

Las asociaciones se basarán en las afinidades espirituales y las empresas benéficas y de caridad. Es también el año que favorece los lazos amorosos clandestinos, las relaciones secretas y por algún motivo "prohibidas". Mientras dure la influencia del 7, tus relaciones se verán forzadas a permanecer ocultas o frías;

en caso de que fueran descubiertas podrían terminar mal. Sin embargo, puedes utilizar este número, que te dará suerte, en sorteos y loterías.

Mensaje del Tarot Osho Zen para el 2004

Tarot OSHO ZEN, arcano mayor, No. 21. Conclusión. El sagrado Tarot de Osho te revela que cualquier cosa que haya estado absorbiendo tu tiempo y energía está llegando a su final. Al completar tus tareas estarás despejando el espacio para que comience algo nuevo, usa este intervalo para celebrar las dos cosas, el final de lo viejo, la llegada de lo nuevo. Tu conciencia únicamente te está indicando la dirección.

Lectura práctica. Tener éxito en un asunto después de haber trabajado excesivamente en ello no es una promesa, es más bien una recompensa. La experiencia puede ser de éxito o fracaso, estarás sometido(a) a pruebas.

Enseñanza 2004

Llénate de esperanza en ti mismo. No te pongas frenos solito, éste es un año para reforzar tu energía y resistencia. Libérate de los obstáculos del tránsito de Saturno y cultiva el aprecio de tu inteligencia.

Para relajarte y dormir libre de tensiones toma un té de hierbas que contengan manzanilla y valeriana. Repite en voz alta: "Yo soy una persona valiosa que trasciende los obstáculos".

Previsión mensual

Previsión enero 2004
El año comienza con ciertas dificultades para ti, debido al mal aspecto que forman Marte, tu planeta regente, con Saturno, el planeta que representa la autoridad en el signo de cáncer.

La relación con autoridades y con el padre probablemente no sea buena.

Respecto a la salud debes ser muy precavido, especialmente en el manejo del automóvil, y evitar posibles caídas físicas. Es necesario tener control y tolerancia, ya que estás inclinado a la violencia.

Algunos nativos de Aries tienen en este mes un periodo de liberación y apertura, la Luna llena del 7 de enero en el signo de cáncer te predispone a ciertos sentimentalismos y susceptibilidades, sin embargo, para atraer el amor tienes que deshacerte de ciertos rencores y reencontrarte con el placer que disfrutas.

Días fluidos y positivos: 2, 7, 10, 17 y 29.
Días críticos y desafiantes: 5, 13, 14, 18, 20, 21, 25 y 27.

Previsión febrero 2004
Marte continúa en tu domicilio hasta el día 4 de febrero, si actúas sin pensar, correrás riesgos en todos los ámbitos, controla tu fuerte temperamento.

La luna llena del 6 de febrero en el signo de Leo te favorece, debes aprovechar todo el mes para concluir tus planes porque tendrás un nuevo impulso para desarrollarte profesionalmente.

Las circunstancias respecto al amor son favorables, ya que venus recorrerá tu domicilio y propiciará las relaciones, asimismo, te conferirá sentimientos y simpatías espontáneas. Necesitas encontrar una pareja en donde exista encuentro de motivos y de metas.

Tu salud estará bien equilibrada; sin embargo, debes protegerte la garganta y los riñones, así como evitar los excesos y el cansancio. Este mes es propicio para tener iniciativas súbitas, realizar reuniones sociales y pedir aumento de sueldo.

Días fluidos y positivos: 2, 6, 10, 16, 17, 19, 24, 25 y 29.
Días críticos y desafiantes: 4, 8, 13 y 21.

Previsión marzo 2004
La Luna nueva del 20 de marzo en tu domicilio marca contactos de trabajo positivos, desatora los negocios importantes, tienes que ser paciente para obtener los frutos de tu esfuerzo. Luchar contra la corriente puede agobiarte. Venus ingresará al signo de Tauro el próximo 5 de marzo e imprimirá una nota de consolidación con la pareja, sin embargo, hay cierta predisposición a dramatizar, recuerda que obras son amores y no buenas razones, tanto en las relaciones como en la vida los hechos son los que cuentan, no las intenciones, sé tan confiable que tus acciones sean congruentes con lo que expresas.

Mercurio ingresará al signo de Aries este próximo 15 de marzo y te inclinará a realizar viajes largos en tiempo y distancia, también a hacer negociaciones con el extranjero y a resolver asuntos legales pendientes.

Días fluidos y positivos: 5, 9, 11, 15, 16, 20, 22 y 27.
Días críticos y desafiantes: 7, 13, 18 y 30.

Previsión abril 2004
Feliz cumpleaños a todos los borregos

Mercurio en Aries y Tauro en movimiento retrógrado (hacia atrás) retrasan tus planes. La desidia es el peor enemigo del éxito, así que no dejes para mañana lo que puedes hacer hoy. La Luna nueva del día 19 indica que puedes obtener ganancias interesantes a partir de ventas o nuevos contactos.

Las diferencias de opinión en tus relaciones amorosas pueden provocar rupturas. Venus ingresará al signo de Géminis el día 3 de abril, experimentarás cambios sentimentales para bien y para mal. Sin embargo, no es conveniente aplazar tus decisiones, hay inestabilidad en el terreno del amor, aplazar no es decidir, al decir mañana lo arreglo, mañana seré feliz, mañana y mañana, nos escapamos del tiempo presente, y esto disminuye nuestra capacidad para disfrutar la vida. Por otro lado, practica deportes al aire libre, mejorará tu sistema nervioso, ya que el estrés puede provocarte dolores de cabeza, los que puedes evitar manteniéndote libre de tensiones, practicando la respiración profunda; inhalando y exhalando para disolver cualquier energía congestionada.

Días fluidos y positivos: 5, 14, 19, 23 y 28.
Días críticos y desafiantes: 3, 7, 16 y 26.

Previsión mayo 2004
La Luna llena del día 4 en el signo de Escorpión nos indica que tus sentimientos son profundos e intensos, tendrás la necesidad de formalizar tus relaciones de pareja y de trabajo.

Mercurio en tu domicilio favorece una etapa de expansión en las finanzas, lo más importante es que lleves mejor las riendas de tus gastos y que sigas manejando tus cualidades de líder con mucha confianza en ti mismo.

Afirmas la necesidad de expresar tus emociones a causa de los repentinos cambios que has experimentado en el amor y en una relación muy cercana, te sientes distante y al mismo tiempo ligado. La luna nueva del día 18 y el día 24, la conjunción de Marte en el signo de Cáncer con Saturno trae a tu vida una etapa de intenso trabajo, "ya no sientes lo duro sino lo tupido"; tal vez necesites inyectar una gran velocidad a tu ritmo de vida, y aunque tu energía es muy fuerte, en esta etapa es posible que te sientas desvitalizado.

Días fluidos y positivos: 3, 16, 18, 21, 26 y 30.
Días críticos y desafiantes: 1, 4, 7, 9, 13, 22 y 28.

Previsión junio 2004
La Luna llena del día 2 de junio siempre altera un poco a todos, Marte continuará transitando el signo de Cáncer. La primera quincena del mes puedes tener problemas de salud si no te cuidas en las comidas y bebidas, evita los excesos.

Lo que surja se debe tratar de manera seria y sensata, la Luna nueva del día 17 indica que es tiempo de plantear nuevas estrategias que hagan que las cosas vayan por donde tú lo requieres, hay que forzar un poco más a las circunstancias. Es posible que atravieses por una crisis familiar, Mercurio en el signo de Cáncer, que gobierna la familia, indica que puede haber fuertes choques entre padres e hijos, la conjunción Marte – Saturno todavía afecta tu vida. "Más vale prevenir que lamentar". No es bueno manejarte en los extremos, tienes que ser un poco más coherente y armonizar las contradicciones con las que te mueves en el amor.

Días fluidos y positivos: 7, 9, 14, 10, 21 y 29.
Días críticos y desafiantes: 1, 3, 5, 12, 24 y 30.

Previsión julio 2004
Marte en el signo de Leo te eleva en el ámbito social y de trabajo; también puedes obtener ganancias interesantes en ventas o nuevos contactos, pero cuídate de conflictos con tu pareja y con enemigos de poder, especialmente el día 16 de julio, en el que Marte y Neptuno están en oposición y provocan traiciones.

Los gastos que hagas para cubrir las necesidades de tu hogar valen la pena, puede ser que disminuya tu angustia. La Luna llena del 2 de julio puede crear gran sensibilidad que te ayudará a determinar y valorar las relaciones amorosas verdaderas y puras. Las expresiones de afecto te ayudarán a proporcionar solidez y suavizar las asperezas. Recuerda que todas nuestras acciones se nos regresan multiplicadas. Ayuda a los demás, comparte, sé honesto y bondadoso, pronto todo regresará a ti. El día 8 de julio la conjunción del Sol con Saturno es buena para eliminar cualquier hábito nocivo que quieras erradicar de tu vida.

Días fluidos y positivos: 4, 9, 11, 19 y 24.
Días críticos y desafiantes: 3, 6, 7, 21, 25 y 30.

Previsión agosto 2004
Se dan cambios de viejas condiciones por otras nuevas y las tienes que evaluar. Urano y Mercurio en oposición te advierten evitar traslados o cambios rápidos. La Luna llena del día 29 en el signo de Acuario trae buena estrella a tu vida, te sentirás muy a gusto compartiendo grandes momentos, hay buena suerte, tanto el amor como los negocios pueden verse beneficiados. La vida quiere darte todo lo que deseas, sólo debes tenerlo claro en tu mente y creer que lo mereces. Mercurio en el signo de Virgo en movimiento retrógrado paraliza algunos negocios y proyectos.

Algunos nativos de Aries vivirán situaciones pasionales a fines del mes de agosto de 2004, es importante que en esta etapa determines el tipo de relaciones que desees tener. Respecto a la salud hay tendencias psicosomáticas, cuando tus emociones no están bien tienes jaquecas o migraña por mucho tiempo, existe predisposición a que tu sistema nervioso se altere, especialmente el día 18 de agosto en el que Marte y Urano se confrontan.

Días fluidos y positivos: 6, 15, 17, 20, 22 y 25.
Días críticos y desafiantes: 1, 8, 13, 18, 23, 27 y 29.

Previsión septiembre 2004
Mercurio transita tu signo y entra en movimiento directo el día 1 de septiembre, la carga de responsabilidades puede agobiarte. Habrá que confrontar puntos de vista y aclarar malos entendidos. Es tiempo de que aceptes y manejes los retos que lleguen, evita actuar de manera desordenada y sin dirección precisa. Marte en guerra con Plutón, el planeta de la transformación, marca que los obstáculos son como escalones para ir más alto, sin embargo, evita peleas inútiles, ya que el 11 y el 13 puede haber choques de poder y rupturas de relaciones.

La luna llena del 28 de septiembre inclina al éxito en el final de este mes, lo que quiere decir que hay muy buenas oportunidades y debes tener confianza en ti mismo. Respecto al amor tus relaciones se pueden volver conflictivas en el momento más inoportuno, aunque te va a ayudar la influencia de Venus en tu casa, ya que te facilitará toda clase de contactos en el aspecto social y propiciará las reconciliaciones con la pareja a través de reuniones, fiestas y contactos.

Días fluidos y positivos: 2, 4, 5, 7, 14, 19, 23 y 24.
Días críticos y desafiantes: 9, 11, 13, 16, 18, 22, 26 y 29.

Previsión octubre 2004
La Luna nueva del día 13 en el signo de Libra hará que tu pareja sea el centro de tu atención durante casi todo el mes; tendrás que aprender a convivir. Es importante que mantengas un vínculo espiritual con ella, el verdadero amor es incondicional primero hacia ti mismo y después hacia los demás, reconocer tu fortaleza y tus limitaciones abre paso a la comunicación y a la solución de los conflictos.

La Luna llena del 27 de octubre te agudiza algunos problemas financieros; la mejor respuesta ante esta situación es tomar acuerdos y trascender las dificultades. La prudencia es la herramienta útil para resolver las discrepancias.

Saturno indica que se pueden abrir oportunidades para asumir responsabilidades mucho más grandes y estables.

Tu estado físico puede verse quebrantado el día 13 o el 23 de octubre, día en el que puedes tomar una decisión precipitada, ¡sé cauto!

Días fluidos y positivos: 5, 9, 11, 16, 18, 22, 24 y 31.
Días críticos y desafiantes: 4, 7, 13, 14, 20, 23 y 27.

Previsión noviembre 2004
El 12 de noviembre habrá Luna nueva en el signo de Escorpión, esto marca un día difícil para ti, así que evita problemas familiares, debes controlar estoicamente tus impulsos. Tienes que ser prudente con tus inversiones, dado que hay planetas muy intensos que producen imprevistos. Tu liderazgo te lleva a viajar. Si eres ama de casa a través de tu esposo pueden ocurrir estos acontecimientos. No hay constancia en las relaciones en este mes, pero al mismo tiempo éstas son fascinantes. Los aspectos sensuales y sexuales están favorecidos con la conjunción de Venus y Júpiter en el signo de Libra. En cuanto a la salud recuerda que te puedes curar sólo desbloqueando tus emociones, no permitas que los problemas te abrumen, enfréntalos valientemente y confía en tu capacidad para resolverlos, evita el enojo y la ira, especialmente el día 6, el 20 y el 30 de noviembre. Es posible que sientas un exceso de energía que puedes utilizar mal, te recomiendo canalizarla realizando alguna actividad física. Evita enfermarte adoptando buenos hábitos de vida, ya que estarás predispuesto a las enfermedades por la posible tensión que sufrirás en este mes.
Días fluidos y positivos: 3, 8, 12, 13, 21 y 25.
Días críticos y desafiantes: 6, 10, 14, 16, 17, 20, 26, 28 y 30.

Previsión diciembre 2004
Marte en el signo de Escorpión y Mercurio en signo de Sagitario ponen a prueba la prudencia que no tienes, en los asuntos de dinero debes abstenerte de lo superfluo y lo ostentoso. Mercurio en movimiento directo pone fuerza a los propósitos, es momento de saber qué decir, pero sobre todo cómo decirlo, no todo puede ser revelado.

La entrada de la estación invernal el 21 de diciembre te cambia iniciativas y propósitos, y para cerrar con broche de oro el ciclo anual la Luna llena del día 26 intensifica tus sentimientos y tus emociones, éstas se pueden volver muy complicadas y hacerte sentir muy incomprendido el día 30, ya para finalizar el año habrá la confrontación de dos planetas. Marte, el planeta de la guerra, y Urano, el planeta de lo imprevisto, estarán en choque, y buscarás inconscientemente sensaciones nuevas que te servirán para evadir los problemas. Por otro lado, cuídate de la influencia de las personas mayores de edad que pueden volverse "aguafiestas" en tus relaciones afectivas. Ya debes tener tus planes muy claros y tus propósitos para el nuevo año 2005. ¡Feliz año nuevo!

Días fluidos y positivos: 4, 5, 10, 14, 16, 17, 20 y 21.
Días críticos y desafiantes: 8, 18, 19, 23, 25, 27 y 30.

GUÍA ASTROLÓGICA PARA LOGRAR EL ÉXITO EN TUS PROPÓSITOS

Elige los mejores días del mes para el logro de dinero y trabajo (Gráfica de 7 líneas para 4 meses)

EVENTO	ENERO	FEBRERO	MARZO	ABRIL
Cobrar dinero y pagar deudas	4, 7, 9, 14, 15, 21 y 24.	6, 10, 15, 16, 17, 19, 25 y 29.	1, 2, 4, 5, 6, 7, 11, 16, 20, 24 y 25.	5, 14, 19, 20, 21, 23, 27 y 28.
Firmar contratos y formar sociedades	4, 7, 9, 14, 15, 21 y 24.	6, 10, 15, 16, 17, 19, 25 y 29.	1, 2, 4, 5, 6, 7, 11, 16, 20, 24 y 25.	5, 14, 19, 20, 21, 23, 27 y 28.
Abrir negocios y realizar operaciones bursátiles	4, 9, 21, 24 y 27.	6, 10, 15, 16, 17, 19, 20, 25 y 29.	1, 2, 4, 5, 6, 7, 11, 16, 20, 21 y 22.	4, 5, 14, 19, 22, 29 y 30.
Comprar y vender	4, 9, 21, 24 y 27.	6, 10, 15, 16, 17, 19, 20, 25 y 29.	1, 2, 4, 5, 6, 7, 11, 16, 20, 24 y 25.	5, 14, 19, 20, 21, 23, 27 y 28.
Enfrentar procesos legales	7, 10, 14, 15, 20 y 31.	6, 7, 14, 15 y 27.	9, 11, 12, 13, 15, 22 y 28.	9, 10, 16, 25, 28, 29 y 30.
Utilizar publicidad y otros medios de comunicación	2, 5, 7, 10, 17 y 29.	6, 10, 15, 16, 17, 19, 21, 24, 25 y 29.	1, 2, 4, 5, 6, 7, 11, 16, 20, 24, 25, 26 y 27.	5, 14, 19, 20, 21, 23, 27 y 28.

EVENTO	MAYO	JUNIO	JULIO	AGOSTO
Cobrar dinero y pagar deudas	3, 4, 10, 16, 18, 26, 27 y 30.	2, 6, 7, 12, 17, 18, 22, 25 y 27.	5, 6, 11, 17, 19, 24 y 27.	4, 5, 6, 11, 15, 22, 23, 25, 29 y 31.
Firmar contratos y formar sociedades	3, 4, 10, 15, 16, 18, 26, 27 y 30.	2, 6, 7, 12, 17, 18, 22, 25 y 27.	2, 5, 6, 11, 17, 19, 24, 27 y 31.	4, 5, 6, 11, 15, 22, 23, 25, 29 y 31.
Abrir negocios y realizar operaciones bursátiles	3, 4, 10, 15, 16, 18, 26, 27, 30 y 31.	2, 6, 7, 12, 17, 18, 22, 25, 27 y 30.	2, 5, 6, 11, 17, 19, 24, 27 y 31	4, 5, 6, 11, 15, 22, 23, 25, 29 y 31.
Comprar y vender	3, 4, 10, 15 y 16.	2, 17, 22, 23, 25, 26 y 28	11, 13, 14, 19 y 24.	15, 17, 18, 20, 22, 25 y 26.
Enfrentar procesos legales	3, 4, 5, 6, 7 y 30.	3, 4, 11, 12, 26, 27, 30.	1, 18, 19, 28 y 29.	17, 18, 22, 24, 25 y 26.
Utilizar publicidad y otros medios de comunicación	3, 4, 10, 15, 16, 18, 26, 27, 30 y 31.	2, 6, 7, 12, 17, 18, 22, 25, 27 y 30.	2, 5, 6, 11, 17, 19, 24, 27 y 31.	4, 5, 6, 11, 15, 22, 23, 25, 29 y 31.

EVENTO	SEPTIEMBRE	OCTUBRE	NOVIEMBRE	DICIEMBRE
Cobrar dinero y pagar deudas	1, 3, 7, 14, 15, 21, 25, 26 y 29.	3, 5, 9, 11, 12, 13, 22, 24, 27, 28 y 29.	2, 3, 8, 12, 13, 18, 27 y 29.	3, 5, 14, 20, 21, 26 y 30.
Firmar contratos y formar sociedades	2, 4, 5, 7, 9, 11, 14, 19 y 23.	1, 2, 9, 13, 16, 20, 22, 27, 28 y 29.	2, 3, 8, 12, 18, 19, 21, 24 y 29.	3, 5, 10, 11, 16, 18, 20, 21, 26,29 y 30.
Abrir negocios y realizar operaciones bursátiles	2, 3, 7, 14, 15, 26, 21 y 28.	3, 9, 12, 17, 20, 27, 28, 29 y 30.	3, 6, 12, 18, 25 y 26.	5, 10, 14, 16, 18, 20, 22, 29 y 30.
Comprar y vender	2, 7, 9, 14 19 y 23.	9, 13, 14, 18, 20, 22, 27, 28, 29, 30 y 31	2, 3, 8, 12, 18, 19, 21, 24 y 29.	3, 5, 10, 11, 16, 18, 20, 21, 26,29 y 30.
Enfrentar procesos legales	9, 11, 14, 19 y 23.	3, 9, 12, 17, 21, 25, 27, 30 y 31.	3, 4, 6, 12, 25 y 30.	3, 5, 10, 16, 18, 20, 21 y 30.
Utilizar publicidad y otros medios de comunicación	1, 2, 10, 11, 12, 24, 25 y 29.	3, 9, 10, 11, 14, 18, 22, 25, 28, 29, 30 y 31.	3, 8, 12, 18, 26 y 27.	3, 5, 14, 16, 18, 20, 21, 29 y 30.

Elige los mejores días del mes para el logro de amor y relaciones (Gráfica de 7 líneas para 4 meses)

EVENTO	ENERO	FEBRERO	MARZO	ABRIL
Días favorables para el amor y la reconciliación	1, 4, 6, 10, 14, 19, 21 y 24.	2, 4, 6, 7, 10, 11, 23, 25, 26 y 27.	2, 5, 6, 8, 9, 11, 16, 20, 24, 25 y 28.	4, 5, 6, 19, 20, 21, 27, 28, 29 y 30.
Días propicios para casarse	7, 14, 21, 29, 30 y 31.	6, 7, 10, 11, 13, 14, 25, 26 y 27.	5, 6, 24 y 25.	5, 6, 19, 20 y 21.
Días favorables para tener relaciones sexuales y embarazarse	7, 8, 16, 17, 23, 24, 29 y 30.	3, 4, 6, 7, 10, 11, 12, 13, 21, 22, 25, 26 y 27.	1, 2, 11, 12, 19, 20, 24, 25, 29 y 30.	7, 8, 15, 16, 25, 26, 28, 29 y 21.
Días propicios para organizar fiestas y reuniones sociales	1, 3, 4, 6, 10, 14, 15, 22, 23, 30 y 31.	6, 7, 10, 11, 23, 24, 25, 26 y 27.	4, 5, 13, 14, 16, 24, 25 y 31.	9, 10, 23, 24, 28 y 29.
Días favorables para hacer viajes largos y cortos	4, 5, 18 y 19.	1, 2, 14, 15, 28 y 29.	13, 14, 26 y 27.	9, 10, 23, 24, 25 y 30.
Días propicios para realizar prácticas culturales y conocer amistades	4, 5, 9, 10, 14, 15, 18, 19, 22 y 23.	6, 7, 19, 20, 28 y 29.	4, 5, 17, 18, 26, 27 y 31.	4, 9, 10, 13, 23, 24, 25, 28 y 30.

EVENTO	MAYO	JUNIO	JULIO	AGOSTO
Días favorables para el amor y la reconciliación	2, 3, 4, 16, 17, 18, 26 y 30.	2, 6, 7, 11, 12, 14, 15, 17, 19, 22, 23, 25 y 26.	2, 4, 5, 11, 16, 17, 22 y 31.	5, 6, 7, 11, 15, 17, 22, 25, 29 y 30.
Días propicios para casarse	2, 3, 4, 21, 22, 23, 30 y 31.	2, 17, 18, 19, 25, 26 y 30.	2, 3, 10, 11, 17, 18, 23,1 24 y 31.	20, 22, 25 y 26.
Días favorables para tener relaciones sexuales y embarazarse	2, 3, 4, 5, 13 14, 18, 21, 22, 23 y 26.	2, 6, 7, 9, 10, 11, 18, 19, 22, 28 y 29.	2, 6, 7, 16, 17, 23, 24, 25 y 26.	3, 4, 12, 16, 22, 23, 30 y 31.
Días propicios para organizar fiestas y reuniones sociales	4, 11, 16, 18, 25, 26 y 30.	2, 7, 8, 14, 15, 17, 18, 19, 21, 22, 25, 26 y 30.	2, 3, 10, 11, 17, 18, 23,1 24 y 31.	1, 6, 17, 18, 20, 22 y 26.

158

Días favorables para hacer viajes largos y cortos	6, 7, 11, 20, 21, 30 y 31.	3, 4, 16, 17, 28 y 30.	1, 4, 5, 13, 14, 22, 23, 24 y 27.	1, 2, 10, 11, 19, 20, 24 y 25.
Días propicios para realizar prácticas culturales y conocer amistades	2, 3, 10, 11, 17, 18, 20, 21, 30 y 31.	2, 3, 4, 7, 8, 16, 17, 26, 27 y 30.	4, 5, 11, 12, 18 y 19.	1, 2, 7, 8, 15, 16, 23, 28 y 29.

EVENTO	SEPTIEMBRE	OCTUBRE	NOVIEMBRE	DICIEMBRE
Días favorables para el amor y la reconciliación	1, 4, 5, 7, 10, 15, 16, 17 y 24.	5, 9, 12, 14, 15, 20, 27, 28, 29, 30 y 31.	4, 8, 9, 13, 15, 17, 18, 19, 25 y 26.	5, 14, 16, 18, 20, 21, 22, 23, 26 y 27.
Días propicios para casarse	3, 4, 5, 15, 16, 21 y 28.	1, 2, 8, 9, 13, 14, 15, 28, 29 y 30.	12, 18, 19, 25 y 26.	11, 14, 18, 22, 23, 26 y 30.
Días favorables para tener relaciones sexuales y embarazarse	3, 4, 8, 9, 18, 19 y 28.	1, 2, 6, 7, 15, 16, 24, 25, 28, 29 y 30.	2, 3, 12, 13, 20, 21, 25 y 26.	1, 9, 10, 14, 17, 18, 22, 23, 26, 27 y 28.
Días propicios para organizar fiestas y reuniones sociales	2, 3, 4, 10, 11, 12, 16, 17, 24 y 25.	1, 2, 8, 9, 13, 14, 28, 29 y 30.	3, 4, 5, 9, 10, 18, 19, 25 y 26.	3, 11, 12, 15, 16, 22, 23, 26, 30 y 31.
Días favorables para hacer viajes largos y cortos	2, 6, 7, 20 y 21.	3, 4, 13, 14, 17, 18 y 20.	1, 3, 14, 15, 27 y 28.	10, 11, 12, 24, 24, 30 y 31.
Días propicios para realizar prácticas culturales y conocer amistades	2, 6, 7, 13, 14, 16, 17, 24 y 25.	3, 4, 9, 22, 23, 30 y 31.	3, 9, 10, 18, 19, 27 y 28.	3, 7, 8, 15, 16, 24 y 25.

Elige los mejores días del mes para el logro de salud belleza y curación. (Gráfica de 7 líneas para 4 meses)

EVENTO	ENERO	FEBRERO	MARZO	ABRIL
Dietas y ayunos para adelgazar y desintoxicar el cuerpo	7, 16, 17 y 21.	6, 8, 9, 13, 20, 21 y 22.	1, 2, 6, 7 y 13.	5, 11, 13, 19 y 27.
Tratamientos médicos y dentales. Psicoterapias y curaciones	14, 15, 18, 28 y 29.	6, 8, 9, 13, 20, 21 y 22.	1, 2, 6, 7, 11, 12 y 13.	3, 4, 7, 8, 11, 15, 16, 25, 26 y 30.
Operaciones quirúrgicas	28 y 29.	12, 13, 20, 23, 24 y 27.	11, 12, 13 y 20.	11 y 19.
Cortarse el pelo y hacerse tratamientos de belleza, faciales y corporales.	7, 14 y 21.	6, 20, 25, 26 y 27.	6, 20 y 28.	1, 2, 5, 6, 19, 20, 21, 22, 27 y 28.
Prácticas deportivas	14, 18 y 19.	2, 14 y 15.	12, 13, 21 y 22.	9, 10, 18 y 19.
Prácticas religiosas	7, 16, 17, 18, 19, 24 y 25.	6, 12, 13, 16, 17, 21, 22, 25 y 29.	1, 2, 11, 12, 19, 20, 29 y 30.	7, 8, 9, 10, 15, 16, 26 y 27.

EVENTO	MAYO	JUNIO	JULIO	AGOSTO
Dietas y ayunos para adelgazar y desintoxicar el cuerpo	1, 4, 11, 18, 22, 27 Y 28.	6, 7, 9, 12, 18, 22, 25, 26, 27 y 29.	2, 5, 8, 10, 11, 16 y 17.	7, 8, 15, 17, 28, 29, 30 y 31.
Tratamientos médicos y dentales. Psicoterapias y curaciones	4, 5, 11, 27 Y 28.	3, 9, 14, 21 y 28.	2, 5, 8, 10, 11, 16, 17, 21, 22, 25 y 26.	3, 4, 7, 17, 18, 22, 23, 30 y 31.
Operaciones quirúrgicas	11, 15, 16 y 18.	9, 14, 17, 21, 26 y 28.	8, 9, 21, 22 y 25.	7, 15, 18, 20 y 22.
Cortarse el pelo y hacerse tratamientos de belleza, faciales y corporales.	2, 3, 16, 17, 18, 21, 26, 27, 30 y 31.	2, 17 y 25.	2, 17, 24 y 31.	1, 3, 6, 15, 29, 18, 20, 22, 25 y 26.
Prácticas deportivas	3, 6, 7, 15, 16, 25 y 26.	9, 14, 22, 28 y 30.	5 y 16.	5, 6, 17, 20, 22, 24, 25 y 26.
Prácticas religiosas	4, 5, 10, 11, 13, 14, 22 y 23.	1, 2, 9, 10, 19, 20, 28, 29 y 30.	1, 5, 9, 11, 28 y 29.	6, 15, 17, 18, 20, 22 y 26.

EVENTO	SEPTIEMBRE	OCTUBRE	NOVIEMBRE	DICIEMBRE
Dietas y ayunos para adelgazar y desintoxicar el cuerpo	4, 6, 13, 14, 21 y 28.	6, 11, 12, 13, 27 y 31.	4, 5, 6, 12, 25, 26 y 30.	3, 4, 9, 11, 17, 18, 26 y 27.
Tratamientos médicos y dentales. Psicoterapias y curaciones	4, 6, 8, 9, 13, 14, 26 y 27.	6, 11, 12, 15, 16, 24 y 25.	1, 2, 3, 6, 12, 18, 21, 25 y 26.	3, 4, 8, 9, 10, 17, 18, 20, 27, 28 y 30.
Operaciones quirúrgicas	6, 14, 17, 18 y 21.	6, 13 y 20.	4, 5, 12 y 21.	11, 18, 19 y 20.
Cortarse el pelo y hacerse tratamientos de belleza, faciales y corporales.	14, 21, 28, 29 y 30.	9, 11, 12, 13, 22, 27, 28, 29, 30 y 31.	12, 14, 18, 21 y 26.	7, 11, 18, 22, 23, 26 y 29.
Prácticas deportivas	1, 2, 10, 11, 20, 21, 23, 29 y 30.	13, 16, 17, 18, 20 y 31.	3, 6, 7, 12, 22, 23, 25 y 26.	3, 10, 18, 20, 21, 25, 26 y 30.
Prácticas religiosas	9, 14, 18, 19, 25, 26, y 27.	4, 5, 6, 15, 16, 23, 24 y 25.	2, 3, 12, 13, 20, 21, 29 y 30.	9, 10, 11, 12, 14, 17, 18, 26, 27 y 28.

> *¡Disfruta el vuelo!,*
> *y celebra con todas las diversas maravillas del paisaje que se extienden frente a ti.*
> *Tus posibilidades son ilimitadas.*
> Osho. *El juego trascendental del zen*, pág. 81.

TAURO AÑO 2004. ALCANZAS UNA NUEVA VISIÓN DE LA VIDA

Aviso general

Debes evitar, nativo de Tauro, la tendencia a la evasión y la incertidumbre, la influencia de Neptuno continuará dándote un poco de "lata".

Tendrás deseos románticos e idealistas que pueden toparse con grandes frustraciones y traiciones. Sientes el impacto de Neptuno en cuadratura con tu Sol, y puede ser un periodo de confusión, particularmente si no tienes claro cuál es el mejor camino a seguir. Es muy importante que conozcas tu realidad antes de hacer cambios mayores. Sin embargo, a pesar de los engaños que puedes sufrir, el año 2004 es un periodo de evolución espiritual. Te enfrentarás a tus temores y circunstancias que no están en armonía con tus necesidades más elevadas, pero también será el inicio de una vida mejor. Los cambios del alma y tu creatividad aumentarán y estarás más comunicado con tu conciencia ejercitando tus facultades psíquicas. Saturno en el signo de Cáncer y Júpiter en Virgo te brindarán el equilibrio que necesitas, el amor seguirá siendo lo más importante para ti, aunque, después de tantos cambios imprevistos y tantas traiciones, habrá una revolución en tu forma de ver la vida, nacerás a una nueva conciencia y por fin aprenderás a cambiar. Al abrirse tu ser interior experimentarás desarrollo tanto espiritual como material.

2004 es un buen año en lo económico y lo moral, estructuras tu vida sobre nuevas bases.

Es una época de eventos estables que podrán darte tranquilidad, tanto Saturno en Cáncer como Júpiter en virgo te inclinarán a la especulación y podrás ganar mucho dinero, pero también puedes tener fluctuaciones, por la influencia de Neptuno, el planeta de los espejismos. Subsanarás deudas y pagarás impuestos, tendrás sentido del orden, recuperarás confianza y estabilidad. Urano en el signo de Piscis ampliará tus puntos de vista e iluminará tu necesidad de brillar a través del sentido de libertad que has aprendido.

Aviso por decanato

Si naciste entre el 21 y 30 de abril, éste será un año para ti muchísimo más tranquilo, la influencia de Saturno en el signo de Cáncer te brindará la estabilidad que esperas.
- Júpiter en el signo de Virgo te dará expansión económica y viajes.
- Por otro lado, la influencia de Urano desde el signo de Piscis en armonía con tu Sol te aportará un ciclo excitante y novedoso en el que tus talentos y tus habilidades despertarán. Es un buen momento para estudiar con un maestro al que admires.
- Tus relaciones amorosas tenderán a ser armónicas.

Si naciste entre el 1º y 10 de mayo en este año:
- Continúa vigilando tus recursos. Pasarás por un periodo de confusión, si no tienes claro el camino a seguir podrás sentirte extraviado en tus propósitos.
- Tenderás a dejarte fascinar por personalidades atractivas pero engañosas o inestables, cuida de no caer en relaciones sentimentales donde tú seas el que rescata.
- Crecerá tu imaginación y tu sensibilidad.
- Intenta estabilizar los asuntos familiares y de trabajo mediante la influencia positiva de la estructura que dará Saturno a tu vida.
- Evita gastar demasiado y caer en excesos.
- Habrá viajes y posible crecimiento económico debido a Júpiter en el signo de Virgo.

Si naciste entre el 11 y el 20 de mayo:
- Los cambios y revoluciones que viviste durante el año pasado te hicieron más libre.
- En el amor te volverás más independiente y te desapegarás del pasado. Iniciarás nuevas relaciones más libres e inconvencionales.
- Aprenderás nuevas disciplinas que tengan que ver con tu desarrollo interno.
- Habrá viajes por motivos de trabajo y posibles cambios de residencia.
- Tendrás un nuevo concepto de lo que es la familia. Le darás más libertad a tus hijos. Cambiarás la rigidez de tus emociones en forma personal.

Número de la suerte 2004

Tu número clave y de buena suerte para los pronósticos y lotería en el 2004 es el 8.
La numerología dice que no olvides cuidar tu aspecto y el ambiente en el que te desenvuelves. Este año las apariencias tienen valor decisivo. Despierta tu intuición y toma al vuelo las buenas oportunidades que veas aparecer, pueden producirse circunstancias afortunadas y coincidencias favorables, lo tuyo es reconocerlas y sacarles beneficio.

El 8 es el número ejecutivo y el magnético acumulativo. Éste es un año de buena suerte material para ti. Te anuncia que traerá valores financieros y materiales a tu vida. Sin embargo, no debes usar esta habilidad sólo para beneficio propio, como la mayoría suele hacer, sino para ayudar a tus semejantes más desvalidos. También puedes participar en juegos de azar con el 8, que estará en armonía con tu vibra del año.

Mensaje del Tarot Osho Zen 2004

Tarot OSHO ZEN, arcano mayor No. 1. Existencia. En este año 2004 estarás en un momento de observación y será necesario que reflexiones si te estás permitiendo recibir el extraordinario regalo de sentirte en casa donde quiera que estés, si por otro lado has estado sintiéndote como si el mundo fuera para otra parte, es el momento de hacer un descanso y una meditación. La sabiduría del Tarot Osho Zen te aconseja que en el 2004 contemples las estrellas y disfrutes de las noches, de la Luna, del Sol, de los árboles, de los pájaros y la Tierra. Sentirás que nadie puede llenar tu vacío excepto tú; podrás ver el tremendo amor que desciende sobre ti desde todas las dimensiones.
Lectura práctica. Te indica que tendrás capacidad de hacer muchas cosas a un mismo tiempo, pero que tengas cuidado y te prevengas contra la dispersión y los resultados negativos de la indecisión.

Enseñanza 2004

Puedes soportar la prueba de la verdad, te has vuelto más maduro y más vital para amar. No cierres los ojos ante los defectos que pudieras tener. Cambia tu estructura de rigidez y crea una base sólida para tus planes a largo plazo, recuerda que en este año la confianza es visible e invita a los demás a cooperar contigo y a respetarte, repite en voz alta: "Yo me amo y acepto totalmente como soy". Además, cada vez que te sientas con mucha carga emocional date un baño con pétalos de rosa para aligerar tu estado.

Previsión mensual

Previsión enero 2004
Los deseos románticos e idealistas pueden toparse con grandes frustraciones, tus relaciones amorosas pueden ser sacudidas por imprevistos. Habrá proble-

mas entre tu pareja y tú si no conservas la calma, debes luchar contra la agresión y los celos, en caso contrario tendrás respuestas muy negativas.

Es una etapa de eventos repentinos que pueden nublar tu tranquilidad. Neptuno, el planeta de los espejismos, te inclina a la confusión en los aspectos amorosos. Por otro lado, Marte, el planeta del impulso en el comienzo del año, presenta aspectos negativos, afronta los problemas con el mismo ánimo que has gozado los placeres de tu vida.

Recuerda que el ejercicio es buen propulsor de la salud y que las enfermedades físicas se derivan en gran parte de alteraciones psicológicas.

Días fluidos y positivos: 2, 7, 10, 17, 23, 29.
Días críticos y desafiantes: 16, 17, 20, 21, 22, 23 y 27.

Previsión febrero 2004
La conjunción sol-neptuno afectan tu expresión y tu voluntad para hacer valer tus derechos, tanto en el trabajo como con la pareja, con la cual presentas ciertas crisis emocionales; es posible que te sientas un poco "aflojado", evita ser demasiado crédulo, hay propensión al engaño.

El comienzo del año es auténticamente desafiante, tus planes económicos se deben manejar con fórmulas más prácticas, deberías plantearte la posibilidad de independizarte de jefes y patrones. La Luna llena del 2 de febrero te trae sorpresas en el amor, tus deseos románticos son muy profundos, y a pesar de los cambios imprevistos no todos son negativos porque reviven el amor. Mejoran tus asuntos familiares. Tu estado físico se puede ver quebrantado por las tensiones. Cuida las vías respiratorias y garganta.

Marte ingresa a tu domicilio desde el inicio del mes de febrero y estará ahí hasta el 20 de marzo, días en los que debes ser muy cuidadoso con tus impulsos. Habrá en todo este tiempo mucho trabajo, mucha acción, pero tienes la posibilidad de enfrentamientos agresivos si no controlas tu carácter, tienes mucha energía y buen espíritu de lucha, sin embargo, evita la irritabilidad.

Días fluidos y positivos: 2, 6, 10, 11, 15, 16, 19, 20, 24, 25, 29.
Días críticos y desafiantes: 4, 8, 21, 13, 25, 26.

Previsión marzo 2004
La luna llena estará en todo su esplendor este próximo 6 de marzo. Los signos piscis y virgo, afines a tu sol, indican que debes de poner más fuerza en los propósitos de lo que corresponde. La confianza que depositas en los demás debe ser condicionada, ya que otros podrían sacar provecho de lo que estás dejando pasar por alto. Es momento de saber qué decir, pero sobre todo cómo

decirlo, ya que la cuadratura de Marte con Urano este próximo 28 de marzo trae posibles problemas de comunicación y malos entendidos.

El día 13 de este mes pueden retrasarse los pagos de las deudas, las finanzas mejoran hasta el día 24 después de la entrada de la primavera, sin embargo, te resistirás a gastar. Deja espacio para situaciones inesperadas en el trabajo y aprovecha el lugar que pudieras ocupar dentro de la empresa. En el campo del amor todo lo que atañe al sentimiento será puesto a prueba, si tienes pareja es posible que los roles se complementen, pero evita la rigidez, ya que esta actitud no ayuda. Existe una dualidad amorosa en la que debes esperar un mejor tiempo cósmico para decidir si continúas con esa persona o la dejas.

Días fluidos y positivos: 1, 2, 5, 6, 7, 15, 16, 22 y 27.
Días críticos y desafiantes: 4, 5, 11, 12, 17, 18, 30 y 31.

Previsión abril 2004
Mercurio ingresa a los primeros grados de tauro retrógrado (camina hacia atrás), detiene y retrasa negocios y proyectos, así mismo, Venus sale de tu domicilio, en contraste con los buenos aspectos que tuviste en el mes de febrero en el amor, en marzo estás inclinado a retos y desafíos, especialmente en el trabajo; tendrás que desarrollar un poco de tolerancia y paciencia. La luna nueva del día 19, así como el horóscopo de la entrada de la primavera Tauro, es la segunda casa natural y física de la estación. La confianza en ti mismo es la clave para que tus propósitos amorosos fructifiquen. Mantenerte activo te brinda la energía que necesitas para hacer todo. Algunas personas nacidas bajo el signo de Tauro tienden a ser un poco pasivos en cuanto al ejercicio, es muy saludable que vigiles tu peso este mes. Practica algún deporte.

"Felicidades a los nativos de tauro que cumplen años, ya que el sol ingresa al signo de tauro este próximo 20 de abril inaugurando una nueva etapa para todos ellos."

Días fluidos y positivos: 3, 4, 9, 11, 12, 19, 20, 21, 23, 24 y 30.
Días críticos y desafiantes: 1, 2, 7, 13, 14, 28 y 29.

Previsión mayo 2004
La luna llena del 4 de abril es sumamente intensa para ti, es fácil que quedes atrapado en la presión de que todo salga bien, estos días tus opiniones pueden diferir de las de otros y te sentirás con una carga emocional y un poco alejado de los demás.

En este mes Mercurio estará directo y retrógrado en tu signo, habla sobre responsabilidades temporales. Puedes prever situaciones, pero hay que utilizar las posibilidades que tienes para que comiences nuevas empresas con mayor optimismo. A partir del día 18, en el que la luna nueva promueve ideas, es muy bueno que afiances tu posición, hay luchas y competencia. Evita ser impulsivo, especialmente en inversiones. No es un mes brillante ni original para ti, pero tienes la perspicacia para hacer dinero y gastarlo cuando Mercurio entre en movimiento directo este próximo 16 de mayo.

En este mes tus sentimientos son muy profundos, dominantes y agresivos. Con la familia puedes estar muy posesivo y celoso, quizá rencoroso. Los viajes pueden ser de gran ayuda, aprovecha la Luna nueva del día 18.

Días fluidos y positivos: 1, 8, 16, 17, 18, 22, 27, 28 y 30.

Días críticos y desafiantes: 4, 5, 10, 11, 22, 25, 26, y 28.

Previsión junio 2004

La Luna nueva del día 17 y la entrada del verano marcan una buena energía a tu regente natal Venus en la casa del dinero, y mejorarán tu posición económica, es posible que surjan socios y nuevas propuestas de negocios. Firmar contratos o emprender situaciones nuevas en esta fecha es muy conveniente. Marte transitando el signo de cáncer te mantiene concentrado en tus prioridades. Si bien es cierto que pueden surgir algunos cambios que escapen a tu control, tus intentos por hacer grandes modificaciones pueden toparse con resistencias que podrás vencer cuando Mercurio ingrese al signo de Cáncer, este próximo 19 de junio Venus positivo influye en el inicio de una nueva etapa de sentimientos y relaciones duraderas. Si estás casada(o) Venus te inclinará a decorar tu hogar, sentirás el impulso de comprar objetos y cosas bellas. Sentirás placer por la buena mesa, sin embargo, no debes comer y beber en exceso, consume lo que necesites sin exageraciones y gasta tu energía de manera moderada para equilibrar tu metabolismo.

Días fluidos y positivos: 14, 15, 17, 21, 22 y 30.

Días críticos y desafiantes: 1, 5, 6, 7, 8, 20, 21, 28 y 29.

Previsión julio 2004

La Luna llena en el signo de Capricornio este próximo día 2 mejora tus finanzas y tu situación profesional, también abre posibilidades para la compra de bienes raíces y es propicia para la firma de contratos, inversiones y el ahorro de dinero.

La Luna nueva del día 17 de julio, así como el tránsito de Mercurio en el signo de Leo, indica que tus emociones son más fuertes en este mes, eres más sensible ante el rechazo y los choques, y algunos conflictos familiares podrán crearte desilusiones en esta época. Habrá que ser más sagaz para contrarrestar el doble juego que se puede dar. En el fin de mes tienes que organizar lo que surja para obtener más utilidad, de manejarte de acuerdo con los ritmos del tiempo, la oposición Marte con Neptuno este próximo día 25 te puede dar fallas en tu percepción, y es posible que circulen habladurías en tu contra. Debes tener cuidado de no beber en exceso en este tiempo, porque tendrías consecuencias en tu salud.

Descansa un poco. Salir al campo te ofrece una diversión favorable y te ayuda a tranquilizar tu mente. Establece un vínculo con la naturaleza para encontrar el equilibrio interior y aumentar tu energía.

Días fluidos y positivos:2, 3, 5, 11, 12, 16, 17, 21, 22, 30 y 31.

Días críticos y desafiantes: 8, 10, 18, 19, 25 y 26.

Previsión agosto 2004

Comienza una etapa de fuerte tensión en la que se corre riesgo de cometer errores en los negocios y sufrir repentinas adversidades, sé prudente con los vehículos de locomoción. El dinero puede ser un factor clave, de repente te puede llegar mucho, pero se te puede ir de la misma manera, administra tus recursos.

La Luna llena del 7 de agosto te puede llevar a atravesar una etapa muy sentimental y hasta melancólica, estarás susceptible y te sentirás herido fácilmente. La lealtad a la familia será tu reto. La tensión aumenta en tu trabajo el día 18 de este mes en el que Mercurio, Marte y Urano traerán sorpresas peligrosas, debes ser cuidadoso y procurar pensar antes de actuar. Habrá situaciones que no podrás controlar y que alterarán tu energía debido a la presencia del Sol en oposición a Urano este 27 de agosto. Confrontar las demandas de todos los demás puede ponerte nervioso, particularmente si no estás consiguiendo lo que quieres en tu trabajo. Cuando nos enfocamos en criticar los errores de los demás no somos muy conscientes de nuestro propio desarrollo. Si algo te molesta pregúntate si tú no haces lo mismo que estás juzgando, porque "Eso que no puedes ver, en ti mismo lo puedes tener".

Días fluidos y positivos: 3, 4, 7, 8, 12, 13, 14, 17, 18, 27, 30 y 31.

Días críticos y desafiantes: 1, 2, 7, 15, 16, 22, 23, 24, 25 y 28.

Previsión septiembre 2004

Marte, el planeta del impulso recorriendo el signo de Virgo, un signo de tierra afín al tuyo, nos habla que los retrasos para recibir dinero se desatorarán durante este mes, sin embargo, es deseable que sigas administrando tus recursos. Te pueden proponer sociedades, y si eres ama de casa te aumentarán el gasto. Es hora de renovar tu casa o domicilio. La Luna nueva del 14 de septiembre en el signo de Virgo te inclinará hacia un fuerte deseo de servir a los demás. Los hombres que se acercarán a ti serán un poco tímidos y reservados, con tu pareja los pequeños detalles serán muy importantes. Si estás casado la limpieza de la casa contará mucho. En el inicio de este mes Mercurio y Venus propician una buena época para las diversiones y entretenimientos de todo tipo, ve al teatro, al cine y a bailar.

El exceso de placeres y las irritaciones pueden crearte malestares digestivos y nerviosos, evita preocupaciones insignificantes y mejora tu nutrición. El secreto para que consigas tus deseos consiste en tener claro lo que quieres y atreverte a buscarlo con valor, sin miedo, sin ego y sin orgullo.

Días fluidos y positivos: 4, 5, 8, 9, 11, 22 y 23.

Días críticos y desafiantes: 12, 17, 18, 21, 24, y 29.

Previsión octubre 2004

Venus ingresa al signo de Virgo este próximo 3 de octubre, te inspira a abrir nuevos horizontes para lograr un ascenso, tus ideas en el trabajo atraen la atención y las negociaciones siguen su curso, estás activo(a), emprendedor y laborioso; es posible que te den cargos de mayor responsabilidad por el buen desempeño en tu trabajo. Si eres ama de casa lo vivirás a través de tu esposo. La Luna llena del día 27 en tu domicilio provoca que tus relaciones amorosas pasen por una prueba, si en verdad hay amor, vivirás una mayor estabilidad y se fortalecerán los vínculos. Si se trata de relaciones inestables éstas tenderán a romperse después del cambio de ciclo. El día 23 Mercurio en Escorpión estará cuadrado a Neptuno, el planeta de los engaños, tendrás que ser muy observador y preventivo, ya que estos aspectos previenen que los sentimientos pueden ser confusos y poco reales, modera la forma en que te estás entregando, ya que hay peligro de cambios y desilusiones. Mercurio te advierte que te puedes ver envuelto en asuntos ajenos, no te involucres más allá de cierto límite, recuerda que en este mes no debes emprender varios asuntos al mismo tiempo, sin embargo, a pesar de ello tienes grandes protectores que te ayudarán a encontrar el camino correcto de manera natural e intuitiva.

Días fluidos y positivos: 1, 2, 6, 7, 9, 11, 12, 19, 20, 28 y 29.

Días críticos y desafiantes: 4, 8 , 15, 16, 22 y 23.

Previsión noviembre 2004

En la primera quincena del mes Mercurio en el signo de Sagitario te lleva a realizar viajes de negocios y a compartir tus ideas con tus compañeros de trabajo. Tu dinero parece estar ya muy comprometido, no obstante, te va a rendir para enfrentar los gastos de este mes, deja el pasado y lo que ya no te sirve. Después del día 12 entrarás en descontento mental debido a que Marte en el signo de Escorpión propicia que se mezclen tus emociones de responsabilidad y pasión, sientes que no eres debidamente recompensado en tus esfuerzos.

Algunas nativas de Tauro sentirán una atracción amorosa superior a la normal. Es necesario que recurras a tu realismo, cualidad que poseen casi todos los que nacieron bajo este signo, maneja con cuidado.

La Luna nueva del día 12 de noviembre en Escorpión te hará sentirte irritado, posiblemente tu alma hervirá de pasión y las expresiones de amor y de creatividad se verán subrayadas. Estás en una posición idónea para avanzar en tus planes y te será mucho más fácil hacer cambios importantes. En tus relaciones sé siempre respetuoso, cuando estamos muy enojados decimos y hacemos cosas de las cuales en poco tiempo nos arrepentimos, que ninguna circunstancia de cólera o enojo controlen tu carácter. La dulzura, ductilidad y afecto son sentimientos humanos que producen confianza mágica de unión con los demás.

Días fluidos y positivos: 2, 3, 6, 7, 8, 16, 17, 25, 26 y 30.
Días críticos y desafiantes: 10, 11, 12, 18, 19 y 28.

Previsión diciembre 2004
Este mes es un poco conflictivo debido a la presencia de Marte en el signo de Escorpión, estará ahí hasta el día 25 de diciembre ya para finalizar el año, es un mes de muchos compromisos y de una excesiva actividad, tendrás tendencia a irte a los extremos.

Las negociaciones y las situaciones de trabajo están muy confrontadas. No son propicios los proyectos de larga duración, tienes gastos imprevistos que pueden generarte ansiedad.

En el amor algunos nativos de Tauro se relacionan con parejas excesivamente controladoras, aunque es posible que también ellos las utilicen como blanco de algunas de sus frustraciones. Es mejor que transformes tus contactos y busques ayuda terapéutica para que aprendas a relacionarte de manera más saludable.

Debido a la fuerte tensión por la que atraviesas puedes padecer malestares físicos, no hay congruencia entre lo que sientes y haces, a veces reprimes tus sentimientos y bloqueas tus emociones, pero, como buen Tauro, cuando explotas "rompes con el cuadro".

Por otro lado, a pesar de los problemas cierras el año con buena ventura, desde el día 22 de diciembre la Luna llena te anuncia expansión y transformaciones que podrás llevar a cabo en el 2005, es tiempo de dar y de recibir, comunica para aclarar y defiende tus logros personales, "ámate a ti mismo y date las gracias por lo bueno que has hecho".

Días fluidos y positivos: 1, 4, 5, 13, 14, 22, 23, 27, 28 Y 31.
Días críticos y desafiantes: 2, 3, 9, 10, 16, 17, 29 Y 30.

Guía astrológica para lograr el éxito en tus propósitos

Elige los mejores días del mes para el logro de dinero y trabajo. (Gráfica de 7 líneas para 4 meses)

EVENTO	ENERO	FEBRERO	MARZO	ABRIL
Cobrar dinero y pagar deudas	4, 7, 9, 14, 15, 21, 24, 29, 30 y 31.	6, 10, 15, 16, 17, 19, 25 y 29.	1, 2, 4, 5, 6, 7, 11, 16, 20, 24 y 25.	5, 14, 19, 20, 21, 23, 27 y 28.
Firmar contratos y formar sociedades	4, 7, 9, 14, 15, 21, 24, 30 y 31.	6, 10, 15, 16, 17, 19, 25 y 29.	1, 2, 4, 5, 6, 7, 11, 16, 20, 24 y 25.	5, 14, 19, 20, 21, 23, 27 y 28.
Abrir negocios y realizar operaciones bursátiles	4, 9, 21, 23, 24, 25 y 27.	6, 10, 15, 16, 17, 19, 20, 25 y 29.	1, 2, 4, 5, 6, 7, 11, 16, 20, 21 y 22.	4, 5, 14, 19, 22, 29 y 30.
Comprar y vender	4, 5, 9, 21, 24 y 27.	6, 10, 15, 16, 17, 19, 20, 25 y 29.	1, 2, 4, 5, 6, 7, 11, 16, 20, 24 y 25.	5, 14, 19, 20, 21, 23, 27 y 28.
Enfrentar procesos legales	2, 5, 7, 10, 14, 15, 20 y 31.	6, 7, 14, 15 y 27.	9, 11, 12, 13, 15, 22 y 28.	9, 10, 16, 25, 28, 29 y 30.
Utilizar publicidad y otros medios de comunicación	2, 5, 7, 10, 17, 29, 30 y 31.	6, 10, 15, 16, 17, 19, 21, 24, 25 y 29.	1, 2, 4, 5, 6, 7, 11, 16, 20, 24, 25, 26 y 27.	5, 14, 19, 20, 21, 23, 27 y 28.

EVENTO	MAYO	JUNIO	JULIO	AGOSTO
Cobrar dinero y pagar deudas	3, 4, 10, 16, 18, 26, 27 y 30.	2, 6, 7, 12, 17, 18, 22, 25 y 27.	5, 6, 11, 17, 19, 24 y 27.	4, 5, 6, 11, 15, 22, 23, 25, 29 y 31.
Firmar contratos y formar sociedades	3, 4, 10, 15, 16, 18, 26, 27 y 30.	2, 6, 7, 12, 17, 18, 22, 25 y 27.	2, 5, 6, 11, 17, 19, 24, 27 y 31.	4, 5, 6, 11, 15, 22, 23, 25, 29 y 31.
Abrir negocios y realizar operaciones bursátiles	3, 4, 10, 15, 16, 18, 26, 27, 30 y 31.	2, 6, 7, 12, 17, 18, 22, 25, 27 y 30.	2, 5, 6, 11, 17, 19, 24, 27 y 31.	4, 5, 6, 11, 15, 22, 23, 25, 29 y 31.
Comprar y vender	3, 4, 10, 15 y 16.	2, 17, 22, 23, 25, 26 y 28	11, 13, 14, 19 y 24.	15, 17, 18, 20, 22, 25 y 26.
Enfrentar procesos legales	3, 4, 5, 6, 7 y 30.	3, 4, 11, 12, 26, 27, 30.	1, 18, 19, 28 y 29.	17, 18, 22, 24, 25 y 26.
Utilizar publicidad y otros medios de comunicación	3, 4, 10, 15, 16, 18, 26, 27, 30 y 31.	2, 6, 7, 12, 17, 18, 22, 25, 27 y 30.	2, 5, 6, 11, 17, 19, 24, 27 y 31.	4, 5, 6, 11, 15, 22, 23, 25, 29 y 31.

EVENTO	SEPTIEMBRE	OCTUBRE	NOVIEMBRE	DICIEMBRE
Cobrar dinero y pagar deudas	22, 24, 27, 28 y 29.	1, 3, 7, 14, 15, 21, 25, 26 y 29. 2, 3, 8, 12, 13, 18, 27 y 29.	3, 5, 14, 20, 21, 26 y 30.	3, 5, 9, 11, 12, 13,
Firmar contratos y formar sociedades	22, 27, 28 y 29.	2, 4, 5, 7, 9, 11, 14, 19 y 23. 2, 3, 8, 12, 18, 19, 21, 24 y 29.	3, 5, 10, 11, 16, 18, 20, 21, 26,29 y 30.	1, 2, 9, 13, 16, 20,
Abrir negocios y realizar operaciones bursátiles	27, 28, 29 y 30. 3, 6, 12, 18, 25 y 26.	5, 10, 14, 16, 18, 20, 22, 29 y 30.	2, 3, 7, 14, 15, 26, 21 y 28.	3, 9, 12, 17, 20,
Comprar y vender	2, 7, 9, 14 19 y 23. 21, 24 y 29. 3, 5, 10, 11, 16, 18, 20, 21, 26,29 y 30.	9, 13, 14, 18, 20, 22, 27, 28, 29, 30 y 31.		2, 3, 8, 12, 18, 19,
Enfrentar procesos legales	12, 25 y 30. 3, 5, 10, 16, 18, 20, 21 y 30.	9, 11, 14, 19 y 23.	3, 9, 12, 17, 21, 25, 27, 30 y 31.	3, 4, 6,
Utilizar publicidad y otros medios de comunicación	10, 11, 14, 18, 22, 25, 28, 29, 30 y 31. 3, 8, 12, 18, 26 y 27.	1, 2, 10, 11, 12, 24, 25 y 29.	3, 5, 14, 16, 18, 20, 21, 29 y 30.	3, 9,

Elige los mejores días del mes para el logro de amor y relaciones. (Gráfica de 7 líneas para 4 meses)

EVENTO	ENERO	FEBRERO	MARZO	ABRIL
Días favorables para el amor y la reconciliación	11, 23, 25, 26 y 27. 2, 5, 6, 8, 9, 11, 16, 20, 24, 25 y 28.	1, 4, 6, 10, 14, 19, 21 y 24. 4, 5, 6, 19, 20, 21, 27, 28, 29 y 30.		2, 4, 6, 7, 10,
Días propicios para casarse	y 25. 5, 6, 19, 20 y 21.	7, 14, 21, 29, 30 y 31.	6, 7, 10, 11, 13, 14, 25, 26 y 27.	5, 6, 24
Días favorables para tener relaciones sexuales y embarazarse	7, 10, 11, 12, 13, 21, 22, 25, 26 y 27. 1, 2, 11, 12, 19, 20, 24, 25, 29 y 30. 28, 29 y 21.	7, 8, 16, 17, 23, 24, 29 y 30.	7, 8, 15, 16, 25, 26,	3, 4, 6,
Días propicios para organizar fiestas y reuniones sociales	6, 7, 10, 11, 23, 24, 25, 26 y 27. 4, 5, 13, 14, 16, 24, 25 y 31. 29.	1, 3, 4, 6, 10, 14, 15, 22, 23, 30 y 31.	9, 10, 23, 24, 28 y	
Días favorables para hacer viajes largos y cortos	29. 13, 14, 26 y 27. 9, 10, 23, 24, 25 y 30.	4, 5, 18 y 19.	1, 2, 14, 15, 28 y	
Días propicios para realizar prácticas culturales y conocer amistades	18, 19, 22 y 23. 6, 7, 19, 20, 28 y 29. 4, 5, 17, 18, 26, 27 y 31. 25, 28 y 30.		4, 5, 9, 10, 14, 15, 4, 9, 10, 13, 23, 24,	

EVENTO	MAYO	JUNIO	JULIO	AGOSTO
Días favorables para el amor y la reconciliación	14, 15, 17, 19, 22, 23, 25 y 26. 2, 4, 5, 11, 16, 17, 22 y 31. 22, 25, 29 y 30.	2, 3, 4, 16, 17, 18, 26 y 30.	2, 6, 7, 11, 12, 5, 6, 7, 11, 15, 17,	
Días propicios para casarse	y 30. 2, 3, 10, 11, 17, 18, 23,1 24 y 31.	2, 3, 4, 21, 22, 23, 30 y 31. 20, 22, 25 y 26.		2, 17, 18, 19, 25, 26
Días favorables para tener relaciones sexuales y embarazarse	2, 6, 7, 9, 10, 11, 18, 19, 22, 28 y 29. 2, 6, 7, 16, 17, 23, 24, 25 y 26. 30 y 31.	2, 3, 4, 5, 13 14, 18, 21, 22, 23 y 26.	3, 4, 12, 16, 22, 23,	
Días propicios para organizar fiestas y reuniones sociales	17, 18, 19, 21, 22, 25, 26 y 30. 2, 3, 10, 11, 17, 18, 23,1 24 y 31. y 26.	4, 11, 16, 18, 25, 26 y 30.	2, 7, 8, 14, 15, 1, 6, 17, 18, 20, 22	
Días favorables para hacer viajes largos y cortos	y 30. 1, 4, 5, 13, 14, 22, 23, 24 y 27. 1, 2, 10, 11, 19, 20, 24 y 25.	6, 7, 11, 20, 21, 30 y 31.	3, 4, 16, 17, 28	
Días propicios para realizar prácticas culturales y conocer amistades	20, 21, 30 y 31. 2, 3, 4, 7, 8, 16, 17, 26, 27 y 30. 4, 5, 11, 12, 18 y 19. 1, 2, 7, 8, 15, 16, 23, 28 y 29.		2, 3, 10, 11, 17, 18,	

171

EVENTO	SEPTIEMBRE	OCTUBRE	NOVIEMBRE	DICIEMBRE
Días favorables para el amor y la reconciliación	1, 4, 5, 7, 10, 15, 16, 17 y 24.	5, 9, 12, 14, 15, 20, 27, 28, 29, 30 y 31.	4, 8, 9, 13, 15, 17, 18, 19, 25 y 26.	5, 14, 16, 18, 20, 21, 22, 23, 26 y 27.
Días propicios para casarse	3, 4, 5, 15, 16, 21 y 28.	1, 2, 8, 9, 13, 14, 15, 28, 29 y 30.	12, 18, 19, 25 y 26.	11, 14, 18, 22, 23, 26 y 30.
Días favorables para tener relaciones sexuales y embarazarse	3, 4, 8, 9, 18, 19 y 28.	1, 2, 6, 7, 15, 16, 24, 25, 28, 29 y 30.	2, 3, 12, 13, 20, 21, 25 y 26.	1, 9, 10, 14, 17, 18, 22, 23, 26, 27 y 28.
Días propicios para organizar fiestas y reuniones sociales	2, 3, 4, 10, 11, 12, 16, 17, 24 y 25.	1, 2, 8, 9, 13, 14, 28, 29 y 30.	3, 4, 5, 9, 10, 18, 19, 25 y 26.	3, 11, 12, 15, 16, 22, 23, 26, 30 y 31.
Días favorables para hacer viajes largos y cortos	2, 6, 7, 20 y 21.	3, 4, 13, 14, 17, 18 y 20.	1, 3, 14, 15, 27 y 28.	10, 11, 12, 24, 30 y 31.
Días propicios para realizar prácticas culturales y conocer amistades	2, 6, 7, 13, 14, 16, 17, 24 y 25.	3, 4, 9, 22, 23, 30 y 31.	3, 9, 10, 18, 19, 27 y 28.	3, 7, 8, 15, 16, 24 y 25.

Elige los mejores días del mes para lograr salud, belleza y curación. (Gráfica de 7 líneas para 4 meses)

EVENTO	ENERO	FEBRERO	MARZO	ABRIL
Dietas y ayunos para adelgazar y desintoxicar el cuerpo	7, 14, 16, 17, 21 y 23.	6, 8, 9, 13, 20, 21 y 22.	1, 2, 6, 7 y 13.	5, 11, 13, 19 y 27.
Tratamientos médicos y dentales. Psicoterapias y curaciones	7, 8, 14, 15, 18, 24, 25, 28 y 29.	6, 8, 9, 13, 20, 21 y 22.	1, 2, 6, 7, 11, 12 y 13.	3, 4, 7, 8, 11, 15, 16, 25, 26 y 30.
Operaciones quirúrgicas	28 y 29.	12, 13, 20, 23, 24 y 27.	11, 12, 13 y 20.	11 y 19.
Cortarse el pelo y hacerse tratamientos de belleza, faciales y corporales.	7, 14 y 21.	6, 20, 25, 26 y 27.	6, 20 y 28.	1, 2, 5, 6, 19, 20, 21, 22, 27 y 28.
Prácticas deportivas	14, 18 y 19.	2, 14 y 15.	12, 13, 21 y 22.	9, 10, 18 y 19.
Prácticas religiosas	7, 16, 17, 18, 19, 24 y 25.	6, 12, 13, 16, 17, 21, 22, 25 y 29.	1, 2, 11, 12, 19, 20, 29 y 30.	7, 8, 9, 10, 15, 16, 26 y 27.

EVENTO	MAYO	JUNIO	JULIO	AGOSTO
Dietas y ayunos para adelgazar y desintoxicar el cuerpo	1, 4, 11, 18, 22, 27 y 28.	6, 7, 9, 12, 18, 22, 25, 26, 27 y 29.	2, 5, 8, 10, 11, 16 y 17.	7, 8, 15, 17, 28, 29, 30 y 31.
Tratamientos médicos y dentales. Psicoterapias y curaciones	4, 5, 11, 27 y 28.	3, 9, 14, 21 y 28.	2, 5, 8, 10, 11, 16, 17, 21, 22, 25 y 26.	3, 4, 7, 17, 18, 22, 23, 30 y 31.
Operaciones quirúrgicas	11, 15, 16 y 18.	9, 14, 17, 21, 26 y 28.	8, 9, 21, 22 y 25.	7, 15, 18, 20 y 22.
Cortarse el pelo y hacerse tratamientos de belleza, faciales y corporales.	2, 3, 16, 17, 18, 21, 26, 27, 30 y 31.	2, 17 y 25.	2, 17, 24 y 31.	1, 3, 6, 15, 29, 18, 20, 22, 25 y 26.
Prácticas deportivas	3, 6, 7, 15, 16, 25 y 26.	9, 14, 22, 28 y 30.	5 y 16.	5, 6, 17, 20, 22, 24, 25 y 26.
Prácticas religiosas	4, 5, 10, 11, 13, 14, 22 y 23.	1, 2, 9, 10, 19, 20, 28, 29 y 30.	1, 5, 9, 11, 28 y 29.	6, 15, 17, 18, 20, 22 y 26.

EVENTO	SEPTIEMBRE	OCTUBRE	NOVIEMBRE	DICIEMBRE
Dietas y ayunos para adelgazar y desintoxicar el cuerpo	4, 6, 13, 14, 21 y 28.	6, 11, 12, 13 27 y 31.	4, 5, 6, 12, 25, 26 y 30.	3, 4, 9, 11, 17, 18, 26 y 27.
Tratamientos médicos y dentales. Psicoterapias y curaciones	4, 6, 8, 9, 13, 14, 26 y 27.	6, 11, 12, 15, 16, 24 y 25.	1, 2, 3, 6, 12, 18, 21, 25 y 26.	3, 4, 8, 9, 10, 17, 18, 20, 27, 28 y 30.
Operaciones quirúrgicas	6, 14, 17, 18 y 21.	6, 13 y 20.	4, 5, 12 y 21.	11, 18, 19 y 20.
Cortarse el pelo y hacerse tratamientos de belleza, faciales y corporales.	14, 21, 28, 29 y 30.	9, 11, 12, 13, 22, 27, 28, 29, 30 y 31.	12, 14, 18, 21, 25 y 26.	7, 11, 18, 22, 23, 26 y 29.
Prácticas deportivas	1, 2, 10, 11, 20, 21, 23, 29 y 30.	13, 16, 17, 18, 20 y 31.	3, 6, 7, 12, 22, 23, 25 y 26.	3, 10, 18, 20, 21, 25, 26 y 30.
Prácticas religiosas	9, 14, 18, 19, 25, 26 y 27.	4, 5, 6, 15, 16, 23, 24 y 25.	2, 3, 12, 13, 20, 21, 29 y 30.	9, 10, 11, 12, 14, 17, 18, 26, 27 y 28.

> *¡Disfruta el vuelo!,*
> *y celebra con todas las diversas maravillas del paisaje que se extienden frente a ti.*
> *Tus posibilidades son ilimitadas.*
> Osho. *El juego trascendental del zen*, pág. 81

Géminis año 2004. Época de grandes posibilidades

Aviso general

En el año 2004 tienes grandes posibilidades de crecimiento. La influencia frustrante de Saturno en estos dos últimos años se ha ido; aunque tienes que reconocer que te ayudó a madurar tu naturaleza adolescente y a establecer objetivos más claros y menos superficiales en tu vida.

Después de Saturno y Plutón todo está cambiando en tu destino, quizá sufriste algunos duelos, pérdidas familiares que te pudieron haber dejado una huella en el alma. Sin embargo, te estás levantando, y con muy buena voluntad y responsabilidad empiezas de nuevo.

Los proyectos de trabajo pueden constituir un medio de retribución para tu vida, comienzas negocios y tratas de superar el colapso económico del año pasado. Defines tus responsabilidades y ya no haces promesas a menos que estés dispuesto a cumplirlas. El año 2004 es un momento ideal para cuidarte a ti mismo y para prestar más atención a tu salud física y a fortalecer tu sentido personal de poder.

En el 2004 tendrás la necesidad de ajustar tu sensibilidad imaginativa y creativa, ya que recibirás la influencia de Júpiter desde el signo de Virgo en un mal aspecto con tu Sol, aunque se trata de un planeta benéfico, en su influencia negativa tiende a llevarte al despilfarro de tus recursos, a la soberbia en tus relaciones, y a la fanfarronería en tus actitudes generales; o sea que esta influencia puede llevarte a un bienestar material; pero no en forma constructiva, sino endeudándote. En las relaciones amorosas las relaciones pueden ser poco serias y faltas de estabilidad. Así que tienes que ser muy cuidadoso para que tu autoestima no disminuya y buscar la autoafirmación a través de un poder verdadero, puedes tener problemas con jefes y autoridades, y debes ser muy objetivo en tus juicios para no equivocarte. No todos los nativos de Géminis recibirán la misma influencia, hay variantes.

Aviso por decanato

Si naciste entre el 22 y el 30 de mayo:
- Tu vida llevará un camino nuevo debido a la influencia de Urano el planeta de los cambios.
- Habrá mucha tensión en tu trabajo, quizá faltará estabilidad, puede haber posibles cambios y viajes al extranjero. Te inclinarás por ser independiente en lo profesional.
- Tus relaciones amorosas serán excitantes, novedosas, encantadoras, pero poco estables. Así mismo, las relaciones de pareja y de matrimonio tenderán a cambiar súbitamente con la necesidad de renovarse; si esto no sucede son posibles los divorcios.

Si naciste entre el 1º y el 10 de junio:
- Neptuno desde el signo de Acuario continuará desarrollando tu sensibilidad y tu intelecto, ampliarás tu forma de ver las cosas y encontrarás estímulos muy positivos para viajar y cambiar de lugar de residencia.
- En tu trabajo desarrollarás más imaginación. Sin embargo, no sientes la estructura necesaria para seguir creciendo. Posiblemente tengas enemigos declarados y choques de poder en tu ámbito laboral.
- En el aspecto afectivo continuarán los problemas, pasiones, relaciones tormentosas, para mejorar como persona y solucionar tus problemas de relación afectiva es bueno que acudas a un terapeuta o que lleves alguna disciplina espiritual y mental.

Si naciste entre el 11 y el 20 de junio:
- El impacto de Plutón se acerca a tu Sol, y puede ser un periodo difícil para tu vida, te enfrentas a la necesidad de eliminar actitudes inmaduras que ya no te sirven.
- Sientes que tus relaciones afectivas pueden ser confrontadas por algún poder en tu pareja que te subyuga o maltrata. Si no tienes pareja, sientes profundamente la falta que te hace un compañero o compañera en tu vida.
- En el trabajo te desarrollas, tus habilidades crecen, sin embargo, los demás pueden sentir envidia de tu desarrollo, y todas tus relaciones giran en torno al poder, al uso y quizá al abuso de tu parte o de los demás.
- Pueden haber viajes muy ilustrativos en el año, tu deseo de aprender será inmenso y probablemente aprenderás cosas y cursos nuevos, y tendrás la necesidad de viajar a tu pasado y dentro de ti mismo para conocerte más.

Número de la suerte 2004

Tu número clave y de buena suerte para los pronósticos y lotería en el 2004 es el 9.

El año 9 es el que te rige en el 2004, diremos que es favorable para adquirir conocimientos mediante los viajes. Por lo tanto, te aconsejo que programes tus vacaciones a lugares que no has visto nunca, incluso pueden ser vacaciones de estudio o investigación; los resultados serán los mejores que puedas conseguir en este ciclo entero de nueve años que se cierra. Procura no derrochar tus energías ni dinero, éste es el número más alto de los elementales que pueden llevarte a la exageración, "no eches demasiada carne al asador", es bueno que juegues con el 9 para pronósticos y juegos de lotería, "chance y le pegas al gordo".

Mensaje del Tarot Osho Zen 2004

Tarot OSHO ZEN, arcano mayor, No. VII, El darse cuenta. La sabiduría del Tarot de Osho te revela que en el 2004 debes dejar que se asienten las cosas y recordar que en lo más profundo de ti sólo hay un testigo eternamente silencioso, consciente e inmutable que te ayudará a permanecer.

El tarot sagrado te anuncia que habrá un canal nuevo que se abrirá para ti, una vez que empieces a dejar los pensamientos y el polvo que has acumulado del pasado, tu llama se avivará y se elevará limpia, clara, vital, joven y toda tu vida se convertirá en una llama, en esto consiste la conciencia "el darse cuenta".

Lectura práctica. Ésta te avisa que tendrás viajes al extranjero y una gran actividad; aunque te esperan algunas interrupciones quizá temporales.

Enseñanza 2004

Visualiza en tu mente el éxito que puedes lograr, no dejes pasar las oportunidades; ya que a pesar de los contratiempos al final de la jornada lograrás tu crecimiento personal.

La enseñanza que tienes que aprender es a compartir tu alegría.

El uso de la aromaterapia puede servirte para despejar tus vías respiratorias, utiliza esencias de lavanda o eucalipto para aliviar cualquier afección bronquial.

Previsión mensual

Previsión enero de 2004

Mercurio, el mensajero de los dioses, todavía en el signo de Sagitario, entrará en movimiento directo este próximo 6 de enero, día de los reyes magos, te anuncia que se desatorarán la mayor parte de tus proyectos. Planea lo que necesitas lograr para el año 2004. En este mes de enero no dejes pasar las oportunidades económicas. Hay viajes a mitad del mes. Te sientes llamado a cumplir tus metas, a pesar de que te distingues por no ser muy constante (no todos), tienes el firme propósito de empezar el año definiendo tus propósitos. Existen posibilidades de transformación. Se puede decir que tus sentimientos paralizados son producto de la frialdad que has adoptado hace tiempo pensando que así puedes provocar algún tipo de reacción en tu pareja. Este mes de enero hay cambios imprevistos en materia sentimental, sin embargo, no todos son negativos, porque reviven el amor. Tienes dudas en tus preferencias amorosas.

Días fluidos y positivos: 2, 6, 7, 10, 17, 23 y 29
Días críticos y desafiantes: 5, 13, 18, 20, 21, 25 y 27

Previsión febrero 2004
En el trabajo en vez de luchar contra la corriente aprovecha este periodo para expandirte y tener un ascenso; La Luna nueva del día 20 en la segunda quincena marca que las presiones profesionales aumentarán debido a las luchas de poder con tus enemigos declarados en la oficina, si eres ama de casa, los hijos y el marido te pedirán ayuda económica o te presionarán por ese motivo. Es posible que tengas problemas con tu pareja porque no han resuelto pasados rencores y, de alguna manera, cuando uno no ha liberado los sentimientos negativos, hay necesidad de expresarlos y, como se dice en términos coloquiales, de "desquitarse", pero no lo hagas sin antes aclarar los malos entendidos y decirle que no estás de acuerdo con su actitud; recuerda que con el rencor acumulado puedes hacer mucho daño. Aunque la naturaleza de Géminis no es particularmente rencorosa. Te sentirás muy nervioso y alterado, sobre todo porque los acontecimientos en este mes son muy intensos para ti. La influencia de Júpiter en el signo de Virgo altera y desafía a tu Sol creando un estado de excitación nerviosa. Dale más importancia a tu salud y conserva la calma.

Días fluidos y positivos: 2, 6, 10, 16, 17, 25 y 29
Días críticos y desafiantes: 4, 8, 13 y 21

Previsión marzo 2004
La Luna llena del día 6 de marzo puede crearte un estado de tensión; hay luchas con enemigos declarados que se pueden situar en tu ambiente de trabajo, si eres mujer lo más probable es que tu pareja tenga problemas económicos y que en su actividad profesional y de trabajo no le vaya muy bien. Sin embargo, también hay viajes imprevistos o un sorpresivo cambio de casa. El Sol en conjunción con mercurio el día 18 y 19 pueden desequilibrar tu mente y tu visión respecto a las relaciones, especialmente los temas familiares te pueden desgastar, ya que los géminis por lo general no son hogareños; sin embargo, cuando

llegan a comprometerse de corazón cumplen con los compromisos que adquieren, no hacen cosas por obligación. La entrada de la primavera este próximo día 20 de marzo trae cambios que te harán sentirte mejor. La paciencia es una virtud, toma los problemas como van llegando y enfréntalos uno por uno, así no te sentirás frustrado. Cultiva el don de la paciencia, es la única manera de encontrar paz con uno mismo y los demás. Cuando estés a punto de explotar respira profundo.

Días fluidos y positivos: 2, 9, 11, 15, 16, 20 y 24

Días críticos y desafiantes: 7, 13, 18, 28, y 30

Previsión abril 2004

Mercurio en movimiento directo en tu signo te hace tomar riesgos en tus propósitos económicos y de trabajo. Existe la oportunidad de ganar más dinero y de tener mejoras en tu empleo, en caso de que no tengas trabajo es buen momento para encontrarlo. La economía mejorará bastante, sin embargo, hay situaciones imprevistas que romperán la rutina, tienes propuestas de viajes. Algunos géminis pueden realizar estudios o iniciar carreras profesionales con éxito.

En este mes puedes tener grandes logros gracias a la habilidad de comunicación debido al ingreso de Venus en tu domicilio.

Procura establecer vínculos con tu familia y pareja. Tendrás mucho movimiento en todos los sentidos. La Luna llena del día 5 de abril, en combinación con Marte afligido con el planeta Júpiter, provocará disputas con la pareja. En una discusión disminuye tu tono de voz, de esta manera obligas a la otra persona a calmarse y a escuchar. El equilibrio y la prudencia deben guiar tus acciones, y esto lo demostrarán tus palabras. Como dice un dicho popular "en la manera de pedir las cosas está el darlas".

Días fluidos y positivos: 5, 13, 14, 19, 23, 24 y 28

Días críticos y desafiantes:1, 3, 7, 16, 20 y 26

Previsión mayo 2004

Tu intelecto es versátil, tienes una mente clara y lógica en estas fechas debido

Todavía a la influencia de Marte y de Venus en tu domicilio, tanta versatilidad te resta firmeza, hay que estabilizarse en el trabajo, en la escuela si eres estudiante, o en el hogar si eres ama de casa. Hay mucho movimiento y variabilidad en tus ingresos, hay facilidad para la comunicación en este mes, y no sólo debes buscar armonía, sino también justicia para que no seas víctima de tu pareja. Al mal tiempo buena cara, a pesar de todo es un mes bueno, de no ser por los problemas de salud debidos a las tensiones creadas por el trabajo. Te mantienes activo a partir del día 4 en el que la Luna llena es muy potente en el signo de Escorpión. Después del ingreso del Sol en el signo de géminis, con una hermosa Luna nueva, te augura tiempos de ascenso, por cierto feliz cumpleaños a todos los nativos de Géminis.

Por otro lado, si te levantas temprano y sigues con disciplina todo el día, es probable que además de sentirte bien, también mejore tu productividad.

Días fluidos y positivos: 3, 10, 11, 15, 16, 20, 21, 25, 26 ,30 y 31

Días críticos y desafiantes: 1, 4, 7, 13 y 28

Previsión junio 2004

El ambiente profesional está enrarecido, puede existir un complot en contra tuya, no permitas que bloqueen tus condiciones, tú eres una persona poderosa al mismo tiempo que grandiosa, recuerda que eres el arquitecto de tu propio destino, como dice este hermoso refrán, "el cielo es el límite".

Mercurio ingresa al signo de géminis fortaleciendo la confianza en ti mismo y en tu agilidad mental. Para esto es importante que recuerdes el ser sincero y cortés al decir tus verdades.

Estar alterado del sistema nervioso te inclina a tener percances de todo tipo, intenta alejarte. Recuerda que los vaivenes de la vida moderna nos llevan a sentir y a actuar en contra de nuestra propia mente y cuerpo, aleja el mal y el dolor con una plegaria a Dios.

Pueden haber cambios imprevistos en el hogar, especialmente en la entrada del verano este próximo día 17 de junio. Venus continúa transitando el signo de Géminis, por lo que te sientes contento y recuperado. Venus es un planeta que mejora nuestro contacto social, así que es una buena época para dar charlas, conferencias o presentar exámenes. También podrás tener mucho crecimiento en lo personal.

Días fluidos y positivos: 7, 8, 9, 14, 16, 17 , 21, 22, 26 y 27

Días críticos y desafiantes: 1, 3, 5, 20 y 30

Previsión julio 2004

Mercurio y Marte en el signo de Leo, así como Venus en tu propio domicilio, fortalece tu energía, y estás destinado a conseguir lo que deseas.

Son positivas las firmas de contrato, especialmente antes de la primera quincena de julio, el ambiente profesional puede estar un poco hostil, sin embargo, tienes la posibilidad de cambios importantes en lo profesional y en lo económico. Hay que ser prudente con las proposiciones de sociedad que se pueden presentar en este mes, puede haber conflictos en los documentos.

Intensas actitudes emocionales entre tu pareja y tú, al mismo tiempo intentas transformar tus relaciones. Los padres pueden tener problemas con las hijas por su inclinación a parejas destructivas. Trata de orientar a tus vástagos. No seas tan enojón, porque además de castigar tu cuerpo puedes afectar tu mente. Evita las confusiones psicológicas. Podemos enfermarnos de manera psicológica cuando no tenemos mucha claridad respecto al futuro.

Días fluidos y positivos: 4, 5, 11, 12, 23 y 24
Días críticos y desafiantes: 1, 6, 21, 22, 26, 28 y 30

Previsión agosto 2004

La Luna llena del día 7 de agosto te ayuda a la expansión de tus ingresos financieros.

Es buena fecha para cambios de escrituras y propiedades. Las condiciones son propicias para quien tenga que reparar o remodelar su casa. Es importante tener ingresos adicionales. La Luna nueva del día 15 de agosto marca que ciertos días no serán fáciles para ti. Abundan los problemas familiares, especialmente para los Géminis hijos de familia, que podrán entrar en conflicto con los hermanos. Es una época de dureza y resistencia al amor. Deberás estar alerta para no tener pensamientos de desastre, que finalmente te pueden llevar a tener problemas con la garganta o con alguna otra región de tu cuerpo. Trata de controlar los pensamientos negativos. Podrás concluir proyectos que iniciaste desde la primavera, se siembra para cosechar, no lo olvides. El éxito está más cerca de lo que te imaginas. Los esfuerzos fructifican y los buenos resultados te seguirán a donde quiera que vayas, porque eso es lo que has cultivado.

Días fluidos y positivos: 3, 6, 17, 18, 20, 22, 25, 26 y 29
Días críticos y desafiantes: 8, 10, 13, 15, 30 y 31

Previsión septiembre 2004

"No hay mal que por bien no venga", la Luna menguante en tu propio domicilio afecta tu ámbito de trabajo.

Si tu nivel económico es mejor no es una buena etapa para cambiar inversiones, con lo mucho o lo poco que tengas toma medidas a tiempo. Tus enemigos declarados pueden rivalizar contigo sin razón alguna el día 9 y 11 de septiembre. Debes ser cuidadoso para no chocar con jefes y autoridades, se prudente.

Algunos Géminis que pueden estar en proceso de separación o divorcio se enfrentarán a problemas de chantaje por parte de sus exparejas.

La familia exigirá más de ti. Las experiencias emocionales influirán en tu salud. Debes cambiar tu ritmo y actitud porque tantas resistencias y desafíos pueden llevarte a malestares crónicos en el estómago (colitis o gastritis). Procura estar más relajado. Hay tendencia a irse a los extremos, y el día 18 y 26, previos a la Luna llena, no es favorable tratar asuntos legales ni separaciones. Busca tu vía, y recuerda que no hay cosas ni completamente buenas ni enteramente malas, la vida nos da la posibilidad de manejar las dos; sin embargo, nos demos cuenta o no, todo sucede para bien.

Días fluidos y positivos: 2, 4, 5, 7, 14, 19 y 23
Días críticos y desafiantes: 9, 13, 22, 8, 24, 25, 26, 27 y 29

Previsión octubre 2004
Te meterás de lleno en el trabajo, aunque estarás tenso y nervioso. Es posible que tus ingresos económicos aumenten, es lo que estás buscando y necesitas desde hace mucho tiempo. La Luna nueva del día 13 de octubre te señala que debes hacer más énfasis en asegurar los intereses propios. Mercurio y Marte en el signo de Libra te quitan rigidez y frialdad en tus relaciones cercanas, ya que te hacen más flexible. Además gozas de la entrada de Júpiter en el signo de Libra, que te da muy buena influencia.

Es importante que disfrutes lo que haces, aumentará tu creatividad e inspiración. Si eres independiente o pretendes llegar a serlo estás en el tiempo correcto para tomar la decisión. Evita las discusiones por dinero, especialmente la primera quincena de octubre. La tendencia general en el amor es de cerrar ciclos con personas que tienes tiempo de tratar pero que ya no te producen emociones e ilusión, y si alguna relación afectiva te interesa demasiado la verás mentalmente y podrás someter tus sentimientos a la razón. Mercurio, tu regente, tiene que ver mucho con los pulmones y la respiración de manera natural, Géminis es delicado y sensible de las vías respiratorias, y la manera en que manejes las palabras tiene mucho que ver con que te enfermes de ellas.

Si estás enojado y no puedes hablar, o has dicho cosas muy duras últimamente, estás propenso a que tu garganta se irrite, para que esto no ocurra repite en voz alta "estoy en paz".

Días fluidos y positivos: 1, 3, 4, 8, 9, 13, 14, 22, 23, 26, 27 y 31
Días críticos y desafiantes: 7, 11, 12, 17 y 18

Previsión noviembre 2004
Marte en el signo de Libra puede acelerar tu desempeño en lo profesional y al mismo tiempo inclinarte a ciertas pérdidas repentinas, porque tal vez llegue un dinero que puedes gastar en forma imprevista.

La Luna nueva en el signo de Escorpión marca que la impulsividad puede llevarte a consecuencias negativas, las emociones son intensas y puedes perder el control en detalles sin importancia, no juzgues por las primeras impresiones, deja que el tiempo depure las cosas y ponga a cada quien en su sitio, especialmente en el amor.

Estarás lleno de proyectos que te importan mucho, no te resistas al cambio y mucho menos temas dejar lo que ya conoces. Todo el año es para los Géminis un periodo en el que la vida les compensará su esfuerzo.

Se puede decir que tus sentimientos ya estaban un poco paralizados, pero de repente te vuelves a sentir con deseos de cristalizar tus sueños en nuevos romances de donde surgen emociones muy intensas, pasionales. Venus y Marte en el signo de Escorpión aspecta también las relaciones de familia, si eres adolescente puedes tener problemas con tu padre o con tus maestros, y si eres adulto, hombre o mujer, con la pareja cónyuge o novio(a).

Días fluidos y positivos: 1, 3, 5, 6, 9, 18, 19, 27 y 28
Días críticos y desafiantes: 7, 8, 10, 14, 15, 16, 20 y 21

Previsión diciembre 2004
Continúas recibiendo el influjo de Júpiter en el signo de Libra en combinación con Mercurio tu regente, de forma imprevista puedes recibir beneficios de un dinero, ya sea porque lo has invertido o simplemente porque es el producto de tu trabajo. Es importante que permitas que el flujo de la prosperidad llegue a tu vida, tu disposición debe de ser de apertura; sin embargo, el segundo paso hacia la prosperidad, además de compartirla, es ahorrar y todo irá bien. Los viajes en pareja pueden ser frecuentes en esta etapa; sin embargo, algunos Géminis pueden atravesar por procesos de separación o divorcio. Algunos de ellos tendrán parejas dominantes que los absorben y les niegan la facultad de ser autónomos. En este mes las mujeres Géminis deben cuidar sus órganos de reproducción (ovario y matriz), y los hombres también sus órganos genitales, pero además la garganta y el sistema nervioso. En general es conveniente ir al médico para fortalecer las defensas. Ejercita tu cuerpo y tu mente, llénate del espíritu de tu propio ser, planea cosas nuevas para el 2005, siempre habrá algo mejor que hacer, alguien a quien servir y a quien amar. Empezando por ti mismo (a).

Días fluidos y positivos: 2, 3, 7, 8, 15, 16, 24, 25, 29, 30 y 31
Días críticos y desafiantes: 4, 5, 11, 12, 17, 18, 23, 27 y 28

Guía astrológica para lograr el éxito en tus propósitos

Elige los mejores días del mes para el logro de dinero y trabajo.
(Gráfica de 7 líneas para 4 meses)

EVENTO	ENERO	FEBRERO	MARZO	ABRIL
Cobrar dinero y pagar deudas	4, 5, 7, 9, 10 , 17, 14, 15, 21 y 24.	6, 10, 15, 16, 17, 19, 25 y 29.	1, 2, 4, 5, 6, 7, 11, 16, 20, 24 y 25.	5, 14, 19, 20, 21, 23, 27 y 28.
Firmar contratos y formar sociedades	4, 7, 9, 14, 15, 21 y 24.	6, 10, 15, 16, 17, 19, 25 y 29.	1, 2, 4, 5, 6, 7, 11, 16, 20, 24 y 25.	5, 14, 19, 20, 21, 23, 27 y 28.
Abrir negocios y realizar operaciones bursátiles	1, 2, 4, 9, 21, 24 y 27.	6, 10, 15, 16, 17, 19, 20, 25 y 29.	1, 2, 4, 5, 6, 7, 11, 16, 20, 21 y 22.	4, 5, 14, 19, 22, 29 y 30.
Comprar y vender	4, 9, 21, 24 y 27.	6, 10, 15, 16, 17, 19, 20, 25 y 29.	1, 2, 4, 5, 6, 7, 11, 16, 20, 24 y 25.	5, 14, 19, 20, 21, 23, 27 y 28.
Enfrentar procesos legales	7, 10, 14, 15, 18, 20, 27 y 31.	6, 7, 14, 15 y 27.	9, 11, 12, 13, 15, 22 y 28.	9, 10, 16, 25, 28, 29 y 30.
Utilizar publicidad y otros medios de comunicación	2, 5, 7, 10, 17 y 29.	6, 10, 15, 16, 17, 19, 21, 24, 25 y 29.	1, 2, 4, 5, 6, 7, 11, 16, 20, 24, 25, 26 y 27.	5, 14, 19, 20, 21, 23, 27 y 28.

EVENTO	MAYO	JUNIO	JULIO	AGOSTO
Cobrar dinero y pagar deudas	3, 4, 10, 16, 18, 26, 27 y 30.	2, 6, 7, 12, 17, 18, 22, 25 y 27.	5, 6, 11, 17, 19, 24 y 27.	4, 5, 6, 11, 15, 22, 23, 25, 29 y 31.
Firmar contratos y formar sociedades	3, 4, 10, 15, 16, 18, 26, 27 y 30.	2, 6, 7, 12, 17, 18, 22, 25 y 27.	2, 5, 6, 11, 17, 19, 24, 27 y 31.	4, 5, 6, 11, 15, 22, 23, 25, 29 y 31.
Abrir negocios y realizar operaciones bursátiles	3, 4, 10, 15, 16, 18, 26, 27, 30 y 31.	2, 6, 7, 12, 17, 18, 22, 25, 27 y 30.	2, 5, 6, 11, 17, 19, 24, 27 y 31.	4, 5, 6, 11, 15, 22, 23, 25, 29 y 31.
Comprar y vender	3, 4, 10, 15 y 16.	2, 17, 22, 23, 25, 26 y 28	11, 13, 14, 19 y 24.	15, 17, 18, 20, 22, 25 y 26.
Enfrentar procesos legales	3, 4, 5, 6, 7 y 30.	3, 4, 11, 12, 26, 27, 30.	1, 18, 19, 28 y 29.	17, 18, 22, 24, 25 y 26.
Utilizar publicidad y otros medios de comunicación	3, 4, 10, 15, 16, 18, 26, 27, 30 y 31.	2, 6, 7, 12, 17, 18, 22, 25, 27 y 30.	2, 5, 6, 11, 17, 19, 24, 27 y 31.	4, 5, 6, 11, 15, 22, 23, 25, 29 y 31.

EVENTO	SEPTIEMBRE	OCTUBRE	NOVIEMBRE	DICIEMBRE
Cobrar dinero y pagar deudas	1, 3, 7, 14, 15, 21, 25, 26 y 29.	3, 5, 9, 11, 12, 13, 22, 24, 27, 28 y 29.	2, 3, 8, 12, 13, 18, 27 y 29.	3, 5, 14, 20, 21, 26 y 30.
Firmar contratos y formar sociedades	2, 4, 5, 7, 9, 11, 14, 19 y 23.	1, 2, 9, 13, 16, 20, 22, 27, 28 y 29.	2, 3, 8, 12, 18, 19, 21, 24 y 29.	3, 5, 10, 11, 16, 18, 20, 21, 26,29 y 30.
Abrir negocios y realizar operaciones bursátiles	2, 3, 7, 14, 15, 26, 21 y 28.	3, 9, 12, 17, 20, 27, 28 y 29 y 30.	3, 6, 12, 18, 25 y 26.	5, 10, 14, 16, 18, 20, 22, 29 y 30.
Comprar y vender	2, 7, 9, 14 19 y 23.	9, 13, 14, 18, 20, 22, 27, 28, 29, 30 y 31.	2, 3, 8, 12, 18, 19, 21, 24 y 29.	3, 5, 10, 11, 16, 18, 20, 21, 26,29 y 30.
Enfrentar procesos legales	9, 11, 14, 19 y 23.	3, 9, 12, 17, 21, 25, 27, 30 y 31.	3, 4, 6, 12, 25 y 26.	3, 5, 10, 16, 18, 20, 21 y 30.

| Utilizar publicidad y otros medios de comunicación | 1, 2, 10, 11, 12, 24, 25 y 29. | 3, 9, 10, 11, 14, 18, 22, 25, 28, 29, 30 y 31. | 3, 8, 12, 18, 26 y 27. | 3, 5, 14, 16, 18, 20, 21, 29 y 30. |

Elige los mejores días del mes para el logro de amor y relaciones. (Gráfica de 7 líneas para 4 meses)

EVENTO	ENERO	FEBRERO	MARZO	ABRIL
Días favorables para el amor y la reconciliación	1, 2, 3, 4, 6, 10, 14, 15, 19, 21 y 24.	2, 4, 6, 7, 10, 11, 23, 25, 26 y 27.	2, 5, 6, 8, 9, 11, 16, 20, 24, 25 y 28.	4, 5, 6, 19, 20, 21, 27, 28, 29 y 30.
Fechas para casase	7, 9, 10, 14, 21, 29, 30 y 31.	6, 7, 10, 11, 13, 14, 25, 26 y 27.	5, 6, 24 y 25.	5, 6, 19, 20 y 21.
Días favorables para tener relaciones sexuales y embarazarse	7, 8, 16, 17, 23, 24, 29 y 30.	3, 4, 6, 7, 10, 11, 12, 13, 21, 22, 25, 26 y 27.	1, 2, 11, 12, 19, 20, 24, 25, 29 y 30.	7, 8, 15, 16, 25, 26, 28, 29 y 21.
Días propicios para organizar fiestas y reuniones sociales	1, 3, 4, 6, 10, 14, 15, 22, 23, 30 y 31.	6, 7, 10, 11, 23, 24, 25, 26 y 27.	4, 5, 13, 14, 16, 24, 25 y 31.	9, 10, 23, 24, 28 y 29.
Días favorables para hacer viajes largos y cortos	4, 5, 9, 10, 18 y 19.	1, 2, 14, 15, 28 y 29.	13, 14, 26 y 27.	9, 10, 23, 24, 25 y 30.
Días propicios para realizar prácticas culturales y conocer amistades	4, 5, 9, 10, 14, 15, 18, 19, 22 y 23.	6, 7, 19, 20, 28 y 29.	4, 5, 17, 18, 26, 27 y 31.	4, 9, 10, 13, 23, 24, 25, 28 y 30.

EVENTO	MAYO	JUNIO	JULIO	AGOSTO
Días favorables para el amor y la reconciliación	2, 3, 4, 16, 17, 18, 26 y 30.	2, 6, 7, 11, 12, 14, 15, 17, 19, 22, 23, 25 y 26.	2, 4, 5, 11, 16, 17, 22 y 31.	5, 6, 7, 11, 15, 17, 22, 25, 29 y 30.
Días propicios para casarse	2, 3, 4, 21, 22, 23, 30 y 31.	2, 17, 18, 19, 25, 26 y 30.	2, 3, 10, 11, 17, 18, 23,1 24 y 31.	20, 22, 25 y 26.
Días favorables para tener relaciones sexuales y embarazarse	2, 3, 4, 5, 13 14, 18, 21, 22, 23 y 26.	2, 6, 7, 9, 10, 11, 18, 19, 22, 28 y 29.	2, 6, 7, 16, 17, 23, 24, 25 y 26.	3, 4, 12, 16, 22, 23, 30 y 31.
Días propicios para organizar fiestas y reuniones sociales	4, 11, 16, 18, 25, 26 y 30.	2, 7, 8, 14, 15, 17, 18, 19, 21, 22, 25, 26 y 30.	2, 3, 10, 11, 17, 18, 23,1 24 y 31.	1, 6, 17, 18, 20, 22 y 26.
Días favorables para hacer viajes largos y cortos	6, 7, 11, 20, 21, 30 y 31.	3, 4, 16, 17, 28 y 30.	1, 4, 5, 13, 14, 22, 23, 24 y 27.	1, 2, 10, 11, 19, 20, 24 y 25.
Días propicios para realizar prácticas culturales y conocer amistades	2, 3, 10, 11, 17, 18, 20, 21, 30 y 31.	2, 3, 4, 7, 8, 16, 17, 26, 27 y 30.	4, 5, 11, 12, 18 y 19.	1, 2, 7, 8, 15, 16, 23, 28 y 29.

EVENTO	SEPTIEMBRE	OCTUBRE	NOVIEMBRE	DICIEMBRE
Días favorables para el amor y la reconciliación	1, 4, 5, 7, 10, 15, 16, 17 y 24.	5, 9, 12, 14, 15, 20, 27, 28, 29, 30 y 31.	4, 8, 9, 13, 15, 17, 18, 19, 25 y 26	5, 14, 16, 18, 20, 21, 22, 23, 26 y 27.
Días propicios para casarse	3, 4, 5, 15, 16, 21 y 28.	1, 2, 8, 9, 13, 14, 15, 28, 29 y 30.	12, 18, 19, 25 y 26.	11, 14, 18, 22, 23, 26 y 30.
Días favorables para tener relaciones sexuales y embarazarse	3, 4, 8, 9, 18, 19 y 28.	1, 2, 6, 7, 15, 16, 24, 25, 28, 29 y 30.	2, 3, 12, 13, 20, 21, 25 y 26.	1, 9, 10, 14, 17, 18, 22, 23, 26, 27 y 28.
Días propicios para organizar fiestas y reuniones sociales	2, 3, 4, 10, 11, 12, 16, 17, 24 y 25.	1, 2, 8, 9, 13, 14, 28, 29 y 30.	3, 4, 5, 9, 10, 18, 19, 25 y 26.	3, 11, 12, 15, 16, 22, 23, 26, 30 y 31.
Días favorables para hacer viajes largos y cortos	2, 6, 7, 20 y 21.	3, 4, 13, 14, 17, 18 y 20.	1, 3, 14, 15, 27 y 28.	10, 11, 12, 24, 24, 30 y 31.
Días propicios para realizar prácticas culturales y conocer amistades	2, 6, 7, 13, 14, 16, 17, 24 y 25.	3, 4, 9, 22, 23, 30 y 31.	3, 9, 10, 18, 19, 27 y 28.	3, 7, 8, 15, 16, 24 y 25.

Elige los mejores días del mes para el logro de salud belleza y curación. (Gráfica de 7 líneas para 4 meses)

EVENTO	ENERO	FEBRERO	MARZO	ABRIL
Dietas y ayunos para adelgazar y desintoxicar el cuerpo	7, 16, 17 y 21.	6, 8, 9, 13, 20, 21 y 22.	1, 2, 6, 7 y 13.	5, 11, 13, 19 y 27.
Tratamientos médicos y dentales. Psicoterapias y curaciones.	12, 13, 14, 15, 18, 28 y 29.	6, 8, 9, 13, 20, 21 y 22.	1, 2, 6, 7, 11, 12 y 13.	3, 4, 7, 8, 11, 15, 16, 25, 26 y 30.
Operaciones quirúrgicas.	28 y 29.	12, 13, 20, 23, 24 y 27.	11, 12, 13 y 20.	11 y 19.
Cortarse el pelo y hacerse tratamientos de belleza, faciales y corporales.	7, 14 y 21.	6, 20, 25, 26 y 27.	6, 20 y 28.	1, 2, 5, 6, 19, 20, 21, 22, 27 y 28.
Prácticas deportivas	14, 18 y 19.	2, 14 y 15.	12, 13, 21 y 22.	9, 10, 18 y 19.
Prácticas religiosas	7, 16, 17, 18, 19, 22, 23, 24 y 25.	6, 12, 13, 16, 17, 21, 22, 25 y 29.	1, 2, 11, 12, 19, 20, 29 y 30.	7, 8, 9, 10, 15, 16, 26 y 27.

EVENTO	MAYO	JUNIO	JULIO	AGOSTO
Dietas y ayunos para adelgazar y desintoxicar el cuerpo	1, 4, 11, 18, 22, 27 Y 28.	6, 7, 9, 12, 18, 22, 25, 26, 27 y 29.	2, 5, 8, 10, 11, 16 y 17.	7, 8, 15, 17, 28, 29, 30 y 31.
Tratamientos médicos y dentales. Psicoterapias y curaciones	4, 5, 11, 27 Y 28.	3, 9, 14, 21 y 28.	2, 5, 8, 10, 11, 16, 17, 21, 22, 25 y 26.	3, 4, 7, 17, 18, 22, 23, 30 y 31.
Operaciones quirúrgicas	11, 15, 16 y 18.	9, 14, 17, 21, 26 y 28.	8, 9, 21, 22 y 25.	7, 15, 18, 20 y 22.
Cortarse el pelo y hacerse tratamientos de belleza, faciales y corporales.	2, 3, 16, 17, 18, 21, 26, 27, 30 y 31.	2, 17 y 25.	2, 17, 24 y 31.	1, 3, 6, 15, 29, 18, 20, 22, 25 y 26.
Prácticas deportivas	3, 6, 7, 15, 16, 25 y 26.	9, 14, 22, 28 y 30.	5 y 16.	5, 6, 17, 20, 22, 24, 25 y 26.
Prácticas religiosas	4, 5, 10, 11, 13, 14, 22 y 23.	1, 2, 9, 10, 19, 20, 28, 29 y 30.	1, 5, 9, 11, 28 y 29.	6, 15, 17, 18, 20, 22 y 26.

EVENTO	SEPTIEMBRE	OCTUBRE	NOVIEMBRE	DICIEMBRE
Dietas y ayunos para adelgazar y desintoxicar el cuerpo	4, 6, 13, 14, 21 y 28.	6, 11, 12, 13, 27 y 31.	4, 5, 6, 12, 25, 26 y 30.	3, 4, 9, 11, 17, 18, 26 y 27.
Tratamientos médicos y dentales. Psicoterapias y curaciones	4, 6, 8, 9, 13, 14, 26 y 27.	6, 11, 12, 15, 16, 24 y 25.	1, 2, 3, 6, 12, 18, 21, 25 y 26.	3, 4, 8, 9, 10, 17, 18, 20, 27, 28 y 30.
Operaciones quirúrgicas	6, 14, 17, 18 y 21.	6, 13 y 20.	4, 5, 12 y 21.	11, 18, 19 y 20.
Cortarse el pelo y hacerse tratamientos de belleza, faciales y corporales.	14, 21, 28, 29 y 30.	9, 11, 12, 13, 22, 27, 28, 29, 30 y 31.	12, 14, 18, 21, 25 y 26.	7, 11, 18, 22, 23, 26, 29.
Prácticas deportivas	1, 2, 10, 11, 20, 21, 23, 29 y 30.	13, 16, 17, 18, 20 y 31.	3, 6, 7, 12, 22, 23, 25 y 26	3, 10, 18, 20, 21, 25, 26 y 30
Prácticas religiosas	9, 14, 18, 19, 25, 26 y 27.	4, 5, 6, 15, 16, 23, 24 y 25.	2, 3, 12, 13, 20, 21, 29 y 30.	9, 10, 11, 12, 14, 17, 18, 26, 27 y 28.

> *"Es un árbol viejo que ha visto muchos tiempos duros".*
> *Experimentar es el sentimiento que provoca el maravillarse;*
> *cuando los árboles dejan caer sus hojas en el otoño.*
> Osho. *El juego trascendental del Zen* Cap. 2

CÁNCER AÑO 2004: PROFUNDAS EXPERIENCIAS

Aviso general

En el año 2004 si usas tu experiencia como base para alcanzar nuevas etapas de tu camino podrás lograr un rápido avance como persona; pero también en tu plano profesional y afectivo. Es posible que te sientas temeroso por el paso de los años; ya que Saturno desde junio del 2003 ingresó a tu domicilio, es un planeta que tiene mala fama, porque impone los obstáculos que dificultan una adaptación armónica al medio social. Tiene que ver mucho con la edad madura; el triunfo, el prestigio y el reconocimiento público. Es el responsable de que sientas algún complejo de inferioridad en un periodo de dos años. Pone en juego todos los mecanismos de defensa racionales, aumenta tu desconfianza y autoexigencia. Saturno está en conjunción con tu Sol, y te transmite seriedad y responsabilidad; tú, como nativo de Cáncer, lo sufres aún más, ya que puedes sentir que los demás no toman en cuenta tus emociones, sin consideraciones a tu sensibilidad; tal vez sientas el alejamiento de tus amigos y la frialdad de tu pareja.

Como resultado de estas actitudes es posible que tus sentimientos sean depresivos y que estés resentido por lo que te hayan hecho las personas de tu entorno.

La necesidad es la madre de la iniciativa. Así que en este periodo no debes descuidar tus negocios porque éstos se vendrían abajo.

Es posible que labores de sol a sol y con tareas obligadas. Si dejaste alguna cosa inconclusa en tu trabajo, en el amor, con la familia o debes dinero; lo más probable es que te pasen la factura de cualquier asunto que tengas atrasado. Pero no te desanimes, no todo es tan difícil. Este planeta también representa la independencia, el orden, la estabilidad y es muy constructivo, así que si has sido dependiente emocionalmente lo más probable es que trasciendas cualquier debilidad. Te desapegarás de la necesidad de apoyo emocional de los otros. Aprenderás a vivir más para ti y tu desarrollo profesional irá creciendo; sólo te recomiendo que te enfrentes a los retos que puedan presentarse en el 2004 porque de esta manera podrás llegar al éxito y a la paz, que un nativo de Cáncer siempre anhela. Por otro lado, Júpiter en el signo de Virgo equilibrará la influencia de este planeta, mientras que Saturno es un maestro exigente, Cronos, el rey del tiempo, Júpiter es un planeta benéfico incondicional, este último te ayudará a asimilar y a trascender cualquier emoción negativa; mientras Saturno te enferma de pesimismo, Júpiter te llena de optimismo. Tu búsqueda en el 2004 será llegar al equilibrio en todo: en el amor, dinero, trabajo y salud.

Aviso por decanato

Si naciste entre el día 21 y el 1º de julio:
- Estás evaluando tus planes de trabajo a largo plazo para lograr un avance profesional rápidamente.
- Quienes no tienen trabajo estarán esperando la confirmación de una propuesta laboral, hay un poco de largas; pero a pesar de los retrasos llegarán mejores oportunidades. La clave es la paciencia.
- Con la pareja y la familia puede haber problemas y desacuerdos, no te guardes los malos sentimientos, no sería bueno para ti que dieras una buena apariencia y en el fondo estuvieras reprimiendo tus enojos y temores. Habrá mayor compromiso con la pareja, en caso contrario perderás la voluntad de que te corresponda en el amor.

Si naciste entre el 1º y el 20 de julio:
- Tendrás en puerta nuevas oportunidades, sin embargo, continuarás cargándote de responsabilidades, como un esclavo de las obligaciones. Cuidado con las presiones de parte de jefes o autoridades. Tienes gran probabilidad de lograr puestos de dirección. En el aspecto negativo te puedes quedar sin chamba o tus ingresos económicos volverse muy ajustados. Ahorra y administra inteligentemente tu dinero.
- Habrá operaciones de compra y venta, en especial de bienes raíces. Probablemente te inquietará modificar tu casa; y si los documentos de propiedades no estuvieran al corriente te verás en la necesidad de legalizar todo lo pendiente.
- La familia será tu prioridad. Los padres y los hijos serán motivo de satisfacción y de preocupación al mismo tiempo.
- En lo afectivo tus mejores épocas serán las del segundo semestre, en el que Júpiter en el signo de Virgo neutralizará y compensará cualquier situación por dura que sea. En el primer semestre Saturno en tu domicilio marca dominio en las relaciones de pareja, ya sea de tu parte o de parte de tu compañero(a). Te verás obligado a asumir los compromisos de una nueva pareja o con la pareja que ya tienes.

Enseñanza 2004

Tu enseñanza en el 2004 te hace responsable de tu destino, reconoces tus aciertos y eres consciente de los errores. Aprendes a crear un ambiente de fortaleza en ti y en los demás. Ayudarás a otros como siempre, sin embargo, no dejarás de hacerlo contigo. Es importante que dejes fluir tu intuición y creatividad; el amor te conducirá a donde quieres llegar.

Para lograr estabilidad y felicidad con la pareja utiliza plantas o flores naturales que simbolizan el crecimiento en la relación.

Número de la suerte para el 2004

Tu número clave y de buena suerte para los pronósticos y lotería en el 2004 es el 1.

El número de buena vibra en el 2004 es el número 1, que simboliza la fuerza creadora y pionera del individuo. Toda vida empieza con el número 1, por lo tanto, el individuo representa la fuerza del espíritu expresando el principio elemental del "Yo".

Como mensaje de previsión indica que tienes que aprender en este año a ser más independiente. También te presagia que iniciarás un nuevo ciclo en tu vida a través de la fuerza del espíritu que te caracteriza. Evita ser inmaduro e infantil.

El número 1 será de buena suerte para ti en juegos de azar y lotería todo el año.

Mensaje de Tarot Osho Zen 2004

Puedes soportar la prueba de la verdad te has vuelto más maduro y más vital para amar. No cierres los ojos ante los defectos que pudieras tener. Cambia tu estructura de rigidez y crea una base sólida para tus planes a largo plazo, recuerda que en este año la confianza es visible e invita a los demás a cooperar contigo y a respetarte, repite en voz alta: " yo me amo y acepto totalmente como soy". Además, cada vez que te sientas con mucha carga emocional date un baño con pétalos de rosa para aligerar tu estado.

Previsión mensual

Previsión enero de 2004
La entrada del año marca un comienzo difícil debido al enfrentamiento de Marte, el planeta de la guerra, en un ángulo difícil con Saturno en tu propio domicilio. Deberás ser muy cuidadoso los primeros días de este mes. La Luna llena del 7 de enero en tu domicilio te infunde valor y experiencia, aún así no debes tomar decisiones precipitadas, porque estás en un momento cósmico muy intenso y con ciertos riesgos.

En el trabajo se aplazarán fechas de proyectos con los cuales tú estás muy entusiasmado desde el año pasado. Para los que no tienen trabajo y están esperando la confirmación de alguna propuesta laboral, hay un poco de largas en este mes; pero a pesar de los retrasos encontrarás mejores oportunidades para el mes que entra. Algunos nativos de Cáncer tienen problemas con la familia, especialmente con los hijos. Trata de platicar con ellos para saber cuáles son los motivos por los que hay cierta distancia. Si tu pareja está en desacuerdo contigo influye mucho en tus relaciones afectivas. Si hay resentimiento es mejor ventilarlo y resolverlo. La tensión familiar muestra su impacto en tu salud, aislarte de las actividades con la meditación puede modificar el punto de vista que tienes para ver la vida. Rodéate de personas optimistas que te permitan un mejor desarrollo, que te ayuden a conocerte a ti mismo, que sean leales y capaces de amar. Esto será como una caricia para tu espíritu y te alentará a seguir viviendo con esperanza.

Días fluidos y positivos: 2, 3, 8, 16, 17, 20, 21, 29 y 30
Días críticos y desafiantes: 1, 7, 20, 21, 25 y 27

Previsión febrero 2004
Este mes debes luchar contra la apatía. Como resultado de esta mala cualidad algunos nativos de Cáncer probablemente no tengan trabajo o no estén ganando lo suficiente en su actividad. Hay cansancio en el amor. Quienes no tienen pareja se sienten sin energía porque están solos; es posible que otros Cáncer mantengan relaciones frívolas y pasajeras, y tal vez existan algunos adulterios por parte de sus parejas. El 2 de febrero la conjunción del Sol con Neptuno les pondrá velos a sus percepciones, y pueden tener engaños o sufrir traiciones e intrigas.

Con la familia hay cierta indiferencia en este mes, intenta activar la mayor parte de tus experiencias afectivas; uno tiene que aprender a enriquecerlas y estar dispuesto a un "dar equilibrado" –ni poco ni demasiado, todo es cuestión de medida.

Aprovecha al máximo practicar tu deporte favorito, mantente activo, así tendrás más energía y podrás disminuir tu sensibilidad a los cambios climatológicos. Por otro lado, recuerda que aunque las estrellas te inclinen, tú puedes decidir tu vida con sabiduría, toma tus descansos a buen tiempo, pero cuando tengas algo que hacer imprime en tus actos voluntad positiva.

Días fluidos y positivos: 6, 8, 9, 12, 13, 22, 25, 26, 27 y 29
Días críticos y desafiantes: 2, 3, 10, 11, 17, 18, 21, 23 y 24

Previsión marzo 2004
El nodo norte (figura simbólica que refleja a la Luna) transita al signo de Tauro.

El signo de la estación de la primavera lleva a los nacidos en Cáncer a abandonar actitudes rígidas para relacionarse más honestamente con sus emociones; a pesar de que tienen el tránsito de Saturno sobre su Sol, y esto los deprime frecuentemente

La primavera hace su entrada este próximo 20 de marzo, un mes que trae muchas experiencias para ti. "Ya no verás lo duro sino lo tupido". Sin embargo, serán vivencias positivas.

Los nacidos en Cáncer tendrán cambios favorables de trabajo, aumentarán sus ingresos, especialmente los que nacieron entre el 4 y el 12 de julio. Coopera con tus pensamientos positivos para que puedas crecer en términos económicos y profesionales.

Marte y Venus en el signo de Tauro equilibran tu energía y te indican un reajuste en el manejo de tus situaciones generales.

Con la familia es importante eliminar el deseo insano de controlarlo todo. Si algo desespera a las parejas de los nativos de Cáncer es su sentido de absorbencia con los demás y su temor a quedarse solos, esta conducta amenaza a los que comparten los afectos con ellos. Prueba una conducta más libre respecto a ti y para con los demás. Sustituye los pensamientos negativos por positivos.

Días fluidos y positivos: 5, 9, 11, 15, 20, 22, 24, 25, 29 y 30

Días críticos y desafiantes: 1, 2, 8, 9, 15, 16 y 21

Previsión abril 2004

Por un lado puedes recibir ofertas de negocios y por el otro existe cierto miedo a la carencia. Cuando se combinan dos actitudes contrarias, nuestros resultados no son tan buenos, procura estar seguro de creer que el bien que esperas llegará a ti.

La Luna llena del día 5 de abril en el signo de Libra y Mercurio en el signo de Tauro indica que tendrás muchas propuestas en negocios y dinero; sin embargo, no debes gastar demasiado. No organizarte bien en tu trabajo ocasionará que malgastes recursos materiales y energéticos. Estarás más sociable que de costumbre, esto no gustará a tu pareja. Evita precipitarte y contradecirte en el amor. Atraviesas por un periodo de muchas inquietudes, no estás conforme con tu vida afectiva, ni con las personas que tratas íntimamente. Tus relaciones pueden ser pasajeras. Aclara tu mente y antes de precipitarte a un cambio de pareja analiza lo que quieres. Puedes tener problemas gastrointestinales, evita alterar tu sistema nervioso. Calma tu mente, respira profundo y espera el mejor momento para tomar decisiones.

Días fluidos y positivos: 1, 7, 8, 14, 15, 16, 20, 21, 25, 26 y 30

Días críticos y desafiantes: 3, 4, 5, 6, 11, 12, 16, 18 y 19

Previsión mayo 2004
Posees un invaluable sentido de la percepción, presientes lo que puede ocurrir, esta cualidad hace que te prepares para prever los tiempos difíciles. Haces bien en ahorrar, ya que pueden surgir gastos imprevistos. Debido a la presencia de Saturno en tu domicilio, a pesar de las duras experiencias cada día aprendes más a reconocer tus necesidades, por duras que sean, en esta etapa estás fortaleciendo tu carácter.

Tienes periodos de superación. La base es el esfuerzo continuo. Las relaciones sociales se tornan tranquilas. Marte ingresa a tu domicilio y produce cierta conjunción peligrosa con Saturno, es posible que sientas ciertas barreras en todos tus propósitos.

En el amor estás buscando el sustituto del amor materno / paterno con la pareja, evita comportarte como si fueras el hijo y no la pareja. También debes recordar que una de tus máximas cualidades es la constancia y lealtad en tus afectos.

Días fluidos y positivos: 5, 11, 13, 14, 24, 27 y 28
Días críticos y desafiantes: 2, 3, 4, 8, 9, 15 , 16, 22, 23 y 31

Previsión junio 2004
Debido al tránsito en conjunción de Marte con Saturno éstos no serán días fáciles para ti. Las decisiones que tomes deben ser lo más conscientemente posible, las cosas podrían complicarse con el tiempo. Otros pueden estar sacando provecho de manera desconsiderada de las actividades que realices, tienes que marcar tus límites y no permitir abusos. Júpiter te señala que debes buscar a quien puede ser una fuente de consejo y apoyo. Se obtiene más a futuro, por lo que debes de sembrar la semilla ahora. La Luna llena del día 2 produce nerviosismo y excitabilidad emocional.

En este mes podrás gozar de una buena influencia en los aspectos económicos, siempre y cuando evites gastar tu dinero en objetos superfluos, en ocasiones uno compensa las carencias afectivas comprando. Te relacionarás en "buena onda" con los demás, tendrás inclinación por lo artístico, es importante que desarrolles tus aptitudes creativas. Tus relaciones afectivas son favorables en términos generales. Puedes tener problemas gastrointestinales si comes o bebes demasiado. Evita los excesos.

Días fluidos y positivos: 9, 10, 17, 21, 22, 28 y 29
Días críticos y desafiantes: 2, 3, 5, 11, 12, 20, 26 y 27

Previsión julio 2004
Feliz cumpleaños a todos los cangrejos

La Luna llena en el signo de Capricornio te da cambios en el terreno económico, te ofrecerán negocios y te harán propuestas de viaje que te permitirán generar más dinero, aprovecha esta buena racha, no desperdicies tus recursos. Hay una fuerte expansión y la moderación será la clave para equilibrar esta buena energía. Es probable que se presente una nueva etapa sensual en tu vida; pretenderás o te pretenderán muchas personas de todo tipo y con variadas intenciones. Tendrás oportunidad de casarte, si no lo logras al menos tendrás aventuras agradables con el sexo opuesto, ya que Venus en el signo de Géminis y la Luna nueva del día 17 en tu mismo domicilio te abrirá un nuevo ciclo en el amor. Los tiempos cósmicos favorables debes aprovecharlos, mientras que los tiempos cósmicos difíciles debes neutralizarlos con una buena actitud.

Días fluidos y positivos: 6, 7, 11, 12, 21, 22 y 25
Días críticos y desafiantes: 2, 3, 8, 9, 14, 16, 23, 24, 26, 28, 30 y 31

Previsión agosto 2004

Venus ingresa a tu domicilio este próximo 7 de agosto con Luna menguante en el signo de Tauro y tendrás que estar más dispuesto a ayudar a los demás, aunque desearás ser el centro de atención. Debes controlar la inestabilidad de carácter, y manejarte bajo un juicio más meditado apegándote a lo que debes de hacer, dejando de lado caprichos o apreciaciones con poca consistencia, especialmente en el amor. Saturno indica que no debes permitir que las situaciones o personas te saquen de balance, puedes decir que no para evitar arrepentimientos posteriores.

Debes aprovechar todo el mes; sin embargo, la segunda quincena será mejor que la primera, se te presentarán oportunidades para incrementar tus ingresos, a pesar de esto no debes derrochar tu dinero. Probablemente tendrás un "ligue" o proposiciones indecorosas por la relación de Luna nueva el próximo 15 de este mes, sin embargo, debes tener cuidado de no encariñarte tanto, ya que Marte en oposición a Urano inclina a las rupturas repentinas. Este mes es muy propicio para mejorar tu salud. La buena influencia de Júpiter te llena de vida, encuentra lo bueno en todo.

Días fluidos y positivos: 3, 4, 7, 8, 12, 17, 18, 22, 23, 30 y 31
Días críticos y desafiantes: 5, 6, 8, 13, 20, 26, 27 y 29

Previsión septiembre 2004

Marte y Júpiter en el signo de Virgo, así como Mercurio, promueven los movimientos económicos, que serán intensos y variados. La Luna nueva del día 14 te inclina a generar ganancias rápidas, pero debes tener cuidado de no despilfarrar tus recursos; tienes que ser prudente en el manejo de tus gastos. Te lo recuerdo tanto porque la influencia de Saturno en tu domicilio te inclina a una vida austera, en donde los ingresos pueden ser constantes pero no abundantes.

Por otro lado, se fortalecerán tus relaciones amorosas, pero debes cultivar la comunicación, existe la posibilidad de malos entendidos, uno quiere decir una cosa y se entiende otra. La familia reclama atención, principalmente los padres, los nativos de Cáncer son muy receptivos a las necesidades familiares y les cuesta mucho trabajo no ayudar; aunque abusen de ellos y quizá hasta los chantajeen sus allegados, tu relación de pareja atraviesa un periodo más sosegado y estable.

Días fluidos y positivos: 3, 4, 5, 7, 9, 11, 18, 19, 26 y 27

Días críticos y desafiantes: 1, 2, 16, 17, 22, 24, 28, 29 y 30

Previsión octubre 2004
La Luna menguante del 6 de octubre en tu domicilio incrementa tu sensibilidad, tus reacciones negativas hacia las diversas situaciones pueden dañar tus negocios. Éste es un mes difícil, debes controlar tus sentimientos negativos, ya que pueden arruinar tus relaciones afectivas en general; con tu pareja hay desacuerdos, estás de "mírame y no me toques". No exageres tus reacciones emocionales. Tu salud física y emocional se verá amenazada; somatizarás tus problemas emocionales. Hay que analizar tu conducta para cambiar estos mecanismos destructivos.

Debes tener cuidado con tus actitudes en el ambiente laboral y en cualquier cosa que pudiera generarte problemas, recuerda que el concepto que tengas de ti mismo determinará tu destino, piensa positivamente de ti y de la capacidad para realizar lo que quieras, nadie vale ni más ni menos que tú. Repite cada vez que puedas en voz alta: "Mi tarea básica en la vida es ampliar mi libertad para ser feliz", repítelo hasta que tu mente lo asimile y actúes en consecuencia.

Días fluidos y positivos: 1, 2, 7, 11, 12, 15, 16, 24, 25, 28 y 29

Días críticos y desafiantes: 4, 7, 13, 14, 19, 20, 26 y 27

Previsión noviembre 2004
La Luna nueva del día 12 en el signo de Escorpión te da suerte en tus iniciativas, que son una muestra clara de la voluntad y la constancia que te caracteriza. No descuides lo que es vital, pon tu entusiasmo y energía en el trabajo.

Económicamente es un mes positivo en el que habrá algunos ingresos inesperados que podrás disfrutar. Son buenos los negocios independientes, tendrás éxito en casi todo lo que te propongas. La Luna llena del día 26 en tu propio domicilio es excelente para ti y te beneficia, estás lleno de energía para dar más amor, tu pareja espera que cambies radicalmente con él o con ella, te acusará de egoísta, pues al parecer tu comportamiento será un poco desconcertante a pesar de las buenas influencias de este mes. Tu salud puede verse afectada en este periodo. Si eres mujer existe la posibilidad de trastornos menstruales, y si eres hombre maduro realízate periódicamente un chequeo médico. La influencia de Marte y Venus en el signo de Escorpión favorece el matrimonio y las relaciones afectivas.

Días fluidos y positivos: 2, 3, 7, 8, 12, 13, 20, 21, 25, 26 y 29
Días críticos y desafiantes: 9, 10, 16, 17, 22, 23 y 30

Previsión diciembre 2004
La influencia de Marte y de Venus en el signo de Escorpión destacan tu habilidad ejecutiva, se agudiza tu percepción ante las necesidades de los demás y puedes concluir proyectos que iniciaste tiempo atrás. Evita la tendencia a irte a los extremos, en este periodo tienes fuerza interior para lograr mucho. Es un tiempo para quitar resentimientos en todas tus relaciones. Debes finalizar el año con una buena actitud e iniciar el siguiente de mejor manera.

Tendrás la posibilidad de crecer económicamente, no desaproveches las oportunidades. En el ámbito profesional evita tener disgustos con tus compañeros, llega a fondo en los asuntos que te hacen tener diferencias con ellos. Es un periodo de prosperidad y trabajo. En tus relaciones sentimentales puede estallar la tormenta en toda su potencia. Habrá un aparente motivo de disgusto relacionado con cuestiones de tipo económico, pero es un pretexto para justificar lo que tu pareja lleva escondido y guardado, que por cierto es muy fuerte. Evita los reproches mutuos. Mejor hagan juntos un viaje de reconciliación. Te encontrarás bien de salud, pero no así tus parientes o amigos, que pueden enfermarse. Ofrecerás tu ayuda y recaerá el peso en tus espaldas. Sin embargo, en este año que se va lograste madurez, los obstáculos no deben ofuscarte, vives un momento luminoso aunque no lo parezca.

Días fluidos y positivos: 3, 4, 5, 10, 16, 9, 17, 18, 22 y 26
Días críticos y desafiantes:1, 7, 8, 13, 14, 19, 20, 21, 23, 27 y 28

Guía astrológica para lograr el éxito en tus propósitos

Elige los mejores días del mes para el logro de dinero y trabajo. (Gráfica de 7 líneas para 4 meses)

EVENTO	ENERO	FEBRERO	MARZO	ABRIL
Cobrar dinero y pagar deudas	4, 7, 8, 9, 14, 15, 21 y 24.	6, 10, 15, 16, 17, 19, 25 y 29.	1, 2, 4, 5, 6, 7, 11, 16, 20, 24 y 25.	5, 14, 19, 20, 21, 23, 27 y 28.
Firmar contratos y formar sociedades	4, 7, 8, 9, 14, 15, 21 y 24.	6, 10, 15, 16, 17, 19, 25 y 29.	1, 2, 4, 5, 6, 7, 11, 16, 20, 24 y 25.	5, 14, 19, 20, 21, 23, 27 y 28.
Abrir negocios y realizar operaciones bursátiles	4, 9, 16, 21, 24 y 27.	6, 10, 15, 16, 17, 19, 20, 25 y 29.	1, 2, 4, 5, 6, 7, 11, 16, 20, 21 y 22.	4, 5, 14, 19, 22, 29 y 30.
Comprar y vender	4, 9, 16, 21, 24 y 27.	6, 10, 15, 16, 17, 19, 20, 25 y 29.	1, 2, 4, 5, 6, 7, 11, 16, 20, 24 y 25.	5, 14, 19, 20, 21, 23, 27 y 28.
Enfrentar procesos legales	7, 10, 14, 15, 18, 19, 20 y 31.	6, 7, 14, 15 y 27.	9, 11, 12, 13, 15, 22 y 28.	9, 10, 16, 25, 28, 29 y 30.
Utilizar publicidad y otros medios de comunicación	2, 5, 7, 8, 10, 17 y 29.	6, 10, 15, 16, 17, 19, 21, 24, 25 y 29.	1, 2, 4, 5, 6, 7, 11, 16, 20, 24, 25, 26 y 27.	5, 14, 19, 20, 21, 23, 27 y 28.

EVENTO	MAYO	JUNIO	JULIO	AGOSTO
Cobrar dinero y pagar deudas	3, 4, 10, 16, 18, 26, 27 y 30.	2, 6, 7, 12, 17, 18, 22, 25 y 27.	5, 6, 11, 17, 19, 24 y 27.	4, 5, 6, 11, 15, 22, 23, 25, 29 y 31.
Firmar contratos y formar sociedades	3, 4, 10, 15, 16, 18, 26, 27 y 30.	2, 6, 7, 12, 17, 18, 22, 25 y 27.	2, 5, 6, 11, 17, 19, 24, 27 y 31.	4, 5, 6, 11, 15, 22, 23, 25, 29 y 31.
Abrir negocios y realizar operaciones bursátiles	3, 4, 10, 15, 16, 18, 26, 27, 30 y 31.	2, 6, 7, 12, 17, 18, 22, 25, 27 y 30.	2, 5, 6, 11, 17, 19, 24, 27 y 31.	4, 5, 6, 11, 15, 22, 23, 25, 29 y 31.
Comprar y vender	3, 4, 10, 15 y 16.	2, 17, 22, 23, 25, 26 y 28.	11, 13, 14, 19 y 24.	15, 17, 18, 20, 22, 25 y 26.
Enfrentar procesos legales	3, 4, 5, 6, 7 y 30.	3, 4, 11, 12, 26, 27 y 30.	1, 18, 19, 28 y 29.	17, 18, 22, 24, 25 y 26.
Utilizar publicidad y otros medios de comunicación	3, 4, 10, 15, 16, 18, 26, 27, 30 y 31.	2, 6, 7, 12, 17, 18, 22, 25, 27 y 30.	2, 5, 6, 11, 17, 19, 24, 27 y 31.	4, 5, 6, 11, 15, 22, 23, 25, 29 y 31.

EVENTO	SEPTIEMBRE	OCTUBRE	NOVIEMBRE	DICIEMBRE
Cobrar dinero y pagar deudas	1, 3, 7, 14, 15, 21, 25, 26, 29,	3, 5, 9, 11, 12, 13, 22, 24, 27, 28, 29	2, 3, 8, 12, 13, 18, 27, 29	3, 5, 14, 20, 21, 26, 30
Firmar contratos y formar sociedades	2, 4, 5, 7, 9, 11, 14, 19, 23	1, 2, 9, 13, 16, 20, 22, 27, 28, 29	2, 3, 8, 12, 18, 19, 21, 24, 29	3, 5, 10, 11, 16, 18, 20, 21, 26, 29, 30
Abrir negocios y realizar operaciones bursátiles	2, 3, 7, 14, 15, 26, 21, 28	3, 9, 12, 17, 20, 27, 28, 29 y 30	3, 6, 12, 18, 25 y 26	5, 10, 14, 16, 18, 20, 22, 29, 30
Comprar y vender	2, 7, 9, 14 19, 23	9, 13, 14, 18, 20, 22, 27, 28, 29, 30, 31	2, 3, 8, 12, 18, 19, 21, 24, 29	3, 5, 10, 11, 16, 18, 20, 21, 26, 29, 30
Enfrentar procesos legales	9, 11, 14, 19, 23	3, 9, 12, 17, 21, 25, 27, 30, 31	3, 4, 6, 12, 25, 30	3, 5, 10, 16, 18, 20, 21, 30
Utilizar publicidad y otros medios de comunicación	1, 2, 10, 11, 12, 24, 25, 29	3, 9, 10, 11, 14, 18, 22, 25, 28, 29, 30, 31	3, 8, 12, 18, 26, 27	3, 5, 14, 16, 18, 20, 21, 29, 30

Elige los mejores días del mes para el logro de amor y relaciones. (Gráfica de 7 líneas para 4 meses)

EVENTO	ENERO	FEBRERO	MARZO	ABRIL
Días favorables para el amor y la reconciliación	1, 4, 6, 7, 8, 10, 14, 15, 19, 21 y 24.	2, 4, 6, 7, 10, 11, 23, 25, 26 y 27.	2, 5, 6, 8, 9, 11, 16, 20, 24, 25 y 28.	4, 5, 6, 19, 20, 21, 27, 28, 29 y 30.
Días propicios para casarse	7, 14, 21, 29, 30 y 31.	6, 7, 10, 11, 13, 14, 25, 26 y 27.	5, 6, 24 y 25.	5, 6, 19, 20 y 21.
Días favorables para tener relaciones sexuales y embarazarse	7, 8, 16, 17, 23, 24, 29 y 30.	3, 4, 6, 7, 10, 11, 12, 13, 21, 22, 25, 26 y 27.	1, 2, 11, 12, 19, 20, 24, 25, 29 y 30.	7, 8, 15, 16, 25, 26, 28, 29 y 21.
Días propicios para organizar fiestas y reuniones sociales	1, 3, 4, 6, 10, 14, 15, 22, 23, 30 y 31.	6, 7, 10, 11, 23, 24, 25, 26 y 27.	4, 5, 13, 14, 16, 24, 25 y 31.	9, 10, 23, 24, 28 y 29.
Días favorables para hacer viajes largos y cortos	4, 5, 18 y 19.	1, 2, 14, 15, 28 y 29.	13, 14, 26 y 27.	9, 10, 23, 24, 25 y 30.
Días propicios para realizar prácticas culturales y conocer amistades	4, 5, 7, 8, 9, 10, 14, 15, 18, 19, 22 y 23.	6, 7, 19, 20, 28 y 29.	4, 5, 17, 18, 26, 27 y 31.	4, 9, 10, 13, 23, 24, 25, 28 y 30.

EVENTO	MAYO	JUNIO	JULIO	AGOSTO
Días favorables para el amor y la reconciliación	2, 3, 4, 16, 17, 18, 26 y 30.	2, 6, 7, 11, 12, 14, 15, 17, 19, 22, 23, 25 y 26.	2, 4, 5, 11, 16, 17, 22 y 31.	5, 6, 7, 11, 15, 17, 22, 25, 29 y 30.
Días propicios para casarse	2, 3, 4, 21, 22, 23, 30 y 31.	2, 17, 18, 19, 25, 26 y 30.	2, 3, 10, 11, 17, 18, 23,1 24 y 31.	20, 22, 25 y 26.
Días favorables para tener relaciones sexuales y embarazarse	2, 3, 4, 5, 13 14, 18, 21, 22, 23 y 26.	2, 6, 7, 9, 10, 11, 18, 19, 22, 28 y 29.	2, 6, 7, 16, 17, 23, 24, 25 y 26.	3, 4, 12, 16, 22, 23, 30 y 31.
Días propicios para organizar fiestas y reuniones sociales	4, 11, 16, 18, 25, 26 y 30.	2, 7, 8, 14, 15, 17, 18, 19, 21, 22, 25, 26 y 30.	2, 3, 10, 11, 17, 18, 23,1 24 y 31.	1, 6, 17, 18, 20, 22 y 26.
Días favorables para hacer viajes largos y cortos	6, 7, 11, 20, 21, 30 y 31.	3, 4, 16, 17, 28 y 30.	1, 4, 5, 13, 14, 22, 23, 24 y 27.	1, 2, 10, 11, 19, 20, 24 y 25.
Días propicios para realizar prácticas culturales y conocer amistades	2, 3, 10, 11, 17, 18, 20, 21, 30 y 31.	2, 3, 4, 7, 8, 16, 17, 26, 27 y 30.	4, 5, 11, 12, 18 y 19.	1, 2, 7, 8, 15, 16, 23, 28 y 29.

EVENTO	SEPTIEMBRE	OCTUBRE	NOVIEMBRE	DICIEMBRE
Días favorables para el amor y la reconciliación	1, 4, 5, 7, 10, 15, 16, 17 y 24.	5, 9, 12, 14, 15, 20, 27, 28, 29, 30 y 31.	4, 8, 9, 13, 15, 17, 18, 19, 25 y 26.	5, 14, 16, 18, 20, 21, 22, 23, 26 y 27.
Días propicios para casarse	3, 4, 5, 15, 16, 21 y 28.	1, 2, 8, 9, 13, 14, 15, 28, 29, 30.	12, 18, 19, 25 y 26.	11, 14, 18, 22, 23, 26, 30.
Días favorables para tener relaciones sexuales y embarazarse	1, 2, 6, 7, 15, 16, 24, 25, 28, 29, 30	2, 3, 12, 13, 20, 21, 25, 26	1, 9, 10, 14, 17, 18, 22, 23, 26, 27, 28	
Días propicios para organizar fiestas y reuniones sociales	2, 3, 4, 10, 11, 12, 16, 17, 24, 25	1, 2, 8, 9, 13, 14, 28, 29, 30	3, 4, 5, 9, 10, 18, 19, 25, 26	3, 11, 12, 15, 16, 22, 23, 26, 30, 31
Días favorables para hacer viajes largos y cortos	2, 6, 7, 20, 21.	3, 4, 13, 14, 17, 18, 20.	1, 3, 14, 15, 27, 28	10, 11, 12, 24, 24, 30, 31.
Días propicios para realizar prácticas culturales y conocer amistades	2, 6, 7, 13, 14, 16, 17, 24, 25	3, 4, 9, 22, 23, 30, 31	3, 9, 10, 18, 19, 27, 28	3, 7, 8, 15, 16, 24, 25

Elige los mejores días del mes para el logro de salud belleza y curación.
(Gráfica de 7 líneas para 4 meses)

EVENTO	ENERO	FEBRERO	MARZO	ABRIL
Dietas y ayunos para adelgazar y desintoxicar el cuerpo	7, 8, 16, 17 y 21.	6, 8, 9, 13, 20, 21 y 22.	1, 2, 6, 7 y 13.	5, 11, 13, 19 y 27.
Tratamientos médicos y dentales. Psicoterapias y curaciones	12, 13, 14, 15, 18, 28 y 29.	6, 8, 9, 13, 20, 21 y 22.	1, 2, 6, 7, 11, 12 y 13.	3, 4, 7, 8, 11, 15, 16, 25, 26 y 30.
Operaciones quirúrgicas	28 y 29.	12, 13, 20, 23, 24 y 27.	11, 12, 13 y 20.	11 y 19.
Cortarse el pelo y hacerse tratamientos de belleza, faciales y corporales.	7, 14, 15, 21, 29, 30 y 31.	6, 20, 25, 26 y 27.	6, 20 y 28.	1, 2, 5, 6, 19, 20, 21, 22, 27 y 28.
Prácticas deportivas	14, 18 y 19.	2, 14 y 15.	12, 13, 21 y 22.	9, 10, 18 y 19.
Prácticas religiosas	7, 16, 17, 18, 19, 24 y 25.	6, 12, 13, 16, 17, 21, 22, 25 y 29.	1, 2, 11, 12, 19, 20, 29 y 30.	7, 8, 9, 10, 15, 16, 26 y 27.

EVENTO	MAYO	JUNIO	JULIO	AGOSTO
Dietas y ayunos para adelgazar y desintoxicar el cuerpo	1, 4, 11, 18, 22, 27 Y 28.	6, 7, 9, 12, 18, 22, 25, 26, 27 y 29.	2, 5, 8, 10, 11, 16 y 17.	7, 8, 15, 17, 28, 29, 30 y 31.
Tratamientos médicos y dentales. Psicoterapias y curaciones	4, 5, 11, 27 Y 28.	3, 9, 14, 21 y 28.	2, 5, 8, 10, 11, 16, 17, 21, 22, 25 y 26.	3, 4, 7, 17, 18, 22, 23, 30 y 31.
Operaciones quirúrgicas	11, 15, 16 y 18.	9, 14, 17, 21, 26 y 28.	8, 9, 21, 22 y 25.	7, 15, 18, 20 y 22.
Cortarse el pelo y hacerse tratamientos de belleza, faciales y corporales.	2, 3, 16, 17, 18, 21, 26, 27, 30 y 31.	2, 17 y 25.	2, 17, 24 y 31.	1, 3, 6, 15, 29, 18, 20, 22, 25 y 26.
Prácticas deportivas	3, 6, 7, 15, 16, 25 y 26.	9, 14, 22, 28 y 30.	5 y 16.	5, 6, 17, 20, 22, 24, 25 y 26.
Prácticas religiosas	4, 5, 10, 11, 13, 14, 22 y 23.	1, 2, 9, 10, 19, 20, 28, 29 y 30.	1, 5, 9, 11, 28 y 29.	6, 15, 17, 18, 20, 22 y 26.

EVENTO	SEPTIEMBRE	OCTUBRE	NOVIEMBRE	DICIEMBRE
Dietas y ayunos para adelgazar y desintoxicar el cuerpo	4, 6, 13, 14, 21, 28	6, 11, 12, 13 27, 31	4, 5, 6, 12, 25, 26, 30	3, 4, 9, 11, 17, 18, 26, 27
Tratamientos médicos y dentales. Psicoterapias y curaciones	4, 6, 8, 9, 13, 14, 26, 27	6, 11, 12, 15, 16, 24, 25	1, 2, 3, 6, 12, 18, 21, 25, 26	3, 4, 8, 9, 10, 17, 18, 20, 27, 28, 30
Operaciones quirúrgicas	6, 14, 17, 18, 21	6, 13, 20,	4, 5, 12, 21	11, 18, 19, 20
Cortarse el pelo y hacerse tratamientos de belleza, faciales y corporales.	14, 21, 28, 29, 30	9, 11, 12, 13, 22, 27, 28, 29, 30, 31	12, 14, 18, 21, 25, 26	7, 11, 18, 22, 23, 26, 29
Prácticas deportivas	1, 2, 10, 11, 20, 21, 23, 29, 30	13, 16, 17, 18, 20, 31	3, 6, 7, 12, 22, 23, 25, 26	3, 10, 18, 20, 21, 25, 26, 30
Prácticas religiosas	9, 14, 18, 19, 25, 26, 27	4, 5, 6, 15, 16, 23, 24, 25	2, 3, 12, 13, 20, 21, 29, 30	9, 10, 11, 12, 14, 17, 18, 26, 27, 28

> *Disfruta de las cumbres mientras duren,*
> *y luego disfruta de los valles cuando vengan.*
> *"Una cumbre es una excitación*
> *y nadie puede existir constantemente en una excitación."*
> Osho. *El juego trascendental del zen,* Cap. 4.

Leo año 2004: variabilidad en la fortuna

Aviso general

Por fin Urano salió del Signo de Acuario y dejó de aspectarte en los últimos 2 años, sufriste el derrumbe de varias de tus circunstancias, sin embargo, te renovaste con gran velocidad en todas tus áreas, en el amor, en los negocios y en el dinero. Aunque algunas experiencias fueron de pérdida. Estás recuperando el equilibrio, al mismo tiempo recibiste la fuerza y el apoyo de Júpiter, el rey del Olimpo en la mitología griega, que neutralizó una serie de males, ya vez que ni todo es tan bueno, ni todo tan malo. Incluso en el terreno financiero las estructuras económicas se han sostenido.

En el año 2004 sigues recibiendo la influencia de Neptuno, rey de los mares, el planeta de la percepción, que recorre el signo de Acuario y que te ha hecho más sensible y perceptible. Su lado positivo ablanda tu corazón, te da más inspiración y dulzura y te inclina a desarrollar tu carácter a través del misticismo y las disciplinas espirituales y terapéuticas. Su influencia desarrolla tu sexto sentido al igual que tu nivel psicológico. Pero en su aspecto negativo atrae a tu vida enemigos ocultos, te confunde y distorsiona tu juicio; y puedes ser víctima o verte envuelto en engaños y fraudes, ilusión y desilusión. En el campo amoroso, aunque no lo busques ni lo desees, tu vida afectiva puede verse envuelta en adulterios, o quizá no te veas correspondido en el amor; porque seas tú el rescatador de una pareja problemática en una relación determinada. Por supuesto no todos los nativos de Leo han vivido ni vivirán estas experiencias, pero la estadística es alta en proporción.

Por otro lado, la influencia transformadora de Plutón desde el signo de Sagitario, hermano tuyo de fuego, te ha ayudado en muchos sentidos y te seguirá transmitiendo en el 2004 una energía de regeneración tanto física como espiritual. Así como has tenido problemas, Plutón te ha dado la capacidad para superar grandes pruebas del destino, es decir, tu capacidad de resurrección ha estado presente todo el tiempo; no te ha faltado habilidad para los negocios y para la organización de poder en gran escala; ya que tu intuición supera la de los demás y cualquier cosa negativa la podrás transformar en positiva aunque tu esfuerzo sea enorme. Te has convencido que el dominar a los demás no te libera; por el contrario, te encadena a cargar personas problemáticas.

En lo profesional el poder te sigue, aunque hayas perdido el trabajo tu destino se encuentra siempre en los puestos de dirección, tanto en el mundo de la empresa como en el gobierno, o en el espectáculo, serás líder de toda una generación. ¡Claro que no todos los que nacieron bajo este signo se encuentran en estas circunstancias!, existen muchos que por su karma o condiciones de destino se encuentran en caída moral y económica porque los cambios a los que se han visto sujetos han sido muy radicales y su realidad personal los obliga a vivir situaciones más dramáticas, por su estatus social, familiar, afectivo, etc.; su capacidad de respuesta es mínima, esto le puede suceder a cualquier ser humano sin importar cuál sea su signo o su nacionalidad.

Aviso por decanato

Si naciste entre el 21 y el 30 de julio:
- Tendrás que abrirte a las nuevas influencias y a la buena voluntad de las personas que te rodean.
- Es tiempo de que te comuniques con los otros de manera más directa.
- Encaminarás tu energía en empresas que requieren esfuerzo y continuidad en tus propósitos, especialmente en el segundo semestre. Tendrás la oportunidad de asociarte, debes ser prudente al firmar documentos.
- La cercanía de Saturno en el segundo semestre te hará buscar estabilidad en los afectos, en la familia y con los amigos.

Si naciste entre el 1º al 21 de agosto:
- No estás muy seguro hacia dónde vas, existe confusión en el trabajo y tu economía mejora en relación con el año pasado, sortearás oposiciones y ataques de enemigos ocultos. Recuerda que no debes establecer contactos con gente que no sea digna de tu confianza, sé prudente en el manejo del dinero. Da tiempo para que lo que has sembrado fructifique.
- Continúa una etapa romántica en la que puedes enamorarte. Las mujeres de este signo pueden vivir situaciones de engaño y adulterio. Algunas de ellas vivirán ilusiones muy grandes, pero también corren el riesgo de vivir desilusiones de igual tamaño, sin embargo, la fuerza del amor y la objetividad con las parejas con las que se relacionan pueden trascender cualquier obstáculo.
- Debes evitar excesos de cualquier tipo. El consumo de alcohol y drogas siempre es dañino, pero especialmente en el 2004.

Número de la suerte para el 2004

Tu número clave y de buena suerte para los pronósticos y lotería en el 2004 es el 2.

El número 2 es de buena onda para ti en el 2004. Cuida el desarrollo de lo que has planeado con anterioridad; tendrás que estar siempre al tanto en el 2004 para corregir eventuales desviaciones. Aprovecha las oportunidades y las ocasiones que en el transcurso del año pueden surgir de repente. Tendrás nuevas ofertas de trabajo, proposiciones interesantes en el terreno de los negocios.

Por otro lado, el número 2 predice matrimonio. Esfuérzate por mantener armonía con los que te rodean y reza a San Antonio para lograrlo.

También puedes usar el número 2 para participar en concursos, sorteos, rifas y loterías, te dará buena suerte.

Mensaje del Tarot Osho Zen 2004

Tarot OSHO ZEN, arcano mayor, No. XVIII, Vidas pasadas. La sabiduría del Tarot de Osho te revela que debes echar un vistazo a la eternidad de tu conciencia, ya que ésta es un regalo para comprender la función del Karma en nuestras vidas, no es algo que pueda obtenerse mediante la voluntad. Ésta es una llamada a despertar; los acontecimientos de tu vida están tratando de mostrarte un modelo que es tan antiguo como el viaje de tu propia alma. Todo el mundo puede acceder a su vida pasada o a muchas vidas pasadas, pero para ello tienes que ir más profundo dentro de ti mismo mediante la meditación. Sí no profundizas no podrás encontrar la puerta a otra vida, pero si no la encuentras tu mente en esta vida se inundará con un flujo de eventos que ya son suficientemente duros para llevar en una sola vida. Sin embargo, tienes que investigar quién eres y hacia dónde te diriges.

Lectura práctica. El tarot te anuncia que en el 2004 pasarás situaciones poco claras, turbias y confusas, con posibles rumores, engaños y escándalos, será necesario "hurgar" en tu raíz, en tu pasado, para encontrar la respuesta en tu presente.

Enseñanza 2004

La fe y la afirmación es una manera de confirmar, tanto en tu mente como en tus palabras el éxito que quieres lograr. En este año 2004 sé realista, evita el engaño, no te fijes en lo que te falta, agradece tus bendiciones y mejora tus capacidades, haz un balance de lo recibido y da gracias a Dios por lo que sí posees, desarrolla más tu voluntad. Estas aquí para aprender a amar con sabiduría.

Previsión mensual

Previsión enero de 2004

Este año y este mes entran con fuertes luchas, el día primero del año Marte y Saturno se confrontan y debemos cuidarnos de injustas y posibles revanchas; tanto a nivel colectivo como a nivel individual, no hay que perder la prudencia. Este año es de depuración y transformación. Los Leo nacidos del 1 al 10 de agosto están luchando mucho por dejar lo viejo, pero los cambios que se producen son difíciles y problemáticos, ya que sienten mucha confusión respecto a su futuro.

La pareja de los Leo puede no sostenerse, debido a posibles adulterios; sin embargo, ellos no querrán dejarla.

Este mes no debes olvidar la prudencia, se avizoran tiempos de transformación, tienes que aprender a dejar lo viejo y dar apertura a lo nuevo. La interferencia y la crítica estarán presentes, no hay que tomar las cosas de manera personal, este próximo 21 de enero existe un aspecto difícil que coincide con la entrada del Sol en el Signo de Acuario, signo opuesto al tuyo, y te avisa que en esos días hasta el final de mes debes sortear las oposiciones y enfrentar posibles cambios forzados, practica la prudencia.

Días fluidos y positivos: 4, 5, 9, 10, 14, 15, 18, 19, 27 Y 28
Días críticos y desafiantes: 1, 2, 3, 16, 17, 22, 23, 29, 30 Y 31

Previsión febrero 2004

La Luna del 2 de febrero y la conjunción del Sol con Neptuno te darán la sensación de nostalgia, debes evitar la tendencia a deprimirte y a evitar perder la esperanza y la vitalidad que caracteriza a todos los leones. Quizá tengas deficiencias en tus hábitos de sueño, y puedes sentirte defraudado por muchas de las amistades en las que tu creías.

Algunos planes se retrasarán, sin embargo, te meterás de lleno en el trabajo, sobre todo si eres independiente o has empezado algún trabajo por tu cuenta. Buscas un aumento en tus ingresos, pero no es el tiempo propicio para lograrlo, cuídate de las situaciones inesperadas y también de los enemigos ocultos que de manera solapada obstaculizan el progreso que te mereces. Mejora la comunicación con tu pareja, trata de conciliar los disgustos con diplomacia, ¡comunícate! Y no te desanimes cuando encuentres dificultades en tu camino, cada minuto que pasa es una oportunidad más para ser feliz. "Todo lo que no te destruye te fortalece."

Días fluidos y positivos: 1, 6, 7, 10, 11, 18, 19, 23, 24, 28 y 29
Días críticos y desafiantes: 2, 12, 13, 20, 25, 26 y 27

Previsión marzo 2004
Marte en el signo de Tauro, hasta el día 20, te presentará ciertas sorpresas, algunas positivas y otras negativas, las situaciones repentinas pueden provocar que los proyectos de trabajo no salgan como te lo habías propuesto; de mucho tiempo atrás has emprendido muchos planes que posiblemente se truncaron, más vale que dirijas tu energía hacia lo que más te interesa en tu profesión. Estás en un buen momento para comenzar de nuevo. La entrada de la primavera señala la tónica a seguir; lo vital es que mantengas las buenas relaciones y los valores que pregonas, la combinación Sol- Luna te impulsa a moverte en lo que tienes mayor habilidad.

Hay mucha actividad durante este mes de marzo que debes aprovechar. Tienes tendencia a engañar a tu pareja. Es importante que cuides tu sistema nervioso y garganta. No hagas mucho esfuerzo físico y mental, los excesos son malos. Todas las situaciones que lleguen sorpresivamente provocarán tensión. Debemos de desarrollar todos la capacidad para manejar las situaciones imprevistas, ya que en esta vida lo único que permanece es el cambio.

Días fluidos y positivos: 4, 5, 8, 9, 13, 14, 17, 17, 18, 21, 22, 26, 27 y 31
Días críticos y desafiantes: 10, 11, 13, 17, 18, 24 y 25

Previsión abril 2004
La Luna llena del día 5 en el signo de Libra es majestuosa y bella; pero además te inclina a mejorar la economía.

Estás en un momento de asimilación general de los hechos que han ocurrido últimamente en tu trabajo. Necesitas estabilizar tu vida en todos los sentidos, especialmente en lo económico, los nativos de Leo basan su desarrollo personal en el poder y la abundancia. El afecto estará condicionado a la razón. Es una etapa en que los Leo buscan un equilibrio entre lo que sienten, desean y lo que deben hacer. También existe demasiado acelere debido a la Luna nueva el próximo día 19 de abril, Marte en el signo de Géminis te activa, y puedes en este mes firmar contratos, solicitar trabajo si no lo tienes, pedir aumento de sueldo, así como abrir negocios de todo tipo y hasta casarte, si lo has decidido así, requieres firmeza de carácter. Es tiempo de quitar tus dudas. Venus te indica que debes ser más refinado en tus afectos. En el amor el gusto por el flirteo puede provocar inestabilidad y rupturas en tus relaciones. "La mente y el corazón unidos te inclinan a amar lo que te conviene."

Días fluidos y positivos: 1 ,2, 5, 6, 9, 10,18, 19, 23, 24, 28 y 29

Días críticos y desafiantes: 3, 7, 8, 9, 13, 14, 20, 21

Previsión mayo 2004
El aumento de ingresos económicos será una de las cosas que te dará satisfacción porque aumentarán en forma gradual.

La Luna llena en el signo de Escorpión advierte que debes de tener cuidado en tus relaciones.

Los afectos de Leo son intensos y pasionales, sé prudente y evita disgustarte con tu pareja. Algunos nativos de Leo son personas con tendencias psicosomáticas, cuando no se sienten bien en sus emociones, su columna presenta trastornos, vigila y corrige la relación mente cuerpo. La vida quiere darte todo lo que deseas, sólo debes tenerlo claro. La Luna nueva del día 18 en el signo de Tauro te sugiere que unas tu voluntad con lo que deseas en una misma dirección. Es un mes en el que es bueno poner más coraje y determinación, "lo que ha de ser que sea", incluso quizá tengas que poner en tus decisiones más temeridad de la que ya tienes porque los retos lo ameriten así. Por otro lado, habrá que ampliar el círculo de amistades y establecer lazos afectivos en asuntos que tienes rezagados con la familia.

Días fluidos y positivos: 2, 3, 6, 7, 15, 16, 20, 21, 25, 26, 30 y 31

Días críticos y desafiantes: 4, 5, 10, 11, 17, 18 y 22

Previsión junio 2004
Tendrás que dominar el orgullo y la arrogancia para facilitar toda clase de contactos sociales que te esperan en este mes, Mercurio y Venus en el signo de Géminis facilitan la comunicación con la pareja; no así en los terrenos profesionales en los que se paralizan algunos negocios y proyectos entre el 5 y 17 de junio con fase menguante de la Luna.

Sin embargo, tienes mucho futuro en las cuestiones financieras; debes conocer los principios de prosperidad para que facilites tus ganancias. Una de las reglas más importantes para lograr este bienestar es anotar en un papel la cantidad que necesitas, establecer una fecha y firmarla como un decreto.

Las relaciones afectivas presentan choque. Los contactos disonantes de Marte y Neptuno marcan cosas negativas que se traducen en engaños, tensiones y decepciones, cuidado con las actitudes pasionales, ponerte fuera de control puede provocar rupturas. Cuida tu sistema nervioso, también el hígado, páncreas y corazón pueden presentar problemas. Cree más en los hechos que en las palabras "Vive un día a la vez".

Días fluidos y positivos: 3, 4, 11, 12, 16, 17, 21, 22, 26, 27 y 30
Días críticos y desafiantes: 5, 7, 8, 14, 15, 28 y 29

Previsión julio 2004
La Luna llena del día 2 marca que en este mes hay una buena etapa de adaptación hacia el trabajo. Mercurio en tu domicilio también es una fecha propicia para los viajes, las sociedades y las asociaciones. Se resuelven problemas legales. Marte en tu domicilio recorre el signo de Leo durante todo el mes en el que te verás muy activo y muy presionado al mismo tiempo, debes tomar las cosas paso a paso, tener más paciencia y disciplina en fomentar hábitos que ya haz comprobado que funcionan. La Luna nueva del día 17 acentúa evasivas o ligerezas por las cuales no te debes dejar llevar. En la primera quincena tendrás gran estabilidad en los afectos, pero en la segunda habrá fuertes e intensas pasiones y celos, por lo que debes ser precavido, y diríamos que hasta tolerante. Hay dolores o síntomas que indican que tu salud está empezando a fallar. Presta atención a esto, pues podría ocasionarte alguna enfermedad, estás a tiempo para ver al médico.

Días fluidos y positivos: 1, 8, 9, 13, 14, 18, 19, 23, 24, 28 y 29.
Días críticos y desafiantes: 4, 5, 11, 12, 17, 25, 26 y 30.

Previsión agosto 2004
La Luna nueva en el signo de Leo exalta tu sensibilidad. Es un mes para darte oportunidad de que las fuerzas del destino giren a tu favor. Venus en el signo de Géminis, así como Mercurio en el signo de Virgo, en movimiento retrógrado (hacia atrás) ha retrasado las cuestiones económicas. Debes ser prudente no sólo en los gastos sino también en los pensamientos para que el exceso de actividad no te cause ansiedad y des tiempo a lo que has sembrado para que fructifique y se materialice. Inicias una etapa romántica en la que podrás reparar relaciones afectivas, tu pareja está capacitada para ayudarte a cambiar la atmósfera de reserva y de incomunicación a cambio de honestidad, comprensión y amor. No debes ser impaciente, hay que reparar lo que se ha dañado. En cuanto a la salud, debes vigilar tu sistema nervioso porque puedes contraer enfermedades nerviosas o de columna.

Días fluidos y positivos: 5, 6, 10, 11, 15, 16, 19, 20, 24 y 25.
Días críticos y desafiantes: 1, 2, 7, 8, 22, 23 y 28.

Previsión septiembre 2004
Venus en el signo de Leo te indica que la mejor manera de continuar con una relación es dejando libre al otro; compartirás con los demás tu buen ánimo, serás simple y espontáneo con tu pareja, sin embargo, algunas situaciones inesperadas te pondrán a prueba en tus relaciones amorosas, así que es necesario renovar la forma en que te relacionas. Tienes eventos y reuniones, mide tus gastos y trata de no descuidar las cuestiones económicas aunque vayan bien, lo más importante es que empiezas a ver concretados tus objetivos e ideales; sigue poniendo empeño en todo lo que haces, si trabajas en alguna empresa y estás esperando reconocimiento a tus esfuerzos, así como un aumento de sueldo, pero no de responsabilidades, en este mes puede ocurrir. En el aspecto de salud, evita alterar tu sistema nervioso, los imprevistos de este mes te tienen muy acelerado, eso desgasta tu organismo innecesariamente. Se consciente de que lo más importante es la salud. Durante este mes carga una piedra de cristal de cuarzo para tu protección, el simple hecho de llevar un cristal fortalecerá tu campo aúrico y te protegerá como si fuera un escudo. Compartirás con los demás tu buen ánimo, serás simple y espontáneo con tu pareja, sin embargo, algunas situaciones inesperadas te pondrán a prueba en tus relaciones amorosas, así que es necesario renovar la forma en que te relacionas

Días fluidos y positivos: 1, 2, 5, 7, 11, 12, 16, 17, 20, 21, 29 y 30.
Días críticos y desafiantes: 3, 4, 18, 19, 24 y 25.

Previsión octubre 2004
Cuando la Luna nueva del día 13 de octubre transite en el signo de Libra, y Mercurio y Marte estén en tu domicilio, comenzará una época de constantes viajes por razones de trabajo, tendrás mayor oportunidad de escribir y trabajar en los medios de comunicación en caso de que te dediques a esto; de no ser así, requerirás de estar más atento en tu profesión. El clima es propicio para la prosperidad trabajo y ganancias, tendrás oportunidad de asociarte en ciertos proyectos de negocios de manera conveniente. En el amor tendrás nuevas relaciones o por lo menos "rejuvenecerás". Será necesario que expreses tus sentimientos y que analices cómo te relacionas con tu pareja, te harás más responsable en tus contactos afectivos y dejarás en segundo término el placer efímero. Practica alguna actividad artística para que distribuyas tu energía y consecuentemente logres un equilibrio personal. Tu salud es buena en general, pero evita la rutina que te mata y te arruina.

Días fluidos y positivos: 3, 4, 8, 9, 13, 14, 17, 18, 26, 30 y 31.
Días críticos y desafiantes: 1, 2, 7, 15, 16, 22, 23, 27 y 29.

Previsión noviembre 2004
La Luna creciente del día 18 indica que habrá nuevas propuestas de trabajo.

Marte ingresa al signo de Escorpión y activa a tus enemigos ocultos; es recomendable que mantengas tu mente bajo control, porque podrá ser blanco de ataques y envidias. El dinero llegará, sin embargo, debes manejar bien las inversiones y tus ingresos para que se multipliquen en negocios que están favorecidos este mes, por eejemplo bienes raíces y ventas de seguros en general.

Tu pareja no entenderá nada, ya que sus celos provienen de la ira, el dolor y la pasión, y de los violentos sentimientos que producen ardor, evita la brusquedad y falta de modales, hay gran fuerza sexual acompañada de escenas dramáticas que te harán sentir culpable. Todo este acelere te pondrá los "nervios de punta", es una época desafiante porque este mes hay mucha tensión, puedes correr riesgos físicos, sé prudente. Tú eres nuevo cada día, eres lo que decides ser. Elige hacer lo que tú quieras, pero equilibra y desarrolla bien todas las áreas de tu vida.

Días fluidos y positivos: 1, 5, 6, 9, 10, 14, 15, 22, 23, 27 y 28.

Días críticos y desafiantes: 12, 13, 18, 19, 25 y 26.

Previsión diciembre 2004
Venus y Marte en el signo de Escorpión provocan en ti una emotividad intensa. No habrá que tomar los asuntos personales demasiado en serio. Posibles ataques de enemigos por no haber sido previsor. Modifica tus rutinas e inicia tratamientos, Éste es un mes para poner los pies sobre la tierra, de dejar de perseguir sueños que dudosamente se realizarán. Hay viajes por razones de trabajo la primera quincena. Tendrás una época para estabilizarte, concreta y lleva a la práctica los propósitos que tienes para mejorar la relación, la posición de los planetas puede afectar tus relaciones, es posible que domines a tu pareja, tal vez no sea forzado, ya que ambos aceptan y encuentran placer en su combinación, sin embargo, si abusas demasiado tu pareja se cansará de tu imposición y se presentarán conflictos. Recuerda que los celos se consideran como un asunto de inseguridad, el amor auténtico no es apego, deja libre al ser que ama.

Habrá posibilidades de intoxicaciones, debes evitar excesos en las fiestas, en la bebida y en la comida; sé consciente de lo que ingieres. Recibe en "buena onda" el año 2005.

Días fluidos y positivos: 2, 3, 7, 8, 11, 12, 19, 20, 24, 25, 29 y 30.

Días críticos y desafiantes: 9, 10, 15, 16, 22, 23, 24 y 26.

Guía astrológica para lograr el éxito en tus propósitos

Elige los mejores días del mes para el logro de dinero y trabajo.
(Gráfica de 7 líneas para 4 meses)

EVENTO	ENERO	FEBRERO	MARZO	ABRIL
Cobrar dinero y pagar deudas	4, 7, 9, 10, 14, 15, 21 y 24.	6, 10, 15, 16, 17, 19, 25 y 29.	1, 2, 4, 5, 6, 7, 11, 16, 20, 24 y 25.	5, 14, 19, 20, 21, 23, 27 y 28.
Firmar contratos y formar sociedades	4, 7, 9, 10, 14, 15, 21 y 24.	6, 10, 15, 16, 17, 19, 25 y 29.	1, 2, 4, 5, 6, 7, 11, 16, 20, 24 y 25.	5, 14, 19, 20, 21, 23, 27 y 28.
Abrir negocios y realizar operaciones bursátiles	4, 9, 21, 24, 27 y 28.	6, 10, 15, 16, 17, 19, 20, 25 y 29.	1, 2, 4, 5, 6, 7, 11, 16, 20, 21 y 22.	4, 5, 14, 19, 22, 29 y 30.
Comprar y vender	4, 9, 21, 24 y 27.	6, 10, 15, 16, 17, 19, 20, 25 y 29.	1, 2, 4, 5, 6, 7, 11, 16, 20, 24 y 25.	5, 14, 19, 20, 21, 23, 27 y 28.
Enfrentar procesos legales	7, 9, 10, 14, 15, 20 y 31.	6, 7, 14, 15 y 27.	9, 11, 12, 13, 15, 22 y 28.	9, 10, 16, 25, 28, 29 y 30.
Utilizar publicidad y otros medios de comunicación	2, 5, 7, 9, 10, 17 y 29.	6, 10, 15, 16, 17, 19, 21, 24, 25 y 29.	1, 2, 4, 5, 6, 7, 11, 16, 20, 24, 25, 26 y 27.	5, 14, 19, 20, 21, 23, 27 y 28.

EVENTO	MAYO	JUNIO	JULIO	AGOSTO
Cobrar dinero y pagar deudas	3, 4, 10, 16, 18, 26, 27 y 30.	2, 6, 7, 12, 17, 18, 22, 25 y 27.	5, 6, 11, 17, 19, 24 y 27.	4, 5, 6, 11, 15, 22, 23, 25, 29 y 31.
Firmar contratos y formar sociedades	3, 4, 10, 15, 16, 18, 26, 27 y 30.	2, 6, 7, 12, 17, 18, 22, 25 y 27.	2, 5, 6, 11, 17, 19, 24, 27 y 31.	4, 5, 6, 11, 15, 22, 23, 25, 29 y 31.
Abrir negocios y realizar operaciones bursátiles	3, 4, 10, 15, 16, 18, 26, 27, 30 y 31.	2, 6, 7, 12, 17, 18, 22, 25, 27 y 30.	2, 5, 6, 11, 17, 19, 24, 27 y 31.	4, 5, 6, 11, 15, 22, 23, 25, 29 y 31.
Comprar y vender	3, 4, 10, 15 y 16.	2, 17, 22, 23, 25, 26 y 28	11, 13, 14, 19 y 24.	15, 17, 18, 20, 22, 25 y 26.
Enfrentar procesos legales	3, 4, 5, 6, 7 y 30.	3, 4, 11, 12, 26, 27, 30.	1, 18, 19, 28 y 29.	17, 18, 22, 24, 25 y 26.
Utilizar publicidad y otros medios de comunicación	3, 4, 10, 15, 16, 18, 26, 27, 30 y 31.	2, 6, 7, 12, 17, 18, 22, 25, 27 y 30.	2, 5, 6, 11, 17, 19, 24, 27 y 31.	4, 5, 6, 11, 15, 22, 23, 25, 29 y 31.

EVENTO	SEPTIEMBRE	OCTUBRE	NOVIEMBRE	DICIEMBRE
Cobrar dinero y pagar deudas	1, 3, 7, 14, 15, 21, 25, 26, 29,	3, 5, 9, 11, 12, 13, 22, 24, 27, 28, 29	2, 3, 8, 12, 13, 18, 27, 29	3, 5, 14, 20, 21, 26, 30
Firmar contratos y formar sociedades	2, 4, 5, 7, 9, 11, 14, 19, 23	1, 2, 9, 13, 16, 20, 22, 27, 28, 29	2, 3, 8, 12, 18, 19, 21, 24, 29	3, 5, 10, 11, 16, 18, 20, 21, 26,29, 30
Abrir negocios y realizar operaciones bursátiles	2, 3, 7, 14, 15, 26, 21, 28	3, 9, 12, 17, 20, 27, 28, 29 30	3, 6, 12, 18, 25, 26	5, 10, 14, 16, 18, 20, 22, 29, 30
Comprar y vender	2, 7, 9, 14 19, 23	9, 13, 14, 18, 20, 22, 27, 28, 29, 30, 31	2, 3, 8, 12, 18, 19, 21, 24, 29	3, 5, 10, 11, 16, 18, 20, 21, 26,29, 30
Enfrentar procesos legales	9, 11, 14, 19, 23	3, 9, 12, 17, 21, 25, 27, 30, 31	3, 4, 6, 12, 25, 30	3, 5, 10, 16, 18, 20, 21, 30
Utilizar publicidad y otros medios de comunicación	1, 2, 10, 11, 12, 24, 25, 29	3, 9, 10, 11, 14, 18, 22, 25, 28, 29, 30, 31	3, 8, 12, 18, 26, 27	3, 5, 14, 16, 18, 20, 21, 29, 30

Elige los mejores días del mes para el logro de amor y relaciones. (Gráfica de 7 líneas para 4 meses)

EVENTO	ENERO	FEBRERO	MARZO	ABRIL
Días favorables para el amor y la reconciliación	1, 4, 6, 9, 10, 14, 15, 19, 21 y 24.	2, 4, 6, 7, 10, 11, 23, 25, 26 y 27.	2, 5, 6, 8, 9, 11, 16, 20, 24, 25 y 28.	4, 5, 6, 19, 20, 21, 27, 28, 29 y 30.
Días propicios para casarse	7, 9, 10, 14, 21, 29, 30 y 31.	6, 7, 10, 11, 13, 14, 25, 26 y 27.	5, 6, 24 y 25.	5, 6, 19, 20 y 21.
Días favorables para tener relaciones sexuales y embarazarse	7, 8, 16, 17, 23, 24, 29 y 30.	3, 4, 6, 7, 10, 11, 12, 13, 21, 22, 25, 26 y 27.	1, 2, 11, 12, 19, 20, 24, 25, 29 y 30.	7, 8, 15, 16, 25, 26, 28, 29 y 21.
Días propicios para organizar fiestas y reuniones sociales	1, 3, 4, 6, 9, 10, 14, 15, 22, 23, 30 y 31.	6, 7, 10, 11, 23, 24, 25, 26 y 27.	4, 5, 13, 14, 16, 24, 25 y 31.	9, 10, 23, 24, 28 y 29.
Días favorables para hacer viajes largos y cortos	4, 5, 18, 19, 22 y 23.	1, 2, 14, 15, 28 y 29.	13, 14, 26 y 27.	9, 10, 23, 24, 25 y 30.
Días propicios para realizar prácticas culturales y conocer amistades	4, 5, 9, 10, 14, 15, 18, 19, 22 y 23.	6, 7, 19, 20, 28 y 29.	4, 5, 17, 18, 26, 27 y 31.	4, 9, 10, 13, 23, 24, 25, 28 y 30.

EVENTO	MAYO	JUNIO	JULIO	AGOSTO
Días favorables para el amor y la reconciliación	2, 3, 4, 16, 17, 18, 26 y 30.	2, 6, 7, 11, 12, 14, 15, 17, 19, 22, 23, 25 y 26.	2, 4, 5, 11, 16, 17, 22 y 31.	5, 6, 7, 11, 15, 17, 22, 25, 29 y 30.
Días propicios para casarse	2, 3, 4, 21, 22, 23, 30 y 31.	2, 17, 18, 19, 25, 26 y 30.	2, 3, 10, 11, 17, 18, 23,1 24 y 31.	20, 22, 25 y 26.
Días favorables para tener relaciones sexuales y embarazarse	2, 3, 4, 5, 13 14, 18, 21, 22, 23 y 26.	2, 6, 7, 9, 10, 11, 18, 19, 22, 28 y 29.	2, 6, 7, 16, 17, 23, 24, 25 y 26.	3, 4, 12, 16, 22, 23, 30 y 31.
Días propicios para organizar fiestas y reuniones sociales	4, 11, 16, 18, 25, 26 y 30.	2, 7, 8, 14, 15, 17, 18, 19, 21, 22, 25, 26 y 30.	2, 3, 10, 11, 17, 18, 23,1 24 y 31.	1, 6, 17, 18, 20, 22 y 26.
Días favorables para hacer viajes largos y cortos	6, 7, 11, 20, 21, 30 y 31.	3, 4, 16, 17, 28 y 30.	1, 4, 5, 13, 14, 22, 23, 24 y 27.	1, 2, 10, 11, 19, 20, 24 y 25.
Días propicios para realizar prácticas culturales y conocer amistades	2, 3, 10, 11, 17, 18, 20, 21, 30 y 31.	2, 3, 4, 7, 8, 16, 17, 26, 27 y 30.	4, 5, 11, 12, 18 y 19.	1, 2, 7, 8, 15, 16, 23, 28 y 29.

EVENTO	SEPTIEMBRE	OCTUBRE	NOVIEMBRE	DICIEMBRE
Días favorables para el amor y la reconciliación	1, 4, 5, 7, 10, 15, 16, 17 y 24.	5, 9, 12, 14, 15, 20, 27, 28, 29, 30 y 31.	4, 8, 9, 13, 15, 17, 18, 19, 25 y 26	5, 14, 16, 18, 20, 21, 22, 23, 26, 27
Días propicios para casarse	3, 4, 5, 15, 16, 21, 28.	1, 2, 8, 9, 13, 14, 15, 28, 29, 30	12, 18, 19, 25, 26	11, 14, 18, 22, 23, 26, 30
Días favorables para tener relaciones sexuales y embarazarse	3, 4, 8, 9, 18, 19, 28	1, 2, 6, 7, 15, 16, 24, 25, 28, 29, 30	2, 3, 12, 13, 20, 21, 25, 26	1, 9, 10, 14, 17, 18, 22, 23, 26, 27, 28
Días propicios para organizar fiestas y reuniones sociales	2, 3, 4, 10, 11, 12, 16, 17, 24, 25	1, 2, 8, 9, 13, 14, 28, 29, 30	3, 4, 5, 9, 10, 18, 19, 25, 26	3, 11, 12, 15, 16, 22, 23, 26, 30, 31
Días favorables para hacer viajes largos y cortos	2, 6, 7, 20, 21	3, 4, 13, 14, 17, 18, 20	1, 3, 14, 15, 27, 28	10, 11, 12, 24, 24, 30, 31
Días propicios para realizar prácticas culturales y conocer amistades	2, 6, 7, 13, 14, 16, 17, 24, 25	3, 4, 9, 22, 23, 30, 31	3, 9, 10, 18, 19, 27, 28	3, 7, 8, 15, 16, 24, 25

Elige los mejores días del mes para el logro de salud belleza y curación. (Gráfica de 7 líneas para 4 meses)

EVENTO	ENERO	FEBRERO	MARZO	ABRIL
Dietas y ayunos para adelgazar y desintoxicar el cuerpo	7, 12, 13, 16, 17 y 21.	6, 8, 9, 13, 20, 21 y 22.	1, 2, 6, 7 y 13.	5, 11, 13, 19 y 27.
Tratamientos médicos y dentales. Psicoterapias y curaciones	14, 15, 18, 23, 24, 25, 28 y 29.	6, 8, 9, 13, 20, 21 y 22.	1, 2, 6, 7, 11, 12 y 13.	3, 4, 7, 8, 11, 15, 16, 25, 26 y 30.
Operaciones quirúrgicas	28 y 29.	12, 13, 20, 23, 24 y 27.	11, 12, 13 y 20.	11 y 19.
Cortarse el pelo y hacerse tratamientos de belleza, faciales y corporales.	7, 14 y 21.	6, 20, 25, 26 y 27.	6, 20 y 28.	1, 2, 5, 6, 19, 20, 21, 22, 27 y 28.
Prácticas deportivas	9, 10, 14, 18 y 19.	2, 14 y 15.	12, 13, 21 y 22.	9, 10, 18 y 19.
Prácticas religiosas	7, 16, 17, 18, 19, 24 y 25.	6, 12, 13, 16, 17, 21, 22, 25 y 29.	1, 2, 11, 12, 19, 20, 29 y 30.	7, 8, 9, 10, 15, 16, 26 y 27.

EVENTO	MAYO	JUNIO	JULIO	AGOSTO
Dietas y ayunos para adelgazar y desintoxicar el cuerpo	1, 4, 11, 18, 22, 27 Y 28.	6, 7, 9, 12, 18, 22, 25, 26, 27 y 29.	2, 5, 8, 10, 11, 16 y 17.	7, 8, 15, 17, 28, 29, 30 y 31.
Tratamientos médicos y dentales. Psicoterapias y curaciones	4, 5, 11, 27 Y 28.	3, 9, 14, 21 y 28.	2, 5, 8, 10, 11, 16, 17, 21, 22, 25 y 26.	3, 4, 7, 17, 18, 22, 23, 30 y 31.
Operaciones quirúrgicas	11, 15, 16 y 18.	9, 14, 17, 21, 26 y 28.	8, 9, 21, 22 y 25.	7, 15, 18, 20 y 22.
Cortarse el pelo y hacerse tratamientos de belleza, faciales y corporales.	2, 3, 16, 17, 18, 21, 26, 27, 30 y 31.	2, 17 y 25.	2, 17, 24 y 31.	1, 3, 6, 15, 29, 18, 20, 22, 25 y 26.
Prácticas deportivas	3, 6, 7, 15, 16, 25 y 26.	9, 14, 22, 28 y 30.	5 y 16.	5, 6, 17, 20, 22, 24, 25 y 26.
Prácticas religiosas	4, 5, 10, 11, 13, 14, 22 y 23.	1, 2, 9, 10, 19, 20, 28, 29 y 30.	1, 5, 9, 11, 28 y 29.	6, 15, 17, 18, 20, 22 y 26.

EVENTO	SEPTIEMBRE	OCTUBRE	NOVIEMBRE	DICIEMBRE
Dietas y ayunos para adelgazar y desintoxicar el cuerpo	4, 6, 13, 14, 21, 28	6, 11, 12, 13 27, 31	4, 5, 6, 12, 25, 26, 30	3, 4, 9, 11, 17, 18, 26, 27
Tratamientos médicos y dentales. Psicoterapias y curaciones	4, 6, 8, 9, 13, 14, 26, 27	6, 11, 12, 15, 16, 24, 25	1, 2, 3, 6, 12, 18, 21, 25, 26	3, 4, 8, 9, 10, 17, 18, 20, 27, 28, 30
Operaciones quirúrgicas	6, 14, 17, 18, 21	6, 13, 20,	4, 5, 12, 21	11, 18, 19, 20
Cortarse el pelo y hacerse tratamientos de belleza, faciales y corporales.	14, 21, 28, 29, 30	9, 11, 12, 13, 22, 27, 28, 29, 30, 31	12, 14, 18, 21, 25, 26	7, 11, 18, 22, 23, 26, 29
Prácticas deportivas	1, 2, 10, 11, 20, 21, 23, 29, 30	13, 16, 17, 18, 20, 31	3, 6, 7, 12, 22, 23, 25, 26	3, 10, 18, 20, 21, 25, 26, 30
Prácticas religiosas	9, 14, 18, 19, 25, 26, 27	4, 5, 6, 15, 16, 23, 24, 25	2, 3, 12, 13, 20, 21, 29, 30	9, 10, 11, 12, 14, 17, 18, 26, 27, 28

Sólo un corazón sencillo vibra a Dios
El juego trascendental del zen, Cap 3.

Virgo año 2004. Te comprometes con tu libertad

Aviso general

El año 2004 es un año de cambios y viajes, tienes la visita de Júpiter, el planeta de la expansión, estimulando al máximo a tu Sol. Psíquicamente te confiere optimismo, alegría de vivir, dinamismo y serenidad; protege tu salud, que en estos últimos años no ha sido buena. También te inclina a cometer excesos alimenticios, lo que es peligroso para el funcionamiento intestinal, que es tu órgano más vulnerable.

La influencia de Plutón sigue influyendo en tu vida, tocando la inseguridad y el miedo, especialmente si naciste entre el 8 y el 14 de Septiembre. No obstante, estás integrando razón y espiritualidad, tu potencial energético, tu creatividad y tu capacidad de respuesta ante cualquier circunstancia. Es posible que tengas una sobrecarga de energía agresiva y creadora, que estés luchando por alcanzar una mejor situación en tu trabajo; quizá hayas sido víctima de enemigos declarados que buscan tu caída, pero tú en esta etapa posees audacia, iniciativa, magnetismo y ambición. Puedes convertir el miedo en valor, tus puntos débiles pueden ser transmutados en fortaleza.

Júpiter podrá darte cambios de residencia y viajes. Necesitas entender el mensaje que la vida te trae a través de lo nuevo. Este es un año de renovación de intereses. Tendrás que reforzar la confianza en ti mismo, todo tiene una razón de ser, acepta las situaciones como se van presentando. Tendrás nuevas ofertas de trabajo; proposiciones nuevas en el terreno de los negocios, y el aumento de tus poderes psíquicos, así como cambios con la pareja para bien y para mal, sorpresas y hechos inusuales de todo tipo.

Aviso por decanato

Si naciste entre el 21 de agosto y el 10 de septiembre:
- Es un tiempo de cambios y de libertad, especialmente en el trabajo. Haces borrón y cuenta nueva. Tu concepto de libertad consiste en asumir la responsabilidad sobre ti mismo y sobre tus actos, rompiendo así un patrón profundo de tu carácter, ya que como buen signo de tierra, te dan miedo los cambios, generalmente buscas la estabilidad. En el año 2004 te esperan sorpresas y hechos fuera de tu control, cambios que te servirán para evolucionar, se derribará lo caduco, lo que no te es útil; esto incluye cambios de relación afectiva; cambios de lugar donde resides, y cambios personales; te vuelves más suelto y fluido, menos aprensivo.

Si naciste entre el 1º al 22 de septiembre:
- Estás experimentando los retos transformadores de Plutón, que te ayuda a traer viejos asuntos a la superficie; así que estás en un ciclo de sanación y renacimiento. No te resistas al proceso.
- Algunos asuntos internos que emergen desde el inconsciente pueden resultarte molestos, ya sean traumas decepciones, culpas o vergüenza. Si te enfrentas a tus partes obscuras, te limpiarás de algunos dolores del pasado y superarás la tendencia al resentimiento que sufren muchos nativos de Virgo.
- Cambios en el trabajo si tú lo permites o soportas circunstancias intolerables en el trabajo por miedo a perderlo. También es posible que te liberes de las cosas que están inhibiendo tu libre expresión. Rompes con el pasado y renaces.
- La fuerza expansiva de Júpiter y la influencia estabilizadora de Saturno en buen aspecto con tu Sol te inclina a involucrarte seriamente en empresas académicas si eres estudiante; si trabajas fortalece tu carrera, tienes oportunidad de que brillen tus talentos.
- En el amor habrá relaciones inusuales, pero también tormentosas; no estás conforme con relaciones seguras pero pasivas; a pesar de que te gusta la estabilidad estarás dispuesto a vivenciar relaciones más excitantes y novedosas, que salgan de tu control. Esta actitud es poco frecuente en un nativo de Virgo típico. Hay sorpresas y cambios en el amor.

Número de la suerte para el 2004

Tu número clave y de buena suerte para los pronósticos y lotería en el 2004 es el 3.

El 3 es el número del comunicador y del artista, es el número regido por Júpiter, el planeta de la alegría y del contentamiento.

Es un buen año para los que sienten el instinto de proyectar hacia fuera su personalidad. Si eres artista, líder político u hombre guía en tu comunidad, este año es perfecto para proyectar y llevar a cabo lo que has tenido planeado desde hace mucho tiempo. El año 3 es el más indicado para empezar cualquier actividad que conlleve manifestación social y aplausos.

El 3 es tu número personal del año y también te puede hacer ganar en sorteos y loterías. Te dará buena suerte. En otro aspecto el año 3 es favorable para el matrimonio si estás libre, o una "canita al aire" si estás casado.

Mensaje del Tarot Osho Zen

Tarot OSHO ZEN, arcano mayor, No. III, Creatividad. La sabiduría del tarot de

Osho te revela que la creatividad es la cualidad más alta que pones en la actividad que estás haciendo. Es una actitud, un enfoque interior; una manera de mirar las cosas... no todo el mundo puede ser pintor, ni tiene que serlo. Si todo el mundo se convirtiera en pintor, el mundo sería muy feo, sería difícil vivir. No todo el mundo puede ser bailarín, tampoco hay necesidad, sin embargo, todo el mundo puede ser creativo.

Hagas lo que hagas, si lo haces gozosamente, si lo haces con amor, si la motivación para hacerlo no es sólo económica, entonces eres creativo, y si te impulsa a crecer es espiritual y si es creativa es divina.

Lectura práctica. El tarot te anuncia boda, el nacimiento de un hijo o de una creación artística (libro, película, pintura, etc.), tus inspiraciones se concretan, aunque existan muchos problemas hay solución.

Enseñanza 2004

Debes aprender a transformar lo negativo en positivo; a pesar de los desafíos que pudieras tener en el 2004 todo marchará bien para ti. Tienes que superar los malos recuerdos que no te permiten crecer. Es un año en el que te comprometes con tu libertad; por primera vez antepones tu derecho a ser, antes que el deber.

Para que cada día te vaya mejor, cada vez que lo necesites repite la siguiente afirmación: "yo soy luz, estoy lleno de luz y tengo derecho a ser libre". Imagina que una luz brillante te toca el entrecejo, o sea tu frente, siente cómo esa luz brillante está limpiando todo tu cuerpo y toda carga psíquica acumulada.

Previsión mensual

Previsión enero de 2004

En este mes puedes encontrarte con proposiciones de trabajo que te retan, Marte y Saturno en conflicto implican una lucha entre los jefes y los empleados. Júpiter en el signo de Virgo neutraliza tus problemas. En la parte económica no siempre recibirás lo que siembras.

Las relaciones de pareja te presentan desafíos este mes y tal vez sientas como si tuvieras que alcanzar a la pareja que amas ya que ésta se aleja; es mejor que aclares tu vida sentimental, pueden darse escenas de celos y rupturas amorosas. Tendrás reuniones familiares. En la salud, la sensación de sobrecarga en tus actividades y tanta acción pueden deprimirte, cuando estás bajo de vitalidad dañas tu estómago; desecha temores. Es tiempo de quitar resentimientos y tendencias agresivas que sólo provocan enemigos potenciales. Tómate unos momentos de aislamiento para renovar tus energías y deja que otros te proporcionen su ayuda; generalmente los nativos de Virgo no quieren molestar, no permiten a los demás que los ayuden por timidez. Mercurio en el signo de Capricornio te impulsa a ver el lado práctico de las cosas. No deben importarte tanto los proyectos grandes, sino los que puedes realizar a corto plazo.

Días fluidos y positivos: 2, 3, 12, 13, 20, 21, 29, 30 y 31.
Días críticos y desafiantes: 4, 5, 18, 19, 24 y 25.

Previsión febrero 2004
Marte ingresa a Tauro este próximo 3 de febrero, te indica de manera contundente la superación de los obstáculos, algo que esperabas se logra cristalizar, dale más valor al tiempo y deja que éste actúe a tu favor, rompe el egoísmo y no actúes de manera desordenada y sin dirección precisa. Te será difícil continuar en el trabajo que ya no te gusta; estás inclinado a discutir con tus jefes, sé moderado y no explotes hasta que encuentres un mejor empleo.

Pueden presentarse conflictos serios con la pareja debido a la falta de comunicación; muchos resentimientos han quedado ocultos en tu compañero(a), y le molestan tus duras críticas. Este comportamiento te marcará la inseguridad de las personas que te rodean. Cada uno sabe la carga que trae. Sólo comprendemos a los demás cuando nos ponemos en su lugar, de esta forma sabemos dónde les aprieta el zapato. En cuanto a salud en este mes pueden verse afectadas tus vías respiratorias. Piénsate y siéntete sano y no te identifiques con la enfermedad.

Días fluidos y positivos: 8, 9, 12, 13, 17, 18, 21, 25, 26 y 27.
Días críticos y desafiantes: 1, 2, 14, 15, 22, 28 y 29.

Previsión marzo 2004
La Luna llena del día 6 de marzo se presenta en tu domicilio; así mismo Venus ingresa al signo de Tauro, un signo de tierra como el tuyo y favorece la mayor parte de tus acciones. Es un mes de muchas actividades. Demostrarás tus habilidades con ambición y destreza para asegurar tu porvenir. Es tiempo de ver el aspecto positivo de lo que es la ganancia y no la pérdida en tu vida. Tu fuerza radica en el tacto que tengas y en la disposición que muestres. Plutón en cuadratura con tu Sol señala que tienes que plantearte metas, sobre lo que realmente es importante y significativo para ti, deja que la energía poderosa y creativa interior fluya, no te conformes con lo superfluo, ni con lo que no tenga ventajas claras para ti.

Puedes sentir temor de acercarte a las personas que amas. Durante la segunda parte del mes te inclinarás a los dramas de celos. Marte en el signo de Tauro marca un mes intenso para ti. En la salud, las emociones pueden alterar tu presión arterial, visita a tu médico de confianza.

Días fluidos y positivos: 6, 11, 12, 15, 16, 24, 25, 29 y 30.
Días críticos y desafiantes: 7, 13, 14, 19, 20, 26 y 27.

Previsión abril 2004
Júpiter en tu propio domicilio favorece los proyectos económicos, que están en un tiempo de expansión, debes desplazarte y hacer viajes, pero habrá dificultades para concretar tus planes, ya que puedes estar viviendo en forma desordenada, ten cuidado si haces inversiones. Empezarás a enderezar asuntos familiares, como todo evoluciona, debes educar a tus hijos con más comprensión y libertad. Pueden presentarse tormentas en tus relaciones sentimentales debido al ingreso de Venus en el signo de Géminis, un elemento zodiacal, que hace un ángulo de conflicto con tu Sol y es contrario al elemento tierra al que perteneces. A pesar de que eres metódico es importante que planees lo que te propones, lo importante no es que realices tus actividades, sino la actitud con la que las haces.

En la salud estarás como estén tus emociones. Ten cuidado con lo que comes y bájale al ritmo acelerado en el que te desenvuelves.

Días fluidos y positivos: 3, 4, 7, 8, 11, 12, 20, 21, 25, 26 y 30.
Días críticos y desafiantes: 9, 10, 15, 16, 23 y 24.

Previsión mayo 2004
Comparte tus sueños con los seres que te rodean, como todo ser humano necesitas que el amor florezca en tu vida. Reencuéntrate con tus amigos. Venus en el signo de Géminis te da posibilidades de buena química y atracción con personas que conocerás en tus viajes, estos contactos se darán de manera natural y sin ningún propósito definido. Así que disfrútalos mientras duren. Sólo arrepiéntete de no haber amado más en el momento.

Hay una gran carga de actividades y trabajo, esto te permite evolucionar y darte tiempo a ti mismo; siempre estás ocupado, pero no por ello te vuelves más productivo, porque desatiendes otras áreas de tu vida igualmente importantes. En cuanto a salud las vías respiratorias estarán dañadas. Fortalece tus defensas haciendo ejercicio y tomando vitaminas.

Días fluidos y positivos: 1, 4, 5, 8, 9, 17, 18, 27 y 28.
Días críticos y desafiantes: 6, 7, 13, 14, 20 y 21.

Previsión junio 2004
Mercurio en el signo de Géminis marca variabilidad en los asuntos económicos. En el trabajo te ves involucrado en cuestiones burocráticas y de papeleo. Trata de poner en orden todo lo que a documentos se refiere, incluso si tienes problemas en la escrituración de una casa; ve al notario y arregla los asuntos pendientes. Es preciso poner atención a los asuntos fiscales e impuestos, es un mes en donde puedes tener noticias desagradables, aunque llegará ayuda de alguien que te evitará muchos problemas. Tus emociones se encuentran fuera de contexto. En las relaciones de pareja puedes estar en reto constante, disgustándote por cualquier tontería. Evita proferir críticas excesivas en tus contactos, serán la causa de desacuerdos y quizá de posibles rupturas imprevistas. Aprender a dialogar en forma serena, sin ofensas, será la solución adecuada. Has estado realizando un gran esfuerzo en el trabajo, esto te tensa, te agobia, te preocupas más por otros que por ti mismo. Dedícate tiempo.

Días fluidos y positivos: 1, 2, 6, 14, 15, 19, 20, 21, 22, 28 y 29.
Días críticos y desafiantes: 3, 4, 5, 9, 10, 16, 17 y 30.

Previsión julio 2004
La Luna llena del día 2 de julio en el signo de Capricornio marca que los asuntos financieros estarán en primer orden, aplica el sentido práctico en lo que regresas. Se detienen tus negocios, proyectos y viajes, ten paciencia. Las decisiones laborales se inician después de la Luna nueva el día 17. En cuanto a relaciones sociales las amistades pueden convertirse en romance, ya que descubrirás que tus amigos albergan sentimientos especiales, algunos otros virgos querrán casarse o tener hijos. Otros, debido a la influencia de Plutón, sentirán emociones fuera de contexto; así que pueden estar en un reto constante, disgustándose por cualquier tontería, estos desacuerdos pueden llevarlos a la ruptura. Si terminas una relación, tienes que dar tiempo a dejar salir tu pena; de no ser así vas a cometer los mismos errores que te hicieron terminar. En la primera quincena exagerarás la medida con la que haces las cosas. Habrá muchos viajes y estarás activo; esto te fortalecerá, sé precavido en cuanto a riesgos y percances.

Días fluidos y positivos: 2, 3, 11, 12, 21, 22, 25, 26 y 31.
Días críticos y desafiantes: 1, 6, 7, 13, 14, 27 y 28.

Previsión agosto 2004
Mercurio en el signo de Virgo te marca un mes de negocios y actividades comerciales que implican viajes; reorganiza tu trabajo, rompe con tus limitaciones, se abre un mayor espacio de responsabilidades. Tendrás pruebas constan-

tes, sin embargo, saldrás adelante. Marte ingresará a tu domicilio este próximo 10 de agosto, se impone actuar con más energía y determinación, te esperan fuertes tensiones en tu forma de vivir, no habrá que temerle a la competencia o a la ingratitud, de hecho, tanta actividad te pondrá neurótico, para recuperar la fuerza procura hacer ejercicio y yoga, con estas prácticas lograrás mantenerte la relajado; ya que tu salud podrá afectarse, todo tiene un límite, primero está tu bienestar físico.

Lo afectivo en la pareja no te interesa mucho en este mes, las relaciones familiares y con los hijos atraen más tu atención. Dedica tiempo a la familia, ésta te dará paz en un mes tan activo y desafiante.

Días fluidos y positivos: 7, 8, 12, 13, 17, 18, 26, 27 y 30.
Días críticos y desafiantes: 3, 4, 10, 11, 24, 25 y 31.

Previsión septiembre 2004
Feliz cumpleaños a todos los nacidos bajo el signo de virgo.

Marte continúa en el signo de Virgo, y mercurio por fin entra en movimiento directo y te tienen en desafío todo el tiempo, tienes muchas actividades en este mes, saldrán a tu encuentro demasiados problemas en el trabajo. Con ambición y destreza demostrarás la habilidad necesaria para asegurar tu porvenir.

Estás cerrando un ciclo y terminas proyectos que desde hacía mucho tiempo venías aplazando. Pueden surgir inconvenientes relacionados en el ámbito profesional; a pesar de estos contratiempos tus recursos se pueden sostener afortunadamente, y hay mejoría en el horizonte cuando llegue la Luna nueva del día 14 en tu domicilio. Las relaciones familiares atraviesan un tiempo de desarmonía y conflicto. Puedes tener preocupaciones con la pareja y tienes riesgo de rompimiento; sin embargo, con los amigos y en tus relaciones impersonales las cosas van mejor; aprende a dar libertad a los tuyos y estos choques no serán tan fuertes. Evita la rigidez y dureza. Tendrás energía y esto te podrá llevar a exceder tus límites físicos, sin embargo, es muy bueno que te dediques a tu cuerpo. Es preciso que tomes mucha agua. Enfócate en actividadesque aumenten tu resistencia.

Días fluidos y positivos: 4, 5, 8, 9, 13, 14, 18, 19, 22, 23 Y 26.
Días críticos y desafiantes: 6, 7, 20, 21, 24, 27 Y 29.

Previsión octubre 2004
Venus en el signo de Virgo promueve tus afectos, estimula tu ternura y la amistad puede convertirse en romance. Júpiter ha salido de tu domicilio, y es tiempo de una buena reorganización en tu vida y en tu trabajo. Las condiciones

laborales se cambiarán. Estarás dispuesto a llegar a las últimas consecuencias y los altibajos se pueden presentar en tus proyectos. Tus ingresos van mejorando gradualmente, pero no gastes demasiado. Los vínculos amorosos se hacen más fuertes y tu sentido de valía se ve fortalecido. Date tiempo para una cita amorosa a lo largo de este mes. Puedes profundizar tu intimidad con la pareja. Las emociones se intensifican, pero son positivas. Puedes mantenerte atractivo y ser autoindulgente contigo mismo, pero no exageradamente. No comas en exceso. Te ves jubiloso y contento, esta actitud te dará buena salud.

Días fluidos y positivos: 1, 2, 6, 7, 11, 12, 15, 16, 19, 20, 28 y 29.
Días críticos y desafiantes: 3, 4, 17, 18, 24, 25 y 31.

Previsión noviembre 2004
Tu tenacidad, tu método y tu precisión te inclinan a sentir más responsabilidad de la cuenta. Estarás muy aprensivo por los buenos resultados en tu trabajo. Te urge cobrar dinero que te adeudan. Además es posible que en este mes tengas problemas legales. Existe una congestión de energía cuando debemos dinero o los demás nos lo deben a nosotros, y tú como, buen nativo de Virgo, eres enemigo de endeudarte.

Marte en el signo de Escorpión tiñe tus relaciones amorosas y afectos con gran obsesión, celos y obstinación. Cuídate de los dramas pasionales durante todo noviembre. En este mes los pensamientos confusos pueden bloquear las emociones de tal manera que influyan en tus órganos de alimentación. Los nativos de virgo tienden a afectar más su intestino por ser su parte sensible. Deja el pasado atrás, si es que estás aferrado a una situación irremediable.

Días fluidos y positivos: 2, 3, 7, 8, 12, 13, 16, 17, 20, 21, 25 y 26.
Días críticos y desafiantes: 1, 14, 15, 16, 19, 20, 27 y 28.

Previsión diciembre 2004
En la primera quincena de diciembre en la que Venus y Marte se encuentran en el signo de Escorpión serán positivas las inversiones especulativas, recuperarás y recibirás dinero, si tu nivel económico es muy alto pueden haber grandes ingresos e inversiones gananciosas durante este tiempo. Sin embargo, en la segunda quincena del mes Marte en el signo de Sagitario puede traerte ganancias repentinas y pérdidas sorpresivas. ¡Cuida tu dinero!

Es posible que tengas fuertes tensiones y conflictos con la pareja, en general hay cosas ocultas que no se han dicho, no debes forzar a tu pareja a participar contigo. Con esta actitud sólo lograrás alejarla. Si valoras tu relación acepta lo que el otro necesita y permite que lo viva. Permanecer activo es la mejor demostración de que tienes energía, ya que un cuerpo sano es necesario para hacer todo lo que quieres. También debes cuidarte de cualquier tipo de infección. En estas fiestas de año nuevo sé feliz y recibe con tu mejor cara el 2005.

Días fluidos y positivos: 4, 5, 9, 10, 13, 14, 22, 23, 27 y 28.

Días críticos y desafiantes: 11, 12, 17, 18, 24 y 25.

Guía astrológica para lograr el éxito en tus propósitos

Elige los mejores días del mes para el logro de dinero y trabajo. (Gráfica de 7 líneas para 4 meses)

EVENTO	ENERO	FEBRERO	MARZO	ABRIL
Cobrar dinero y pagar deudas	4, 7, 9, 12, 13, 14, 15, 17, 20, 21 y 24.	6, 10, 15, 16, 17, 19, 25 y 29.	1, 2, 4, 5, 6, 7, 11, 16, 20, 24 y 25.	5, 14, 19, 20, 21, 23, 27 y 28.
Firmar contratos y formar sociedades	4, 7, 9, 12, 13, 14, 15, 17, 20, 21 y 24.	6, 10, 15, 16, 17, 19, 25 y 29.	1, 2, 4, 5, 6, 7, 11, 16, 20, 24 y 25.	5, 14, 19, 20, 21, 23, 27 y 28
Abrir negocios y realizar operaciones bursátiles	4, 9, 15, 17, 20, 21, 24 y 27.	6, 10, 15, 16, 17, 19, 20, 25 y 29.	1, 2, 4, 5, 6, 7, 11, 16, 20, 21 y 22.	4, 5, 14, 19, 22, 29 y 30.
Comprar y vender	4, 9, 17, 21, 24 y 27.	6, 10, 15, 16, 17, 19, 20, 25 y 29.	1, 2, 4, 5, 6, 7, 11, 16, 20, 24 y 25.	5, 14, 19, 20, 21, 23, 27 y 28.
Enfrentar procesos legales	7, 10, 14, 15, 18, 19, 20 y 31.	6, 7, 14, 15 y 27.	9, 11, 12, 13, 15, 22 y 28.	9, 10, 16, 25, 28, 29 y 30.
Utilizar publicidad y otros medios de comunicación 17, 19, 21, 24, 25 y 29.		1, 2, 4, 5, 6, 7, 11, 16, 20, 24, 25, 26 y 27.	2, 5, 7, 10, 17, 29 y 31.	6, 10, 15, 16, 5, 14, 19, 20, 21, 23, 27 y 28.

EVENTO	MAYO	JUNIO	JULIO	AGOSTO
Cobrar dinero y pagar deudas	3, 4, 10, 16, 18, 26, 27 y 30.	2, 6, 7, 12, 17, 18, 22, 25 y 27.	5, 6, 11, 17, 19, 24 y 27.	4, 5, 6, 11, 15, 22, 23, 25, 29 y 31.
Firmar contratos y formar sociedades	3, 4, 10, 15, 16, 18, 26, 27 y 30.	2, 6, 7, 12, 17, 18, 22, 25 y 27.	2, 5, 6, 11, 17, 19, 24, 27 y 31.	4, 5, 6, 11, 15, 22, 23, 25, 29 y 31.
Abrir negocios y realizar operaciones bursátiles	3, 4, 10, 15, 16, 18, 26, 27, 30 y 31.	2, 6, 7, 12, 17, 18, 22, 25, 27 y 30.	2, 5, 6, 11, 17, 19, 24, 27 y 31.	4, 5, 6, 11, 15, 22, 23, 25, 29 y 31.
Comprar y vender	3, 4, 10, 15 y 16.	2, 17, 22, 23, 25, 26 y 28	11, 13, 14, 19 y 24.	15, 17, 18, 20, 22, 25 y 26.
Enfrentar procesos legales	3, 4, 5, 6, 7 y 30.	3, 4, 11, 12, 26, 27, 30.	1, 18, 19, 28 y 29.	17, 18, 22, 24, 25 y 26.
Utilizar publicidad y otros medios de comunicación	3, 4, 10, 15, 16, 18, 26, 27, 30 y 31.	2, 6, 7, 12, 17, 18, 22, 25, 27 y 30.	2, 5, 6, 11, 17, 19, 24, 27 y 31.	4, 5, 6, 11, 15, 22, 23, 25, 29 y 31.

EVENTO	SEPTIEMBRE	OCTUBRE	NOVIEMBRE	DICIEMBRE
Cobrar dinero y pagar deudas	4, 6, 13, 14, 21, 28	6, 11, 12, 13 27, 31	4, 5, 6, 12, 25, 26, 30	3, 4, 9, 11, 17, 18, 26, 27
Firmar contratos y formar sociedades	4, 6, 8, 9, 13, 14, 26, 27	6, 11, 12, 15, 16, 24, 25	1, 2, 3, 6, 12, 18, 21, 25, 26	3, 4, 8, 9, 10, 17, 18, 20, 27, 28, 30
Abrir negocios y realizar operaciones bursátiles	6, 14, 17, 18, 21	6, 13, 20	4, 5, 12, 21	11, 18, 19, 20
Comprar y vender	14, 21, 28, 29, 30	9, 11, 12, 13, 22, 27, 28, 29, 30, 31	12, 14, 18, 21, 25, 26	7, 11, 18, 22, 23, 26, 29
Enfrentar procesos legales	1, 2, 10, 11, 20, 21, 23, 29, 30	13, 16, 17, 18, 20, 31	3, 6, 7, 12, 22, 23, 25, 26	3, 10, 18, 20, 21, 25, 26, 30
Utilizar publicidad y otros medios de comunicación	9, 14, 18, 19, 25, 26, 27	4, 5, 6, 15, 16, 23, 24, 25	2, 3, 12, 13, 20, 21, 29, 30	9, 10, 11, 12, 14, 17, 18, 26, 27, 28

Elige los mejores días del mes para el logro de amor y relaciones. (Gráfica de 7 líneas para 4 meses)

EVENTO	ENERO	FEBRERO	MARZO	ABRIL
Días favorables para el amor y la reconciliación	1, 4, 6, 9, 10, 14, 15, 19, 21, 24, 29 y 30.	2, 4, 6, 7, 10, 11, 23, 25, 26 y 27.	2, 5, 6, 8, 9, 11, 16, 20, 24, 25 y 28.	4, 5, 6, 19, 20, 21, 27, 28, 29 y 30.
Días propicios para casarse	7, 14, 21, 29, 30 y 31.	6, 7, 10, 11, 13, 14, 25, 26 y 27.	5, 6, 24 y 25.	5, 6, 19, 20 y 21.
Días favorables para tener relaciones sexuales y embarazarse	7, 8, 16, 17, 23, 24, 29 y 30.	3, 4, 6, 7, 10, 11, 12, 13, 21, 22, 25, 26 y 27.	1, 2, 11, 12, 19, 20, 24, 25, 29 y 30.	7, 8, 15, 16, 25, 26, 28, 29 y 21.
Días propicios para organizar fiestas y reuniones sociales	1, 3, 4, 6, 10, 12, 13, 14, 15, 22, 23, 30 y 31.	6, 7, 10, 11, 23, 24, 25, 26 y 27.	4, 5, 13, 14, 16, 24, 25 y 31.	9, 10, 23, 24, 28 y 29.
Días favorables para hacer viajes largos y cortos	4, 5, 18 y 19.	1, 2, 14, 15, 28 y 29.	13, 14, 26 y 27.	9, 10, 23, 24, 25 y 30.
Días propicios para realizar prácticas culturales y conocer amistades	4, 5, 9, 10, 14, 15, 18, 19, 22 y 23.	6, 7, 19, 20, 28 y 29.	4, 5, 17, 18, 26, 27 y 31.	4, 9, 10, 13, 23, 24, 25, 28 y 30.

EVENTO	MAYO	JUNIO	JULIO	AGOSTO
Días favorables para el amor y la reconciliación	2, 3, 4, 16, 17, 18, 26 y 30.	2, 6, 7, 11, 12, 14, 15, 17, 19, 22, 23, 25 y 26.	2, 4, 5, 11, 16, 17, 22 y 31.	5, 6, 7, 11, 15, 17, 22, 25, 29 y 30.
Días propicios para casarse	2, 3, 4, 21, 22, 23, 30 y 31.	2, 17, 18, 19, 25, 26 y 30.	2, 3, 10, 11, 17, 18, 23,1 24 y 31.	20, 22, 25 y 26.
Días favorables para tener relaciones sexuales y embarazarse	2, 3, 4, 5, 13 14, 18, 21, 22, 23 y 26.	2, 6, 7, 9, 10, 11, 18, 19, 22, 28 y 29.	2, 6, 7, 16, 17, 23, 24, 25 y 26.	3, 4, 12, 16, 22, 23, 30 y 31.
Días propicios para organizar fiestas y reuniones sociales	4, 11, 16, 18, 25, 26 y 30.	2, 7, 8, 14, 15, 17, 18, 19, 21, 22, 25, 26 y 30.	2, 3, 10, 11, 17, 18, 23, 24 y 31.	1, 6, 17, 18, 20, 22 y 26.
Días favorables para hacer viajes largos y cortos	6, 7, 11, 20, 21, 30 y 31.	3, 4, 16, 17, 28 y 30.	1, 4, 5, 13, 14, 22, 23, 24 y 27.	1, 2, 10, 11, 19, 20, 24 y 25.
Días propicios para realizar prácticas culturales y conocer amistades	2, 3, 10, 11, 17, 18, 20, 21, 30 y 31.	2, 3, 4, 7, 8, 16, 17, 26, 27 y 30.	4, 5, 11, 12, 18 y 19.	1, 2, 7, 8, 15, 16, 23, 28 y 29.

EVENTO	SEPTIEMBRE	OCTUBRE	NOVIEMBRE	DICIEMBRE
Días favorables para el amor y la reconciliación	1, 4, 5, 7, 10, 15, 16, 17 y 24.	5, 9, 12, 14, 15, 20, 27, 28, 29, 30 y 31.	4, 8, 9, 13, 15, 17, 18, 19, 25 y 26.	5, 14, 16, 18, 20, 21, 22, 23, 26, 27
Días propicios para casarse	3, 4, 5, 15, 16, 21 y 28.	1, 2, 8, 9, 13, 14, 15, 28, 29 y 30.	12, 18, 19, 25, 26	11, 14, 18, 22, 23, 26, 30
Días favorables para tener relaciones sexuales y embarazarse	3, 4, 8, 9, 18, 19, 28	1, 2, 6, 7, 15, 16, 24, 25, 28, 29, 30	2, 3, 12, 13, 20, 21, 25, 26	1, 9, 10, 14, 17, 18, 22, 23, 26, 27, 28
Días propicios para organizar fiestas y reuniones sociales	2, 3, 4, 10, 11, 12, 16, 17, 24, 25	1, 2, 8, 9, 13, 14, 28, 29, 30	3, 4, 5, 9, 10, 18, 19, 25, 26	3, 11, 12, 15, 16, 22, 23, 26, 30, 31
Días favorables para hacer viajes largos y cortos	2, 6, 7, 20, 21,	3, 4, 13, 14, 17, 18, 20	1, 3, 14, 15, 27, 28	10, 11, 12, 24, 24, 30, 31
Días propicios para realizar prácticas culturales y conocer amistades	2, 6, 7, 13, 14, 16, 17, 24, 25	3, 4, 9, 22, 23, 30, 31	3, 9, 10, 18, 19, 27, 28	3, 7, 8, 15, 16, 24, 25

Elige los mejores días del mes para el logro de salud belleza y curación. (Gráfica de 7 líneas para 4 meses)

EVENTO	ENERO	FEBRERO	MARZO	ABRIL
Dietas y ayunos para adelgazar y desintoxicar el cuerpo	7, 12, 13, 16, 17 y 21.	6, 8, 9, 13, 20, 21 y 22.	1, 2, 6, 7 y 13.	5, 11, 13, 19 y 27.
Tratamientos médicos y dentales. Psicoterapias y curaciones	12, 13, 14, 15, 18, 28 y 29.	6, 8, 9, 13, 20, 21 y 22.	1, 2, 6, 7, 11, 12 y 13.	3, 4, 7, 8, 11, 15, 16, 25, 26 y 30.
Operaciones quirúrgicas	28 y 29.	12, 13, 20, 23, 24 y 27.	11, 12, 13 y 20.	11 y 19.
Cortarse el pelo y hacerse tratamientos de belleza, faciales y corporales.	7, 14 y 21.	6, 20, 25, 26 y 27.	6, 20 y 28.	1, 2, 5, 6, 19, 20, 21, 22, 27 y 28.
Prácticas deportivas	12, 13, 14, 18 y 19.	2, 14 y 15.	12, 13, 21 y 22.	9, 10, 18 y 19.
Prácticas religiosas	7, 16, 17, 18, 19, 24 y 25.	6, 12, 13, 16, 17, 21, 22, 25 y 29.	1, 2, 11, 12, 19, 20, 29 y 30.	7, 8, 9, 10, 15, 16, 26 y 27.

EVENTO	MAYO	JUNIO	JULIO	AGOSTO
Dietas y ayunos para adelgazar y desintoxicar el cuerpo	1, 4, 11, 18, 22, 27 Y 28.	6, 7, 9, 12, 18, 22, 25, 26, 27 y 29.	2, 5, 8, 10, 11, 16 y 17.	7, 8, 15, 17, 28, 29, 30 y 31.
Tratamientos médicos y dentales. Psicoterapias y curaciones	4, 5, 11, 27 Y 28.	3, 9, 14, 21 y 28.	2, 5, 8, 10, 11, 16, 17, 21, 22, 25 y 26.	3, 4, 7, 17, 18, 22, 23, 30 y 31.
Operaciones quirúrgicas	11, 15, 16 y 18.	9, 14, 17, 21, 26 y 28.	8, 9, 21, 22 y 25.	7, 15, 18, 20 y 22.
Cortarse el pelo y hacerse tratamientos de belleza, faciales y corporales.	2, 3, 16, 17, 18, 21, 26, 27, 30 y 31.	2, 17 y 25.	2, 17, 24 y 31.	1, 3, 6, 15, 29, 18, 20, 22, 25 y 26.
Prácticas deportivas	3, 6, 7, 15, 16, 25 y 26.	9, 14, 22, 28 y 30.	5 y 16.	5, 6, 17, 20, 22, 24, 25 y 26.
Prácticas religiosas	4, 5, 10, 11, 13, 14, 22 y 23.	1, 2, 9, 10, 19, 20, 28, 29 y 30.	1, 5, 9, 11, 28 y 29.	6, 15, 17, 18, 20, 22 y 26.

EVENTO	SEPTIEMBRE	OCTUBRE	NOVIEMBRE	DICIEMBRE
Dietas y ayunos para adelgazar y desintoxicar el cuerpo	4, 6, 13, 14, 21, 28	6, 11, 12, 13 27, 31	4, 5, 6, 12, 25, 26, 30	3, 4, 9, 11, 17, 18, 26, 27
Tratamientos médicos y dentales. Psicoterapias y curaciones	4, 6, 8, 9, 13, 14, 26, 27	6, 11, 12, 15, 16, 24, 25	1, 2, 3, 6, 12, 18, 21, 25, 26	3, 4, 8, 9, 10, 17, 18, 20, 27, 28, 30
Operaciones quirúrgicas	6, 14, 17, 18, 21	6, 13, 20,	4, 5, 12, 21	11, 18, 19, 20
Cortarse el pelo y hacerse tratamientos de belleza, faciales y corporales.	14, 21, 28, 29, 30	9, 11, 12, 13, 22, 27, 28, 29, 30, 31	12, 14, 18, 21, 25, 26	7, 11, 18, 22, 23, 26, 29
Prácticas deportivas	1, 2, 10, 11, 20, 21, 23, 29, 30	13, 16, 17, 18, 20, 31	3, 6, 7, 12, 22, 23, 25, 26	3, 10, 18, 20, 21, 25, 26, 30
Prácticas religiosas	9, 14, 18, 19, 25, 26, 27	4, 5, 6, 15, 16, 23, 24, 25	2, 3, 12, 13, 20, 21, 29, 30	9, 10, 11, 12, 14, 17, 18, 26, 27, 28

> *Hablando o en silencio,*
> *en movimiento o inmóvil,*
> *lo esencial se encuentra en el sosiego, relajado, en calma, centrado.*
> Osho. El juego trascendental del zen, pág. 77

LIBRA AÑO 2004. PACIENCIA PARA RECOGER LOS FRUTOS

Aviso general

En el 2004 Saturno, el planeta de la madurez y la estructura, te lleva a la organización de una manera forzada; este exigente planeta restringe, inhibe o limita, sin embargo, te ayudará a desarrollar la tenacidad, la concentración y la resistencia física y mental que tanta falta te hace desarrollar, ya que los nativos de Libra mal aspectados aman la comodidad por sobre todas las cosas; además desarrollarás la madurez y la paciencia.

Es necesario que los nativos de Libra vivan en condiciones de solidez y estabilidad, en estos últimos años los estímulos planetarios que han tenido han sido liberadores y los han llevado a la independencia, en general a muchos de ellos les cuesta trabajo ser individuales respecto a los demás. Así que el tránsito de Saturno va a contribuir a formar en ellos un "yo" más afirmado y más fuerte; ya que el Sol en Libra; no adquiere la fuerza, que el Sol tiene en otros signos; nadie mejor que Saturno para concentrar la ligera energía que muchos de ellos poseen. Por otro lado, la energía de este planeta puede impedir que te expreses de manera libre con los demás. Lo más probable es que tengas que aprender a poner límites ante el abuso de los otros. Ya que una de tus principales tendencias es conciliar con los demás para evitar problemas. Lo más probable es que tengas un exceso de responsabilidad, sin embargo, el 2004 no es un año malo; sino es un año en el que recibes mucha enseñanza y te comprometes con la vida. Estableces relaciones serias, quizá te cases; y si estás casado y tu relación no ha marchado bien, existe alguna inclinación al divorcio o al enfriamiento de tus relaciones de pareja. Sin embargo, Plutón desde el signo de Sagitario te sigue favoreciendo; te sigue ayudando a eliminar bloqueos psicológicos, cada vez eres más consciente de tu transformación personal y estás dispuesto a mejorar las situaciones falsas y a manejarte con más valentía en la vida.

Júpiter ingresa al signo de Libra a finales de septiembre, equilibrando cualquier mal para Libra. Siempre han sido consentidos del Universo por su naturaleza angelical, y porque son hijos de Venus, el planeta del amor y el benéfico menor. Así que cierra con mejor suerte y broche de oro el año 2004 para abrir un nuevo ciclo más positivo en el 2005.

Aviso por decanato

Si naciste entre el 23 de septiembre al 1º de octubre:
- Sientes la influencia restrictiva de Saturno, su influencia será por año y medio. En el 2004 adquirirás el hábito del trabajo; pero también existe el riesgo de que no lo tengas. No te preocupes, porque no será por mucho tiempo.
- Demasiadas obligaciones familiares sustentarán tu crecimiento personal y familiar.
- Dejarás un espacio y te ocuparás de tu salud, en caso de que hayas descuidado algunos aspectos, en esta época les darás atención. Te haces consciente de tus limitaciones físicas.

Si naciste entre el 1º y el 23 de octubre.
- Recibirás la influencia de Neptuno, Saturno, Júpiter y Plutón. Todos estos planetas en conjunto aumentan tu sensibilidad a gran escala.
- La inspiración, las ilusiones y tu proceso espiritual místico se desarrollará en ti, te deshaces de ataduras innecesarias, de viejos temores y desconfianzas. Eliminarás bloqueos psicológicos que obstaculizan tu camino hacia la felicidad, cosas que jamás habías considerado como valiosas pueden llamar tu atención.
- Experimentarás intensidad en tus pensamientos y tendrás oportunidad de curación y renacimiento.
- Te llegará trabajo y empresas creativas.
- Las relaciones afectivas pueden tener un notable impacto en tu vida. El efecto de Júpiter en el fin del año del 2004 traerá relaciones amorosas; si tienes pareja es posible que los roles se complementen, pero la actitud de rigidez en las relaciones te inclinará a sentirte agobiado y comprometido. El próximo año tiene un alto grado de probabilidad el matrimonio y el divorcio en los nativos de Libra.

Número de la suerte para el 2004

Tu número clave y de buena suerte para los pronósticos y lotería en el 2004 es el 4.

El año es favorable para los planes a largo plazo, es preciso que te organices y racionalices la actividad para evitar ineficacias y derrotas, es un año propicio para el estudio y la aplicación, así como para el perfeccionamiento en lo que haces, por lo tanto, no desperdicies las oportunidades; cultívate en temas especializados que requieren profundización; sé práctico. Utiliza el número 4 en juegos, rifas y sorteos, es tu número del año y te puede traer alegrías inesperadas e impensadas.

Mensaje del Tarot Osho Zen

Tarot OSHO ZEN, arcano mayor, No. XI, Avance. La sabiduría del Tarot Osho revela que transformar los bloqueos es un salto hacia delante, es la auténtica función de un maestro. La aventura más grande en la vida consiste en atravesar un bloqueo conscientemente. Sin embargo, los psicoterapeutas por lo general le ponen parches a los bloqueos, eso es una tarea, no obstante, necesitas transformarte y esto implica el mayor de los riesgos, porque no hay ninguna garantía que ese bloqueo se convierta en un avance. Es posible que se convierta, pero estas cosas no se pueden garantizar. Tu caos viene de lo antiguo, desde antiguas vidas has estado en él. Es espeso y denso, es casi un universo en sí mismo; así que cuando entras en él con tu pequeña capacidad, por supuesto que hay peligro, sin embargo, sin afrontar este peligro nadie ha podido volverse una persona integrada; "el amanecer no está lejos", pero antes de que puedas alcanzarlo tienes que atravesar la "negra noche" de tus dolorosos recuerdos.

Lectura práctica. Te anuncia en el 2004 que llegarás a dominar una situación difícil, te predice vitalidad y fuerza ante posibles problemas de salud, y te indica paciencia y ahorro en tu vida económica.

Enseñanza 2004

La enseñanza más importante en el 2004 es tu capacidad de adaptación a las circunstancias que te vienen y como te vienen. Los movimientos cósmicos cambian constantemente, si los sabes reconocer te incorporarás a cualquier circunstancia sin sufrimiento ni resistencia, recuerda que dentro de las especies sólo los más aptos y adaptados sobreviven.

Predicción mensual

Previsión enero de 2004

Debes tener cuidado con pérdidas de dinero y ciertos conflictos en el trabajo. El año se inicia con una posición muy difícil provocada por dos planetas en choque, un encuentro de titanes Marte, el planeta joven de la guerra, contra Saturno, el viejo planeta de la represión, creándote retos y desafíos en todos los aspectos. Los asuntos familiares pueden verse envueltos en malentendidos. Estás más vulnerable y sientes que en los amores no estás bien correspondido, recuerda que todo es cuestión de adaptación; si alguien te ofrece su cariño, correspóndele si quieres, pero en ningún caso te aferres a la persona que se niega a una relación contigo. Si te rechaza debes aceptarlo con calma y dignidad. Es posible que te sientas muy agotado. A algunos nativos de Libra les da flojera hacer ejercicio y, por otro lado, se exceden en la comida, lo que se manifiesta en un exceso de peso; algunos psicólogos dicen que la obesidad es en su mayor parte resultado de la necesidad de sentirse amado y protegido. Evita excederte y ¡cuídate a ti mismo!

Días fluidos y positivos: 4, 5, 9, 10, 14, 15, 18, 19, 22 y 23.
Días críticos y desafiantes: 1, 7, 8, 20, 21, 27 y 28.

Previsión febrero 2004
Saturno está debilitando tus finanzas, inviertes tiempo, energía y recursos en una empresa que puede no resultar exitosa; sin embargo, ajusta tus necesidades de crecimiento, no es un tiempo malo pero tampoco propicio para iniciar negocios. Sientes mucho temor de sentirte solo(a), y con tal estado emocional transmites una energía negativa, a pesar de las tensiones amorosas tienes buenas respuestas, aprovecha este momento para mejorar con tu pareja. Te motivan los retos. Estimula tus sensaciones, afectos y sentimientos. Es un mes propicio para fijarse nuevas metas de bienestar físico, mejora tu apariencia en todos los sentidos: nuevo corte de cabello, nuevo aspecto personal, mejor ropa, ejercicio, etc. Recuerda que el equilibrio emocional es importante para desarrollar tus talentos.

Días fluidos y positivos: 1, 2, 6, 7, 10, 11, 19, 20, 28 y 29.
Días críticos y desafiantes: 3, 4, 17, 18, 21, 23, 24 y 25.

Previsión marzo 2004
La Luna nueva y la entrada de la primavera propician oportunidades de cambios en el trabajo; creces y tomas la iniciativa, lo que mejora grandemente tu situación económica. Debes dejar a un lado el miedo para que puedas aprovechar todas las ofertas que se te presenten. ¡Sácale provecho a todo!

Tu capacidad de entregarte totalmente a lo que estás haciendo es un don que muy pocos poseen. En el amor la Luna llena del 6 de marzo te inclina al compromiso y a la entrega total. Todos tenemos nuestro lugar secreto, pero es mejor que tu naturaleza se imponga y compartas con los otros no sólo lo agradable, sino también los problemas que hay en tu vida. No permitas que los cambios te aflijan. Los dilemas psicológicos pueden agotar tu fuerza física y mental. Un masaje profundo te relajará.

Días fluidos y positivos: 4, 5, 8, 9, 13, 14, 17, 28, 26, 27 y 31.
Días críticos y desafiantes: 1, 2, 15, 16, 21, 22, 23, 29 y 30.

Previsión abril 2004

Mercurio retrógrada desde el 6 de abril hasta el día 30 retrasa y detiene tus negocios y asuntos de trabajo. Es tiempo de manejar la inseguridad, de quitar las dudas interiores acerca de tu propio valor. Debes tomar en cuenta las opiniones de los demás para encontrar soluciones favorables. Será tiempo propicio para el dinero y el éxito, después del cuarto menguante de la Luna en el signo de Capricornio este próximo 11 de abril. Después de esa fecha puedes firmar contratos, asociarte o hacer inversiones que puedan darte los recursos necesarios. Hay grandes probabilidades de matrimonio para los Libra; sin embargo, hay cierto atraso en las fechas de matrimonio. Se fortalecen los compromisos. Procura que tus relaciones sean favorables. Necesitas un tratamiento que elimine posibles bacterias en la garganta y en los riñones, si no te han funcionado los métodos tradicionales acude a las terapias alternativas.

Días fluidos y positivos: 1, 2, 5, 6, 9, 10, 23, 24, 28 y 29.
Días críticos y desafiantes: 11, 12, 18, 19, 25 y 26.

Previsión mayo 2004

Las preocupaciones económicas se vuelven el tema central del mes. Tu energía y entusiasmo pueden animar a que tus recursos mejoren, y aunque llegan a ti oportunidades no quieres comprometerte por comodidad. Mercurio en el signo de Aries te invitará a realizar viajes para mejorar tus recursos. Tu individualidad se verá limitada por las obligaciones. Es probable el aprendizaje doloroso; debes tener en cuenta lo que está en juego y no subestimarte. La Luna llena del día 4 es muy intensa e influye directamente en tus relaciones, en especial con el compañero amoroso. Te cuesta mucho trabajo romper las barreras del miedo. Tienes que comunicarte con la pareja y expresarle los motivos de tus inhibiciones. Tal vez sientas que algunas personas se pueden acercar a ti por interés. Ten cuidado de no caer en las trampas mentales. Recuerda que como buen nativo de Libra la desidia es tu peor enemigo, es importante que aproveches el hoy.

Días fluidos y positivos: 2, 3, 6, 7, 10, 11, 20, 21, 25, 26, 30 y 31.
Días críticos y desafiantes: 8, 9, 15, 16, 22 y 23.

Previsión junio 2004

Venus en el signo de Géminis y el ingreso de Mercurio en este mismo signo te ayudan a levantar tu autoestima, quizá te sientas capaz de cumplir varias metas al mismo tiempo. No te lo recomiendo porque se dispersa tu energía, recuerda que el que mucho abarca poco aprieta. La segunda quincena será propicia para las conferencias y las actividades de promoción y de ventas.

La Luna llena en el inquieto signo de Sagitario te indica la posibilidad de conocer a alguien importante en tu vida. Es una época propicia para los viajes y aventuras, también favorece todo tipo de trabajo escrito, o publicado, es posible que estés lleno de ideas maravillosas; ya que Mercurio, el mensajero de los Dioses, y Venus, el planeta del amor, hacen un trígono (un ángulo favorable con tu Sol) y favorecen tu comunicación y tu sentido estético. Probablemente tu conversación resulte fluida con aquellos a quienes admiras. En el amor es un mes de citas románticas, incluso te puede llevar a un compromiso amoroso.

En cuestión de salud unas vacaciones aventuradas podrían ser la mejor herramienta de curación. Si no puedes viajar busca otras formas de relajarte. Deja pasar lo que no te hace falta. Lo que no te pertenece solito toma otra dirección.

Días fluidos y positivos: 3, 4, 7, 8, 16, 17, 21, 22, 26, 27 y 30.

Días críticos y desafiantes: 5, 6, 11, 12, 18, 19 y 20.

Previsión julio 2004
El Sol en conjunción con Saturno este próximo 8 de julio en un ángulo difícil con tu Sol te hará sentir la necesidad de aumentar tu valía profesional, debes esforzarte para lograrlo, pero no olvides que tu llave para resolver los problemas es la diplomacia, tal vez existan crisis familiares o algún cambio de casa repentino. Al modificar el curso de tu vida tus familiares se podrán sentir inseguros, por otro lado Venus y Marte en armonía te abren el terreno afectivo a una vida estable. En casa predica con el ejemplo, después de uno mismo es muy importante procurar a la familia unida; pero ante todo el sistema familiar tiene que permitir que sus miembros se desarrollen de forma independiente, sin que por ello dejen de amarse y solidarizarse en los momentos difíciles. En cuanto a la salud la Luna llena del 2 de julio te inclina a vivir fuertes tensiones, protégete del estrés y de las actividades aceleradas canalizando parte de la energía que te sobra en ejercicios físicos. Practica gimnasia o una disciplina que coordine el espíritu, la mente y el cuerpo, como el yoga o el tai chi, etcétera.

Días fluidos y positivos: 1, 4, 5, 13, 14, 18, 19, 23, 24, 28 y 29.

Días críticos y desafiantes: 2, 3, 8, 9, 10, 16, 17, 30 y 31.

Previsión agosto 2004
La Luna nueva del día 15 de agosto te inclina a lograr avances en tu trabajo. Estos se ven cumplidos, pero después pueden haber retrasos económicos debido a la demora de pagos. Mientras el planeta Saturno aspecte a tu Sol, controla tus gastos, huye de los excesos y paga tus deudas.

Llegarán a tu puerta nuevos proyectos que a largo plazo serán exitosos, planéalos cuidadosamente, es probable que lleguen las alegrías del amor que llenarán tu corazón y, cuanto más te abras a la experiencia, más fácil te resultará compartir tus sentimientos, deseos y afectos. No debes cerrarte al amor, Venus en el signo de Cáncer hará conjunción con Saturno (estarán muy juntos uno del otro), e influirán en tu estado anímico, ya que puedes sentirte solo y nostálgico, y desearás compartir tus experiencias con amigos o pareja; dialogar sinceramente te beneficio a ti y a quienes te acompañan. Recuerda que cada uno de nosotros tanto en familia como en la sociedad debemos poner lo mejor de nosotros mismos para una mejor convivencia. En cuanto a la salud, participa en deportes de grupo. El bienestar físico influye en nuestro bienestar mental; si te sientes con molestias en el cuerpo, difícilmente puedes funcionar en tu mente y en tus actividades.

Días fluidos y positivos: 1, 2, 10, 11, 15, 16, 24, 25, 28 y 29.
Días críticos y desafiantes: 5, 6, 12, 13, 14, 26 y 27.

Previsión septiembre 2004
Es un mes benéfico, Júpiter "el gran dador", ingresará al signo de Libra el próximo día 26 acercándose a tu Sol. El reconocimiento y el avance serán algunas de las recompensas que te ofrecerán en tu trabajo y profesión. Tus ingresos aumentarán. Las sociedades y asociaciones son positivas, sin embargo, debes estar alerta, evita rodearte de personas ventajosas que te quieran sacar provecho en el medio que te mueves. Se pueden presentar encuentros románticos que pueden resultar muy excitantes, cuida que éstos no sean engañosos; lo positivo de este tránsito es que puede llevar a encontrar a esa persona que haz estado buscando durante mucho tiempo. Habrá cambios en tus relaciones o iniciarás unas nuevas; no dejes que los malos registros en el amor te impidan ser feliz. En cuestiones de salud trata de utilizar los elementos naturales como tomar agua, visitar el campo, salir de la rutina, practicar ejercicios, ya que marcarán una diferencia importante en relación con tu salud. Las prácticas espirituales, así como los buenos pensamientos aplicados a la curación pueden obrar milagros.

Días fluidos y positivos: 6, 7, 11, 17, 20, 21, 24 y 25.
Días críticos y desafiantes: 1, 2, 8, 9, 12, 16, 22, 23, 29 y 30.

Previsión octubre 2004
Feliz cumpleaños a todos los nativos de libra.

Marte ingresó al signo de Libra el mes pasado. Es un mes donde pueden existir calumnias y caos en tu trabajo. Así como un exceso de actividad.

Serás más exitoso si te dejas llevar por la corriente que si haces cambios mayores en tu vida profesional, no te enfrentes a ellos, porque te desgastarás. Debes ser paciente en tu economía. Dirige tus energías hacia tus proyectos y no te desanimes.

Debido a la influencia de Marte, el planeta de la pasión y la guerra, la relación con tu pareja puede presentar problemas y conflictos que amenacen tu estabilidad. Intenta no ser superficial ni agresivo. Si no hay espacio para el crecimiento de ambos es posible que abandones tu compromiso para seguir por un nuevo camino sentimental. Sin embargo, separarse es un gran reto para la naturaleza dependiente y afectiva de los nativos de Libra. Tu capacidad de adaptación y de buena voluntad hacia los otros traerá a tu vida buenos frutos.

En la segunda quincena debido a la presencia de Júpiter en el signo de Libra y a la Luna Nueva el día 13 en tu domicilio, las cosas empezarán a cambiar favorablemente. Para mejorar la salud, un retiro te rejuvenecerá, es momento de dedicar tiempo a tus necesidades interiores, a ti mismo. Date unas vacaciones.

Días fluidos y positivos: 3, 4, 8, 9, 13, 14, 17, 18, 22, 23, 30 y 31.

Días críticos y desafiantes: 5, 7, 19, 20, 25, 26 y 27.

Previsión noviembre 2004

Encontrarás solidez económica. Quizá te has esforzado y no has recibido en dinero lo que has puesto en tu trabajo. Es un mes difícil porque las relaciones de trabajo son algo tensas; sobre todo en la primera quincena en la que Marte y Saturno tendrán un choque de titanes; como se producen en tu domicilio, es posible que los nacidos en el tercer decanato de Libra (entre el 10 y el 23 de octubre) sean los que más lo sufran en forma de tensión. Evita expresar opiniones de manera precipitada. A pesar de esto tendrás desarrollos interesantes, el entendimiento y la comunicación con tu pareja se dificultarán, ambos esperan a que el otro de el primer paso; no es una alternativa viable. Tu entusiasmo y buena voluntad pueden abrir paso al verdadero encuentro, así mismo un romance o una aventura inquietante pueden aparecer en tu vida. Sin embargo, en este mes tómate la preparación necesaria para estudiar las circunstancias que te provocan temor, para que en su momento el conocimiento que tienes de ellas te de las estrategias necesarias para salir vencedor. En la salud te sentirás más energizado, pero modérate y evita los excesos.

Días fluidos y positivos: 1, 5, 6, 9, 10, 14, 15, 18, 19, 27 y 28.

Días críticos y desafiantes: 2, 3, 16, 17, 22, 23, 28 y 30.

Previsión diciembre 2004

Dar para recibir no es dar, sino pedir. Recuerda que tu dar debe ser desinteresado. Cuando damos para recibir es una negociación comercial, nunca es un dar libre. Mercurio y Júpiter, en plan benigno, hacen de este tiempo un mes favorable. Los apoyos que recibes y brindas a otros pueden darte seguridad. Es una fecha propicia para asistir a conferencias, juntas y reuniones de negocios. Has un esfuerzo por cumplir con tus obligaciones, ya que esto te asegurará el éxito en los proyectos. Recibes un dinero que estaba retrasado, es tiempo de viajar, en ocasiones te enfrentarás al dilema de quedarte en tu casa o salir de viaje. En este mes las dos experiencias son propicias. El tiempo que pases con la familia confirmará tus sentimientos de afecto con ellos, procura estar de buen humor y te llegará la buena voluntad divina. Y la de los demás. En cuanto a la salud, las actividades sociales quitan tiempo a tu rutina personal, pero mantendrás tu energía si al menos logras cumplir con tu programa de actividad física. La recreación te dará nuevos bríos y cerrarás el ciclo del año 2004, que en verdad te hizo madurar, a través de experiencias difíciles; pero enriquecedoras.

Días fluidos y positivos: 2, 3, 7, 8, 15, 16, 24, 25, 29, 30 y 31.
Días críticos y desafiantes: 1, 13, 14, 19, 20, 21, 27 y 28.

Guía astrológica para lograr el éxito en tus propósitos

Elige los mejores días del mes para el logro de dinero y trabajo. (Gráfica de 7 líneas para 4 meses)

EVENTO	ENERO	FEBRERO	MARZO	ABRIL
Cobrar dinero y pagar deudas	4, 7, 9, 14, 15, 21 y 24.	6, 10, 15, 16, 17, 19, 25 y 29.	1, 2, 4, 5, 6, 7, 11, 16, 20, 24 y 25.	5, 14, 19, 20, 21, 23, 27 y 28.
Firmar contratos y formar sociedades	4, 7, 9, 14, 15, 21 y 24.	6, 10, 15, 16, 17, 19, 25 y 29.	1, 2, 4, 5, 6, 7, 11, 16, 20, 24 y 25.	5, 14, 19, 20, 21, 23, 27 y 28.
Abrir negocios y realizar operaciones bursátiles	4, 9, 21, 24 y 27.	6, 10, 15, 16, 17, 19, 20, 25 y 29.	1, 2, 4, 5, 6, 7, 11, 16, 20, 21 y 22.	4, 5, 14, 19, 22, 29 y 30.
Comprar y vender	4, 9, 21, 24 y 27.	6, 10, 15, 16, 17, 19, 20, 25 y 29.	1, 2, 4, 5, 6, 7, 11, 16, 20, 24 y 25.	5, 14, 19, 20, 21, 23, 27 y 28.
Enfrentar procesos legales	7, 10, 14, 15, 20 y 31.	6, 7, 14, 15 y 27.	9, 11, 12, 13, 15, 22 y 28.	9, 10, 16, 25, 28, 29 y 30.
Utilizar publicidad y otros medios de comunicación	2, 5, 7, 10, 17 y 29.	6, 10, 15, 16, 17, 19, 21, 24, 25 y 29.	1, 2, 4, 5, 6, 7, 11, 16, 20, 24, 25, 26 y 27.	5, 14, 19, 20, 21, 23, 27 y 28.

EVENTO	MAYO	JUNIO	JULIO	AGOSTO
Cobrar dinero y pagar deudas	3, 4, 10, 16, 18, 26, 27 y 30.	2, 6, 7, 12, 17, 18, 22, 25 y 27.	5, 6, 11, 17, 19, 24 y 27.	4, 5, 6, 11, 15, 22, 23, 25, 29 y 31.
Firmar contratos y formar sociedades	3, 4, 10, 15, 16, 18, 26, 27 y 30.	2, 6, 7, 12, 17, 18, 22, 25 y 27.	2, 5, 6, 11, 17, 19, 24, 27 y 31.	4, 5, 6, 11, 15, 22, 23, 25, 29 y 31.
Abrir negocios y realizar operaciones bursátiles	3, 4, 10, 15, 16, 18, 26, 27, 30 y 31.	2, 6, 7, 12, 17, 18, 22, 25, 27 y 30.	2, 5, 6, 11, 17, 19, 24, 27 y 31.	4, 5, 6, 11, 15, 22, 23, 25, 29 y 31.
Comprar y vender	3, 4, 10, 15 y 16.	2, 17, 22, 23, 25, 26 y 28	11, 13, 14, 19 y 24.	15, 17, 18, 20, 22, 25 y 26.
Enfrentar procesos legales	3, 4, 5, 6, 7 y 30.	3, 4, 11, 12, 26, 27, 30.	1, 18, 19, 28 y 29.	17, 18, 22, 24, 25 y 26.
Utilizar publicidad y otros medios de comunicación	3, 4, 10, 15, 16, 18, 26, 27, 30 y 31.	2, 6, 7, 12, 17, 18, 22, 25, 27 y 30.	2, 5, 6, 11, 17, 19, 24, 27 y 31.	4, 5, 6, 11, 15, 22, 23, 25, 29 y 31.

EVENTO	SEPTIEMBRE	OCTUBRE	NOVIEMBRE	DICIEMBRE
Cobrar dinero y pagar deudas	4, 6, 13, 14, 21, 28	6, 11, 12, 13 27, 31	4, 5, 6, 12, 25, 26, 30	3, 4, 9, 11, 17, 18, 26, 27
Firmar contratos y formar sociedades	4, 6, 8, 9, 13, 14, 26, 27	6, 11, 12, 15, 16, 24, 25	1, 2, 3, 6, 12, 18, 21, 25, 26	3, 4, 8, 9, 10, 17, 18, 20, 27, 28, 30
Abrir negocios y realizar operaciones bursátiles	6, 14, 17, 18, 21	6, 13, 20,	4, 5, 12, 21	11, 18, 19, 20
Comprar y vender	14, 21, 28, 29, 30	9, 11, 12, 13, 22, 27, 28, 29, 30, 31	12, 14, 18, 21, 25, 26	7, 11, 18, 22, 23, 26, 29
Enfrentar procesos legales	1, 2, 10, 11, 20, 21, 23, 29, 30	13, 16, 17, 18, 20, 31	3, 6, 7, 12, 22, 23, 25, 26	3, 10, 18, 20, 21, 25, 26, 30
Utilizar publicidad y otros medios de comunicación	9, 14, 18, 19, 25, 26, 27	4, 5, 6, 15, 16, 23, 24, 25	2, 3, 12, 13, 20, 21, 29, 30	9, 10, 11, 12, 14, 17, 18, 26, 27, 28

Elige los mejores días del mes para el logro de amor y relaciones. (Gráfica de 7 líneas para 4 meses)

EVENTO	ENERO	FEBRERO	MARZO	ABRIL
Días favorables para el amor y la reconciliación	1, 4, 6, 10, 14, 19, 21 y 24.	2, 4, 6, 7, 10, 11, 23, 25, 26 y 27.	2, 5, 6, 8, 9, 11, 16, 20, 24, 25 y 28.	4, 5, 6, 19, 20, 21, 27, 28, 29 y 30.
Días propicios para casarse	7, 14, 21, 29, 30 y 31.	6, 7, 10, 11, 13, 14, 25, 26 y 27.	5, 6, 24 y 25.	5, 6, 19, 20 y 21.
Días favorables para tener relaciones sexuales y embarazarse	7, 8, 16, 17, 23, 24, 29 y 30.	3, 4, 6, 7, 10, 11, 12, 13, 21, 22, 25, 26 y 27.	1, 2, 11, 12, 19, 20, 24, 25, 29 y 30.	7, 8, 15, 16, 25, 26, 28, 29 y 21.
Días propicios para organizar fiestas y reuniones sociales	1, 3, 4, 6, 10, 14, 15, 22, 23, 30 y 31.	6, 7, 10, 11, 23, 24, 25, 26 y 27.	4, 5, 13, 14, 16, 24, 25 y 31.	9, 10, 23, 24, 28 y 29.
Días favorables para hacer viajes largos y cortos	4, 5, 18 y 19.	1, 2, 14, 15, 28 y 29.	13, 14, 26 y 27.	9, 10, 23, 24, 25 y 30.
Días propicios para realizar prácticas culturales y conocer amistades	4, 5, 9, 10, 14, 15, 18, 19, 22 y 23.	6, 7, 19, 20, 28 y 29.	4, 5, 17, 18, 26, 27 y 31.	4, 9, 10, 13, 23, 24, 25, 28 y 30.

EVENTO	MAYO	JUNIO	JULIO	AGOSTO
Días favorables para el amor y la reconciliación	2, 3, 4, 16, 17, 18, 26 y 30.	2, 6, 7, 11, 12, 14, 15, 17, 19, 22, 23, 25 y 26.	2, 4, 5, 11, 16, 17, 22 y 31.	5, 6, 7, 11, 15, 17, 22, 25, 29 y 30.
Días propicios para casarse	2, 3, 4, 21, 22, 23, 30 y 31.	2, 17, 18, 19, 25, 26 y 30.	2, 3, 10, 11, 17, 18, 23,1 24 y 31.	20, 22, 25 y 26.
Días favorables para tener relaciones sexuales y embarazarse	2, 3, 4, 5, 13 14, 18, 21, 22, 23 y 26.	2, 6, 7, 9, 10, 11, 18, 19, 22, 28 y 29.	2, 6, 7, 16, 17, 23, 24, 25 y 26.	3, 4, 12, 16, 22, 23, 30 y 31.
Días propicios para organizar fiestas y reuniones sociales	4, 11, 16, 18, 25, 26 y 30.	2, 7, 8, 14, 15, 17, 18, 19, 21, 22, 25, 26 y 30.	2, 3, 10, 11, 17, 18, 23,1 24 y 31.	1, 6, 17, 18, 20, 22 y 26.
Días favorables para hacer viajes largos y cortos	6, 7, 11, 20, 21, 30 y 31.	3, 4, 16, 17, 28 y 30.	1, 4, 5, 13, 14, 22, 23, 24 y 27.	1, 2, 10, 11, 19, 20, 24 y 25.
Días propicios para realizar prácticas culturales y conocer amistades	2, 3, 10, 11, 17, 18, 20, 21, 30 y 31.	2, 3, 4, 7, 8, 16, 17, 26, 27 y 30.	4, 5, 11, 12, 18 y 19.	1, 2, 7, 8, 15, 16, 23, 28 y 29.

EVENTO	SEPTIEMBRE	OCTUBRE	NOVIEMBRE	DICIEMBRE
Días favorables para el amor y la reconciliación	1, 4, 5, 7, 10, 15, 16, 17 y 24.	5, 9, 12, 14, 15, 20, 27, 28, 29, 30 y 31.	4, 8, 9, 13, 15, 17, 18, 19, 25 y 26.	5, 14, 16, 18, 20, 21, 22, 23, 26, 27
Días propicios para casarse	3, 4, 5, 15, 16, 21, 28,	1, 2, 8, 9, 13, 14, 15, 28, 29, 30	12, 18, 19, 25, 26	11, 14, 18, 22, 23, 26, 30
Días favorables para tener relaciones sexuales y embarazarse	3, 4, 8, 9, 18, 19, 28	1, 2, 6, 7, 15, 16, 24, 25, 28, 29, 30	2, 3, 12, 13, 20, 21, 25, 26	1, 9, 10, 14, 17, 18, 22, 23, 26, 27, 28
Días propicios para organizar fiestas y reuniones sociales	2, 3, 4, 10, 11, 12, 16, 17, 24, 25	1, 2, 8, 9, 13, 14, 28, 29, 30	3, 4, 5, 9, 10, 18, 19, 25, 26	3, 11, 12, 15, 16, 22, 23, 26, 30, 31
Días favorables para hacer viajes largos y cortos	2, 6, 7, 20, 21	3, 4, 13, 14, 17, 18, 20	1, 3, 14, 15, 27, 28	10, 11, 12, 24, 30, 31
Días propicios para realizar prácticas culturales y conocer amistades	2, 6, 7, 13, 14, 16, 17, 24, 25	3, 4, 9, 22, 23, 30, 31	3, 9, 10, 18, 19, 27, 28	3, 7, 8, 15, 16, 24, 25

Elige los mejores días del mes para el logro de salud belleza y curación. (Gráfica de 7 líneas para 4 meses)

EVENTO	ENERO	FEBRERO	MARZO	ABRIL
Dietas y ayunos para adelgazar y desintoxicar el cuerpo	7, 16, 17 y 21.	6, 8, 9, 13, 20, 21 y 22.	1, 2, 6, 7 y 13.	5, 11, 13, 19 y 27.
Tratamientos médicos y dentales. Psicoterapias y curaciones	14, 15, 18, 28 y 29.	6, 8, 9, 13, 20, 21 y 22.	1, 2, 6, 7, 11, 12 y 13.	3, 4, 7, 8, 11, 15, 16, 25, 26 y 30.
Operaciones quirúrgicas	28 y 29.	12, 13, 20, 23, 24 y 27.	11, 12, 13 y 20.	11 y 19.
Cortarse el pelo y hacerse tratamientos de belleza, faciales y corporales.	7, 14 y 21.	6, 20, 25, 26 y 27.	6, 20 y 28.	1, 2, 5, 6, 19, 20, 21, 22, 27 y 28.
Prácticas deportivas	14, 18 y 19.	2, 14 y 15.	12, 13, 21 y 22.	9, 10, 18 y 19.
Prácticas religiosas	7, 16, 17, 18, 19, 24 y 25.	6, 12, 13, 16, 17, 21, 22, 25 y 29.	1, 2, 11, 12, 19, 20, 29 y 30.	7, 8, 9, 10, 15, 16, 26 y 27.

EVENTO	MAYO	JUNIO	JULIO	AGOSTO
Dietas y ayunos para adelgazar y desintoxicar el cuerpo	1, 4, 11, 18, 22, 27 Y 28.	6, 7, 9, 12, 18, 22, 25, 26, 27 y 29.	2, 5, 8, 10, 11, 16 y 17.	7, 8, 15, 17, 28, 29, 30 y 31.
Tratamientos médicos y dentales. Psicoterapias y curaciones	4, 5, 11, 27 Y 28.	3, 9, 14, 21 y 28.	2, 5, 8, 10, 11, 16, 17, 21, 22, 25 y 26.	3, 4, 7, 17, 18, 22, 23, 30 y 31.
Operaciones quirúrgicas	11, 15, 16 y 18.	9, 14, 17, 21, 26 y 28.	8, 9, 21, 22 y 25.	7, 15, 18, 20 y 22.
Cortarse el pelo y hacerse tratamientos de belleza, faciales y corporales.	2, 3, 16, 17, 18, 21, 26, 27, 30 y 31.	2, 17 y 25.	2, 17, 24 y 31.	1, 3, 6, 15, 29, 18, 20, 22, 25 y 26.
Prácticas deportivas	3, 6, 7, 15, 16, 25 y 26.	9, 14, 22, 28 y 30.	5 y 16.	5, 6, 17, 20, 22, 24, 25 y 26.
Prácticas religiosas	4, 5, 10, 11, 13, 14, 22 y 23.	1, 2, 9, 10, 19, 20, 28, 29 y 30.	1, 5, 9, 11, 28 y 29.	6, 15, 17, 18, 20, 22 y 26.

EVENTO	SEPTIEMBRE	OCTUBRE	NOVIEMBRE	DICIEMBRE
Dietas y ayunos para adelgazar y desintoxicar el cuerpo	4, 6, 13, 14, 21, 28	6, 11, 12, 13 27, 31	4, 5, 6, 12, 25, 26, 30	3, 4, 9, 11, 17, 18, 26, 27
Tratamientos médicos y dentales. Psicoterapias y curaciones	4, 6, 8, 9, 13, 14, 26, 27	6, 11, 12, 15, 16, 24, 25	1, 2, 3, 6, 12, 18, 21, 25, 26	3, 4, 8, 9, 10, 17, 18, 20, 27, 28, 30
Operaciones quirúrgicas	6, 14, 17, 18, 21	6, 13, 20,	4, 5, 12, 21	11, 18, 19, 20
Cortarse el pelo y hacerse tratamientos de belleza, faciales y corporales.	14, 21, 28, 29, 30	9, 11, 12, 13, 22, 27, 28, 29, 30, 31	12, 14, 18, 21, 25, 26	7, 11, 18, 22, 23, 26, 29
Prácticas deportivas	1, 2, 10, 11, 20, 21, 23, 29, 30	13, 16, 17, 18, 20, 31	3, 6, 7, 12, 22, 23, 25, 26	3, 10, 18, 20, 21, 25, 26, 30
Prácticas religiosas	9, 14, 18, 19, 25, 26, 27	4, 5, 6, 15, 16, 23, 24, 25	2, 3, 12, 13, 20, 21, 29, 30	9, 10, 11, 12, 14, 17, 18, 26, 27, 28

La mariposa no puede probar que la oruga es capaz de convertirse en mariposa. Pero la mariposa puede provocar un anhelo en la oruga de que es posible.
Osho. *El juego trascendental del zen*, Cap. 1.

Escorpión año 2004. Cambio y transformación

Aviso general

Para algunos nativos de Escorpión, el año 2004 puede ser un periodo confuso, es necesario definir tus prioridades en forma clara para saber a dónde vas.

En algunos existe el deseo de escapar debido a la influencia de Neptuno, que transita el signo de Acuario y que hace un aspecto difícil con tu Sol.

Físicamente es posible que caigas en patrones adictivos o que te sientas más sensible de lo que siempre has sido. Es posible que te veas en la necesidad de acabar con los vicios o malos hábitos en todos los sentidos.

Se desarrollarán enormemente tus habilidades intuitivas y psíquicas.

Tu inspiración religiosa bajo la influencia del rey de los mares, Neptuno, puede ser muy positiva y te transformará de manera radical llegando a producir alteraciones espectaculares en tu manera de vivir. En el aspecto negativo, corres el riesgo de ser demasiado crédulo y estar abierto sin que te des cuenta a la influencia y a la sugestión de otras personas o grupos que te prometan "las perlas de la virgen".

La confusión y la incertidumbre pueden ser algo que sufras constantemente en el año. Con tu salud debes ser muy cuidadoso; ya que puedes sentirte un poco agotado, si no puedes dormir bien, no tomas vitaminas o no haces ejercicio. Reconstruirás un mundo nuevo para ti, algo tiene que dejar de ser para que nazca algo nuevo. Construir tu fe será lo más importante. Te convertirás en una persona diferente.

Por otro lado, estás saliendo de la influencia de Urano en un ángulo difícil con tu Sol. Tu vida ha sido un torbellino en estos últimos años, sin embargo, te has renovado y has tenido una revolución personal; has cambiado en forma inesperada y te has desecho de las cosas que obstaculizaban tu expresión individual.

Te renovaste y estás dispuesto a enfrentar la armonía que te brinda Saturno en el signo de Cáncer al darte cargos de mayor responsabilidad. Asimismo, recibirás la benéfica energía de Júpiter que en armonía con tu Sol traerá nuevos apoyos de personas bien situadas; y tendrás que lograr un equilibrio entre la libertad y la responsabilidad. Obtendrás nuevos socios o se fortalecerá tu círculo social.

El 2004 es un año positivamente significativo para ti, la mayor parte de influencias planetarias te llevan a equilibrar tus fuertes e intensas energías, al mismo tiempo el equilibrio en tu deseo de explorar tu vida espiritual puede resultarte un interesante camino de vida en el 2004.

Aviso por decanato

Si naciste entre el 24 de octubre y el 1° de noviembre:
- Experimentarás un año de disciplina, en el que mejorarás tu yo y lograrás afirmar tu autoestima. El 2004 es un periodo de ajuste, mientras haces modificaciones y reparaciones.
- Te deshaces de cosas innecesarias en tu vida. Es hora de ir hacia delante para adentrarte por un nuevo camino. Buscarás la seguridad, y quizá te topes con obstáculos, pero es un gran momento para la limpieza de armario. Emocionalmente estás listo para trascender tus conocimientos.
- Estás en un tiempo de madurez o de revolución personal, los cambios más fuertes ya han pasado en tu vida, por cierto en forma inesperada. En el 2004 desearás mantener tu curso, continuar tus proyectos y cumplir con tus responsabilidades. Harás algo por tu salud emocional y física.

Si naciste entre el 1° y el 22 de noviembre:
- Tu sensibilidad creativa se desarrollará más aún. Tu situación profesional será más satisfactoria, y dedicarás más tiempo a tu trabajo. Quizá te enfrentes a situaciones adversas, o te veas sometido a ciertas pruebas. Al final vencerás cualquier obstáculo, especialmente en situaciones de trabajo hay éxito, gracias a tu tenacidad.
- En el amor tiendes a las relaciones formales y estables, pero en ningún caso te aferres a personas que se nieguen a una relación contigo. Si te rechazan acéptalo con calma y dignidad. Recuerda que en el amor la reciprocidad puede existir en la medida en que los seres humanos conocen y están con todos los que los rodean. Es el puente que nos hace sentir unidos en el afecto y en el amor. Muchos de estos nativos se casarán, y de preferencia elegirán relaciones conservadoras y duraderas.
- En la salud es posible que te sientas agotado, evita el excederte y cuídate más a ti mismo. EL 2004 también es un año de regeneración física y también tu mente dará un giro de 180°.

Número de la suerte 2004

Tu número clave y de buena suerte para los pronósticos y lotería en el 2004 es el 5.

Tu número de buena suerte en el 2004 es el 5. El viajero. La numerología indica que el 2004 es un año de cambios mágicos, que te llevarán a un cambio en ti mismo.

El principio puede ser difícil, pero suele terminar bien, y se dice por ahí que cuando el comienzo es difícil, el final es mucho mejor. Las escrituras orientales expresan que hay dos tipos de experiencias: las que empiezan como "néctar y acaban como veneno" y las que empiezan como "veneno pero acaban como néctar". El mensaje es "haz lo que debes, con madurez, y triunfarás". Por otro lado, "un golpe de suerte lo decide todo", así que no olvides comprar el melate o jugar la lotería. El año 5 favorece los juegos de azar.

Mensaje del Tarot Osho Zen

Tarot OSHO ZEN, arcano mayor, No. VI, Los amantes. La sabiduría del tarot Osho te revela que reflexiones en el sentido de lo que es el amor. Lo que llamamos amor es realmente un espectro completo de relaciones que abarca desde la tierra al cielo. En el nivel más terrenal, el amor es atracción sexual. El maestro Osho Zen expresa que muchos de nosotros nos quedamos estancados ahí porque nuestros condicionamientos han cargado nuestra sexualidad con todo tipo de expectativas y represiones. Actualmente el mayor problema con el amor sexual es que nunca perdura. Hay que tener en cuenta lo siguiente: el amor en su nivel más bajo es sexo es (físico), y en su forma más refinada es (compasión). La compasión está por encima del amor, hay poca gente que sabe lo que es el amor. Cuando tu amor no es únicamente deseo por el otro; cuando tu amor no es únicamente necesidad; cuando tu amor es un compartir; cuando tu amor no es el de un mendigo sino el de un emperador; cuando tu amor no pide nada a cambio sino que está dispuesto a dar por el simple gozo de dar, entonces es fragancia pura. El amor en su forma de compasión es lo más elevado

Lectura práctica. El Tarot te anuncia una unión y enamoramiento, predice la llegada de una nueva pareja a tu vida, probablemente te verás sujeto a una elección necesaria en dos asuntos amorosos; uno de los caminos expresa un sendero seguro, y el otro te invita a una aventura creativa. Tendrás la tensión de una decisión importante en el transcurso del año.

Enseñanza 2004

En el año 2004 sabrás considerar tus temores y ansiedades como algo absurdo y ya no te dejarás afectar por ellos. Observarás el medio en el que te desenvuelves de manera más objetiva. De esta manera tu contacto con los demás se volverá más natural y fluido; ya que la enseñanza que debes aprender es a fluir y adaptarte a las circunstancias que te tocan. Te sentirás rejuvenecido, porque casi a todos los nativos de Escorpión los motivan los retos y la búsqueda de sensaciones de afectos y sentimientos. Mejorarás tu apariencia en todos los sentidos, adoptarás nuevo look.

Previsión mensual

Previsión enero de 2004

Marte en el Signo de Aries da inicio intenso al 2004, las negociaciones con otros pueden presentarse tensas, en especial con los compañeros de trabajo y jefes, pero también puedes tener una gran acción que te llevará a lograr tus decisiones de manera inmediata y oportuna. Hay viajes de negocios que pueden resultarte efectivos económicamente. Lo importante para ti en este mes es sacar a la luz pública tus ideas y tus creaciones; ya que estás en el lugar adecuado profesionalmente. Algunos nativos de este signo que no tengan trabajo lo encontrarán.

Sin embargo, en el plano afectivo para variar se redoblan tus celos y se intensifica tu necesidad de controlar a tu pareja, no obstante, expresarás tus sentimientos más profundos; algunos asuntos del pasado pueden resolverse y es posible que veas a personas que trataste hace muchos años y esto te produzca la sensación que no has dado vuelta a la hoja de tu pasado.

Respecto a la salud como propósito de año nuevo busca una actividad física que disfrutes para que así estés en armonía contigo mismo.

Es un buen mes para planear y decretar tus planes del 2004. Te aconsejo que pongas la salud como prioridad. La sabiduría nos dicta el mejor camino, y recuerda que en este año los valores primordiales para ti son el respeto y el amor.

Días fluidos y positivos: 7, 8, 12, 13, 16, 17, 20, 21, 24 y 25.
Días críticos y desafiantes: 1, 2, 3, 9, 10, 22, 23, 29, 30 y 31.

Previsión febrero 2004

Al principio del mes las relaciones de trabajo se ven tensas y confusas, la conjunción Sol y Neptuno, el planeta de los espejismo,s así como Marte, Tauro y en un mal aspecto con Mercurio, el planeta de la comunicación, provocan discusiones con jefes y autoridades. Si tú eres el jefe, los subalternos te darán problemas, y puedes sufrir trampas y complots en tu contra. Al comienzo de la segunda quincena mejorará la comunicación y tus contactos amistosos pueden darte oportunidad de negocios y de expandir tu visión en lo que respecta al dinero.

Es posible que atravieses por una crisis familiar, también es posible que estés lidiando con asuntos de mudanzas o cambios en relaciones familiares. Las expresiones de afecto ayudan a suavizar y a proporcionar solidez, aplícalas.

Trata de canalizar tu energía, porque es posible que te sientas con exceso de ella, ten precaución con tu salud, ya que por tanta tensión puedes estar predispuesto a enfermarte.

Días fluidos y positivos: 3, 4, 8, 9, 12, 13, 17, 18, 21 y 22.
Días críticos y desafiantes: 6, 7, 19, 20, 23, 24, 25, 26 y 27.

Previsión marzo 2004
Marte continúa en el signo de Tauro, signo opuesto al tuyo y, por lo tanto, los retos y las luchas por el poder en tu trabajo serán constantes en este mes, pueden interferir en tu desarrollo profesional. Reconocerás el poder de las palabras y puedes tener discusiones con jefes y autoridades o con personas con quienes puedes asociarte para realizar propósitos constructivos, sin embargo, ten cuidado con las personas que elijas para tales propósitos.

En lo afectivo, las frustraciones en una relación cercana te hacen sentir distante y al mismo tiempo ligado, son contactos afectivos de mucho tiempo que no aportan más a tu vida, sin embargo, no puedes alejarte porque tienes miedo al cambio y a la soledad, el tiempo te dará la respuesta. Recuerda que todas nuestras acciones regresan multiplicadas a nosotros; comparte sé honesto y bondadoso, tarde que temprano el beneficio que des regresará a ti.

Si bien mantenerse en forma es importante, también es necesario que midas tus límites, ya que estarás más propenso a enfermedades o accidentes si no tomas precaución y abusas de tu capacidad física.

Días fluidos y positivos: 1, 2, 6, 7, 11, 12, 15, 16, 29 y 30.
Días críticos y desafiantes: 4, 5, 17, 18, 24, 25 y 31.

Previsión abril 2004
Mercurio en el signo de Tauro te dará cambios en el trabajo y es probable que a última hora se modifiquen tus proyectos, y no siempre los cambios son benéficos. El planeta Marte en un ángulo difícil con Júpiter generalmente causa situaciones extremas y convierte compromisos laborales en un problema, si estás

interesado en reforzar la forma en que te relacionas; la confianza será la que debas estimular con tu pareja; no seas tan impulsivo. No te olvides de que la comunicación con los otros es la base para que una relación funcione.

Debido a tensiones en este mes, es posible que tu energía se vea afectada; quizá las alteraciones te produzcan dolores de cabeza; respira profundo hasta que te sientas aliviado; porque al respirar le das salida a la sobrecarga nerviosa. "Más vale prevenir que lamentar". La astrología es una herramienta que nos sirve para prevenir lo que pueda ocurrir y nos ayuda a través de este conocimiento a enfrentarnos y a modificar las dificultades de nuestra vida, por medio de un cambio de actitud y de respuesta.

Días fluidos y positivos: 3, 4, 11, 12, 15, 16, 25, 26 y 30.
Días críticos y desafiantes: 1, 2, 7, 8, 13, 14, 20, 21, 22 y 28.

Previsión mayo 2004

La Luna llena del próximo 4 de mayo en tu domicilio será de una gran intensidad, esto te inclinará más que a un estado de tensión, puede inducirte al riesgo, es esencial que cuides tus emociones en estas fechas, la fuerza del destino generalmente está presente en todos los actos de nuestra vida, pero por razones misteriosas siempre hay una bendición detrás de algo aparentemente negativo, "no hay mal que por bien no venga". Tu trabajo quizá en este tiempo está estancado, deberás buscar la colaboración de los demás, sin embargo, no son situaciones complicadas que no puedas resolver. Saldrás de tus problemas por ese espíritu de lucha que te caracteriza y que te mantiene alerta y decidido a vencer las dificultades y retos que puedan presentarse.

Aferrarte y obsesionarte en una relación sentimental sólo traerá a tu vida situaciones tormentosas; ya que después de ver los resultados negativos quizá te arrepientas, trata de ser más sano en el aspecto amoroso. La familia necesita amor, no control.

Días fluidos y positivos: 1, 8, 9, 13, 14, 22, 23, 27 y 28.
Días críticos y desafiantes: 4, 5, 10, 11, 13, 17, 18, 25 y 26.

Previsión junio 2004

Marte en el signo de Cáncer refuerza tu vitalidad y tu capacidad de decisión en todos los órdenes de tu vida. Por otro lado recibirás alguna noticia acerca de herencias, deberás ser muy observador en todo lo que corresponde a asuntos legales. No obstante, es un buen mes para los negocios, sobre todo el día 7.

En el terreno afectivo el día 12 de este mes hay atracciones muy intensas con otras personas, y te sientes impaciente; pero a su vez la impaciencia no es positiva en tus contactos afectivos; trata de calmarte y de tener una visión más objetiva de las cosas. Es posible que viajes y conozcas personas con las que puedas relacionarte, pero reflexiona un poco sobre las distancias y sé realista, que "amor de lejos felices los 4", sin embargo, no hay nada escrito, pero como dice una canción: "falta el trato continuado que es necesario para que los involucrados se conozcan."

Toma medidas regenerativas y embellecedoras, evita rutinas que te desgasten.
Días fluidos y positivos: 6, 9, 10, 19, 20, 22, 26 y 28.
Días críticos y desafiantes: 1, 2, 3, 5, 14, 15, 21, 24 y 25.

Previsión julio 2004
Se inicia un periodo de auspicios para ti, a pesar de que te has esforzado mucho no ves los resultados de tu arduo trabajo. Los asuntos legales funcionarán bien y la economía y prosperidad estarán en tu vida. No es un motivo para esperar que todo caiga del cielo.

Llega a tu vida una nueva unión que se basa más en lo espiritual que en lo físico, probablemente te motive a ir más allá de tus límites. "Todos anhelamos encontrar a nuestra alma gemela", sin embargo, muy pocos lo logran, si no llega tu alma gemela puedes encontrar un (a) compañero (a) donde exista la comunión de "almas". Si ya eres casado viene un muy buen periodo con tu familia, aprovéchalo.

Tu energía física puede ser excepcionalmente fuerte este mes.

Previsión agosto 2004
Venus ingresa al signo de Cáncer, con ello se inicia un periodo auspicioso para ti en el terreno emocional y afectivo.

A pesar de que te has esforzado mucho no ves los resultados de tu arduo trabajo, algunos nativos de este signo tal vez porque han esperado demasiados resultados sin haberlo hecho por el canal adecuado; otros porque esperan que todo caiga del cielo. Sin embargo, si la montaña no viene a ti, tú tienes que ir hacia la montaña. Sigue esforzándote y aprovecha el buen influjo cósmico de este mes. Los asuntos legales funcionarán bien y la economía y prosperidad estarán en tu vida.

Llega a tu vida una nueva unión que se basa más en lo espiritual que en lo físico, probablemente te motive a ir más allá de tus límites. "Todos anhelamos encontrar a nuestra alma gemela", sin embargo, muy pocos lo logran, si no llega tu alma gemela puedes encontrar un (a) compañero (a) donde exista la comunión de "almas".

Días fluidos y positivos: 3, 4, 12, 13, 17, 18, 22, 23, 26, 27, 30 y 31.
Días críticos y desafiantes: 1, 2, 8, 15, 16, 23, 28 y 29.

Previsión septiembre 2004
Puede que en este mes algunos aspectos de tu carrera te resulten difíciles, y si no te convence del todo valora la opción de explorar otros caminos, es tiempo de cambios benéficos, el ingreso aumenta satisfactoriamente. Algunas firmas de contrato están pendientes.

Cualquier problema familiar puede derivar en diferencias sobre la manera de ver la vida. Si ya eres casado viene un muy buen periodo con tu familia, aprovéchalo.

Tu energía física puede ser excepcionalmente fuerte este mes. Por fortuna se te presentarán opciones en la vida amorosa, tienes que escoger con mucho cuidado, no te dejes llevar por las apariencias. Las apariencias engañan, nos deslumbra la ropa fina y de marca, los modelos nuevos de coche, una casa bien decorada para presumir, el rolex que se enseña para impactar a los pobres (pero a los de espíritu que se dejan llevar por las apariencias); ya que las personas valen por lo que son y no por lo que tienen, porque los objetos valiosos constituyen lo que tienes, pero eso no eres tú.

Días fluidos y positivos: 8, 9, 13, 14, 19, 22, 23, 26 y 27.
Días críticos y desafiantes: 1, 4, 5, 11, 12, 16, 24 y 25.

Previsión octubre 2004
La Luna llena del día 27 en el signo de Tauro favorece tus actividades comerciales y económicas, si eres independiente es un buen mes para iniciar negocios, si no trabajas es un mes propicio para encontrar empleo, y si eres ama de casa tu marido podrá recibir un aumento. Por otro lado, si sabes lo que quieres en el trabajo podrás conciliar los problemas que ha habido últimamente.

Estás en un periodo en el que experimentas una sensación de vida intensa y estimulación, dada por las relaciones amorosas y el afecto, pero ten presente que puedes ser víctima de la ilusión, intenta ver tus afectos de manera más sana.

Aunque muchos nativos de este signo se encuentran en periodo destructivo, según el conocimiento de los Rosacruces (grupo esotérico filosófico), en este periodo, es mejor no tomar decisiones de trascendencia antes del cumpleaños, sino dejarlas hasta después de ese día, entonces estarás en ciclo positivo 52 días, muy propicios dicen ellos.

Días fluidos y positivos: 6, 7, 11, 12, 19, 20, 24 y 25.
Días críticos y desafiantes: 1, 2, 8, 9, 15, 16, 22, 23, 28 y 29.

Previsión noviembre 2004

Este mes es un poco difícil para ti porque Marte, tu planeta regente, ingresa al signo de Escorpión intensificando tus emociones. Debes sanar heridas del pasado si quieres seguir avanzando en la vida. Un viejo resentimiento puede convertirse en obstáculo de lo que podría ser una relación productiva. Por otro lado, tendrás reconciliaciones con tu familia. No perdones porque el otro lo merezca, sino por que es necesario que los resentimientos de culpa y vergüenza desaparezcan.

Dedica más tiempo a prácticas espirituales, rejuvenece tu espíritu y recuerda que algunas experiencias de placer son engañosas, empiezan como néctar y acaban como veneno; reflexiona sobre esto y maneja mejor tu energía, no la desperdicies en emociones negativas.

Tu vitalidad se ve fortalecida por el compromiso de cuidar tu salud. Trata de comer más sano, evita beber y mantente lo más tranquilo que puedas.

Días fluidos y positivos: 2, 3, 7, 8, 16, 17, 20, 21, 29 y 30.

Días críticos y desafiantes: 5, 6, 12, 13, 18, 19, 25 y 26.

Previsión diciembre 2004

Tú, como buen nativo de escorpión, tienes la capacidad para regenerar y cambiar lo negativo que hay en tu naturaleza por lo positivo "si se puede". Si llegas a ser consciente de tu destino y te enfrentas a tus deficiencias y torceduras, enderezarás la rama aunque siempre quede alguna "huella" de lo que has pasado en tu vida.

Debes ceder a algunas de tus demandas para lograr verdaderos propósitos.

Las relaciones familiares te ofrecen las mayores recompensas, pero también son fuente de conflictos internos. Venus y Marte en el signo de Escorpión te inclinan a las luchas de poder, debido a que incrementa el poder de la pasión. Es mejor que respetes y te des a respetar, así que trata de modificar ciertas conductas para que no te traigan conflictos, ya que si tú quieres puedes vivir felizmente tu vida y tus relaciones.

Posiblemente en este mes tengas muchos sueños y no sólo eso, sino que puede que te dé por interpretarlos para saber qué es lo que sucede en tu interior.

Disfruta la entrada del nuevo año 2005.

Días fluidos y positivos: 1, 4, 5, 13, 14, 17, 18, 27 y 28.

Días críticos y desafiantes: 2, 3, 9, 10, 15, 16, 22, 23, 29 y 30.

Guía astrológica para lograr el éxito en tus propósitos

Elige los mejores días del mes para el logro de dinero y trabajo.
(Gráfica de 7 líneas para 4 meses)

EVENTO	ENERO	FEBRERO	MARZO	ABRIL
Cobrar dinero y pagar deudas	4, 7, 9, 14, 15, 21 y 24.	6, 10, 15, 16, 17, 19, 25 y 29.	1, 2, 4, 5, 6, 7, 11, 16, 20, 24 y 25.	5, 14, 19, 20, 21, 23, 27 y 28.
Firmar contratos y formar sociedades	4, 7, 9, 14, 15, 21 y 24.	6, 10, 15, 16, 17, 19, 25 y 29.	1, 2, 4, 5, 6, 7, 11, 16, 20, 24 y 25.	5, 14, 19, 20, 21, 23, 27 y 28.
Abrir negocios y realizar operaciones bursátiles	4, 9, 21, 24 y 27.	6, 10, 15, 16, 17, 19, 20, 25 y 29.	1, 2, 4, 5, 6, 7, 11, 16, 20, 21 y 22.	4, 5, 14, 19, 22, 29 y 30.
Comprar y vender	4, 9, 21, 24 y 27.	6, 10, 15, 16, 17, 19, 20, 25 y 29.	1, 2, 4, 5, 6, 7, 11, 16, 20, 24 y 25.	5, 14, 19, 20, 21, 23, 27 y 28.
Enfrentar procesos legales	7, 10, 14, 15, 20 y 31.	6, 7, 14, 15 y 27.	9, 11, 12, 13, 15, 22 y 28.	9, 10, 16, 25, 28, 29 y 30.
Utilizar publicidad y otros medios de comunicación	2, 5, 7, 10, 17 y 29.	6, 10, 15, 16, 17, 19, 21, 24, 25 y 29.	1, 2, 4, 5, 6, 7, 11, 16, 20, 24, 25, 26 y 27.	5, 14, 19, 20, 21, 23, 27 y 28.

EVENTO	MAYO	JUNIO	JULIO	AGOSTO
Cobrar dinero y pagar deudas	3, 4, 10, 16, 18, 26, 27 y 30.	2, 6, 7, 12, 17, 18, 22, 25 y 27.	5, 6, 11, 17, 19, 24 y 27.	4, 5, 6, 11, 15, 22, 23, 25, 29 y 31.
Firmar contratos y formar sociedades	3, 4, 10, 15, 16, 18, 26, 27 y 30.	2, 6, 7, 12, 17, 18, 22, 25 y 27.	2, 5, 6, 11, 17, 19, 24, 27 y 31.	4, 5, 6, 11, 15, 22, 23, 25, 29 y 31.
Abrir negocios y realizar operaciones bursátiles	3, 4, 10, 15, 16, 18, 26, 27, 30 y 31.	2, 6, 7, 12, 17, 18, 22, 25, 27 y 30.	2, 5, 6, 11, 17, 19, 24, 27 y 31.	4, 5, 6, 11, 15, 22, 23, 25, 29 y 31.
Comprar y vender	3, 4, 10, 15 y 16.	2, 17, 22, 23, 25, 26 y 28	11, 13, 14, 19 y 24.	15, 17, 18, 20, 22, 25 y 26.
Enfrentar procesos legales	3, 4, 5, 6, 7 y 30.	3, 4, 11, 12, 26, 27, 30.	1, 18, 19, 28 y 29.	17, 18, 22, 24, 25 y 26.
Utilizar publicidad y otros medios de comunicación	3, 4, 10, 15, 16, 18, 26, 27, 30 y 31.	2, 6, 7, 12, 17, 18, 22, 25, 27 y 30.	2, 5, 6, 11, 17, 19, 24, 27 y 31.	4, 5, 6, 11, 15, 22, 23, 25, 29 y 31.

EVENTO	SEPTIEMBRE	OCTUBRE	NOVIEMBRE	DICIEMBRE
Cobrar dinero y pagar deudas	4, 6, 13, 14, 21, 28	6, 11, 12, 13 27, 31	4, 5, 6, 12, 25, 26, 30	3, 4, 9, 11, 17, 18, 26, 27
Firmar contratos y formar sociedades	4, 6, 8, 9, 13, 14, 26, 27	6, 11, 12, 15, 16, 24, 25	1, 2, 3, 6, 12, 18, 21, 25, 26	3, 4, 8, 9, 10, 17, 18, 20, 27, 28, 30
Abrir negocios y realizar operaciones bursátiles	6, 14, 17, 18, 21	6, 13, 20,	4, 5, 12, 21	11, 18, 19, 20
Comprar y vender	14, 21, 28, 29, 30	9, 11, 12, 13, 22, 27, 28, 29, 30, 31	12, 14, 18, 21, 25, 26	7, 11, 18, 22, 23, 26, 29
Enfrentar procesos legales	1, 2, 10, 11, 20, 21, 23, 29, 30	13, 16, 17, 18, 20, 31	3, 6, 7, 12, 22, 23, 25, 26	3, 10, 18, 20, 21, 25, 26, 30
Utilizar publicidad y otros medios de comunicación	9, 14, 18, 19, 25, 26, 27	4, 5, 6, 15, 16, 23, 24, 25	2, 3, 12, 13, 20, 21, 29, 30	9, 10, 11, 12, 14, 17, 18, 26, 27, 28

Elige los mejores días del mes para el logro de amor y relaciones. (Gráfica de 7 líneas para 4 meses)

EVENTO	ENERO	FEBRERO	MARZO	ABRIL
Días favorables para el amor y la reconciliación	1, 4, 6, 10, 14, 19, 21 y 24.	2, 4, 6, 7, 10, 11, 23, 25, 26 y 27.	2, 5, 6, 8, 9, 11, 16, 20, 24, 25 y 28.	4, 5, 6, 19, 20, 21, 27, 28, 29 y 30.
Días propicios para casarse	7, 14, 21, 29, 30 y 31.	6, 7, 10, 11, 13, 14, 25, 26 y 27.	5, 6, 24 y 25.	5, 6, 19, 20 y 21.
Días favorables para tener relaciones sexuales y embarazarse	7, 8, 16, 17, 23, 24, 29 y 30.	3, 4, 6, 7, 10, 11, 12, 13, 21, 22, 25, 26 y 27.	1, 2, 11, 12, 19, 20, 24, 25, 29 y 30.	7, 8, 15, 16, 25, 26, 28, 29 y 21.
Días propicios para organizar fiestas y reuniones sociales	1, 3, 4, 6, 10, 14, 15, 22, 23, 30 y 31.	6, 7, 10, 11, 23, 24, 25, 26 y 27.	4, 5, 13, 14, 16, 24, 25 y 31.	9, 10, 23, 24, 28 y 29.
Días favorables para hacer viajes largos y cortos	4, 5, 18 y 19.	1, 2, 14, 15, 28 y 29.	13, 14, 26 y 27.	9, 10, 23, 24, 25 y 30.
Días propicios para realizar prácticas culturales y conocer amistades	4, 5, 9, 10, 14, 15, 18, 19, 22 y 23.	6, 7, 19, 20, 28 y 29.	4, 5, 17, 18, 26, 27 y 31.	4, 9, 10, 13, 23, 24, 25, 28 y 30.

EVENTO	MAYO	JUNIO	JULIO	AGOSTO
Días favorables para el amor y la reconciliación	2, 3, 4, 16, 17, 18, 26 y 30.	2, 6, 7, 11, 12, 14, 15, 17, 19, 22, 23, 25 y 26.	2, 4, 5, 11, 16, 17, 22 y 31.	5, 6, 7, 11, 15, 17, 22, 25, 29 y 30.
Días propicios para casarse	2, 3, 4, 21, 22, 23, 30 y 31.	2, 17, 18, 19, 25, 26 y 30.	2, 3, 10, 11, 17, 18, 23,1 24 y 31.	20, 22, 25 y 26.
Días favorables para tener relaciones sexuales y embarazarse	2, 3, 4, 5, 13 14, 18, 21, 22, 23 y 26.	2, 6, 7, 9, 10, 11, 18, 19, 22, 28 y 29.	2, 6, 7, 16, 17, 23, 24, 25 y 26.	3, 4, 12, 16, 22, 23, 30 y 31.
Días propicios para organizar fiestas y reuniones sociales	4, 11, 16, 18, 25, 26 y 30.	2, 7, 8, 14, 15, 17, 18, 19, 21, 22, 25, 26 y 30.	2, 3, 10, 11, 17, 18, 23, 24 y 31.	1, 6, 17, 18, 20, 22 y 26.
Días favorables para hacer viajes largos y cortos	6, 7, 11, 20, 21, 30 y 31.	3, 4, 16, 17, 28 y 30.	1, 4, 5, 13, 14, 22, 23, 24 y 27.	1, 2, 10, 11, 19, 20, 24 y 25.
Días propicios para realizar prácticas culturales y conocer amistades	2, 3, 10, 11, 17, 18, 20, 21, 30 y 31.	2, 3, 4, 7, 8, 16, 17, 26, 27 y 30.	4, 5, 11, 12, 18 y 19.	1, 2, 7, 8, 15, 16, 23, 28 y 29.

EVENTO	SEPTIEMBRE	OCTUBRE	NOVIEMBRE	DICIEMBRE
Días favorables para el amor y la reconciliación	1, 4, 5, 7, 10, 15, 16, 17 y 24.	5, 9, 12, 14, 15, 20, 27, 28, 29, 30 y 31.	4, 8, 9, 13, 15, 17, 18, 19, 25 y 26	5, 14, 16, 18, 20, 21, 22, 23, 26, 27
Días propicios para casarse	3, 4, 5, 15, 16, 21 y 28.	1, 2, 8, 9, 13, 14, 15, 28, 29 y 30.	12, 18, 19, 25 y 26.	11, 14, 18, 22, 23, 26, 30
Días favorables para tener relaciones sexuales y embarazarse	3, 4, 8, 9, 18, 19, 28	1, 2, 6, 7, 15, 16, 24, 25, 28, 29, 30	2, 3, 12, 13, 20, 21, 25, 26	1, 9, 10, 14, 17, 18, 22, 23, 26, 27, 28
Días propicios para organizar fiestas y reuniones sociales	2, 3, 4, 10, 11, 12, 16, 17, 24, 25	1, 2, 8, 9, 13, 14, 28, 29, 30	3, 4, 5, 9, 10, 18, 19, 25, 26	3, 11, 12, 15, 16, 22, 23, 26, 30, 31
Días favorables para hacer viajes largos y cortos	2, 6, 7, 20, 21	3, 4, 13, 14, 17, 18, 20	1, 3, 14, 15, 27, 28	10, 11, 12, 24, 24, 30, 31
Días propicios para realizar prácticas culturales y conocer amistades	2, 6, 7, 13, 14, 16, 17, 24, 25	3, 4, 9, 22, 23, 30, 31	3, 9, 10, 18, 19, 27, 28	3, 7, 8, 15, 16, 24, 25

Elige los mejores días del mes para el logro de salud belleza y curación (Gráfica de 7 líneas para 4 meses)

EVENTO	ENERO	FEBRERO	MARZO	ABRIL
Dietas y ayunos para adelgazar y desintoxicar el cuerpo	7, 16, 17 y 21.	6, 8, 9, 13, 20, 21 y 22.	1, 2, 6, 7 y 13.	5, 11, 13, 19 y 27.
Tratamientos médicos y dentales. Psicoterapias y curaciones	14, 15, 18, 28 y 29.	6, 8, 9, 13, 20, 21 y 22.	1, 2, 6, 7, 11, 12 y 13.	3, 4, 7, 8, 11, 15, 16, 25, 26 y 30.
Operaciones quirúrgicas	28 y 29.	12, 13, 20, 23, 24 y 27.	11, 12, 13 y 20.	11 y 19.
Cortarse el pelo y hacerse tratamientos de belleza, faciales y corporales.	7, 14 y 21.	6, 20, 25, 26 y 27.	6, 20 y 28.	1, 2, 5, 6, 19, 20, 21, 22, 27 y 28.
Prácticas deportivas	14, 18 y 19.	2, 14 y 15.	12, 13, 21 y 22.	9, 10, 18 y 19.
Prácticas religiosas	7, 16, 17, 18, 19, 24 y 25.	6, 12, 13, 16, 17, 21, 22, 25 y 29.	1, 2, 11, 12, 19, 20, 29 y 30.	7, 8, 9, 10, 15, 16, 26 y 27.

EVENTO	MAYO	JUNIO	JULIO	AGOSTO
Dietas y ayunos para adelgazar y desintoxicar el cuerpo	1, 4, 11, 18, 22, 27 y 28.	6, 7, 9, 12, 18, 22, 25, 26, 27 y 29.	2, 5, 8, 10, 11, 16 y 17.	7, 8, 15, 17, 28, 29, 30 y 31.
Tratamientos médicos y dentales. Psicoterapias y curaciones	4, 5, 11, 27 y 28.	3, 9, 14, 21 y 28.	2, 5, 8, 10, 11, 16, 17, 21, 22, 25 y 26.	3, 4, 7, 17, 18, 22, 23, 30 y 31.
Operaciones quirúrgicas	11, 15, 16 y 18.	9, 14, 17, 21, 26 y 28.	8, 9, 21, 22 y 25.	7, 15, 18, 20 y 22.
Cortarse el pelo y hacerse tratamientos de belleza, faciales y corporales.	2, 3, 16, 17, 18, 21, 26, 27, 30 y 31.	2, 17 y 25.	2, 17, 24 y 31.	1, 3, 6, 15, 29, 18, 20, 22, 25 y 26.
Prácticas deportivas	3, 6, 7, 15, 16, 25 y 26.	9, 14, 22, 28 y 30.	5 y 16.	5, 6, 17, 20, 22, 24, 25 y 26.
Prácticas religiosas	4, 5, 10, 11, 13, 14, 22 y 23.	1, 2, 9, 10, 19, 20, 28, 29 y 30.	1, 5, 9, 11, 28 y 29.	6, 15, 17, 18, 20, 22 y 26.

EVENTO	SEPTIEMBRE	OCTUBRE	NOVIEMBRE	DICIEMBRE
Dietas y ayunos para adelgazar y desintoxicar el cuerpo	4, 6, 13, 14, 21, 28	6, 11, 12, 13 27, 31	4, 5, 6, 12, 25, 26, 30	3, 4, 9, 11, 17, 18, 26, 27
Tratamientos médicos y dentales. Psicoterapias y curaciones	4, 6, 8, 9, 13, 14, 26, 27	6, 11, 12, 15, 16, 24, 25	1, 2, 3, 6, 12, 18, 21, 25, 26	3, 4, 8, 9, 10, 17, 18, 20, 27, 28, 30
Operaciones quirúrgicas	6, 14, 17, 18, 21	6, 13, 20	4, 5, 12, 21	11, 18, 19, 20
Cortarse el pelo y hacerse tratamientos de belleza, faciales y corporales.	14, 21, 28, 29, 30	9, 11, 12, 13, 22, 27, 28, 29, 30, 31	12, 14, 18, 21, 25, 26	7, 11, 18, 22, 23, 26, 29
Prácticas deportivas	1, 2, 10, 11, 20, 21, 23, 29, 30	13, 16, 17, 18, 20, 31	3, 6, 7, 12, 22, 23, 25, 26	3, 10, 18, 20, 21, 25, 26, 30
Prácticas religiosas	9, 14, 18, 19, 25, 26, 27	4, 5, 6, 15, 16, 23, 24, 25	2, 3, 12, 13, 20, 21, 29, 30	9, 10, 11, 12, 14, 17, 18, 26, 27, 28

> *"Sé agua, quiero decir: sé fluido, no te quedes estancado.*
> *Muévete y hazlo como el agua"*
> *Fluye como el agua.*
> Osho. *El juego trascendental del zen.* Vol. 1, cap. 4.

SAGITARIO AÑO 2004. DEJAS ATRÁS EL PASADO

Aviso general

Los nacidos bajo el signo de Sagitario, un signo de personalidad magnética y filosófica, experimentan desde hace tres años un ciclo transformador de Plutón que transita en conjunción con su Sol. Los cambios por los que están pasando pueden dejar huellas permanentes en sus vidas. Hay un antes y un después, una vez pasado el tránsito de este planeta. Sus cambios son radicales y están dejando atrás un viejo "Yo" para abrirse a una experiencia regenerativa. Muchos de estos cambios escapan a su control, pero en otras ocasiones se liberan conscientemente de lo que ya no necesitan.

El año 2004 es un tiempo para cambiar de trabajo, de casa o de lugar de residencia; o de terminar con relaciones que han durado un cierto tiempo en tu vida. Dejas atrás a la familia; o quizá tus parientes toman su propio rumbo por sí solos, en especial tus padres, que por su edad avanzada ya les toca partir de este mundo. Algunos sagitarianos han pasado por etapas de duelo, y muchos de ellos seguirán cerrando ciclos, dando vuelta a la hoja del pasado.

Casi siempre ganas las batallas y tu flecha se dirige a las estrellas, va en busca de nuevos ideales en el 2004. Sin embargo, quieres conocerte a ti mismo, transformarte y actualizarte en estos últimos tiempos; debido a tus contradicciones internas tienes un deseo muy profundo de resolver los problemas del pasado, de deshacerte de relaciones gastadas, aunque te resistes mucho al cambio, hace ya tiempo que te has hecho responsable de tu vida, y si no fuera así, Plutón te llevará de la mano a una gran transformación, pero no sin antes "tocar fondo y renacer". Seguramente has visitado o acudirás a algún psicoterapeuta que te ayude a conocer tu programación psicológica para superar tus problemas en el tiempo presente.

Por otro lado, también tendrás en estos años el transito de Urano y forjarás un nuevo camino de aires renovadores. Te harás más apto para utilizar las nuevas tecnologías, la creatividad y la comunicación.

Aviso por decanato

Si naciste entre el 23 de noviembre y el 1° de diciembre:

La energía de Urano está influyendo en tu seguridad personal y los cambios que sientes son inquietantes.

Te alejas de personas y situaciones que ya no tienen importancia en tu vida. En las relaciones afectivas y de amistad puede haber cambios radicales. Puedes casarte en forma festinada, o separarte de tu pareja en forma imprevista. No hay reglas.

Hay variabilidad en tus recursos económicos y cambias tu actitud frente al dinero. Se agudizará tu rechazo por los horarios y los controles en el trabajo. Sin embargo, a pesar de una acentuación de tu libertad, serás más responsable de tus deberes por convencimiento propio.

Logras un equilibrio entre tu deseo y la necesidad de desarrollar tu espiritualidad. Tu "yo veo" y tus cualidades de percepción y de intuición se incrementarán acompañadas de fuertes tensiones nerviosas, que pueden convertirse, si la energía no es bien canalizada, en enfermedades de tipo psicosomático. Quizá no te sea fácil conciliar el sueño debido a las fuertes inquietudes mentales por las que puedes atravesar.

Si naciste entre el 1° y el 23 de diciembre:

Pasarás por cambios profundos de identidad que ya llevan un tiempo; te irás a los extremos y harás aflorar lo mejor y lo peor de ti.

Los asuntos sexuales se acentuarán; quizá te obsesiones con sentimientos intensos por alguna pareja inadecuada, estés casado o soltero.

Grandes situaciones de poder pero con posibles caídas. Tus respuestas son totales, o sí o no, negro y blanco. Dificultades para encontrar el punto medio en cualquier situación.

Las mujeres de este signo podrán afirmar y definir su independencia; algunas pueden dejar a su marido con el fin de descubrir quiénes son y por derecho propio. Ambos sexos establecen contacto con su propio poder. Conocerán personas dominantes que vivirán ciertas crisis existenciales.

Las personas maduras; aunque les guste mucho su trabajo y ser útiles, repentinamente pueden jubilarse o retirarse socialmente.

Ocurrirán cambios radicales que les harán evolucionar. Pero todas las transformaciones serán muy positivas a largo plazo.

Enseñanza 2004

Una de las enseñanzas máximas que debes aprender en el 2004 es el desarrollo de la confianza en ti mismo; en la benevolencia de la vida y en los demás. Hazle caso a tus percepciones, porque te ofrecen la claridad que necesitas para vivir tu vida en forma armónica. Establece bien tus prioridades para que logres bien lo que te propones. No te dejes llevar por lo negativo de los demás, ni entres en concordancia con su error. A ti te guía la estrella del amor y la verdad, con esta convicción atraerás a tu vida personas constructivas afines a ti.

Tu frase del año es: "Cada quien es tan feliz como decide serlo".

Previsión enero de 2004

Plutón en conjunción con tu Sol, y Mercurio, el planeta de la inteligencia, marca que los negocios disminuirán, esto te impide llegar por una vía fácil al desarrollo de las estructuras económicas de tu empresa. Manejar los detalles de un presupuesto te permite seguir en forma activa las negociaciones, si estás considerando hacer una inversión importante necesitas saber en dónde estás parado. Tu relación de pareja se tornará conflictiva, habrá tensión y desconfianza hacia la persona que amas; asimismo, transformarás el intenso amor que le tienes en simples arrebatos de celos que molestarán a tu compañero o compañera. Te será más fácil subrayar tus cualidades positivas. Tu intensidad puede ser abrumadora; si expresas tus sentimientos más profundos puedes hacer que cambie el curso de las cosas. Tu salud se verá afectada en las vías respiratorias; si no te alimentas adecuadamente tus defensas estarán bajas, entonces puedes ser víctima fácil de infecciones en la garganta, también es posible que sólo estés agotado. Recuerda que a su tiempo maduran las uvas, tú estas poniendo en orden tu vida y alcanzarás la sabiduría si aplicas lo que has aprendido al logro de tus propósitos.

Días fluidos y positivos: 1, 9, 10, 14, 15, 22, 23, 27 y 28.
Días críticos y desafiantes: 4, 5, 12, 13, 19, 24 y 25.

Previsión febrero 2004

Júpiter incrementa tu entusiasmo y dinamismo, y tu mentalidad abierta te orienta a la búsqueda de nuevas experiencias que se traducen en proyectos más ricos y amplios de tu ámbito laboral. Sin embargo, a veces te dispersas tanto que no logras concretar nada. Tus caprichos y estados de humor frecuentemente alterados han creado un estado de pesadez y hostilidad hacia tu familia. No obstante, la relación con tu pareja se presenta con gran libertad, gracias a que posees una actitud de gusto por la diversidad. Las fricciones en casa pueden hacerse incómodas, hablar de tus preocupaciones puede aliviar en gran parte tu malestar. Tu desarrollo humano se manifiesta cuando eres capaz de aceptar a los demás a pesar de las diferencias. En cuanto a la salud, la inestabilidad emocional por la que estás pasando te hace sentir inadaptado en cualquier sitio. La angustia y la ansiedad sólo sirven para crearnos problemas psicosomáticos. Procura estar más sereno ante todos los hechos.

Días fluidos y positivos: 6, 7, 10, 11, 19, 20, 23 y 24.
Días críticos y desafiantes: 1, 2, 8, 9, 14, 15, 21, 22, 28 y 29.

Previsión marzo 2004
Aunque has estado trabajando mucho y obteniendo buenos ingresos por ello, no te rinde el dinero porque lo destinas a la compra de objetos innecesarios, que sólo te dan felicidad efímera. Los compromisos laborales pueden ser más agotadores de lo que esperabas, aligera un poco la carga. Este mes no es muy bueno, ya que la Luna menguante del día 13 en el signo de Sagitario no favorece la firma de contratos. Si piensas que eres "superior" por tener varias parejas al mismo tiempo, date cuenta que podrías armonizar excelentemente con una persona. La Luna nueva y la entrada de la primavera trae nuevas promesas para ti. Te sentirás más amoroso cuando pases momentos de tranquilidad al lado de tu pareja en tu entorno personal. Los cambios domésticos podrán eliminar la presión originada por una situación tensa. Te sentirás más confiado para declarar tus intenciones.

Algunos nativos de este signo poseen un alto grado de energía mal canalizada. Piensas que el desbordamiento de la vitalidad se debe dejar en un ambiente de gente que toma alcohol; sin embargo, sería más provechoso si la dirigieras hacia una actividad deportiva, artística o de meditación.

Días fluidos y positivos: 4, 5, 8, 9, 17, 18, 21, 22 y 31.
Días críticos y desafiantes: 6, 7, 13, 14, 19, 20, 26 y 27.

Previsión abril 2004
Tendrás una buena etapa, sin embargo, no es positivo que realices varios trabajos al mismo tiempo. Es un enorme error, ya que estás desviando tu atención de una cosa en concreto que podría ser piedra fundamental para sustentar tu economía en el futuro. Recibirás el fruto de tu trabajo, tu productividad puede aumentar. Cambios inesperados pueden manifestarse este próximo 5 de abril en el que Marte en el signo de Géminis hará un ángulo difícil con Júpiter, y puedes sentirte muy acelerado, debes ser prudente en esa fecha.

Tus talentos serán muy demandados y quizá sientas que finalmente recibes el respeto que mereces. Tus finanzas mejoran.

Es inevitable que te ames más a ti mismo que a los demás, por eso has preferido estar solo. Te sentirás atraído por una relación cautivadora y el poder del amor puede poner tu vida de cabeza. Si hablas desde el corazón puedes inaugurar un camino de entendimiento.

En cuanto a salud, estás propenso a caer en una crisis emocional, esto se refleja en un estado de inquietud permanente. Mantenerte activo sostiene tu energía en un nivel óptimo, te resultará más fácil concentrarte y fortalecerte que ser flexible. Las técnicas como el reiki y la acupuntura pueden resultarte muy eficaces.

Días fluidos y positivos: 1, 2, 6, 13, 14, 18, 19, 26 y 27.

Días críticos y desafiantes: 3, 4, 5, 9, 10, 15, 16, 23, 24 y 30.

Previsión mayo 2004
Es posible que tengas problemas con tus compañeros de trabajo. Marte en Géminis te da esa influencia los primeros días del mes de mayo, tendrás un sentimiento de incomodidad, lo que puede provocar que te llamen irresponsable. No te enojes, porque puedes ganarte enemigos que frenen tu desarrollo profesional. Sin embargo, no todo es negativo, recibirás el fruto de tu trabajo. Los cuestionamientos sobre tu labor adquirirán cada vez mayor fuerza, ¿Estás en el lugar adecuado?, ¿Tu actual empleo te da la posibilidad de ser tan productivo como quisieras? La tensión en tu trabajo puede aumentar, posiblemente como resultado de cambios en la política interna destinada a mejorar las cosas. Si te apegas demasiado a una persona dejas de ocuparte de todas las demás que te rodean. Si tu compañero(a) te parece demasiado posesivo, o si sientes que tus necesidades pasan a segundo plano, puedes cambiar de pareja y de actitud. Tu mente estará más amplia de criterio para comprender, te podrás comunicar con más confianza de esta manera, recuerda que la vida otorga lo que uno le está poniendo. Se te presentarán oportunidades para desarrollarte más en general, a pesar de todo la situación mejorará.

Días fluidos y positivos: 2, 3, 10, 11, 15, 16, 25, 26, 30 y 31.

Días críticos y desafiantes: 1, 6, 7, 13, 14, 20, 21, 27 y 28.

Previsión junio 2004
La Luna llena del día 2 en tu domicilio te influye positivamente en todos tus proyectos, sin embargo, procura ser un poco más diplomático y cortés con los demás. Los asuntos legales pueden cobrar vida propia. Es posible que te sientas

esclavo de las obligaciones. Para manejar el caudal de responsabilidades modifica tus prioridades y elimina situaciones que conducen al desperdicio. Ciertas relaciones amorosas han sido infructuosas debido a la presencia planetaria de Venus en el signo de Géminis, signo opuesto al tuyo. Si estás iniciando una nueva etapa en una relación, subraya los puntos que te interesan y los roles en los que te sientes más cómodo. Es posible que viejos dolores puedan rondarte, de ti depende deshacerte de esos fantasmas. En cuanto a la salud, es posible que hayas aumentado de peso últimamente, ya que has estado comiendo más de lo debido. Además, sin hacer ejercicio es difícil mantenerse en forma. Modifica tu rutina, cambia hábitos o renueva tu compromiso con tu bienestar físico. Como todo buen Sagitario tienes inclinación a cualquier deporte; es tiempo de que te hagas cargo de tu salud.

Días fluidos y positivos: 7, 8, 11, 12, 21, 22 y 23.

Días críticos y desafiantes: 3, 4, 9, 10 y 30.

Previsión julio 2004

Marte en el signo de Leo te impulsa a un trabajo continuo, llegas a la madurez a través de los cambios, puede que te decidas a emprender tu propio negocio. Lleva a cabo todo lo que requieras para obtener buenas ganancias. Herencias, deudas o asuntos relacionados con impuestos pueden obstaculizar un trato de negocios. Es momento de enfrentarse a las deudas en forma realista y de cambiar tus patrones de gastos. Las oportunidades profesionales te abren nuevas puertas.

Mejorarás la comunicación con tu pareja, ésta será fluida, pero cuida de no exagerar tus problemas. Aprovecha el reencuentro familiar que se dará y no prometas lo que no puedas cumplir. Un malentendido en una relación cercana puede girar en torno al dinero como elemento externo, aunque su verdadero origen son los resentimientos o la desconfianza. Te sentirás más cómodo para manifestar tus sentimientos en situaciones que afectan tu autoestima. Despierta tu imaginación y fomenta tu esperanza en el futuro, estás listo para dejar que la sabiduría guíe tus pasos. En cuanto a la salud, si no te cuidas te puede dominar el nerviosismo y la tendencia a sufrir por el pasado. No te bloquees emocionalmente y aprende a relajarte. Es muy importante que emplees tu fuerza espiritual. La fe hace milagros.

Días fluidos y positivos: 1, 4, 5, 8, 9, 18, 19, 23, 24 y 28.

Días críticos y desafiantes: 6, 7, 13, 14, 21, 22, 29 y 30.

Previsión agosto 2004
Marte en el signo de Virgo te presenta desafíos. Últimamente has estado actuando de manera rebelde; esto te puede causar conflictos serios con tus padres, y posiblemente también en tu trabajo, con tus jefes. Tus oportunidades profesionales crecen gracias a los logros académicos. Otros reconocen el valor de tu trabajo, que brilla por méritos propios. Definir las expectativas de tus superiores te ayudará a no sentirte rebasado y te proporcionará la oportunidad de hacer que tus prioridades coincidan con tu trabajo actual. El egoísmo puede llevarte a desaprobar a tu pareja y a dejarte en mala relación con tus familiares y amigos. Se fortalece el respeto por la familia, es importante para ti, pero tal vez estés cuestionando ciertas tradiciones familiares que te parecen fuera de lugar. La Luna llena del día 29 en el signo de Acuario te da nuevas dimensiones en una relación existente, o es posible que conozcas a tu alma gemela aunque estés comprometido. Tu vitalidad física mejorará y te sentirás más dispuesto a involucrarte en la gimnasia o el ejercicio. Tu cuerpo eres tú, cuídate como te lo mereces.

Días fluidos y positivos: 1, 2, 5, 6, 15, 16, 19, 20, 28 y 29.
Días críticos y desafiantes: 3, 4, 10, 11, 17, 18, 24, 25 y 30.

Previsión septiembre 2004
Marte y Júpiter transitan en Virgo, un signo de tierra, con el cual tú tienes marcadas diferencias, te inclina a tener retos y desafíos este próximo 9 de septiembre, día en el que el Sol, Marte y Plutón estarán en choque, debes ser cuidadoso en tus movimientos, y sobre todo prudente. La entrada del otoño será difícil para ti. Los viajes de trabajo y las juntas con colegas te ofrecen la situación idónea para mostrar tus ideas e incluso puedes tener una oferta de trabajo. La competencia será más reñida, aunque es poco probable que eso te detenga si has decidido aventurarte por el camino de los logros. Tus talentos destacarán por su brillo, tus contactos representan una ventaja de la que los demás carecen. Es momento de que abras tu corazón y de que permitas que el amor y la ternura que te brindan los demás llenen tu vida. Así, al devolver el afecto que te brindan amigos, hijos y seres queridos, el flujo del amor te conducirá a nuevas alturas. Los asuntos familiares pueden requerir de mayor atención. Es posible que te sientas gratificado por el vínculo que compartes con los tuyos. Los asuntos del corazón adquieren importancia.

Días fluidos y positivos: 1, 2, 10, 11, 16, 17, 20, 28, 29 y 30.
Días críticos y desafiantes: 6, 7, 9, 10, 13, 14, 20, 21, 26 y 27.

Previsión octubre 2004
Algunos proyectos en tu negocio se complican, esto provoca que no obtengas las ganancias esperadas. Sin embargo, Marte en el signo de Libra te habla de que permanezcas fiel a ti mismo y a tus propósitos, tienes que ser más flexible e ir con el ritmo de tus acontecimientos. Puedes tener un control sobre las fuerzas que gobiernan tu vida. Mantener tu curso puede resultar difícil si tu compañía y tu camino profesional están sometidos a renovación o a construcción. Te mueves sobre bases más sólidas, sin embargo, sentirás que debes regresar a asuntos que considerabas resueltos. Habrá un distanciamiento de tu pareja y posiblemente hasta separación. Tus actos y tus planes pueden toparse con objeciones de tu familia o de tu pareja, en particular si los cambios que estás promoviendo amenazan tu seguridad. Quizás sea tiempo de romper con una rutina que se ha convertido en excusa. Atiende a los dictados de tu corazón cuando tus verdaderos sentimientos así lo requieran. Venus en el signo de Virgo bloquea un poco tu estado de ánimo porque no te has preocupado por algún ejercicio de meditación. Procura someterte a un régimen de mejora alimenticia y de ejercicio para liberar parte de la tensión acumulada debido a tu trabajo.

Días fluidos y positivos: 8, 9, 13, 14, 17, 22, 23, 26 y 27.
Días críticos y desafiantes: 3, 4, 11, 12, 18, 24, 25 y 31.

Previsión noviembre 2004
Mercurio ingresa al signo de Sagitario este próximo 5 de noviembre, tendrás algunos problemas laborales que enturbiarán el cierre de tus asuntos económicos. Sin embargo, no te desanimes, podrás lograr el objetivo que te planteaste en el inicio del próximo año. Cuídate de los ataques de enemigos declarados. Si eres inversionista, tus negociaciones son algo complejas, pueden dejarte frustrado, no es buen tiempo para cierre de contratos. Las asociaciones profesionales te ofrecen salidas sanas para tu sentido de competencia. Sentirás cierta depresión en la mitad de la primera quincena. Las relaciones familiares no atraviesan una etapa tranquila.

En el plano emocional, serias dudas y tu miedo al amor te hacen sentir confundido con tu pareja. Quizá te llegues a sentir fascinado o flechado, pero por una nueva persona. Marte ingresa el día 12 al apasionado signo de Escorpión, esto estimulará tu conquista y harás cualquier cosa que tu pretenso(a) desee.

Para mantener tu interés por el bienestar físico, ejercítate junto a otros que tienen metas positivas y saludables, ya que ellos te ayudarán a seguir por el camino correcto. Sólo estando en perfectas condiciones físicas tendrás la energía necesaria para realizar las actividades que te acercan a tu realización. El cambio es salud.

Días fluidos y positivos: 5, 6, 9, 10, 14, 18, 19, 22 y 23.
Días críticos y desafiantes: 1, 7, 8, 15, 20, 21, 27 y 28.

Previsión diciembre 2004
Júpiter en Libra, en armonía con tu Sol, incrementan tu tenacidad para lograr un buen puesto laboral, lo que se puede ver reflejado en una serie de viajes. Si aprovechas las experiencias, a pesar de las confusiones de este tiempo, en su momento fructificará una buena cantidad de dinero que te mereces y que te has ganado. Vivirás una intensa pasión con tu pareja. Sin embargo, ésta puede enfriarse repentinamente si te detienes por celos absurdos. Si te aferras a la relación de manera enfermiza, sólo perderás el tiempo. Quizá te sientas cómodo para tomar la iniciativa en las relaciones amorosas, por otro lado, un prospecto amoroso interesante llegará a la vida de otros nativos de Sagitario. Los momentos pasados con los amigos y la familia funcionarán bien en esta época navideña para dar la bienvenida al nuevo año 2005. Recuerda que la reciprocidad en la pareja es el puente que conduce a la unión.

Días fluidos y positivos: 2, 3, 7, 8, 11, 12, 15, 16, 19, 20, 29 y 30.
Días críticos y desafiantes: 4, 5, 17, 18, 24, 25 y 31.

Guía astrológica para lograr el éxito en tus propósitos

Elige los mejores días del mes pa el logro de dinero y trabajo (Gráfica de 7 líneas para 4 meses)

EVENTO	ENERO	FEBRERO	MARZO	ABRIL
Cobrar dinero y pagar deudas	4, 7, 9, 14, 15, 21 y 24.	6, 10, 15, 16, 17, 19, 25 y 29.	1, 2, 4, 5, 6, 7, 11, 16, 20, 24 y 25.	5, 14, 19, 20, 21, 23, 27 y 28.
Firmar contratos y formar sociedades	4, 7, 9, 14, 15, 21 y 24.	6, 10, 15, 16, 17, 19, 25 y 29.	1, 2, 4, 5, 6, 7, 11, 16, 20, 24 y 25.	5, 14, 19, 20, 21, 23, 27 y 28.
Abrir negocios y realizar operaciones bursátiles	4, 9, 21, 24 y 27.	6, 10, 15, 16, 17, 19, 20, 25 y 29.	1, 2, 4, 5, 6, 7, 11, 16, 20, 21 y 22.	4, 5, 14, 19, 22, 29 y 30.
Comprar y vender	4, 9, 21, 24 y 27.	6, 10, 15, 16, 17, 19, 20, 25 y 29.	1, 2, 4, 5, 6, 7, 11, 16, 20, 24 y 25.	5, 14, 19, 20, 21, 23, 27 y 28.
Enfrentar procesos legales	7, 10, 14, 15, 20 y 31.	6, 7, 14, 15 y 27.	9, 11, 12, 13, 15, 22 y 28.	9, 10, 16, 25, 28, 29 y 30.
Utilizar publicidad y medios de comunicación	2, 5, 7, 10, 17 y 29.	6, 10, 15, 16, 17, 19, 21, 24, 25 y 29.	1, 2, 4, 5, 6, 7, 11, 16, 20, 24, 25, 26 y 27.	5, 14, 19, 20, 21, 23, 27 y 28.

EVENTO	MAYO	JUNIO	JULIO	AGOSTO
Cobrar dinero y pagar deudas	3, 4, 10, 16, 18, 26, 27 y 30.	2, 6, 7, 12, 17, 18, 22, 25 y 27.	5, 6, 11, 17, 19, 24 y 27.	4, 5, 6, 11, 15, 22, 23, 25, 29 y 31.
Firmar contratos y formar sociedades	3, 4, 10, 15, 16, 18, 26, 27 y 30.	2, 6, 7, 12, 17, 18, 22, 25 y 27.	2, 5, 6, 11, 17, 19, 24, 27 y 31.	4, 5, 6, 11, 15, 22, 23, 25, 29 y 31.
Abrir negocios y realizar operaciones bursátiles	3, 4, 10, 15, 16, 18, 26, 27, 30 y 31.	2, 6, 7, 12, 17, 18, 22, 25, 27 y 30.	2, 5, 6, 11, 17, 19, 24, 27 y 31.	4, 5, 6, 11, 15, 22, 23, 25, 29 y 31.
Comprar y vender	3, 4, 10, 15 y 16.	2, 17, 22, 23, 25, 26 y 28	11, 13, 14, 19 y 24.	15, 17, 18, 20, 22, 25 y 26.
Enfrentar procesos legales	3, 4, 5, 6, 7 y 30.	3, 4, 11, 12, 26, 27, 30.	1, 18, 19, 28 y 29.	17, 18, 22, 24, 25 y 26.
Utilizar publicidad y medios de comunicación	3, 4, 10, 15, 16, 18, 26, 27, 30 y 31.	2, 6, 7, 12, 17, 18, 22, 25, 27 y 30.	2, 5, 6, 11, 17, 19, 24, 27 y 31.	4, 5, 6, 11, 15, 22, 23, 25, 29 y 31.

EVENTO	SEPTIEMBRE	OCTUBRE	NOVIEMBRE	DICIEMBRE
Cobrar dinero y pagar deudas	4, 6, 13, 14, 21, 28	6, 11, 12, 13 27, 31	4, 5, 6, 12, 25, 26, 30	3, 4, 9, 11, 17, 18, 26, 27
Firmar contratos y formar sociedades	4, 6, 8, 9, 13, 14, 26, 27	6, 11, 12, 15, 16, 24, 25	1, 2, 3, 6, 12, 18, 21, 25, 26	3, 4, 8, 9, 10, 17, 18, 20, 27, 28, 30
Abrir negocios y realizar operaciones bursátiles	6, 14, 17, 18, 21	6, 13, 20,	4, 5, 12, 21	11, 18, 19, 20
Comprar y vender	14, 21, 28, 29, 30	9, 11, 12, 13, 22, 27, 28, 29, 30, 31	12, 14, 18, 21, 25, 26	7, 11, 18, 22, 23, 26, 29
Enfrentar procesos legales	1, 2, 10, 11, 20, 21, 23, 29, 30	13, 16, 17, 18, 20, 31	3, 6, 7, 12, 22, 23, 25, 26	3, 10, 18, 20, 21, 25, 26, 30
Utilizar publicidad y medios de comunicación	9, 14, 18, 19, 25, 26, 27	4, 5, 6, 15, 16, 23, 24, 25	2, 3, 12, 13, 20, 21, 29, 30	9, 10, 11, 12, 14, 17, 18, 26, 27, 28

Elige los mejores días del mes para el logro de amor y relaciones
(Gráfica de 7 líneas para 4 meses)

EVENTO	ENERO	FEBRERO	MARZO	ABRIL
Días favorables para el amor y la reconciliación	1, 4, 6, 10, 14, 19, 21 y 24.	2, 4, 6, 7, 10, 11, 23, 25, 26 y 27.	2, 5, 6, 8, 9, 11, 16, 20, 24, 25 y 28.	4, 5, 6, 19, 20, 21, 27, 28, 29 y 30.
Días propicios para casarse	7, 14, 21, 29, 30 y 31.	6, 7, 10, 11, 13, 14, 25, 26 y 27.	5, 6, 24 y 25.	5, 6, 19, 20 y 21.
Días favorables para tener relaciones sexuales y embarazarse	7, 8, 16, 17, 23, 24, 29 y 30.	3, 4, 6, 7, 10, 11, 12, 13, 21, 22, 25, 26 y 27.	1, 2, 11, 12, 19, 20, 24, 25, 29 y 30.	7, 8, 15, 16, 25, 26, 28, 29 y 21.
Días propicios para organizar fiestas y reuniones sociales	1, 3, 4, 6, 10, 14, 15, 22, 23, 30 y 31.	6, 7, 10, 11, 23, 24, 25, 26 y 27.	4, 5, 13, 14, 16, 24, 25 y 31.	9, 10, 23, 24, 28 y 29.
Días favorables para hacer viajes largos y cortos	4, 5, 18 y 19.	1, 2, 14, 15, 28 y 29.	13, 14, 26 y 27.	9, 10, 23, 24, 25 y 30.
Días propicios para realizar prácticas culturales y conocer amistades	4, 5, 9, 10, 14, 15, 18, 19, 22 y 23.	6, 7, 19, 20, 28 y 29.	4, 5, 17, 18, 26, 27 y 31.	4, 9, 10, 13, 23, 24, 25, 28 y 30.

EVENTO	MAYO	JUNIO	JULIO	AGOSTO
Días favorables para el amor y la reconciliación	2, 3, 4, 16, 17, 18, 26 y 30.	2, 6, 7, 11, 12, 14, 15, 17, 19, 22, 23, 25 y 26.	2, 4, 5, 11, 16, 17, 22 y 31.	5, 6, 7, 11, 15, 17, 22, 25, 29 y 30.
Días propicios para casarse	2, 3, 4, 21, 22, 23, 30 y 31.	2, 17, 18, 19, 25, 26 y 30.	2, 3, 10, 11, 17, 18, 23,1 24 y 31.	20, 22, 25 y 26.
Días favorables para tener relaciones sexuales y embarazarse	2, 3, 4, 5, 13 14, 18, 21, 22, 23 y 26.	2, 6, 7, 9, 10, 11, 18, 19, 22, 28 y 29.	2, 6, 7, 16, 17, 23, 24, 25 y 26.	3, 4, 12, 16, 22, 23, 30 y 31.
Días propicios para organizar fiestas y reuniones sociales	4, 11, 16, 18, 25, 26 y 30.	2, 7, 8, 14, 15, 17, 18, 19, 21, 22, 25, 26 y 30.	2, 3, 10, 11, 17, 18, 23,1 24 y 31.	1, 6, 17, 18, 20, 22 y 26.
Días favorables para hacer viajes largos y cortos	6, 7, 11, 20, 21, 30 y 31.	3, 4, 16, 17, 28 y 30.	1, 4, 5, 13, 14, 22, 23, 24 y 27.	1, 2, 10, 11, 19, 20, 24 y 25.
Días propicios para realizar para realizar prácticas culturales y conocer amistades	2, 3, 10, 11, 17, 18, 20, 21, 30 y 31.	2, 3, 4, 7, 8, 16, 17, 26, 27 y 30.	4, 5, 11, 12, 18 y 19.	1, 2, 7, 8, 15, 16, 23, 28 y 29.

EVENTO	SEPTIEMBRE	OCTUBRE	NOVIEMBRE	DICIEMBRE
Días favorables para el amor y la reconciliación	1, 4, 5, 7, 10, 15, 16, 17 y 24.	5, 9, 12, 14, 15, 20, 27, 28, 29, 30 y 31.	4, 8, 9, 13, 15, 17, 18, 19, 25 y 26	5, 14, 16, 18, 20, 21, 22, 23, 26, 27
Días propicios para casarse	3, 4, 5, 15, 16, 21, 28.	1, 2, 8, 9, 13, 14, 15, 28, 29, 30	12, 18, 19, 25, 26	11, 14, 18, 22, 23, 26, 30
Días favorables para tener relaciones sexuales y embarazarse	3, 4, 8, 9, 18, 19, 28	1, 2, 6, 7, 15, 16, 24, 25, 28, 29, 30	2, 3, 12, 13, 20, 21, 25, 26	1, 9, 10, 14, 17, 18, 22, 23, 26, 27, 28
Días propicios para organizar fiestas y reuniones sociales	2, 3, 4, 10, 11, 12, 16, 17, 24, 25	1, 2, 8, 9, 13, 14, 28, 29, 30	3, 4, 5, 9, 10, 18, 19, 25, 26	3, 11, 12, 15, 16, 22, 23, 26, 30, 31
Días favorables para hacer viajes largos y cortos	2, 6, 7, 20, 21	3, 4, 13, 14, 17, 18, 20	1, 3, 14, 15, 27, 28	10, 11, 12, 24, 24, 30, 31
Días propicios para realizar prácticas culturales y conocer amistades	2, 6, 7, 13, 14, 16, 17, 24, 25	3, 4, 9, 22, 23, 30, 31	3, 9, 10, 18, 19, 27, 28	3, 7, 8, 15, 16, 24, 25

Elige los mejores días del mes para el logro de salud, belleza y curación (Gráfica de 7 líneas para 4 meses)

EVENTO	ENERO	FEBRERO	MARZO	ABRIL
Dietas y ayunos para adelgazar y desintoxicar el cuerpo	7, 16, 17 y 21.	6, 8, 9, 13, 20, 21 y 22.	1, 2, 6, 7 y 13.	5, 11, 13, 19 y 27.
Someterse a tratamientos médicos y dentales. Psicoterapias y curaciones	14, 15, 18, 28 y 29.	6, 8, 9, 13, 20, 21 y 22.	1, 2, 6, 7, 11, 12 y 13.	3, 4, 7, 8, 11, 15, 16, 25, 26 y 30.
Operaciones quirúrgicas	28 y 29.	12, 13, 20, 23, 24 y 27.	11, 12, 13 y 20.	11 y 19.
Cortarse el pelo y someterse a tratamientos de belleza, faciales y corporales	7, 14 y 21.	6, 20, 25, 26 y 27.	6, 20 y 28.	1, 2, 5, 6, 19, 20, 21, 22, 27 y 28.
Prácticas deportivas	14, 18 y 19.	2, 14 y 15.	12, 13, 21 y 22.	9, 10, 18 y 19.
Prácticas religiosas	7, 16, 17, 18, 19, 24 y 25.	6, 12, 13, 16, 17, 21, 22, 25 y 29.	1, 2, 11, 12, 19, 20, 29 y 30.	7, 8, 9, 10, 15, 16, 26 y 27.

EVENTO	MAYO	JUNIO	JULIO	AGOSTO
Dietas y ayunos para adelgazar y desintoxicar el cuerpo	1, 4, 11, 18, 22, 27 Y 28.	6, 7, 9, 12, 18, 22, 25, 26, 27 y 29.	2, 5, 8, 10, 11, 16 y 17.	7, 8, 15, 17, 28, 29, 30 y 31.
Someterse a tratamientos médicos y dentales. Psicoterapias y curaciones	4, 5, 11, 27 Y 28.	3, 9, 14, 21 y 28.	2, 5, 8, 10, 11, 16, 17, 21, 22, 25 y 26.	3, 4, 7, 17, 18, 22, 23, 30 y 31.
Operaciones quirúrgicas	11, 15, 16 y 18.	9, 14, 17, 21, 26 y 28.	8, 9, 21, 22 y 25.	7, 15, 18, 20 y 22.
Cortarse el pelo y someterse a tratamientos de belleza, faciales y corporales	2, 3, 16, 17, 18, 21, 26, 27, 30 y 31.	2, 17 y 25.	2, 17, 24 y 31.	1, 3, 6, 15, 29, 18, 20, 22, 25 y 26.
Prácticas deportivas	3, 6, 7, 15, 16, 25 y 26.	9, 14, 22, 28 y 30.	5 y 16.	5, 6, 17, 20, 22, 24, 25 y 26.
Prácticas religiosas	4, 5, 10, 11, 13, 14, 22 y 23.	1, 2, 9, 10, 19, 20, 28, 29 y 30.	1, 5, 9, 11, 28 y 29.	6, 15, 17, 18, 20, 22 y 26.

EVENTO	SEPTIEMBRE	OCTUBRE	NOVIEMBRE	DICIEMBRE
Dietas y ayunos para adelgazar y desintoxicar el cuerpo	4, 6, 13, 14, 21, 28	6, 11, 12, 13, 27, 31	4, 5, 6, 12, 25, 26, 30	3, 4, 9, 11, 17, 18, 26, 27
Someterse a tratamientos médicos y dentales. Psicoterapias y curaciones	4, 6, 8, 9, 13, 14, 26, 27	6, 11, 12, 15, 16, 24, 25	1, 2, 3, 6, 12, 18, 21, 25, 26	3, 4, 8, 9, 10, 17, 18, 20, 27, 28, 30
Operaciones quirúrgicas	6, 14, 17, 18, 21	6, 13, 20,	4, 5, 12, 21	11, 18, 19, 20
Cortarse el pelo y someterse a tratamientos de belleza, faciales y corporales	14, 21, 28, 29, 30	9, 11, 12, 13, 22, 27, 28, 29, 30, 31	12, 14, 18, 21, 25, 26	7, 11, 18, 22, 23, 26, 29
Prácticas deportivas	1, 2, 10, 11, 20, 21, 23, 29, 30	13, 16, 17, 18, 20, 31	3, 6, 7, 12, 22, 23, 25, 26	3, 10, 18, 20, 21, 25, 26, 30
Prácticas religiosas	9, 14, 18, 19, 25, 26, 27	4, 5, 6, 15, 16, 23, 24, 25	2, 3, 12, 13, 20, 21, 29, 30	9, 10, 11, 12, 14, 17, 18, 26, 27, 28

> *A los hábitos les cuesta desaparecer,*
> *pero ciertamente desaparecen;*
> *si uno persiste, ellos desaparecen.*
> Osho. *El juego trascendental del zen.* pág. 87

CAPRICORNIO AÑO 2004. DESARROLLAS NUEVAS HABILIDADES

Aviso general

Los nativos de Capricornio enfrentan el tránsito de Saturno en oposición a su Sol; son inminentes los cierres de ciclo y tienen que encontrar nuevas vías de desarrollo.

Saturno es el regente de Capricornio; no por ello se comporta más benigno aunque se trate de su gobernante; pero los nativos de Capricornio nacieron bajo este planeta, y como es lógico lo conocen y lo han experimentado desde siempre; luego entonces están más preparados para recibir sus efectos, no les resulta desconocida la energía saturnina. Muchos capricornianos tienen marcada inclinación al aislamiento, creando a su alrededor una especie de barrera que los mantenga alejados de los demás. Algunos se conducen con cierta dureza, resistencia y tenacidad, unida a la ambición que les conduce al logro de posiciones socialmente elevadas, así mismo una gran capacidad de trabajo los distingue. La influencia de Saturno los restringirá un poco más y quizá encuentren un reto y un desafío para lograr sus propósitos; acentuándoles la desconfianza la inseguridad y la inhibición emocional que de por síí ya poseen; sin embargo, desarrollarán nuevas habilidades para el logro de lo que se proponen, trabajarán más si es preciso, serán más metódicos y ordenados, más responsables y trabajadores, y quizá la cualidad de la rigidez se reafirme. No obstante, como el planeta Saturno crea conciencia de las deficiencias y las limitaciones lo más probable es que te des cuenta de tus errores y esto te lleve a modificar tu carácter.

Por otro lado, tendrán grandes momentos de creatividad por el ingreso de Júpiter en el signo de Virgo, en este minucioso y modesto signo, Capricornio recibe una afirmación en su carácter serio y concentrado; se vuelve más detallista, y querrá lograr perfección en todo lo que haga.

Sabrán que tendrán que hacer más esfuerzo de lo normal en su trabajo con una sobrecarga de tareas; lo más probable es que puedas sentirte muy agotado, y necesites mucho la colaboración de los demás.

En el 2004 tendrás que deslindar responsabilidades y aprender a reducir tu deseo de querer abarcar y controlarlo todo. Quizá muchos nativos de este signo se desarrollen como escritores o tengan éxito técnico en el manejo de las computadoras; aunque ésta no sea su chamba.

La salud física y mental ocupará un primer plano, tendrán que prestar atención a los desórdenes en su cuerpo; algunos nacidos bajo este signo deberán ser muy cuidadosos con su salud, ya que tienen riesgos de enfermarse, pueden prevenirlo visitando al médico a tiempo. En general sentirán un profundo agotamiento físico acompañado por un fuerte miedo a la vejez.

Tú sabes que eres el hacedor de tu propio destino; pero en cuanto a las finanzas, aunque tendrás mayores expectativas, el ingreso del dinero será lento.

Las cabras no deberán pasar por alto esta oportunidad que el destino les brinda. Lo material y lo espiritual se desarrollarán conjuntamente. En cuanto a la familia y pareja y el amor en general, no se verán favorecidos de la misma manera. Es muy probable que tus relaciones afectivas se enfríen.

Aviso por decanato

Si naciste entre el 21 y el 30 de diciembre:
- Recibes la influencia de Urano que transita en un buen aspecto con tu Sol, descubrirás tus talentos y tu tendencia a ser independiente se marcará en todos los aspectos.
- Harás uso de los avances de la tecnología en tu trabajo y aprenderás a trabajar en equipo.
- Es posible lidiar con situaciones dolorosas por las pérdidas. Estarás listo para perdonar y seguir adelante, tu búsqueda de paz interior será lo más importante.
- En los afectos habrá cambios y decisiones trascendentes, cerrarás ciclos con determinadas personas, especialmente con la pareja. Quizá escojas la vida solitaria como camino.

Si naciste entre el 1º y el 19 de enero:
- Lo profesiona,l para variar, ocupará tu atención preferente; el reto consiste en llevar a término proyectos que has preparado con mucha anterioridad, y que los reenfocas ahora para terminarlos.
- Te esperan viajes motivados por negocios; y se te presentarán cuantiosos gastos por cuestiones profesionales, los cuales no siempre recuperarás, se acentuará tu prudencia en los gastos.
- Hay muchos retos para lograr el éxito en lo que te propones; esto puede llegar a deprimirte y angustiarte. Lo más probable es que las responsabilidades puedan resultarte abrumadoras y que tu vitalidad se vea disminuida por ello.

- El efecto de Júpiter en el signo de Virgo, un signo de tierra como el tuyo, te ayudará a neutralizar el efecto del planeta Saturno y habrá un equilibrio en los resultados y en la productividad de tu negocio; la clave es la paciencia: "la cosa es tardada pero segura", poco a poco obtendrás el fruto de tus esfuerzos. Aunque para algunos nativos de este signo mal aspectados será difícil conservar el trabajo, en forma general estarán muy ocupados.
- Cuídate físicamente. En el amor tus sentimientos se transformarán, si estás casado te costará trabajo explicar por qué prefieres distanciarte de las personas que amas. Algunos nativos de capricornio que han tenido conflictos con sus parejas pueden optar por cortar la relación, ya que sus sentimientos no serán los mismos. Sin embargo, tus emociones no estarán reprimidas por la influencia, del expansivo Júpiter, si tu forma de vida te lleva a los viajes conocerás nuevos amores fuera de tu lugar de origen.
- Muchas situaciones nuevas llegarán para ti, habrá la oportunidad de viajar y de conocer nuevos lugares

Número de la suerte 2004

Tu número clave y de buena suerte para los pronósticos y lotería en el 2004 es el 7. La numerología anuncia que tendrás la capacidad para sacar el mejor provecho de casi todas las situaciones, incrementarás tu confianza para realizar tus propósitos; debes desoír las señales de alerta para dedicar mucha atención a las energías negativas y pasar por alto el resentimiento de otros; este número también te dice que debes aprender a interpretar las señales a través de tu intuición y manejarlas con decisión, antes de que no puedas controlarlas. Respecto a los juegos de azar que tal que de la noche a la mañana te vuelves millonario apostando al número 7.

Mensaje del Tarot Osho Zen

Tarot OSHO ZEN, arcano mayor, No. V, El vacío. La sabiduría del tarot Osho Zen te revela que estar en el "vacío" puede ser desorientador e incluso "asustar al más pintado". En el vacío no hay nada a qué aferrarse, no hay sentido de dirección, ni siquiera una indicación de qué elegimos y de qué posibilidades pueden encontrarse más adelante. Sin embargo, el "vacío" no es simplemente vacío, el vacío lo es todo. Está vibrante de todas las posibilidades, es un potencial, un potencial absoluto; aún no se ha manifestado, pero lo contiene todo "al comienzo es naturaleza, al final es naturaleza, así que, ¿por qué te preocupas tanto?, ¿por qué eres tan ansioso?, ¿tan ambicioso?, la nada es todo el camino".

Lectura práctica. El tarot te indica que en el 2004 conocerás un consejero, sacerdote, psicoanalista o gurú, y que buscarás respuestas espirituales o filosóficas para encontrarle sentido a tu vida; ya que puedes sentir un vacío muy profundo en tu existencia.

Enseñanza 2004

No te sientas desalentado cuando algo parece que va en tu contra. La vida se rige por leyes universales; ocurre lo que tiene que ocurrir; sin embargo, nuestra visión muchas veces es limitada y no comprendemos en forma inmediata el mensaje que la vida nos da de ciertas clases de experiencias. Detrás de algo que parece negativo, siempre hay algo positivo. En toda situación difícil hay una bendición oculta, confía en ti mismo y en la fuerza superior que llevas dentro. Cada día primero de mes anota en un papelito tus propósitos a lograr, dóblalo y guárdalo en algún lugar cerca de ti, desentiéndete de tu petición. Te sorprenderá cómo muchas de las cosas que deseas pueden lograrse, además de por tu esfuerzo, por el uso de tu fe.

Previsión mensual

Previsión enero de 2004

Marte y Saturno en cuadratura con el signo de capricornio da inicio a un año difícil para ti. Los primeros días de enero te verás confrontado con jefes o subalternos. Si eres ejecutivo un proyecto inacabado puede ser recortado en tu presupuesto. Tus contactos pueden proporcionarte apoyo que puede ir más allá del dinero, esto te permitirá lograr resultados satisfactorios. Tu economía mejorará.

En el mes existen notorios cambios que te desequilibran, éstos pueden darse en tu mente y se pueden manifestar en cambios de humor radicales, es decir, puedes estar deprimido en algún momento y en otro sentirte repentinamente feliz. Aprecias el valor de mantenerte activo, pero quizá disfrutes también con los aspectos sociales.

Se transforman tus sentimientos del amor, puede ser que te resistas a decir por qué te alejas. Hablar de esto con un amigo ayudará a aclarar tus ideas. Te sentirás libre al hablar abiertamente sin miedo a represalias.

Cuida tu salud en este inicio de año, porque bajarán tus defensas. Así que aumenta tu nivel de actividad y estimula tu alerta mental, evita exponerte a cambios de clima.

Días fluidos y positivos: 2, 3, 12, 13, 16, 17, 20, 21, 29, 30 y 31.
Días críticos y desafiantes: 1, 7, 8, 14, 15, 18, 19, 27 y 28.

Previsión febrero 2004
Alégrate, porque habrá cambios inesperados que te impulsarán a buscar alternativas en lugar de seguir por el camino acostumbrado. Marte en el signo de Tauro influye positivamente en tu vida en términos generales, y se verán recompensados tus esfuerzos por aclarar las cosas.

Estás irradiando tus mejores cualidades, ganarás el reconocimiento de los que te rodean. Expresiones extraordinarias de afecto te ayudarán a expresar lo que sientes con alguien que es muy especial para ti. El amor prosperará cuando abras tu corazón y te dejes llevar por tus sueños.

Tienes una actitud positiva, ello te ayudará a manejar la tensión de una manera mucho más eficaz. Te resultará beneficioso establecer nuevas metas de salud física y mental. Lo que hagas por los demás nunca se echará en saco roto, es como si lo hicieras por ti, de acuerdo con las leyes universales, lo que damos por el bien de otros se nos regresa multiplicado como un "bumerang".

Días fluidos y positivos: 8, 9, 12, 13, 21, 22, 25 y 26.
Días críticos y desafiantes: 3, 4, 10, 11, 17, 18, 23 y 24.

Previsión marzo 2004
Con la entrada de la primavera podrás fortalecer tus negocios, solamente no te enajenes demasiado en el trabajo. Analiza las opciones que tienes de inversión pero camina con cuidado para no tener pérdidas. Podrías estar motivado a gastar por razones erróneas y también puedes ser víctima de individuos sin escrúpulos ¡Ten cuidado!

No te enfoques tanto en tu trabajo, ya que por esta razón tanto en la familia como con la pareja pueden haber situaciones incómodas; no todo es dinero.

La conexión espiritual que sientes invita a un amor más profundo que podrá desarrollarse en el año 2004.

Las situaciones tensas pueden agotar tu vitalidad y puedes sentirte atormentado por tu tendencia a preocuparte por las cosas que escapan a tu control. Dedica más tiempo a tu mundo interior. Practica técnicas de relajación y compleméntalas con un buen masaje, lo cual te será de mucha ayuda.

Días fluidos y positivos: 6, 7, 11, 12, 19, 20, 24 y 25.
Días críticos y desafiantes: 1, 8, 9, 15, 21 y 22.

Previsión abril 2004

Mercurio en movimiento retrógrado puede retrasar algunos proyectos de trabajo, sé paciente.

Logras consolidar una fuerte red de amigos con el objetivo de que te apoyen. La incertidumbre se disipa cuando tus planes parecen tener una base más sólida. Se te presentarán alternativas que te darán un respiro de satisfacción. Enfócate más a la realización de tus metas sin mirar si los demás se están negando a cooperar.

Un amor existente madura, o si estás listo para un nuevo amor hay muy buenas posibilidades. No olvides que la risa es el alimento del alma.

Tu vitalidad y resistencia aumentarán considerablemente po que te sientes muy bien contigo mismo. Es un buen mes para ti. Evita encuentros con quien estás en desarmonía. No te comprometas si no tienes la plena seguridad de lo que quieres.

Días fluidos y positivos: 3, 4, 12, 15, 16, 20, 21 y 30.

Días críticos y desafiantes: 5, 6, 11, 18, 19, 25 y 26.

Previsión mayo 2004

La Luna llena del día 4 de mayo en el signo de Escorpión te lleva a un gran movimiento de negocios.

Ya sea que estés iniciando un nuevo proyecto o trabajando con gente nueva, te encontrarás en una posición muy sólida aunque te sea desconocido el terreno que estás pisando. Tienes desarrollos inesperados. Éste es un mes de borrón y cuenta nueva. La Luna nueva en el signo de Tauro te augura cambios posibles de suerte. Habrá que sacar el mejor provecho de lo que se presente y para ello requieres de la mejor disposición ante lo que no puedes cambiar. Sin embargo, es un tiempo de recoger lo que has sembrado.

Un viejo amor puede aparecer en el escenario, pero eso es pasado; alguna amistad puede transformarse en mucho más. ¡Pregúntate si estás listo para que el amor haga magia en ti!, pero mantén siempre los pies en la tierra como buen capricornio. Tu fuerza está a prueba. En esta vida no hay registros, si lo que te afecta más está en el pasado déjalo en el pasado, porque éste ya no existe y no debe molestarte más.

Desarrolla mayor resistencia en tu salud, vitamínízate y ten mayor actividad física, también las experiencias placenteras son una inyección de salud para el cuerpo.

Días fluidos y positivos: 1, 4, 5, 13, 14, 17, 18, 27 y 28.

Días críticos y desafiantes: 2, 3, 8, 9, 15, 16, 22, 23, 30 y 31.

Previsión junio 2004

Marte en el signo de Cáncer te puede poner impaciente por demostrar tus esfuerzos. Así que mientras más comprometido te sientas más rendirás y las situaciones de trabajo mejorarán. Revisa tus planes y establece objetivos para obtener un mayor logro de ti mismo. Sin embargo, es un mes en el que requieres de firmeza de carácter porque pueden presentarse muchos retos, sobre todo en tus relaciones con los demás. Mercurio te indica que puedes perder una buena oportunidad por darle muchas vueltas a las cosas.

Alcanzarás un buen nivel de compatibilidad con tu pareja, siempre y cuando seas justo y considerado con ella. Las relaciones pueden ser una fuente de satisfacción o de insatisfacción profunda para ti, todo depende de como lo manejes. El mejor amor es el correspondido. Evita proyectar tus frustraciones en las relaciones cercanas.

Pon atención a los alimentos que ingieres para evitar malestares estomacales. No ignores las necesidades de tu cuerpo.

Días fluidos y positivos: 1, 2, 9, 10, 14, 15, 24, 25, 28 y 29.

Días críticos y desafiantes: 5, 6, 11, 12, 19, 20, 26 y 27.

Previsión julio 2004

Podrá ser una opción provechosa vender una casa o dar por terminado un contrato de arrendamiento. Herencias e impuestos requieren de toda tu atención, ponte al corriente para que no tengas dificultades por ese lado.

Inicias varias relaciones. Asuntos ligados con la intimidad se podrán presentar indicando que tal vez los compromisos amorosos que tienes pueden terminar. Tu reto es olvidar el pasado.

Si es que te sientes mal emocionalmente puedes tener repercusiones en tu salud. Hay una conexión poderosa con tu mente que te ayudará a sanar de cualquier desarreglo orgánico.

La Luna llena del día 2 de julio en tu propio domicilio influye en ti de una manera poderosamente emocional y predominan tus tendencias inestables y tus actitudes caprichosas, podrás descubrir algunas intrigas y falsas intenciones en el medio que te rodea. Como siempre la ambición es el motor que te llevará al éxito.

Días fluidos y positivos: 6, 7, 11, 12, 21, 22, 25, 26 y 31.

Días críticos y desafiantes: 2, 3, 8, 9, 16, 17, 23, 24 y 30.

Previsión agosto 2004

Marte en el signo de Virgo te otorga un cuidado especial. Procura tener precaución en asuntos donde manejes dinero, ya que los asuntos que te rodean y las personas que colaboran contigo no son lo que parecen, porque no comparten tus ideas. Sin embargo, tu liderazgo se acentúa a la mitad del mes por el tránsito de Mercurio en el signo de Virgo.

Muchas veces a causa de tu trabajo no logras enfocar la energía con tu familia, pero a mitad de este mes te verás obligado a resolverlo. Los vínculos espirituales y tu fe en el amor pueden ser las claves para salir adelante de este periodo difícil, la familia requiere de tu atención.

Por otra parte, si exploras las causas de tus enfermedades puedes descubrir una debilidad crónica. Aleja de ti los elementos destructivos y vendrá una regeneración en tu cuerpo.

Días fluidos y positivos: 3, 4, 7, 8, 17, 18, 22, 23, 30 y 31.

Días críticos y desafiantes: 5, 6, 12, 13, 19, 20, 26 y 27.

Previsión septiembre 2004
La Luna nueva en el signo de Virgo da inicio a una etapa de desafíos en tu vida, que pueden confrontarte cara a cara con un dilema moral o ético, por lo que es crucial que precises dónde estás parado o de lo contrario debes hacerte a un lado. Sin embargo, tus superiores estarán más accesibles y tendrás reuniones de negocios en las cuales te darán un empujón en el logro de tus propósitos. Mercurio en el signo de Virgo te ayuda a enfocar tus deseos y ambiciones para que no caigas en la frustración y en el resentimiento. No te debe faltar el sentido de propósito que te sostiene.

Las obligaciones familiares y laborales pueden demandar la mayor parte de tu tiempo, dejando poco para la diversión y el romance, cuida esos aspectos.

Utilizar métodos alternativos o terapias complementarias puede acelerar cualquier curación. Haz un esfuerzo consciente de relajación para lograr el equilibrio cuerpo-mente.

Días fluidos y positivos: 4, 5, 13, 14, 18, 19, 26 y 27.

Días críticos y desafiantes: 1, 2, 8, 9, 16, 17, 22, 23, 29 y 30.

Previsión octubre 2004
Marte en el signo de Libra te inclina a la desconfianza en tus relaciones de trabajo, te cuidas de los compañeros porque piensas que no son leales, sin embargo, estás en la labor de forjarte una posición sólida que pueda asegurar tu éxito, pero vuelve a evaluar tus planes e identifica tus problemas, será muy valioso comprobar qué camino debes seguir para continuar progresando. El dinero fluirá, pero necesitas administrarlo bien.

Venus ingresa al signo de Virgo en la primera semana de octubre, esto provoca cierto desinterés por las relaciones amorosas existentes. A pesar de ello a mediados del mes un contacto afectivo puede renacer y decidirás si continúas o no con esa relación. Recuerda que pasar juntos un tiempo especial desembocará en una intimidad más profunda.

Tu energía física recibe un impulso y puedes sentirte inspirado para realizar actividades de acondicionamiento físico. Si tienes actitudes negativas e incrédulas ante la vida puede ser que las oportunidades pasen a tu lado y ni siquiera te des cuenta. Creer te lleva a ser.

Días fluidos y positivos: 1, 2, 11, 12, 15, 16, 24, 25, 28, 29 y 30.

Días críticos y desafiantes: 6, 7, 13, 14, 19, 20, 26 y 27.

Previsión noviembre 2004
"En el arca abierta hasta el más justo peca."

Ten mucho cuidado con tus finanzas en este mes, es muy triste perder lo que te ha costado tanto trabajo por un simple descuido; Marte y Júpiter en el signo de Libra te inclinan a ser víctima de gente deshonesta, es primordial que vigiles tus intereses y la gente con la que te asocias para evitar que pierdas dinero. Los viajes de trabajo son posibles en noviembre. Considera qué es mejor para ti; si trabajar en una empresa o hacerlo por tu cuenta.

Las relaciones amorosas son tensas y con celos; ya que Marte ingresará al signo de Escorpión en la mitad de la quincena; por eso ten en cuenta que debes encontrar un equilibrio para que no te causen problemas ni los celos ni la indiferencia. Tu deseo por expresar tus sentimientos es muy positivo para disolver la desconfianza en tu pareja.

El trabajo puede enredarte si no tienes cuidado. No se puede dar todo lo que otros demandan. Es favorable que disipes dudas para conseguir apoyo en tus proyectos personales. Intenta un masaje relajante, medita y canta para que entres en un estado de alegría.

Días fluidos y positivos: 7, 8, 12, 13, 20, 21, 25 y 26.

Días críticos y desafiantes: 2, 3, 9, 10, 16, 17, 22, 23, 29 y 30.

Previsión diciembre 2004
Eres muy capaz de realizar lo que te propongas. La Luna nueva del día 18 en el signo de Piscis indica que a pesar de los obstáculos que has tenido en el 2004, cerrarás bien el año y obtendrás frutos mayores en el 2005. ¡Felicidades! Tus inversiones funcionan mejor y tu liderazgo se ve en aumento, ya que puede inspirar cambios significativos en la empresa donde prestas tus servicios.

Habrá un periodo de realización significativo para ti este fin de año, en el cual harás un inventario personal; no sólo es conveniente, sino que aumentará tu autoestima y el conocimiento de ti mismo. El agradecimiento es una de las virtudes más apreciadas del ser humano, sólo cuando somos agradecidos la abundancia y la gracia de Dios llegan a nuestra vida. Procura dar lo mejor de ti mismo y corresponder de igual forma a las personas que te han ayudado en la vida. Puedes sentirte bien compartiendo eventos sociales en estas fiestas.

El ejercicio te ayudará a aliviar la tensión y un acondicionamiento físico exigente y especializado puede ser justo lo que necesitas para aliviar el estrés de la vida.

Días fluidos y positivos: 4, 5, 13, 14, 18, 19, 26 y 27.

Días críticos y desafiantes: 1, 2, 8, 9, 16, 17, 22, 23, 29 y 30.

GUÍA ASTROLÓGICA PARA LOGRAR EL ÉXITO EN TUS PROPÓSITOS

Elige los mejores días del mes para el logro de dinero y trabajo (Gráfica de 7 líneas para 4 meses)

EVENTO	ENERO	FEBRERO	MARZO	ABRIL
Cobrar dinero y pagar deudas	4, 7, 9, 14, 15, 21 y 24.	6, 10, 15, 16, 17, 19, 25 y 29.	1, 2, 4, 5, 6, 7, 11, 16, 20, 24 y 25.	5, 14, 19, 20, 21, 23, 27 y 28.
Firmar contratos y formar sociedades	4, 7, 9, 14, 15, 21 y 24.	6, 10, 15, 16, 17, 19, 25 y 29.	1, 2, 4, 5, 6, 7, 11, 16, 20, 24 y 25.	5, 14, 19, 20, 21, 23, 27 y 28.
Abrir negocios y realizar operaciones bursátiles	4, 9, 21, 24 y 27.	6, 10, 15, 16, 17, 19, 20, 25 y 29.	1, 2, 4, 5, 6, 7, 11, 16, 20, 21 y 22.	4, 5, 14, 19, 22, 29 y 30.
Comprar y vender	4, 9, 21, 24 y 27.	6, 10, 15, 16, 17, 19, 20, 25 y 29.	1, 2, 4, 5, 6, 7, 11, 16, 20, 24 y 25.	5, 14, 19, 20, 21, 23, 27 y 28.
Enfrentar orocesos legales	7, 10, 14, 15, 20 y 31.	6, 7, 14, 15 y 27.	9, 11, 12, 13, 15, 22 y 28.	9, 10, 16, 25, 28, 29 y 30.
Utilizar publicidad y otros medios de comunicación	2, 5, 7, 10, 17 y 29.	6, 10, 15, 16, 17, 19, 21, 24, 25 y 29.	1, 2, 4, 5, 6, 7, 11, 16, 20, 24, 25, 26 y 27.	5, 14, 19, 20, 21, 23, 27 y 28.

EVENTO	MAYO	JUNIO	JULIO	AGOSTO
Cobrar dinero y pagar deudas	3, 4, 10, 16, 18, 26, 27 y 30.	2, 6, 7, 12, 17, 18, 22, 25 y 27.	5, 6, 11, 17, 19, 24 y 27.	4, 5, 6, 11, 15, 22, 23, 25, 29 y 31.
Firmar contratos y formar sociedades	3, 4, 10, 15, 16, 18, 26, 27 y 30.	2, 6, 7, 12, 17, 18, 22, 25 y 27.	2, 5, 6, 11, 17, 19, 24, 27 y 31.	4, 5, 6, 11, 15, 22, 23, 25, 29 y 31.
Abrir negocios y realizar operaciones bursátiles	3, 4, 10, 15, 16, 18, 26, 27, 30 y 31.	2, 6, 7, 12, 17, 18, 22, 25, 27 y 30.	2, 5, 6, 11, 17, 19, 24, 27 y 31.	4, 5, 6, 11, 15, 22, 23, 25, 29 y 31.
Comprar y vender	3, 4, 10, 15 y 16.	2, 17, 22, 23, 25, 26 y 28	11, 13, 14, 19 y 24.	15, 17, 18, 20, 22, 25 y 26.

Enfrentar procesos legales	3, 4, 5, 6, 7 y 30.	3, 4, 11, 12, 26, 27, 30.	1, 18, 19, 28 y 29.	17, 18, 22, 24, 25 y 26.
Utilizar publicidad y otros medios de comunicación	3, 4, 10, 15, 16, 18, 26, 27, 30 y 31.	2, 6, 7, 12, 17, 18, 22, 25, 27 y 30.	2, 5, 6, 11, 17, 19, 24, 27 y 31.	4, 5, 6, 11, 15, 22, 23, 25, 29 y 31.

EVENTO	SEPTIEMBRE	OCTUBRE	NOVIEMBRE	DICIEMBRE
Cobrar dinero y pagar deudas	4, 6, 13, 14, 21, 28	6, 11, 12, 13 27, 31	4, 5, 6, 12, 25, 26, 30	3, 4, 9, 11, 17, 18, 26, 27
Firmar contratos y formar sociedades	4, 6, 8, 9, 13, 14, 26, 27	6, 11, 12, 15, 16, 24, 25	1, 2, 3, 6, 12, 18, 21, 25, 26	3, 4, 8, 9, 10, 17, 18, 20, 27, 28, 30
Abrir negocios y realizar operaciones bursátiles	6, 14, 17, 18, 21	6, 13, 20	4, 5, 12, 21	11, 18, 19, 20
Comprar y vender	14, 21, 28, 29, 30	9, 11, 12, 13, 22, 27, 28, 29, 30, 31	12, 14, 18, 21, 25, 26	7, 11, 18, 22, 23, 26, 29
Enfrentar procesos legales	1, 2, 10, 11, 20, 21, 23, 29, 30	13, 16, 17, 18, 20, 31	3, 6, 7, 12, 22, 23, 25, 26	3, 10, 18, 20, 21, 25, 26, 30
Utilizar publicidad y otros medios de comunicación	9, 14, 18, 19, 25, 26, 27	4, 5, 6, 15, 16, 23, 24, 25	2, 3, 12, 13, 20, 21, 29, 30	9, 10, 11, 12, 14, 17, 18, 26, 27, 28

Elige los mejores días del mes para el logro de amor y relaciones (Gráfica de 7 líneas para 4 meses)

EVENTO	ENERO	FEBRERO	MARZO	ABRIL
Días favorables para el amor y la reconciliación	1, 4, 6, 10, 14, 19, 21 y 24.	2, 4, 6, 7, 10, 11, 23, 25, 26 y 27.	2, 5, 6, 8, 9, 11, 16, 20, 24, 25 y 28.	4, 5, 6, 19, 20, 21, 27, 28, 29 y 30.
Días propicios para casarse	7, 14, 21, 29, 30 y 31.	6, 7, 10, 11, 13, 14, 25, 26 y 27.	5, 6, 24 y 25.	5, 6, 19, 20 y 21.
Días favorables para tener relaciones sexuales y embarazarse	7, 8, 16, 17, 23, 24, 29 y 30.	3, 4, 6, 7, 10, 11, 12, 13, 21, 22, 25, 26 y 27.	1, 2, 11, 12, 19, 20, 24, 25, 29 y 30.	7, 8, 15, 16, 25, 26, 28, 29 y 21.
Días propicios para organizar fiestas y reuniones sociales	1, 3, 4, 6, 10, 14, 15, 22, 23, 30 y 31.	6, 7, 10, 11, 23, 24, 25, 26 y 27.	4, 5, 13, 14, 16, 24, 25 y 31.	9, 10, 23, 24, 28 y 29.
Días favorables para hacer viajes largos y cortos	4, 5, 18 y 19.	1, 2, 14, 15, 28 y 29.	13, 14, 26 y 27.	9, 10, 23, 24, 25 y 30.
Días propicios para realizar prácticas culturales y conocer amistades	4, 5, 9, 10, 14, 15, 18, 19, 22 y 23.	6, 7, 19, 20, 28 y 29.	4, 5, 17, 18, 26, 27 y 31.	4, 9, 10, 13, 23, 24, 25, 28 y 30.

EVENTO	MAYO	JUNIO	JULIO	AGOSTO
Días favorables para el amor y la reconciliación	2, 3, 4, 16, 17, 18, 26 y 30.	2, 6, 7, 11, 12, 14, 15, 17, 19, 22, 23, 25 y 26.	2, 4, 5, 11, 16, 17, 22 y 31.	5, 6, 7, 11, 15, 17, 22, 25, 29 y 30.
Días propicios para casarse	2, 3, 4, 21, 22, 23, 30 y 31.	2, 17, 18, 19, 25, 26 y 30.	2, 3, 10, 11, 17, 18, 23, 24 y 31.	20, 22, 25 y 26.

278

Días favorables para tener relaciones sexuales y embarazarse	2, 3, 4, 5, 13 14, 18, 21, 22, 23 y 26.	2, 6, 7, 9, 10, 11, 18, 19, 22, 28 y 29.	2, 6, 7, 16, 17, 23, 24, 25 y 26.	3, 4, 12, 16, 22, 23, 30 y 31.
Días propicios para organizar fiestas y reuniones sociales	4, 11, 16, 18, 25, 26 y 30.	2, 7, 8, 14, 15, 17, 18, 19, 21, 22, 25, 26 y 30.	2, 3, 10, 11, 17, 18, 23,1 24 y 31.	1, 6, 17, 18, 20, 22 y 26.
Días favorables para hacer viajes largos y cortos	6, 7, 11, 20, 21, 30 y 31.	3, 4, 16, 17, 28 y 30.	1, 4, 5, 13, 14, 22, 23, 24 y 27.	1, 2, 10, 11, 19, 20, 24 y 25.
Días propicios para realizar prácticas culturales y conocer amistades	2, 3, 10, 11, 17, 18, 20, 21, 30 y 31.	2, 3, 4, 7, 8, 16, 17, 26, 27 y 30.	4, 5, 11, 12, 18 y 19.	1, 2, 7, 8, 15, 16, 23, 28 y 29.

EVENTO	SEPTIEMBRE	OCTUBRE	NOVIEMBRE	DICIEMBRE
Días favorables para el amor y la reconciliación	1, 4, 5, 7, 10, 15, 16, 17 y 24.	5, 9, 12, 14, 15, 20, 27, 28, 29, 30 y 31.	4, 8, 9, 13, 15, 17, 18, 19, 25 y 26	5, 14, 16, 18, 20, 21, 22, 23, 26, 27
Días propicios para casarse	3, 4, 5, 15, 16, 21, 28,	1, 2, 8, 9, 13, 14, 15, 28, 29, 30	12, 18, 19, 25, 26	11, 14, 18, 22, 23, 26, 30
Días favorables para tener relaciones sexuales y embarazarse	3, 4, 8, 9, 18, 19, 28	1, 2, 6, 7, 15, 16, 24, 25, 28, 29, 30	2, 3, 12, 13, 20, 21, 25, 26	1, 9, 10, 14, 17, 18, 22, 23, 26, 27, 28
Días propicios para organizar fiestas y reuniones sociales	2, 3, 4, 10, 11, 12, 16, 17, 24, 25	1, 2, 8, 9, 13, 14, 28, 29, 30	3, 4, 5, 9, 10, 18, 19, 25, 26	3, 11, 12, 15, 16, 22, 23, 26, 30, 31
Días favorables para hacer viajes largos y cortos	2, 6, 7, 20, 21	3, 4, 13, 14, 17, 18, 20	1, 3, 14, 15, 27, 28	10, 11, 12, 24, 24, 30, 31
Días propicios para realizar prácticas culturales y conocer amistades	2, 6, 7, 13, 14, 16, 17, 24, 25	3, 4, 9, 22, 23, 30, 31	3, 9, 10, 18, 19, 27, 28	3, 7, 8, 15, 16, 24, 25

Elige los mejores días del mes para el logro de salud, belleza y curación (Gráfica de 7 líneas para 4 meses)

EVENTO	ENERO	FEBRERO	MARZO	ABRIL
Dietas y ayunos para adelgazar y desintoxicar el cuerpo	7, 16, 17 y 21.	6, 8, 9, 13, 20, 21 y 22.	1, 2, 6, 7 y 13.	5, 11, 13, 19 y 27.
Someterse a tratamientos médicos y dentales. Psicoterapias y curaciones	14, 15, 18, 28 y 29.	6, 8, 9, 13, 20, 21 y 22.	1, 2, 6, 7, 11, 12 y 13.	3, 4, 7, 8, 11, 15, 16, 25, 26 y 30.
Operaciones quirúrgicas	28 y 29.	12, 13, 20, 23, 24 y 27.	11, 12, 13 y 20.	11 y 19.

279

Cortarse el pelo y hacerse tratamientos de belleza, faciales y corporales	7, 14 y 21.	6, 20, 25, 26 y 27.	6, 20 y 28.	1, 2, 5, 6, 19, 20, 21, 22, 27 y 28.
Prácticas deportivas	14, 18 y 19.	2, 14 y 15.	12, 13, 21 y 22.	9, 10, 18 y 19.
Prácticas religiosas	7, 16, 17, 18, 19, 24 y 25.	6, 12, 13, 16, 17, 21, 22, 25 y 29.	1, 2, 11, 12, 19, 20, 29 y 30.	7, 8, 9, 10, 15, 16, 26 y 27.

EVENTO	MAYO	JUNIO	JULIO	AGOSTO
Dietas y ayunos para adelgazar y desintoxicar el cuerpo	1, 4, 11, 18, 22, 27 Y 28.	6, 7, 9, 12, 18, 22, 25, 26, 27 y 29.	2, 5, 8, 10, 11, 16 y 17.	7, 8, 15, 17, 28, 29, 30 y 31.
Someterse a tratamientos médicos y dentales. Psicoterapias y curaciones	4, 5, 11, 27 Y 28.	3, 9, 14, 21 y 28.	2, 5, 8, 10, 11, 16, 17, 21, 22, 25 y 26.	3, 4, 7, 17, 18, 22, 23, 30 y 31.
Operaciones quirúrgicas	11, 15, 16 y 18.	9, 14, 17, 21, 26 y 28.	8, 9, 21, 22 y 25.	7, 15, 18, 20 y 22.
Cortarse el pelo y hacerse tratamientos de belleza, faciales y corporales	2, 3, 16, 17, 18, 21, 26, 27, 30 y 31.	2, 17 y 25.	2, 17, 24 y 31.	1, 3, 6, 15, 29, 18, 20, 22, 25 y 26.
Prácticas deportivas	3, 6, 7, 15, 16, 25 y 26.	9, 14, 22, 28 y 30.	5 y 16.	5, 6, 17, 20, 22, 24, 25 y 26.
Prácticas religiosas	4, 5, 10, 11, 13, 14, 22 y 23.	1, 2, 9, 10, 19, 20, 28, 29 y 30.	1, 5, 9, 11, 28 y 29.	6, 15, 17, 18, 20, 22 y 26.

EVENTO	SEPTIEMBRE	OCTUBRE	NOVIEMBRE	DICIEMBRE
Dietas y ayunos para adelgazar y desintoxicar el cuerpo	4, 6, 13, 14, 21, 28	6, 11, 12, 13 27, 31	4, 5, 6, 12, 25, 26, 30	3, 4, 9, 11, 17, 18, 26, 27
Someterse a tratamientos médicos y dentales. Psicoterapias y curaciones	4, 6, 8, 9, 13, 14, 26, 27	6, 11, 12, 15, 16, 24, 25	1, 2, 3, 6, 12, 18, 21, 25, 26	3, 4, 8, 9, 10, 17, 18, 20, 27, 28, 30
Operaciones quirúrgicas	6, 14, 17, 18, 21	6, 13, 20,	4, 5, 12, 21	11, 18, 19, 20
Cortarse el pelo y hacerse tratamientos de belleza, faciales y corporales	14, 21, 28, 29, 30	9, 11, 12, 13, 22, 27, 28, 29, 30, 31	12, 14, 18, 21, 25, 26	7, 11, 18, 22, 23, 26, 29
Prácticas deportivas	1, 2, 10, 11, 20, 21, 23, 29, 30	13, 16, 17, 18, 20, 31	3, 6, 7, 12, 22, 23, 25, 26	3, 10, 18, 20, 21, 25, 26, 30
Prácticas religiosas	9, 14, 18, 19, 25, 26, 27	4, 5, 6, 15, 16, 23, 24, 25	2, 3, 12, 13, 20, 21, 29, 30	9, 10, 11, 12, 14, 17, 18, 26, 27, 28

280

Despliega las alas y vuela por el firmamento como un águila.
Osho. *El juego trascendental del zen*, Cap. 6.

ACUARIO AÑO 2004. LA COMPRENSIÓN TE LIBERA

Aviso general

Los cambios que se han efectuado en tu vida contribuyeron a marcar el sentido de independencia que te caracteriza. Este planeta te causó gran tensión nerviosa, en momentos llegó a parecer que su efecto fuera solo destructivo.

Las relaciones de trabajo en el 2004 podrán inclinarse por rumbos distintos a los que tú has planeado. Así mismo, los cambios afectivos que este planeta te produjo, posiblemente te llevaron a separaciones, divorcios, hechos que se presentaron en forma repentina. Sin embargo, hoy cuentas con un nuevo modelo de vida renovado. Tu prueba ha sido la adaptación al cambio, que es la clave para sacar una enseñanza provechosa a los movimientos planetarios que han engrandecido tu vida.

Hoy Neptuno, el planeta de la fascinación y engaño, seguirá hipnotizándote y ampliando tu sensibilidad, tu intuición, tu imaginación y tu atractivo.

De la misma manera, en su manifestación negativa te predispone a la evasión de la realidad por pasividad e indecisión, tu mente se ha vuelto fácil de influir, no sabes qué pasó contigo, pero eres diferente; puede que te sientas extraño, que sientas que no eres el mismo de siempre, en ocasiones te sientes muy confundido y las cualidades bohemias de Acuario se intensifican hasta convertirte en una persona con poca estructura para la vida práctica. Tus sentimientos son contradictorios, se asoman frustraciones poco definidas, tienes estados de insatisfacción, sin embargo, tratas de olvidarte de todos tus conflictos pero te sientes indefenso ante las luchas y los embates de la vida cotidiana, buscas refugio en tus sueños y en tu imaginación, intentas huir ante las limitaciones. Te desconoces, tú no eres así.

Los amores no han sido nada claros, tanto si eres hombre como si eres mujer, éstos han sido inestables, fascinantes, pero muy poco concretos como para hacer una vida en familia o casarte. Al mismo tiempo te sientes místico y poeta y tienes una capacidad muy grande de comprensión cuando despiertas a la realidad, y aprovechas todo tu caudal humano. En el 2004 continúa el efecto de Neptuno sobre tu Sol con todo lo positivo y lo negativo que esto implica, porque tú lo sientes a veces muy cómodo; y en otras ocasiones te sientes extraviado. Con muy poca seguridad en tu trabajo y en la economía. No es una época en la cual abunden los recursos, aunque nunca te falta lo que necesitas en términos generales, por otro lado, en lo que respecta a la pareja, te has visto sin querer o sin darte cuenta en situaciones amorosas enredosas o en posibles triángulos, sin embargo, tú quieres seguir con esas parejas que extrañamente te seducen, aunque no tengas futuro con ellas ni te ofrezcan una relación comprometida ni nada que se le parezca. Aun así, te involucras en estas situaciones correspondan o no a tus afectos, das demasiado y pides poco para ti, rescatas a personas más débiles que tú. En otros nativos(as) de Acuario se disuelve la relación de pareja como si fuera espuma y no se les acercan ni las moscas, lo que provoca que se sienten muy sentimentales y nostálgicos. Sin embargo, la vida cambia y la fuerza que tienes que desarrollar como nativo de Acuario es la energía de la materialización, lleva a cabo tus sueños, claro, los que son posibles, y desecha los que veas muy alejados de la realidad porque no son concretables.

Aviso por decanato

Si naciste entre el 20 y el 30 de enero:
- Curas viejas heridas que dejaron huella en tu alma. Recibes una influencia más positiva y concreta para mejorar tu vida. Ante todo buscas libertad y das paso a una nueva apertura en tu conciencia.
- Las relaciones de trabajo pueden inclinarse por rumbos distintos a los que tú has planeado. Los viajes y el deseo de correr distancias estarán a la orden del día.
- Muchos de tus sueños comenzarán a tomar forma, quizá se realicen en el 2004.
- Las relaciones amorosas fluyen por un nuevo camino y tu relación con los niños es más significativa en este tiempo. Una energía de estabilidad y compromiso contigo mismo empieza a crecer, en este año estás tomando la preparación necesaria para saber en qué momento buscas cambios importantes en tu vida que te garanticen el triunfo.

Si naciste entre el 1º y el 19 de febrero:
- Experimentas la fuerza espiritual de neptuno que desarrolla tu imaginación y poder espiritual para encontrarte a ti mismo y a Dios dentro de tu corazón. En el aspecto negativo te sientes perdido y no sabes qué rumbo tomar, no estás conciente de si vienes o vas y luchas a brazo partido por concretar tus proyectos, en tiempos de inseguridad, de arena movediza.
- Tu relación hacia tu cuerpo se maneja en los extremos; o tienes grandes posibilidades de modificarte y de equilibrar tu energía a través de disciplinas místicas; o, por el

contrario, tiendes a abandonarte y a adquirir vicios peligrosos como el alcohol, drogas, etcétera.
- En lo afectivo, tu compasión aumenta, y sientes el deseo de servir a la humanidad; sin embargo, en forma negativa muestras una gran alteración psicoemocional, y te cuesta trabajo liberarte de pasados traumas.
- Tu actitud hacia el dinero es más de fantasía que de realidad, pero puede ser que tengas grandes promesas de negocios.
- Con la pareja si eres del 10 de febrero al 19 recibes la influencia transformadora de Plutón que te permite hacer cambios positivos en tu vida, experimentas un periodo de renacimiento y renovación. En el 2004 desechas algunas cosas que pueden resultarte difíciles.

Número de la suerte 2004

Tu número clave y de buena suerte para los pronósticos y lotería en el 2004 es el 8.

El número 8 es el número ejecutivo y el magnético acumulativo. Éste es un año de buena suerte material para ti. Te anuncia que traerá valores financieros y materiales a tu vida. Sin embargo, no debes usar esta habilidad para tu propio beneficio, como la mayoría suele hacer, sino para emplear y ayudar a tus semejantes más desvalidos. También puedes participar con este número en juegos de azar, te traerá buena suerte, ya con dinero puedes seguirte divirtiendo, al fin que "lo bailado quien te lo quita".

Mensaje del Tarot Osho Zen

Tarot OSHO ZEN, arcano mayor, No. VIII, Valor. La sabiduría del Tarot Osho Zen te revela que debes ser lo suficientemente valiente para crecer y convertirte en la flor que estás destinado a ser. La semilla no puede saber lo que va a pasar; nunca ha conocido a la flor y ni siquiera puede creer que contiene el potencial de transformarse en algo semejante, en una hermosa flor, el viaje es largo, y siempre resulta más seguro no emprenderlo porque el camino es desconocido, nada está garantizado. Mil y uno son los riesgos del trayecto, muchas son las trampas; y la semilla está segura, escondida dentro de su dura coraza. Pero la semilla lo intenta, hace un esfuerzo; se deshace de la protectora cáscara, que es su seguridad, y empieza a moverse. Comienza la batalla de la vida; lucha contra el suelo, las piedras, las rocas. La semilla era muy dura pero el brote será muy blando. En el brote existen muchos peligros; brota hacia lo desconocido, hacia el sol, hacia la fuente de luz, sin saber por qué, pero la semilla está dominada por un sueño y, entonces, se mueve. Lo mismo es el camino para el ser humano. Es arduo y requiere de mucho valor. La flor nos enseña el camino.

Lectura práctica. Tendrás que llegar a acuerdos en el año 2004. existe la posibilidad de procesos legales, la concreción de un divorcio; se hará justicia en un caso legal. Tienes que ser cuidadoso y armarte de valor para evitar ser víctima de un engaño o una estafa.

Enseñanza 2004

Procura mantener la energía en lo que haces desde el principio hasta el final de nada sirve que inicies proyectos con un gran entusiasmo si no los terminas. Cuando los ciclos no se cierran la vida los regresa para terminarlos cuando menos te lo esperas, y la mayor parte de las veces no estás preparado para esa llamada. Por otro lado, tienes que ser muy cuidadoso en tus firmas de contrato, y en cualquier negociación que tengas que establecer para evitar engaños, fraudes y alejar de ti a los enemigos ocultos. Aprovecha esta influencia cósmica en forma mística, tu enseñanza en el 2004 es: "Termina todo lo que haces y observa con cuidado para distinguir lo falso de lo verdadero", y por último, sé feliz.

Previsión mensual

Previsión enero de 2004

Marte en el signo de Aries activa tu vida en el comienzo del año.

Tal vez tengas dificultades financieras si no te organizas y destinas tus ingresos a las reparaciones de tu casa, automóvil y todos tus objetos personales. Te beneficiará el contacto con personas ingeniosas. Los deseos de superación afloran fácilmente, buscas los mejores medios que te llevan a la realización. Evita caer en indecisiones y perder la oportunidad de actuar.

En el amor por ahora es mejor que sólo estés como observador, ya que es un periodo de fuertes conflictos. Es posible que se dé una lucha de poderes con las personas que te rodean, ya que las diferencias en sistemas de valores pueden alejarte de alguien en quien hasta ahora confiabas.

Posiblemente sientas que necesitas estar más tiempo solo, aprovecha eso para descansar y rejuvenecerte con el fin de que puedas superar los retos que te esperan, los cuales enfrentarás con valentía y saldrás victorioso.

Días fluidos y positivos: 1, 4, 5, 14, 15, 22, 27 y 28.

Días críticos y desafiantes: 2, 3, 9, 10, 16, 17, 23 y 30.

Previsión febrero 2004

El Sol en conjunción con neptuno este 2 y 3 de febrero complican tus asuntos de trabajo. Debes tener un especial cuidado con tus gasto,s ya que de esta forma puedes ayudarte a resolver una situación monetaria algo difícil. Tu situación financiera puede mejorar, es tiempo de entrar en contacto con lo que tiene valor y que sí puedes modificar a través de tu canalización en negocios concretables. En los aspectos de la vida tienes que ser más decidido y actuar más rápido, ya que la influencia de Neptuno sobre tu sol habla de que estás poco estructurado y confundido en lo que deseas hacer, especialmente en lo que se refiere a planes de trabajo.

Enfrentarás posibles perturbaciones sentimentales, ya estás cuestionando tus afectos y evaluando cuánto te interesa una relación que no llena tus necesidades, piensa dos veces antes de tomar una decisión, no sea que te deshagas de algo valioso. Una relación saludable sobrevivirá a los cambios que realices, las presiones pueden afectar tus sentimientos personales en este mes, en el que estás muy sensible y fácilmente puedes ser herido y lastimado.

Convierte tu salud en una prioridad, esta actitud impedirá retrocesos debido a que los problemas físicos que no resuelvas pueden emerger más adelante.

Días fluidos y positivos: 1, 2, 10, 11, 14, 15, 19, 20, 28 y 29.

Días críticos y desafiantes: 6, 7, 12, 13, 25, 26 y 27.

Previsión marzo 2004

De oportunidades perdidas se encuentra llena la vida. ¡Cuando las oportunidades se presentan tómalas!

Debes analizar en detalle las proposiciones, lo que comienza bien pudiera terminar mal si lo descuidas. Se abren nuevas perspectivas de trabajo. Sin embargo, Marte en el signo de Tauro te produce conflictos con los demás, especialmente con los superiores; lo mejor será que no hagas comentarios acerca de cómo debe funcionar tu lugar de trabajo, ya que esta postura puede ir en contra de tus jefes, así que sé prudente en lo que dices para que no frenes tu desarrollo personal.

En el amor se da una situación dual; esa atracción que sientes puede ser resultado de una necesidad de distracción y evasión; aunque ahora tal vez sólo te intereses por un encuentro pasajero. Recuerda que el curso del amor rara vez es simple y lineal, te puede rebasar.

Un cambio de aires puede ser benéfico para aliviar tu espíritu.

Días fluidos y positivos: 8, 9, 13, 14, 17, 18, 21, 22, 26 y 27.

Días críticos y desafiantes: 4, 5, 11, 12, 24, 25 y 31.

Previsión abril 2004
Eres bastante capaz de realizar todo lo que te propones, sabes que posees las cualidades suficientes para desempeñar un buen papel que hará prosperar tu negocio, no te inhibas y permite salir ese espíritu de líder. Marte en el signo de Géminis te impulsa a centrarte más en el sentido que le estás dando a la vida, para no perder el rumbo tienes que apoyarte en lo que es más duradero. Estás en un momento de aprender y retener lo nuevo, de atraer lo que por destino te toca atraer. Habrá que armonizar los aspectos superiores e inferiores de tu vida, lo útil de lo que no es necesario.

Los requerimientos familiares y domésticos pueden absorber tu tiempo. La etapa sentimental en la que te encuentras es curiosa, porque no te sientes correspondido por tu pareja, pero tampoco estás dispuesto a la entrega, dejas la relación a medias, lo mejor sería que te definieras.

Puede verse afectada tu salud a causa de jaquecas de origen inexplicable, esto se debe a la tensión que padeces, trata de relajarte y meditar.

Días fluidos y positivos: 5, 6, 9, 10, 14, 18, 19, 23 y 24.
Días críticos y desafiantes: 1, 7, 8, 13, 20, 21, 28 y 29.

Previsión mayo 2004
En mayo tus ideas se organizan y son muy originales, pero son interpretadas como demasiado revolucionarias. Haz ver el valor y demuestra lo que significa modificar y hacer cambios con la mente abierta.

Las pasiones y deseos están muy intensos este mes debido a la Luna llena en el signo de Escorpión el 4 de mayo, no obstante, este fuerte aspecto de Selene puede ayudarte a expresar tus sentimientos más profundos a la persona que te interesa. Si te mueves demasiado rápido e impulsivamente puedes precipitar y limitar los avances y cambios significativos en tu vida amorosa; existe una crisis vieja que no has resuelto con la pareja, y en este tiempo te obligan los planetas a revisarla.

Te resultará más fácil mantenerte activo si en tus ratos de ocio practicas algún pasatiempo que te produzca diversión. Tú estás destinado a lograr lo que te propongas y a disfrutar todo lo que deseas. No hay nada que te lo impida, tu potencial es ilimitado.

Días fluidos y positivos: 2, 3, 6, 7, 15, 16, 20, 21, 30 y 31.
Días críticos y desafiantes: 4, 5, 11, 17, 18, 25 y 26.

Previsión junio 2004
Es tiempo de entrar en contacto con tu propio valor, puedes modificar tus ac-

ciones y algunos aspectos de tu vida. Marte fortalece tu espíritu de lucha y te aconseja usar tu firmeza de carácter para no ser presa fácil de otros que te quieran engañar, muéstrate más directo en todos los tratos, sobre todo al hacer nuevas relaciones; para que lo mejor se quede contigo. Desafortunadamente algunas personas se vuelven "mañosas", pierden la frescura de la inocencia y utilizan la trampa para salirse con la suya. La trampa es corrupción, no permitas esta conducta en tu campo de acción.

Exhibe tus talentos permitiendo que los demás vean lo que tienes que ofrecer enfatizando tus cualidades únicas. Revisa tus metas en los planes de trabajo, ¿hacia dónde te diriges? Y ¿hacia dónde quieres ir?

Los efectos del planeta Neptuno te exponen a ilusiones y desilusiones ¡ten cuidado! Posibles separaciones pueden modificar tus energías.

Las actividades recreativas son una buena opción para mantenerte tranquilo, con buena salud y en forma.

Días fluidos y positivos: 3, 4, 7, 11, 12, 16, 17, 26, 27 y 30.
Días críticos y desafiantes: 1, 2, 8, 14, 15, 21, 22, 28 y 29.

Previsión julio 2004
Marte en signo de Leo te señala grandes cambios acompañados por diversas pautas de conflicto, no debes renunciar a lo que tanto trabajo te ha costado, especialmente en el trabajo. Supera actitudes pasivas, debes reunir tus recursos con un fin constructivo. En este mes pueden darse rupturas por abusos, vicios o situaciones que se salen de tu control, es adecuado que participes en acciones comunitarias con el fin de mantenerte unido con el resto de la sociedad.

Es tiempo de grandes cambios, mantén la forma y la dignidad ante la adversidad.

Pasas poco tiempo con tu pareja a causa de compromisos laborales o sociales, es posible que descubras que el amor es tu fuente de vitalidad. Sentirás la necesidad de expresar tus sentimientos. Es un momento adecuado para enamorarse porque en el ambiente cósmico existen aspectos planetarios que te inclinan a un "flechazo", sin embargo, puede resultarte engañosa esta experiencia, ¡Ten cuidado!

Practica actividades recreativas que desaten tu entusiasmo, de esa manera te mantendrás en forma física y espiritual.

Días fluidos y positivos: 1, 4, 8, 9, 13, 23, 24, 28 y 29.
Días críticos y desafiantes: 11, 12, 14, 18, 19, 25, 26 y 30.

Previsión agosto 2004
Los asuntos relacionados con tu economía y trabajo todavía pueden verse sacudidos en el inicio de este mes por la influencia de Marte en el signo de Leo. Es importante que no les des vuelta ni te conformes con las privaciones, hay que ser más decidido y actuar de la manera más rápida, lucha por lo mejor sin sentirte desalentado por situaciones repentinas que han ocurrido en tu vida, es necesario que consideres nuevas opciones en asuntos laborales y financieros.

En este mes sientes la necesidad de expresar amor, pero tus actos pueden ser malentendidos, lo que puede desembocar en conflictos, sé cuidadoso. Conoce las limitaciones de los demás, define tú tus propios límites, esta actitud te ayudará a superar las tensiones.

Tu salud estará un poco frágil, trata de tomar alimentos y vitaminas que te ayuden a nutrirte mejor y toma las medidas necesarias para protegerte de los virus.

Los juramentos amorosos se los lleva el viento.
Días fluidos y positivos: 1, 5, 6, 10, 11, 19, 20, 24, 25 y 28.
Días críticos y desafiantes: 2, 7, 8, 15, 16, 22, 23 y 29.

Previsión septiembre 2004
La entrada del otoño será intensa. El día 9 y 11 de septiembre hay cuadraturas riesgosas en el nivel planetario que afectan de forma colectiva pero también individual. Tienes que controlar tus deseos y ambiciones para no caer en la frustración y el resentimiento, quita de tu vida las ideas erróneas en todos los ámbitos.

Por otro lado, los asuntos laborales fluyen de manera natural debido a Venus en el Signo de Leo, ya que a Acuario le queda en la casa del trabajo; y te favorece en tus relaciones sociales. No te muestres inseguro ante los demás y sigue firme en tu camino hacia adelante.

Se presentarán situaciones contradictorias en el amor, por un lado quieres estar con tu pareja, pero por otro no sabes cómo obtener libertad, sólo aprovecha la situación que estás viviendo, ya que quizá aparezca una nueva relación o mejore la que ya tienes.

Tu salud es buena, pero es conveniente realizar alguna actividad deportiva varias veces a la semana, aunque sean pocos minutos. Elimina hábitos y actitudes poco sanas para aumentar tu vitalidad.

Días fluidos y positivos: 1, 2, 6, 7, 16, 17, 20, 21, 28 y 29.
Días críticos y desafiantes: 4, 5, 9, 11, 12, 18, 19, 24 y 25.

Previsión octubre 2004

Has estado trabajando mucho, y no siempre reconocen tu esfuerzo y dedicación en tu ambiente laboral, sin embargo, es probable que en este mes logres el reconocimiento que has estado buscando por tu creatividad e inteligencia. El ingreso de Júpiter al signo de Libra en combinación con Marte y Mercurio favorecen tus logros, y te dan buena suerte en todos los sentidos, ya que el signo de Libra es un signo armónico con tu sol.

Asuntos que tienen que ver con impuestos y recursos pueden ser motivo de preocupación, pero se resolverán rápidamente.

Octubre es un buen mes para la armonía y la felicidad; seguramente tendrás por pareja a un amante del arte y la belleza. Júpiter en Libra te abre grandes posibilidades para una temporada llena de afectos armónicos y felices.

Si exploras los lazos que unen a la mente, cuerpo y espíritu, tal vez descubras que tus malestares físicos provienen de viejos traumas emocionales y los puedes resolver.

Días fluidos y positivos: 3, 4, 13, 14, 17, 18, 22, 26 y 31.
Días críticos y desafiantes: 1, 2, 7, 8, 9, 15, 16, 23, 27 y 28.

Previsión noviembre 2004

Tus ideas serán mejor recibidas porque tienes muchas razones para sentirte esperanzado en tus finanzas. Estás en una posición en la que avanzas o avanzas, o quizás sea todo lo contrario, por otro lado, puedes ser víctima de engaños por parte de tus enemigos ocultos, tienes que estar alerta, Marte en cuadratura con Saturno te expone a fuerzas contrastantes y tensas. Toma la decisión de romper con inercias acumuladas y deja que tus asuntos maduren por sí mismos. Es necesario tener más cuidado que de costumbre para evitar riñas, disputas o cualquier fricción.

Reunirte con nuevos amigos puede darte el impulso que ahora necesitas. Se te presentarán caminos desconocidos. El romance forma parte del panorama, es probable que surja una nueva relación con un amor del pasado.

Tiendes a desesperarte y a deprimirte, esto altera tu sistema nervioso, sin embargo, con esta actitud no resuelves nada. Debes ser más frío y no darle importancia a lo que puedes resolver con una actitud positiva.

Días fluidos y positivos: 1, 9, 10, 14, 15, 22, 23, 27 y 28.
Días críticos y desafiantes: 5, 6, 12, 13, 18, 19, 25 y 26.

Previsión diciembre 2004

Usa el sentido común, el menos común de los sentido,s ya que en este mes tienes algunos cambios conflictivos debido al ingreso de Marte en el signo de Escorpión, este aspecto planetario te trae el ataque de enemigos declarados. Debes mantenerte sereno y no rebelarte abiertamente contra tus superiores de forma irracional para evitar problemas innecesarios.

Los viajes y las empresas culturales o académicas pueden llevarte a conocer nuevas amistades; el amor no tiene localización geográfica, así que si tienes la oportunidad de enamorarte en un viaje acéptalo, ya que en este mes hay muchas situaciones pasionales en tu vida. También Venus en el signo de Escorpión influye en tus relaciones afectivas, tornándolas pasionales y dramáticas. Modera la intensidad en tus afectos.

En esta Navidad y fin de año protege tu salud, ya que esta época de invierno generalmente acarrea enfermedades respiratorias. El abrir el corazón y compartir tus sentimientos tendrá un efecto positivo en tu salud física y mental.

Días fluidos y positivos: 7, 8, 11, 12, 19, 20, 21, 24 y 25.

Días críticos y desafiantes: 2, 3, 9, 10, 15, 16, 22 y 23.

Guía astrológica para lograr el éxito en tus propósitos

Elige los mejores días del mes para el logro de dinero y trabajo (Gráfica de 7 líneas para 4 meses)

EVENTO	ENERO	FEBRERO	MARZO	ABRIL
Cobrar dinero y pagar deudas	4, 7, 9, 14, 15, 21 y 24.	6, 10, 15, 16, 17, 19, 25 y 29.	1, 2, 4, 5, 6, 7, 11, 16, 20, 24 y 25.	5, 14, 19, 20, 21, 23, 27 y 28.
Firmar contratos y formar sociedades	4, 7, 9, 14, 15, 21 y 24.	6, 10, 15, 16, 17, 19, 25 y 29.	1, 2, 4, 5, 6, 7, 11, 16, 20, 24 y 25.	5, 14, 19, 20, 21, 23, 27 y 28.
Abrir negocios y realizar operaciones bursátiles	4, 9, 21, 24 y 27.	6, 10, 15, 16, 17, 19, 20, 25 y 29.	1, 2, 4, 5, 6, 7, 11, 16, 20, 21 y 22.	4, 5, 14, 19, 22, 29 y 30.
Comprar y vender	4, 9, 21, 24 y 27.	6, 10, 15, 16, 17, 19, 20, 25 y 29.	1, 2, 4, 5, 6, 7, 11, 16, 20, 24 y 25.	5, 14, 19, 20, 21, 23, 27 y 28.
Enfrentar procesos legales	7, 10, 14, 15, 20 y 31.	6, 7, 14, 15 y 27.	9, 11, 12, 13, 15, 22 y 28.	9, 10, 16, 25, 28, 29 y 30.
Utilizar publicidad y otros medios de comunicación	2, 5, 7, 10, 17 y 29.	6, 10, 15, 16, 17, 19, 21, 24, 25 y 29.	1, 2, 4, 5, 6, 7, 11, 16, 20, 24, 25, 26 y 27.	5, 14, 19, 20, 21, 23, 27 y 28.

EVENTO	MAYO	JUNIO	JULIO	AGOSTO
Cobrar dinero y pagar deudas	3, 4, 10, 16, 18, 26, 27 y 30.	2, 6, 7, 12, 17, 18, 22, 25 y 27.	5, 6, 11, 17, 19, 24 y 27.	4, 5, 6, 11, 15, 22, 23, 25, 29 y 31.
Firmar contratos y formar sociedades	3, 4, 10, 15, 16, 18, 26, 27 y 30.	2, 6, 7, 12, 17, 18, 22, 25 y 27.	2, 5, 6, 11, 17, 19, 24, 27 y 31.	4, 5, 6, 11, 15, 22, 23, 25, 29 y 31.
Abrir negocios y realizar operaciones bursátiles	3, 4, 10, 15, 16, 18, 26, 27, 30 y 31.	2, 6, 7, 12, 17, 18, 22, 25, 27 y 30.	2, 5, 6, 11, 17, 19, 24, 27 y 31.	4, 5, 6, 11, 15, 22, 23, 25, 29 y 31.
Comprar y vender	3, 4, 10, 15 y 16.	2, 17, 22, 23, 25, 26 y 28	11, 13, 14, 19 y 24.	15, 17, 18, 20, 22, 25 y 26.
Enfrentar procesos legales	3, 4, 5, 6, 7 y 30.	3, 4, 11, 12, 26, 27, 30.	1, 18, 19, 28 y 29.	17, 18, 22, 24, 25 y 26.
Utilizar publicidad y otros medios de comunicación	3, 4, 10, 15, 16, 18, 26, 27, 30 y 31.	2, 6, 7, 12, 17, 18, 22, 25, 27 y 30.	2, 5, 6, 11, 17, 19, 24, 27 y 31.	4, 5, 6, 11, 15, 22, 23, 25, 29 y 31.

EVENTO	SEPTIEMBRE	OCTUBRE	NOVIEMBRE	DICIEMBRE
Cobrar dinero y pagar deudas	4, 6, 13, 14, 21 y 28.	6, 11, 12, 13, 27 y 31.	4, 5, 6, 12, 25, 26 y 30	3, 4, 9, 11, 17, 18, 26, 27
Firmar contratos y formar sociedades	4, 6, 8, 9, 13, 14, 26 y 27.	6, 11, 12, 15, 16, 24 y 25.	1, 2, 3, 6, 12, 18, 21, 25, 26	3, 4, 8, 9, 10, 17, 18, 20, 27, 28, 30
Abrir negocios y realizar operaciones bursátiles	6, 14, 17, 18 y 21.	6, 13 y 20.	4, 5, 12, 21	11, 18, 19, 20
Comprar y vender	14, 21, 28, 29, 30	9, 11, 12, 13, 22, 27, 28, 29, 30, 31	12, 14, 18, 21, 25, 26	7, 11, 18, 22, 23, 26, 29
Enfrentar procesos legales	1, 2, 10, 11, 20, 21, 23, 29, 30	13, 16, 17, 18, 20, 31	3, 6, 7, 12, 22, 23, 25, 26	3, 10, 18, 20, 21, 25, 26, 30
Utilizar publicidad y otros medios de comunicación	9, 14, 18, 19, 25, 26, 27	4, 5, 6, 15, 16, 23, 24, 25	2, 3, 12, 13, 20, 21, 29, 30	9, 10, 11, 12, 14, 17, 18, 26, 27, 28

Elige los mejores días del mes para el logro de amor y relaciones (Gráfica de 7 líneas para 4 meses)

EVENTO	ENERO	FEBRERO	MARZO	ABRIL
Días favorables para el amor y la reconciliación	1, 4, 6, 10, 14, 19, 21 y 24.	2, 4, 6, 7, 10, 11, 23, 25, 26 y 27.	2, 5, 6, 8, 9, 11, 16, 20, 24, 25 y 28.	4, 5, 6, 19, 20, 21, 27, 28, 29 y 30.
Días propicios para casarse	7, 14, 21, 29, 30 y 31.	6, 7, 10, 11, 13, 14, 25, 26 y 27.	5, 6, 24 y 25.	5, 6, 19, 20 y 21.
Días favorables para tener relaciones sexuales y embarazarse	7, 8, 16, 17, 23, 24, 29 y 30.	3, 4, 6, 7, 10, 11, 12, 13, 21, 22, 25, 26 y 27.	1, 2, 11, 12, 19, 20, 24, 25, 29 y 30.	7, 8, 15, 16, 25, 26, 28, 29 y 21.
Días propicios para organizar fiestas y reuniones sociales	1, 3, 4, 6, 10, 14, 15, 22, 23, 30 y 31.	6, 7, 10, 11, 23, 24, 25, 26 y 27.	4, 5, 13, 14, 16, 24, 25 y 31.	9, 10, 23, 24, 28 y 29.
Viajes largos y cortos	4, 5, 18 y 19.	1, 2, 14, 15, 28 y 29.	13, 14, 26 y 27.	9, 10, 23, 24, 25 y 30.
Días propicios para realizar prácticas culturales y conocer amistades	4, 5, 9, 10, 14, 15, 18, 19, 22 y 23.	6, 7, 19, 20, 28 y 29.	4, 5, 17, 18, 26, 27 y 31.	4, 9, 10, 13, 23, 24, 25, 28 y 30.

EVENTO	MAYO	JUNIO	JULIO	AGOSTO
Días favorables para el amor y la reconciliación	2, 3, 4, 16, 17, 18, 26 y 30.	2, 6, 7, 11, 12, 14, 15, 17, 19, 22, 23, 25 y 26.	2, 4, 5, 11, 16, 17, 22 y 31.	5, 6, 7, 11, 15, 17, 22, 25, 29 y 30.
Días propicios para casarse	2, 3, 4, 21, 22, 23, 30 y 31.	2, 17, 18, 19, 25, 26 y 30.	2, 3, 10, 11, 17, 18, 23,1 24 y 31.	20, 22, 25 y 26.
Días favorables para tener relaciones sexuales y embarazarse	2, 3, 4, 5, 13 14, 18, 21, 22, 23 y 26.	2, 6, 7, 9, 10, 11, 18, 19, 22, 28 y 29.	2, 6, 7, 16, 17, 23, 24, 25 y 26.	3, 4, 12, 16, 22, 23, 30 y 31.
Días propicios para organizar fiestas y reuniones sociales	4, 11, 16, 18, 25, 26 y 30.	2, 7, 8, 14, 15, 17, 18, 19, 21, 22, 25, 26 y 30.	2, 3, 10, 11, 17, 18, 23,1 24 y 31.	1, 6, 17, 18, 20, 22 y 26.
Días favorables para hacer viajes largos y cortos	6, 7, 11, 20, 21, 30 y 31.	3, 4, 16, 17, 28 y 30.	1, 4, 5, 13, 14, 22, 23, 24 y 27.	1, 2, 10, 11, 19, 20, 24 y 25.
Días propicios para realizar prácticas culturales y conocer amistades	2, 3, 10, 11, 17, 18, 20, 21, 30 y 31.	2, 3, 4, 7, 8, 16, 17, 26, 27 y 30.	4, 5, 11, 12, 18 y 19.	1, 2, 7, 8, 15, 16, 23, 28 y 29.

EVENTO	SEPTIEMBRE	OCTUBRE	NOVIEMBRE	DICIEMBRE
Días favorables para el amor y la reconciliación	1, 4, 5, 7, 10, 15, 16, 17 y 24.	5, 9, 12, 14, 15, 20, 27, 28, 29, 30 y 31.	4, 8, 9, 13, 15, 17, 18, 19, 25 y 26	5, 14, 16, 18, 20, 21, 22, 23, 26, 27
Días propicios para casarse	3, 4, 5, 15, 16, 21, 28,	1, 2, 8, 9, 13, 14, 15, 28, 29, 30	12, 18, 19, 25, 26	11, 14, 18, 22, 23, 26, 30
Días favorables para tener relaciones sexuales y embarazarse	3, 4, 8, 9, 18, 19, 28	1, 2, 6, 7, 15, 16, 24, 25, 28, 29, 30	2, 3, 12, 13, 20, 21, 25, 26	1, 9, 10, 14, 17, 18, 22, 23, 26, 27, 28
Días propicios para organizar fiestas y reuniones sociales	2, 3, 4, 10, 11, 12, 16, 17, 24, 25	1, 2, 8, 9, 13, 14, 28, 29, 30	3, 4, 5, 9, 10, 18, 19, 25, 26	3, 11, 12, 15, 16, 22, 23, 26, 30, 31
Días favorables para hacer viajes largos y cortos	2, 6, 7, 20, 21	3, 4, 13, 14, 17, 18, 20	1, 3, 14, 15, 27, 28	10, 11, 12, 24, 24, 30, 31
Días propicios para realizar prácticas culturales y conocer amistades	2, 6, 7, 13, 14, 16, 17, 24, 25	3, 4, 9, 22, 23, 30, 31	3, 9, 10, 18, 19, 27, 28	3, 7, 8, 15, 16, 24, 25

Elige los mejores días del mes para el logro de salud, belleza y curación (Gráfica de 7 líneas para 4 meses)

EVENTO	ENERO	FEBRERO	MARZO	ABRIL
Dietas y ayunos para adelgazar y desintoxicar el cuerpo	7, 16, 17 y 21.	6, 8, 9, 13, 20, 21 y 22.	1, 2, 6, 7 y 13.	5, 11, 13, 19 y 27.
Someterse a tratamientos médicos y dentales. Psicoterapias y curaciones	14, 15, 18, 28 y 29.	6, 8, 9, 13, 20, 21 y 22.	1, 2, 6, 7, 11, 12 y 13.	3, 4, 7, 8, 11, 15, 16, 25, 26 y 30.
Operaciones quirúrgicas	28 y 29.	12, 13, 20, 23, 24 y 27.	11, 12, 13 y 20.	11 y 19.
Cortarse el pelo y someterse a tratamientos de belleza, faciales y corporales	7, 14 y 21.	6, 20, 25, 26 y 27.	6, 20 y 28.	1, 2, 5, 6, 19, 20, 21, 22, 27 y 28.
Prácticas deportivas	14, 18 y 19.	2, 14 y 15.	12, 13, 21 y 22.	9, 10, 18 y 19.
Prácticas religiosas	7, 16, 17, 18, 19, 24 y 25.	6, 12, 13, 16, 17, 21, 22, 25 y 29.	1, 2, 11, 12, 19, 20, 29 y 30.	7, 8, 9, 10, 15, 16, 26 y 27.

EVENTO	MAYO	JUNIO	JULIO	AGOSTO
Dietas y ayunos para adelgazar y desintoxicar el cuerpo	1, 4, 11, 18, 22, 27 y 28.	6, 7, 9, 12, 18, 22, 25, 26, 27 y 29.	2, 5, 8, 10, 11, 16 y 17.	7, 8, 15, 17, 28, 29, 30 y 31.
Someterse a tratamientos médicos y dentales. Psicoterapias y curaciones	4, 5, 11, 27 Y 28.	3, 9, 14, 21 y 28.	2, 5, 8, 10, 11, 16, 17, 21, 22, 25 y 26.	3, 4, 7, 17, 18, 22, 23, 30 y 31.
Operaciones quirúrgicas	11, 15, 16 y 18.	9, 14, 17, 21, 26 y 28.	8, 9, 21, 22 y 25.	7, 15, 18, 20 y 22.
Cortarse el pelo y someterse a tratamientos de belleza, faciales y corporales	2, 3, 16, 17, 18, 21, 26, 27, 30 y 31.	2, 17 y 25.	2, 17, 24 y 31.	1, 3, 6, 15, 29, 18, 20, 22, 25 y 26.
Prácticas deportivas	3, 6, 7, 15, 16, 25 y 26.	9, 14, 22, 28 y 30.	5 y 16.	5, 6, 17, 20, 22, 24, 25 y 26.
Prácticas religiosas	4, 5, 10, 11, 13, 14, 22 y 23.	1, 2, 9, 10, 19, 20, 28, 29 y 30.	1, 5, 9, 11, 28 y 29.	6, 15, 17, 18, 20, 22 y 26.

EVENTO	SEPTIEMBRE	OCTUBRE	NOVIEMBRE	DICIEMBRE
Dietas y ayunos para adelgazar y desintoxicar el cuerpo	4, 6, 13, 14, 21, 28	6, 11, 12, 13 27, 31	4, 5, 6, 12, 25, 26, 30	3, 4, 9, 11, 17, 18, 26, 27
Someterse a tratamientos médicos y dentales. Psicoterapias y curaciones	4, 6, 8, 9, 13, 14, 26, 27	6, 11, 12, 15, 16, 24, 25	1, 2, 3, 6, 12, 18, 21, 25, 26	3, 4, 8, 9, 10, 17, 18, 20, 27, 28, 30
Operaciones quirúrgicas	6, 14, 17, 18, 21	6, 13, 20,	4, 5, 12, 21	11, 18, 19, 20
Cortarse el pelo y someterse a tratamientos de belleza, faciales y corporales	14, 21, 28, 29, 30	9, 11, 12, 13, 22, 27, 28, 29, 30, 31	12, 14, 18, 21, 25, 26	7, 11, 18, 22, 23, 26, 29
Prácticas deportivas	1, 2, 10, 11, 20, 21, 23, 29, 30	13, 16, 17, 18, 20, 31	3, 6, 7, 12, 22, 23, 25, 26	3, 10, 18, 20, 21, 25, 26, 30
Prácticas religiosas	9, 14, 18, 19, 25, 26, 27	4, 5, 6, 15, 16, 23, 24, 25	2, 3, 12, 13, 20, 21, 29, 30	9, 10, 11, 12, 14, 17, 18, 26, 27, 28

Un poquito de locura y un poquito de sabiduría son buenas,
y la combinación correcta te hace un iluminado.
Osho. El juego trascendental del zen. pág. 103.

Piscis año 2004. "Te sueltas el pelo"

Aviso general

En el año 2004 continuarás rompiendo tus ataduras a las cosas del pasado que ya no son parte de tu vida, el ciclo de Plutón sigue influyendo en la transformación de tu existencia y querrás cambiar tu destino para enfocarlo por senderos distintos; se producirá una especie de introspección dentro de ti. Cambiarás físicamente y tenderás a adelgazar o a rejuvenecer, comenzarás algo que transformará radicalmente tu forma de vida, dejarás hábitos arraigados y obtendrás nuevas formas de comportamiento, y quizá romperás con relaciones dependientes.

Es posible que en estos últimos años hayas enfrentado la pérdida de algún ser querido y todavía estés viviendo el duelo.

En el curso de las ganancias percibirás ingresos de nuevas fuentes. Te verás obligado a mejorar tu economía y te las ingeniarás para lograr dinero de lo más insignificante, ya que buscarás nuevas alternativas que te generen beneficios. Las proposiciones de negocios son posibles. En el 2004 tendrás una fuerte obsesión por mantener y elevar tu posición económica.

Lo emotivo desempeñará un papel muy importante. Las relaciones sentimentales pueden pasar de un extremo a otro, de la frialdad al apasionamiento y posesividad con la persona amada, es probable que las relaciones absorbentes te causen sufrimientos.

Es un momento importante para cambiar tu régimen alimenticio, sin embargo, deberás cuidar tu salud, ya que puedes padecer enfermedades purificadoras, no obstante, contarás con una gran capacidad de recuperación. Es un año difícil en el sentido en que buscarás encontrar soluciones con tu pareja si ya estás casado o casada, éstas podrán sufrir algunas tensiones que pueden ser positivas, ya que tu relación de pareja exige cambios y reestructuración para poder mantener la unión.

Sentirás la influencia expansiva de Júpiter desde el signo de Virgo a partir de septiembre del 2003 hasta septiembre del 2004, te impulsará a desarrollar tus habilidades y a vincularte con otros cuyos recursos y talentos complementarán los tuyos. Quizá te sientas inclinado a cambiarte de casa o a hacer cambios en tu entorno personal. Así mismo, tienes la posibilidad de aumentar tus ingresos con ganancias impensadas o herencias que pueden modificar el rumbo económico, la habilidad para lograr dinero estará basada en tu sagacidad. Como buen psíquico y místico que eres te sentirás muy atraído hacia conocer lo extraño y misterioso. Los fenómenos ocultos ocuparán demasiado tu atención, aunque la tendencia es algo habitual en ti. Algunos nacidos bajo el signo de Piscis en el primer decanato e inicio del signo tendrán cambios imprevistos y buscarán un ambiente independiente. La receptividad de estos nativos se acentuará, y la inclinación por los cambios será la constante del año. En resumen, "te soltarás el pelo", y después de ser tan reprimido harás lo que quieras, en términos extremos "lo que se te dé la gana", convencido de que esta actitud ante la vida es la que quieres y la que te conviene.

Aviso por decanato

Si naciste entre el 20 y el 28 o 29 de febrero (el 2004 es año bisiesto):
- Imprevistos repentinos pueden suceder en tu vida. Ante todo buscarás la independencia. Puede ser que te precipites en algunas decisiones. Es necesario que hagas uso de la prudencia.
- Constantes altibajos económicos, el factor sorpresa puede darte fluctuaciones financieras. En ocasiones ganarás mucho y en otros tiempos puede haber pérdidas. Las inversiones especulativas son inseguras.
- Habrá viajes cortos realizados muy rápidamente, es buen momento para estudiar y para aprender materias novedosas como la astrología, la arqueología, la cibernética, etcétera.
- Ocurrirán cambios en la vida doméstica y con los miembros de la familia, probablemente comprarás una casa mejor o venderás la que ya tienes.
- El trabajo puede estar sujeto a cambios, sentirás la necesidad de trabajar en forma independiente. Es necesario cuidar tu sistema nervioso.
- Las relaciones de pareja son inusuales. Puedes conocer personas que te fascinarán, pero la relación no será estable sino intermitente y poco duradera. Hay tendencia al casamiento precipitado y a la separación.
- Tus proyectos profesionales serán ambiciosos y las amistades serán el medio para lograr el éxito.

Si naciste entre el 1º y el 20 de marzo:
- Aumentará tu entusiasmo y querrás abarcar muchos temas. Puedes pecar de exceso de confianza. En este año son posibles los viajes que te dejarán un grato recuerdo.

- Entradas y salidas de dinero muy fluidas; cuida de no desperdiciar tus recursos. Hay que ahorrar. Facilidades para ganar dinero por el alquiler o venta de casas.
- Año muy creativo en el que pueden presentarse conflictos sentimentales o pasiones mal llevadas. Algunos nativos de Piscis pueden verse perseguidos por enemigos tenaces que estarán al acecho. Tu mente tenderá al sufrimiento psíquico. Debes tratar de dormir bien para reponerte con el sueño, ya que muchos nativos de este signo debido a la intensidad de sus emociones pueden padecer insomnio por motivos inconscientes, es aconsejable someterse a un tratamiento psicoterapéutico.
- Se observa la posibilidad de problemas derivados por mala alimentación, intoxicaciones o dolencias intestinales y mala circulación.
- La pareja puede presentarte cambios y nuevos criterios, donde son posibles la ruptura definitiva o la solidez de lazos filiales, regresan algunas relaciones amorosas del pasado a tu vida presente. Evita las relaciones tormentosas en las que pueda existir el mal trato, en todo el año habrá gran intensidad y se presentarán pruebas importantes. Te verás precisado a pasar un tiempo en soledad para conocerte a fondo y alcanzar paz interna.

Número de la suerte 2004

Tu número clave y de buena suerte para los pronósticos y lotería en el 2004 es el 9.

El número 9 es un número maestro, poderoso en sus efectos sobre otros números, por lo tanto, quienes son regidos en este año 2004 por este número tienen influencia sobre otras personas e imponen su estilo y moda. El nueve es un año conclusivo de un ciclo de tu vida; por consiguiente, estarás abierto a nuevos caminos. Todo lo que has tejido en los años anteriores es momento de soltarlo; de la misma manera aleja de ti a todas las personas molestas o inútiles; los inoportunos y los vagos, los que te piden sin ofrecer nada a cambio y que representan una carga en tu perjuicio.

El aspecto negativo del nueve puede traerte dificultades imprevistas e inesperadas que quizá puedan desbaratar los planes que has hecho, lo que puedes tomar como "golpes del destino" y aprender de estas experiencias; a pesar de eso este año 2004 es un año bueno para ti. Convierte las dificultades en buena vibra, juega la lotería con el 9, si no te sacas el premio mayor por lo menos sacarás el reintegro.

Mensaje del Tarot Osho Zen

Tarot OSHO ZEN, arcano mayor, No. IV, El rebelde. La gente generalmente tiene miedo, sobre todo de las personas que se "conocen a sí mismas", ya que estos seres tienen un cierto poder y su sensibilidad es mayor. Se distinguen por una cierta aura y un cierto magnetismo, un carisma que puede sacar de sus prisiones tradicionales a la gente joven y común... El hombre iluminado no puede ser esclavizado: ésta es su dificultad ante los otros. No puede ser encarcelado ni absorbido por el medio. Cada genio que ha conocido algo de lo interior, va a ser con seguridad difícil de dominar por la sociedad. Será una fuerza inquietante para los demás, ya que los seres iluminados como Jesús, Buda y muchos más, son los extraños más grandes en el mundo. Parece como si no perteneciesen a nadie. Ninguna organización puede confinarlos, ninguna comunidad, ninguna sociedad. ninguna nación puede impedirles su fuerza de liderazgo. Simbolizan la luz de la verdad, que ilumina a todos los seres humanos, ya sean ricos o pobres. Los seres iluminados han desarrollado "alas para volar en el cielo", y su forma de ser es rebelde; no porque estén luchando contra alguien o contra algo; sino porque han descubierto su propia naturaleza verdadera y han determinado vivir de acuerdo con ella. Asumen su responsabilidad de lo que son y viven en su verdad.

Lectura práctica. Cuando aparece este arcano indica que tendrás un desafío para realizar algo, concretar una idea o construir alguna cosa. Puede tratarse de montar un negocio, formar una familia o adquirir una vivienda. Lucharás en el transcurso del año para lograr una estabilidad, te anuncia también posibles "choques de poder" con personas de alto rango, hacia las cuales manifiestas rebeldía.

Enseñanza 2004

"Amor grande vence mil dificultades". En este año aprenderás que el verdadero amor tiene una gran fuerza. El apóstol San Pablo, en el capítulo decimotercero de su primera epístola escribe una alabanza del amor que dice: "El amor sufre largo tiempo y es bondadoso, el amor no se vanagloria ni se encumbra; cree todas las cosas y sufre todas las cosas, y si hubiera profecías no se manifestarán". Así es el amor de poderoso. Estamos aquí en la Tierra para aprender a amar. Con la fuerza del amor derribarás todas las barreras que puedan presentarse en este año 2004. "Con la lluvia del amor verás el fulgor en todas partes."

Previsión mensual

Previsión enero de 2004
Podrás experimentar una fuerte sensación de unidad entre tus compañeros de trabajo. Será necesario que prestes especial atención a tu reputación. Saturno en Cáncer y Urano en el signo de Piscis incrementan tu sensibilidad, y las relaciones sentimentales pueden incidir en este inicio del 2004. Es posible que se te presente una relación sentimental inesperada que pronto comenzarás a idealizar, aunque tú sabes que en la realidad todo amor, a pesar de ser enfermizo, orilla a dar un vistazo dentro de nosotros mismos. Albergas sentimientos apasionados por cosas que los demás no comprenden, o en ocasiones te sientes atrapado si no eres lo suficientemente claro en tus actos o palabras como buen nativo de Piscis.

En cuestión de salud has estado un poco enfermo y piensas que no es necesario acudir al médico, procura hacerlo para prevenir cualquier malestar físico. Evita situaciones de alto riesgo.

Días fluidos y positivos: 2, 3, 7, 8, 16, 17, 20, 21, 29, 30 y 31.
Días críticos y desafiantes: 1, 4, 5, 12, 13, 18, 19, 24 y 25.

Previsión febrero 2004
En este mes puede haber buena influencia para el funcionamiento de las negociaciones. Marte en el signo de Tauro favorece tus ganancias.

Las relaciones marchan mejor y pueden conducirte a un avance profesional; es posible que te sientas tentado a gastar impulsivamente, lo que puede meterte en problemas si no te ajustas a tu presupuesto. Puedes vivir una situación plagada de trampas, si no eres selectivo en tus relaciones de amistad puedes encontrarte enemigos disfrazados de "amigos".

Es probable que en este mes se intensifiquen tus afectos de manera especial, debido a la presencia de Venus en tu domicilio, creo que le das demasiado tiempo a las pasiones y una relación requiere de privacidad y dedicación; ya que lo que mueve tus sentimientos son las fantasías.

En cuanto a salud, fortalece tu resistencia; fijar un programa razonable de ejercicio te ayudará a enfrentar mejor la agitación de la temporada que se aproxima.

Días fluidos y positivos: 3, 4, 8, 9, 12, 13, 17, 18, 25 y 26.
Días críticos y desafiantes: 1, 2, 14, 15, 21 y 22.

Previsión marzo 2004
La llegada de la primavera anuncia el renacer de nuevas oportunidades en el ámbito de tu trabajo. Si te esfuerzas puedes conseguir un ascenso laboral y obviamente un mejor sueldo.

Las pretensiones exageradas pueden resultar difíciles. Invierte bien tu tiempo en algo que te resulte provechoso.

La relación con los padres es tensa por su actitud autoritaria y conservadora hacia tu persona. Tu individualidad se puede ver afectada; pero en ti está la energía y el poder para que salgas adelante. Existe la posibilidad de que encuentres relaciones sentimentales durante un viaje, o puedes conocer extranjeros que te dejen un buen recuerdo. Mercurio en el signo de Piscis marca también un posible viaje a la playa.

Restablece el equilibrio entre tu mente, espíritu y cuerpo; quizá requieras de afirmaciones positivas para incorporar una nueva filosofía de renovación a tu vida.

Días fluidos y positivos: 1, 2, 11, 13, 15, 16, 24, 25, 29 y 30.
Días críticos y desafiantes: 6, 7, 13, 14, 18, 19, 26 y 27.

Previsión abril 2004
Marte en el signo de Géminis te dará el coraje para salir adelante en este mes en el que se presenta una fuerte lucha para satisfacer tus aspiraciones a través de una excesiva actividad. Hay enfrentamientos y roces en el trabajo.

Trata de aprovechar los consejos prácticos. La irritabilidad suele darse en tu medio ambiente, porque quieres abarcar demasiado. La correcta canalización de tu energía hará que desvíes el curso de una acción impulsiva y nada provechosa de tu parte.

Un viaje con tu pareja puede estimular una visión distinta una vez que se hayan alejado de las presiones cotidianas y puedan concentrarse en los ideales y en las esperanzas que compartes con tu compañero o compañera. Un miedo a perder el control puede manifestarse si sientes que las cosas se están moviendo demasiado rápido, aunque es posible que sólo estés atravesando por una prueba de amor.

Aprovecha la naturaleza y visita el campo; tienes que ir al aire libre. La jardinería puede resultarte especialmente agradable, camina o corre en una zona boscosa, te ayudará a equilibrar los centros de energía y lograrás serenarte en un mes en el que se vislumbran dificultades.

Días fluidos y positivos: 7, 8, 11, 12, 20, 21, 25 y 26.
Días críticos y desafiantes: 3, 4, 9, 10, 15, 23, 24 y 30.

Previsión mayo 2004
Integrar tus ideas con los otros puede llevarte a una gran oportunidad, especialmente si estás rodeado de personas que piensan como tú. Convivir con quienes comparten tus intereses puede reafirmarte y ofrecerte la oportunidad de mostrar tus talentos. Los proyectos pasarán por una nueva etapa y surgen horizontes distintos mediante enfoques diferentes en el trabajo. Hay muchas formas de comunicarse y estás listo para desarrollar tus puntos de vista, sin embargo, hay una especie de desafío contigo mismo, pues lo tradicional y conocido no es ya de tu agrado. Ganas de buscar y de encontrar soluciones a través de la pareja. El tipo de relación que mantienes con los demás te exigirá reestructuraciones.

En cuanto a salud, tal vez sientas que has excedido tus limitaciones, si es ese el caso, los ejercicios que fortalezcan tu flexibilidad física pueden ayudarte mucho a favorecer tu flexibilidad emocional, ya que tenemos una relación directa entre mente y cuerpo "mente sana en cuerpo sano".

Días fluidos y positivos: 4, 5, 17, 18, 22, 23, 27, 28 y 29
Días críticos y desafiantes: 1, 6, 7, 13, 14, 20 y 21.

Previsión junio 2004
El medio ambiente experimenta un gran cambio debido a la fuerte influencia de Plutón y de Urano y Júpiter. Existe una serie de situaciones competitivas en el frente profesional, y pueden parecerte amenazantes; controla tu ansiedad, ya que ésta se ve desafiada por eventos que no puedes manejar, esto puede ser una señal de que necesitas retraerte y esperar a que pase el temporal.

Exhibe tus talentos cuando tengas la oportunidad; no te dejes dominar por la timidez. Las críticas serán favorables porque aprecian tus esfuerzos.

Las inversiones funcionarán mejor con la entrada de Marte en el signo de Cáncer después de la segunda quincena de junio. La entrada del verano te hará saber defender firmemente tus convicciones. Quizá necesites comenzar de nuevo en relación con algunos asuntos familiares. Una relación amorosa se intensifica, quizá te sientas más cómodo si dejas que tu pasión te guíe.

Circunstancias tensas en el trabajo o en el hogar pueden agotar tu energía. Los afectos rejuvenecedores de un masaje pueden beneficiarte: "Déjate querer, flojito y cooperando".

Días fluidos y positivos: 1, 2, 5, 6, 14, 15, 19, 20, 28 y 29.
Días críticos y desafiantes: 3, 4, 9, 10,16, 17, 21, 25 y 30.

Previsión julio 2004
El trabajo puede ser el centro del conflicto, tanto por desgano al llevarlo a cabo

como por errores de imprecisión que entorpecen tu labor; y el temor de perder la chamba. Dedica más energía y cuidado a una empresa especulativa, y tal vez sea mejor que trabajes independiente, esto puede ayudarte a mantener el nivel de éxito al que quieres llegar.

Habrá una modificación de tus relaciones amorosas, si estás en la situación adecuada se pueden dar lazos amorosos duraderos, siempre y cuando la pareja que escojas satisfaga tus verdaderas necesidades; quizá te sientas listo para cambiar tu vida en aras del amor. Es momento de celebrar, Venus en el signo de Cáncer reblandece tus sentimientos y compartes tu alegría con quienes están en tu entorno.

Quizá sientas que necesitas más tiempo en privado. Aprovéchalo para descansar y rejuvenecerte de modo que estés preparado para los retos que te esperan. Procura mantener la energía en lo que haces desde el principio hasta el final. De nada sirve que inicies tus proyectos con gran entusiasmo si no los terminas de la misma manera.

Días fluidos y positivos: 7, 8, 12, 13, 22, 23, 26 y 27.
Días críticos y desafiantes: 1, 6, 7, 13, 14, 28 y 29.

Previsión agosto 2004
Tus relaciones de pareja pueden entrar en crisis debido a las diferencias que provoca Marte en el signo de Virgo, la forma en que ambos expresan su afecto es amor-odio. Tienes que sanear tus relaciones de pareja. Los conflictos en tu vida personal pueden tener repercusiones, y quizá respondas distanciándote para reflexionar. La tensión familiar también puede ser la causa de tus emociones alteradas.

Si exploras tus roles y necesidades, éstas pueden darle un nuevo aire a tu relación de pareja. Hay mucha tensión por el miedo a las separaciones afectivas.

Evita enfrentarte en el trabajo con enemigos ocultos, aclara y sácalos a la luz.

Te conviene entrar en un nuevo programa para mantenerte en forma o probando un nuevo deporte, date un tiempo para ajustarte hasta que tu cuerpo se acostumbre. El gran valor de la belleza no se cuestiona, pero procura que tu belleza también sea del alma y proyectarás el verdadero encanto espiritual y físico. Para alcanzar esto practica las virtudes.

Días fluidos y positivos: 7, 8, 12, 13, 22, 23, 26, 27 y 30.
Días críticos y desafiantes: 3, 4, 10, 11, 17, 18, 24, 25 y 31.

Previsión septiembre 2004
Es un mes de fuerza, tendrás que enfrentar una serie de hostilidades laborales

que pueden producir posturas extremas. Quizá quieras mantenerte alejado de los problemas, aunque es posible que te sientas obligado a tomar partido si tu propia seguridad está en duda. Debes encarar y mantener tus principios éticos para evitar ahogarte en un mar de desacuerdos menores, y estarás dispuesto a luchar por asuntos mayores. La esperanza renace para ti, Piscis. A pesar de que en este mes existen tres días muy difíciles para ti, como son el 9, 11 y el 13 de septiembre, en los que te puedes ver retado por la mala intención de tus enemigos declarados.

Por otro lado alcanzarás un estado más profundo de intimidad con tu pareja que puede someter tu amor a prueba. Viejos asuntos pueden obstaculizar el camino y conducirte a desconfiar de tus sentimientos. Es posible que te sientas especialmente vulnerable durante la Luna llena del 28, harás bien si expresas las emociones que surjan de la profundidad de tu alma.

Ten cuidado con las intoxicaciones, ya que eres vulnerable a sustancias peligrosas. Busca la quietud de la meditación, relájate y respira profundo; además de sentarte cómodo con la espalda recta, te sentirás curado.

Días fluidos y positivos: 4, 5, 8, 14, 18, 19, 22 y 23.

Días críticos y desafiantes: 6, 7, 9, 11, 13, 14, 20, 21, 26 y 27.

Previsión octubre 2004
Habrá problemas de entendimiento con tus compañeros de trabajo que se harán más intensos cada día. Las circunstancias económicas pueden ser inestables en esta fecha, tu tratarás de hacerlas más sólidas. Las asociaciones son conflictivas pero tu fe te sacará adelante. Las negociaciones legales pueden enredarse con el tiempo si tienes un juicio pendiente, sin embargo, es probable que el juez falle a tu favor.

Con tu pareja habrá desacuerdos francos, pero saludables, porque sabes que hay que poner las cosas en claro y hablar sin rodeos para unirse más.

En situaciones de tensión lograrás el equilibrio perfecto si practicas artes marciales, el tai-chi o el yoga; cualquiera de estas disciplinas te ofrecerán una mezcla de regeneración espiritual y física.

Días fluidos y positivos: 1, 2, 6, 7, 15, 16, 19, 20, 28, 29 y 30.

Días críticos y desafiantes: 3, 4, 11, 12, 17, 18, 24 y 25.

Previsión noviembre 2004
Éste no es un buen momento para endeudarte, pero sí es un tiempo ideal para liberarte de obligaciones innecesarias. Los excesos nunca han sido buenos; ni trabajes hasta la enfermedad, ni seas tibio en lo que haces. Marte en el signo de

Escorpión incrementará tus ganancias y te dará la fuerza para dominar tus circunstancias en todos los aspectos; pero especialmente en el económico. Recibirás dinero.

Respecto al amor las barreras que obstaculizan tu camino hacia tu pareja se irán cayendo una a una; el verdadero amor conduce a una buena química en las almas y a superar las viejas diferencias. Por otro lado, al final del mes abrirás tu corazón a una experiencia de amor incondicional que muchos nativos de Piscis son capaces de lograr.

Cuida tu mente, pueden agudizarse algunos miedos y tal vez alguna distorsión en tus pensamientos.

Días fluidos y positivos: 2, 4, 12, 13, 16, 17, 25, 26, 29 y 30.

Días críticos y desafiantes: 1, 7, 8, 14, 15, 20, 21, 27 y 28.

Previsión diciembre 2004

Puedes lograr el ascenso que esperabas. Tu reputación puede abrirte puertas en la primera quincena del mes, en el que Venus en el signo de Escorpión, un signo de elemento agua en armonía con tu sol, favorece tus finanzas, te sentirás más satisfecho con las retribuciones no monetarias que te proporciona tu trabajo.

Compartirás momentos especiales con amigos que reaniman el espíritu. Unirte a aquellos cuyos ideales son similares a los tuyos te permite construir vínculos con una familia espiritual. Una relación amorosa da un giro positivo.

Evita excesos, hay que recordártelo continuamente porque muchos nativos de Piscis tienden a beber y fumar sin medida, disfruta de una Navidad y fin de año sin excederte en contra de tu cuerpo y de tu mente. Disfruta este mes tan significativo a pesar de las energías que en estas épocas serán muy intensas. Recibe el año nuevo con el buen ritual que está escrito al final de este libro para darle la bienvenida y que éste derrame en ti todos sus dones. Es mi sincero deseo. ¡Feliz año 2005!

Días fluidos y positivos: 1, 9, 10, 13, 14, 22, 23, 27 y 28.

Días críticos y desafiantes: 4, 5, 11, 12, 17, 18, 24 y 25.

Guía astrológica para lograr el éxito en tus propósitos

Elige los mejores días del mes para el logro de dinero y trabajo (Gráfica de 7 líneas para 4 meses)

EVENTO	ENERO	FEBRERO	MARZO	ABRIL
Cobrar dinero y pagar deudas	4, 7, 9, 14, 15, 21 y 24.	6, 10, 15, 16, 17, 19, 25 y 29.	1, 2, 4, 5, 6, 7, 11, 16, 20, 24 y 25.	5, 14, 19, 20, 21, 23, 27 y 28.
Firmar contratos y formar sociedades	4, 7, 9, 14, 15, 21 y 24.	6, 10, 15, 16, 17, 19, 25 y 29.	1, 2, 4, 5, 6, 7, 11, 16, 20, 24 y 25.	5, 14, 19, 20, 21, 23, 27 y 28.
Abrir negocios y realizar operaciones bursátiles	4, 9, 21, 24 y 27.	6, 10, 15, 16, 17, 19, 20, 25 y 29.	1, 2, 4, 5, 6, 7, 11, 16, 20, 21 y 22.	4, 5, 14, 19, 22, 29 y 30.
Comprar y vender	4, 9, 21, 24 y 27.	6, 10, 15, 16, 17, 19, 20, 25 y 29.	1, 2, 4, 5, 6, 7, 11, 16, 20, 24 y 25.	5, 14, 19, 20, 21, 23, 27 y 28.
Enfrentar procesos legales	7, 10, 14, 15, 20 y 31.	6, 7, 14, 15 y 27.	9, 11, 12, 13, 15, 22 y 28.	9, 10, 16, 25, 28, 29 y 30.
Utilizar publicidad y otros medios de comunicación	2, 5, 7, 10, 17 y 29.	6, 10, 15, 16, 17, 19, 21, 24, 25 y 29.	1, 2, 4, 5, 6, 7, 11, 16, 20, 24, 25, 26 y 27.	5, 14, 19, 20, 21, 23, 27 y 28.

EVENTO	MAYO	JUNIO	JULIO	AGOSTO
Cobrar dinero y pagar deudas	3, 4, 10, 16, 18, 26, 27 y 30.	2, 6, 7, 12, 17, 18, 22, 25 y 27.	5, 6, 11, 17, 19, 24 y 27.	4, 5, 6, 11, 15, 22, 23, 25, 29 y 31.
Firmar contratos y formar sociedades	3, 4, 10, 15, 16, 18, 26, 27 y 30.	2, 6, 7, 12, 17, 18, 22, 25 y 27.	2, 5, 6, 11, 17, 19, 24, 27 y 31.	4, 5, 6, 11, 15, 22, 23, 25, 29 y 31.
Abrir negocios y realizar operaciones bursátiles	3, 4, 10, 15, 16, 18, 26, 27, 30 y 31.	2, 6, 7, 12, 17, 18, 22, 25, 27 y 30.	2, 5, 6, 11, 17, 19, 24, 27 y 31.	4, 5, 6, 11, 15, 22, 23, 25, 29 y 31.
Comprar y vender	3, 4, 10, 15 y 16.	2, 17, 22, 23, 25, 26 y 28	11, 13, 14, 19 y 24.	15, 17, 18, 20, 22, 25 y 26.
Enfrentar procesos legales	3, 4, 5, 6, 7 y 30.	3, 4, 11, 12, 26, 27, 30.	1, 18, 19, 28 y 29.	17, 18, 22, 24, 25 y 26.
Utilizar publicidad y otros medios de comunicación	3, 4, 10, 15, 16, 18, 26, 27, 30 y 31.	2, 6, 7, 12, 17, 18, 22, 25, 27 y 30.	2, 5, 6, 11, 17, 19, 24, 27 y 31.	4, 5, 6, 11, 15, 22, 23, 25, 29 y 31.

EVENTO	SEPTIEMBRE	OCTUBRE	NOVIEMBRE	DICIEMBRE
Cobrar dinero y pagar deudas	4, 6, 13, 14, 21, 28	6, 11, 12, 13 27, 31	4, 5, 6, 12, 25, 26, 30	3, 4, 9, 11, 17, 18, 26, 27
Firmar contratos y formar sociedades	4, 6, 8, 9, 13, 14, 26, 27	6, 11, 12, 15, 16, 24, 25	1, 2, 3, 6, 12, 18, 21, 25, 26	3, 4, 8, 9, 10, 17, 18, 20, 27, 28, 30
Abrir negocios y realizar operaciones bursátiles	6, 14, 17, 18, 21	6, 13, 20,	4, 5, 12, 21	11, 18, 19, 20
Comprar y vender	14, 21, 28, 29, 30	9, 11, 12, 13, 22, 27, 28, 29, 30, 31	12, 14, 18, 21, 25, 26	7, 11, 18, 22, 23, 26, 29
Enfrentar procesos legales	1, 2, 10, 11, 20, 21, 23, 29, 30	13, 16, 17, 18, 20, 31	3, 6, 7, 12, 22, 23, 25, 26	3, 10, 18, 20, 21, 25, 26, 30
Utilizar publicidad y otros medios de comunicación	9, 14, 18, 19, 25, 26, 27	4, 5, 6, 15, 16, 23, 24, 25	2, 3, 12, 13, 20, 21, 29, 30	9, 10, 11, 12, 14, 17, 18, 26, 27, 28

Elige los mejores días del mes para el logro de amor y relaciones (Gráfica de 7 líneas para 4 meses)

EVENTO	ENERO	FEBRERO	MARZO	ABRIL
Días favorables para el amor y la reconciliación	1, 4, 6, 10, 14, 19, 21 y 24.	2, 4, 6, 7, 10, 11, 23, 25, 26 y 27.	2, 5, 6, 8, 9, 11, 16, 20, 24, 25 y 28.	4, 5, 6, 19, 20, 21, 27, 28, 29 y 30.
Días propicios para casarse	7, 14, 21, 29, 30 y 31.	6, 7, 10, 11, 13, 14, 25, 26 y 27.	5, 6, 24 y 25.	5, 6, 19, 20 y 21.
Días favorables para tener relaciones sexuales y embarazarse	7, 8, 16, 17, 23, 24, 29 y 30.	3, 4, 6, 7, 10, 11, 12, 13, 21, 22, 25, 26 y 27.	1, 2, 11, 12, 19, 20, 24, 25, 29 y 30.	7, 8, 15, 16, 25, 26, 28, 29 y 21.
Días propicios para organizar fiestas y reuniones sociales	1, 3, 4, 6, 10, 14, 15, 22, 23, 30 y 31.	6, 7, 10, 11, 23, 24, 25, 26 y 27.	4, 5, 13, 14, 16, 24, 25 y 31.	9, 10, 23, 24, 28 y 29.
Días favorables para hacer viajes cortos y largos	4, 5, 18 y 19.	1, 2, 14, 15, 28 y 29.	13, 14, 26 y 27.	9, 10, 23, 24, 25 y 30.
Días propicios para realizar prácticas culturales y conocer amistades	4, 5, 9, 10, 14, 15, 18, 19, 22 y 23.	6, 7, 19, 20, 28 y 29.	4, 5, 17, 18, 26, 27 y 31.	4, 9, 10, 13, 23, 24, 25, 28 y 30.

EVENTO	MAYO	JUNIO	JULIO	AGOSTO
Días favorables para el amor y la reconciliación	2, 3, 4, 16, 17, 18, 26 y 30.	2, 6, 7, 11, 12, 14, 15, 17, 19, 22, 23, 25 y 26.	2, 4, 5, 11, 16, 17, 22 y 31.	5, 6, 7, 11, 15, 17, 22, 25, 29 y 30.
Días propicios para casarse	2, 3, 4, 21, 22, 23, 30 y 31.	2, 17, 18, 19, 25, 26 y 30.	2, 3, 10, 11, 17, 18, 23,1 24 y 31.	20, 22, 25 y 26.
Días favorables para tener relaciones sexuales y embarazarse	2, 3, 4, 5, 13 14, 18, 21, 22, 23 y 26.	2, 6, 7, 9, 10, 11, 18, 19, 22, 28 y 29.	2, 6, 7, 16, 17, 23, 24, 25 y 26.	3, 4, 12, 16, 22, 23, 30 y 31.
Días propicios para organizar fiestas y reuniones sociales	4, 11, 16, 18, 25, 26 y 30.	2, 7, 8, 14, 15, 17, 18, 19, 21, 22, 25, 26 y 30.	2, 3, 10, 11, 17, 18, 23,1 24 y 31.	1, 6, 17, 18, 20, 22 y 26.
Días favorables para hacer viajes cortos y largos	6, 7, 11, 20, 21, 30 y 31.	3, 4, 16, 17, 28 y 30.	1, 4, 5, 13, 14, 22, 23, 24 y 27.	1, 2, 10, 11, 19, 20, 24 y 25.
Días propicios para realizar prácticas culturales y conocer amistades	2, 3, 10, 11, 17, 18, 20, 21, 30 y 31.	2, 3, 4, 7, 8, 16, 17, 26, 27 y 30.	4, 5, 11, 12, 18 y 19.	1, 2, 7, 8, 15, 16, 23, 28 y 29.

EVENTO	SEPTIEMBRE	OCTUBRE	NOVIEMBRE	DICIEMBRE
Días favorables para el amor y la reconciliación	1, 4, 5, 7, 10, 15, 16, 17 y 24.	5, 9, 12, 14, 15, 20, 27, 28, 29, 30 y 31.	4, 8, 9, 13, 15, 17, 18, 19, 25 y 26.	5, 14, 16, 18, 20, 21, 22, 23, 26, 27.
Días propicios para casarse	3, 4, 5, 15, 16, 21, 28	1, 2, 8, 9, 13, 14, 15, 28, 29, 30	12, 18, 19, 25, 26	11, 14, 18, 22, 23, 26, 30
Días favorables para tener relaciones sexuales y embarazarse	3, 4, 8, 9, 18, 19, 28	1, 2, 6, 7, 15, 16, 24, 25, 28, 29, 30	2, 3, 12, 13, 20, 21, 25, 26	1, 9, 10, 14, 17, 18, 22, 23, 26, 27, 28
Días propicios para organizar fiestas y reuniones sociales	2, 3, 4, 10, 11, 12, 16, 17, 24, 25	1, 2, 8, 9, 13, 14, 28, 29, 30	3, 4, 5, 9, 10, 18, 19, 25, 26	3, 11, 12, 15, 16, 22, 23, 26, 30, 31
Días favorables para hacer viajes cortos y largos	2, 6, 7, 20, 21	3, 4, 13, 14, 17, 18, 20	1, 3, 14, 15, 27, 28	10, 11, 12, 24, 24, 30, 31
Días propicios para realizar prácticas culturales y conocer amistades	2, 6, 7, 13, 14, 16, 17, 24, 25	3, 4, 9, 22, 23, 30, 31	3, 9, 10, 18, 19, 27, 28	3, 7, 8, 15, 16, 24, 25

Elige los mejores días del mes para el logro de salud, belleza y curación (Gráfica de 7 líneas para 4 meses)

EVENTO	ENERO	FEBRERO	MARZO	ABRIL
Dietas y ayunos para adelgazar y desintoxicar el cuerpo	7, 16, 17 y 21.	6, 8, 9, 13, 20, 21 y 22.	1, 2, 6, 7 y 13.	5, 11, 13, 19 y 27.
Someterse a tratamientos médicos y dentales. Psicoterapias y curaciones	14, 15, 18, 28 y 29.	6, 8, 9, 13, 20, 21 y 22.	1, 2, 6, 7, 11, 12 y 13.	3, 4, 7, 8, 11, 15, 16, 25, 26 y 30.
Operaciones quirúrgicas	28 y 29.	12, 13, 20, 23, 24 y 27.	11, 12, 13 y 20.	11 y 19.
Cortarse el pelo y someterse a tratamientos de belleza, faciales y corporales	7, 14 y 21.	6, 20, 25, 26 y 27.	6, 20 y 28.	1, 2, 5, 6, 19, 20, 21, 22, 27 y 28.
Prácticas deportivas	14, 18 y 19.	2, 14 y 15.	12, 13, 21 y 22.	9, 10, 18 y 19.
Prácticas religiosas	7, 16, 17, 18, 19, 24 y 25.	6, 12, 13, 16, 17, 21, 22, 25 y 29.	1, 2, 11, 12, 19, 20, 29 y 30.	7, 8, 9, 10, 15, 16, 26 y 27.

EVENTO	MAYO	JUNIO	JULIO	AGOSTO
Dietas y ayunos para adelgazar y desintoxicar el cuerpo	1, 4, 11, 18, 22, 27 Y 28.	6, 7, 9, 12, 18, 22, 25, 26, 27 y 29.	2, 5, 8, 10, 11, 16 y 17.	7, 8, 15, 17, 28, 29, 30 y 31.
Someterse a tratamientos médicos y dentales. Psicoterapias y curaciones	4, 5, 11, 27 Y 28.	3, 9, 14, 21 y 28.	2, 5, 8, 10, 11, 16, 17, 21, 22, 25 y 26.	3, 4, 7, 17, 18, 22, 23, 30 y 31.
Operaciones quirúrgicas	11, 15, 16 y 18.	9, 14, 17, 21, 26 y 28.	8, 9, 21, 22 y 25.	7, 15, 18, 20 y 22.
Cortarse el pelo y someterse a tratamientos de belleza, faciales y corporales	2, 3, 16, 17, 18, 21, 26, 27, 30 y 31.	2, 17 y 25.	2, 17, 24 y 31.	1, 3, 6, 15, 29, 18, 20, 22, 25 y 26.
Prácticas deportivas	3, 6, 7, 15, 16, 25 y 26.	9, 14, 22, 28 y 30.	5 y 16.	5, 6, 17, 20, 22, 24, 25 y 26.
Prácticas religiosas	4, 5, 10, 11, 13, 14, 22 y 23.	1, 2, 9, 10, 19, 20, 28, 29 y 30.	1, 5, 9, 11, 28 y 29.	6, 15, 17, 18, 20, 22 y 26.

EVENTO	SEPTIEMBRE	OCTUBRE	NOVIEMBRE	DICIEMBRE
Dietas y ayunos para adelgazar y desintoxicar el cuerpo	4, 6, 13, 14, 21, 28	6, 11, 12, 13 27, 31	4, 5, 6, 12, 25, 26, 30	3, 4, 9, 11, 17, 18, 26, 27
Tratamientos médicos y dentales. Psicoterapias y curaciones	4, 6, 8, 9, 13, 14, 26, 27	6, 11, 12, 15, 16, 24, 25	1, 2, 3, 6, 12, 18, 21, 25, 26	3, 4, 8, 9, 10, 17, 18, 20, 27, 28, 30
Operaciones quirúrgicas	6, 14, 17, 18, 21	6, 13, 20,	4, 5, 12, 21	11, 18, 19, 20
Cortarse el pelo y someterse a tratamientos de belleza, faciales y corporales	14, 21, 28, 29, 30	9, 11, 12, 13, 22, 27, 28, 29, 30, 31	12, 14, 18, 21, 25, 26	7, 11, 18, 22, 23, 26, 29
Prácticas deportivas	1, 2, 10, 11, 20, 21, 23, 29, 30	13, 16, 17, 18, 20, 31	3, 6, 7, 12, 22, 23, 25, 26	3, 10, 18, 20, 21, 25, 26, 30
Prácticas religiosas	9, 14, 18, 19, 25, 26, 27	4, 5, 6, 15, 16, 23, 24, 25	2, 3, 12, 13, 20, 21, 29, 30	9, 10, 11, 12, 14, 17, 18, 26, 27, 28

Previsiones generales para el mundo año 2004

Año de grandes responsabilidades

El año 2004 sumado nos da 6, la numerología dice que el 6 consiste en 2 veces 3 y 3 veces 2, respectivamente; por lo cual cae bien a todos gracias a su armonía. El fin primordial de un año 6 es la estabilidad, servir y ganar el respeto. Se toma la vida en serio aunque ello signifique obligaciones problemáticas y toda clase de obstáculos en los proyectos que se tengan. Se espera que el 2004 sea un año conservador que enfoque valores tradicionales como el amor y el respeto por la familia y amigos.

El 6 expresa equilibrio y armonía, y la energía se exterioriza. El número 6 representa al consejero.

El 6 es el número de perfección, que favorece los lazos, tanto a nivel personal como en los negocios; por consiguiente, el año 6 favorece las relaciones, los contactos, los acuerdos tanto privados como públicos. Los lazos que se estrechen en este año tienen buenas probabilidades de convertirse en permanentes. El año 6 propicia las relaciones sociales, todos los compromisos que establezcamos en el próximo año 2004 se verán fácilmente realizados. El lado sentimental de la existencia se verá exaltado y las relaciones personales se facilitarán.

El valor de la familia cobrará gran importancia, se incrementarán las responsabilidades; es un año donde el trabajo será lo único viable. Los sistemas económicos han fallado. El concepto de patria, de nación, de la raíz y el origen; de la fuerza social cobrarán más fuerza que nunca. Personas que no se veían desde hace mucho tiempo se volverán a encontrar con proposiciones importantes, se desarrollará el sentido humano para prestar ayuda en situaciones de emergencia, en caso de desastre, tanto individual como colectiva.

Por otro lado, en años 6 habrá un gran número de matrimonios; la gente optará por el casamiento ante su necesidad de simplificar la actual crisis de la vida, y de esta manera aumentarán su responsabilidad.

En el lado positivo crecerá el deseo de servir en todos.

El 2004 es un año en el que deberá desarrollarse la eficiencia, la organización; si eres enfermera te interesará ser la mejor enfermera; si eres profesor de escuela te exigirás más responsabilidad en tu trabajo. En el nivel colectivo significa que habrá intención de purificar las instituciones de servicios públicos.

El trabajo intelectual será estimulado, de manera similar, las instituciones correspondientes impulsarán y apoyarán las actividades artísticas a nivel mundial. Se estimulará el desarrollo en la música y en la pintura; así mismo, crecerá el mundo del espectáculo, los estudios filosóficos, el esoterismo, las cuestiones humanísticas en general y grupos de sociedad civil; todo lo que sea portavoz de una causa noble en beneficio de la humanidad, por ejemplo las organizaciones altruistas. Los jóvenes pueden manifestar cualidades imprevistas. La amabilidad, los buenos modales, la simpatía y el sentido del humor, nos harán la vida llevadera, ya que la vibración del número 6 está regida por Venus, que es el planeta del amor y de la gracia, y para terminar, si estás soltero debes tener cuidado en el año 6, ya que es el año que con mayor seguridad comenzarás relaciones destinadas a durar toda la vida. Si no elegiste bien, ya se amoló la cosa.

El aspecto negativo del número 6 propicia un impulso patológico por buscar compañía. En los años número 6 la gente se queja demasiado, se siente más fuerte la injusticia y se tiene una sensación de abandono. Otro sentimiento negativo es la manifestación de una envidia competitiva que provoca sentimientos muy profundos de frustración.

El valor que se le da al dinero y la tendencia a una vida fácil se manifestarán de manera extrema. Así que el reto de un año 6 se basa en lograr el equilibrio y el manejo de la justicia social, a nivel colectivo y a nivel individual estas energías emocionales deberán equilibrarse.

Previsiones del mundo

- ✓ Se presumen cambios extremos de clima y alteraciones en el campo electromagnético de la Tierra, como ya ocurre. También el l descubrimiento de cometas y sorprendentes fenómenos astronómicos.
- ✓ 2004 será un año de avances en las comunicaciones, en el uso de nuevas fuentes de energía, en resumen, de grandes descubrimientos científicos que ayudarán a la humanidad a resolver una multitud de problemas, especialmente en el campo médico, biológico, ecológico, cibernético, químico y nuclear.
- ✓ El paso de Plutón, planeta que remueve lo subterráneo, puede originar fallas o pliegues en la Tierra, así como procesos volcánicos. Esperamos que no haya daño producido por materiales radiactivos.
- ✓ Puede haber desastres naturales y guerras, que ya hemos visto en el 2003, pese al clamor popular en contra de la violencia.
- ✓ El año 2004 estará plagado de fuertes eventos sociales, incluso de revoluciones globales en las que se luchará contra cualquier injusticia o circunstancia que afecte a terceros. Urano, planeta clave para la independencia y la libertad, ingresó al signo de Piscis, en donde permanecerá siete años y favorecerá el nacimiento de una nueva generación, más genial, intuitiva y espiritual.

- Sin embargo, el lado positivo de los planetas nos ayudará a resolver cualquier contingencia. Por otro lado, se especulan maravillosos descubrimientos astronómicos relacionados con el origen del Universo, pese a los pronósticos siderales negativos. Se ampliará el conocimiento y la investigación de la posible y polémica vida extraterrestre.
- La mente planetaria subirá su dimensión y la energía que irradia hacia la Tierra será mayor. Las personas se abrirán mucho psíquicamente, habrá mucha tensión y alteración nerviosa. Se debe ser muy cuidadoso para que este aumento en la percepción no cause miedo, ya que Urano, en este signo de Piscis, tiene la capacidad de recibir intuitivamente mayor nivel de entendimiento. El camino quedará libre para dar lugar al cambio, a la revolución y a renovados ideales para la humanidad; sin embargo, los componentes planetarios también pueden provocar locura y caos.
- Las corrientes esotéricas están expandiéndose de manera vertiginosa, pero no todas serán dignos de credibilidad, ya que en este tiempo existen muchos charlatanes en todas estas materias y se corre el riesgo de ser víctimas de un fraude.
- La energía cósmica debe filtrarse correctamente, de otra manera el caos puede apoderarse de la humanidad. Sin embargo, en los años 6 tienden a reconciliarse los opuestos; y aunque haya conflictos éstos se resolverán. Se debe ser muy cauteloso y selectivo para equilibrar esta energía; lo más importante es entrenarse en yoga, meditación, relajación y seguir corrientes filosóficas y religiosas auténticas para prepararse e impedir que el sistema nervioso se altere con tanta información deformada.
- Reunión de países con el objeto de resolver cualquier problema que afecte a la humanidad; pero lejos de formar un solo bloque se divide en dos. La ONU en crisis puede ser sustituida por organizaciones de avanzada, se trabajará mucho más en materia de derechos humanos; habrá mucha gente organizada con deseos de cambiar al mundo; en la misma forma en que las naciones y las personas destructivas en forma global seguirán amenazando a través de países imperialistas que ejercerán un poder negativo constante. Pero la respuesta de justicia mundial será cada vez más fuerte.
- En lo económico los desequilibrios seguirán provocando crisis por las alteraciones políticas mundiales. Sin embargo, habrá una respuesta regenerativa mundial para mejorar y crear sistemas económicos más sociales. Neptuno, planeta que rige los líquidos, marca una acentuada lucha mundial en el mercado del petróleo; así mismo, otras fuentes energéticas estarán en proceso de aplicación.
- Países como Estados Unidos y otros pueden seguir con una baja financiera impresionante. Saturno, el planeta de las imposiciones y las carencias, se conjunta con el Sol de Estados Unidos y se presumen muchos males para esa nación y para su mandatario, también una persona nacida bajo el signo de Cáncer, como respuesta de bumerang por las acciones cometidas.
- Sin embargo, algunos países europeos mantendrán estabilidad con el euro.

- Habrá una respuesta colectiva mundial para encontrar un equilibrio en el concepto de "globalización". Se recuperará un poco la identidad económica y social de ciertos países. El mundo se dará cuenta que ante una globalización desigual los intereses internacionales no van a representar una mejor expectativa de desarrollo para todos.
- Así que habrá nuevas estructuras de producción y distribución en todos los sentidos. De esta manera, se presume una mejora económica controlada a partir del 2004, como Saturno ingresó al signo de Cáncer, volverá a crear una corriente importante de patriotismo y de identidad nacional, política y económica, en cada una de las naciones. En resumen, la economía crecerá lenta y gradualmente después del caos.
- En el área de la psique tendrán que llevarse a cabo varios cambios, los choques psíquicos al sistema en que vivimos y por el cual todos nosotros tendremos que pasar y adaptarnos. El estrés general de nuestra sociedad podrá seguir creciendo.
- La humanidad está entrando en una era muy sensible mentalmente, tanto para bien como para mal. Neptuno, el planeta de la percepción cósmica, se relaciona con el aumento de sensibilidad y falta de realismo, actúa desde el inconsciente, en astrología mundial o colectiva tiene una relación directa con los engaños de cualquier clase, rige las drogas, los venenos y todo lo que está relacionado con la religión, la espiritualidad, las prisiones y los hospitales; en todas estas áreas se agudizarán los problemas, sin embargo, las fuerzas sociales constructivas trabajarán en el mundo entero para encontrarles solución a todos los problemas.
- Plutón en el signo de Sagitario marca la fuerte influencia de la religión y su transformación. Socialmente este planeta tiene una gran incidencia tanto en destrucción como en construcción, en astrología mundial se intensificarán posibles revoluciones en las estructuras de la iglesia; de otros grupos de poder mundial y de los sectores marginados de la sociedad.
- Aun así el 2004 es un año positivo, ya que a través del replanteamiento de estructuras y de asumir nuestra responsabilidad entraremos en un proceso evolutivo.
- Por otro lado, la lección que tenemos que aprender en el 2004 es el fortalecimiento del trabajo y la responsabilidad para lograr una vida en armonía con todos, basada en el principio de la justicia y de la cooperación.

Estados Unidos de América. Sol en Cáncer, ascendente en el signo de Géminis, la Luna en Acuario.
- En el 2003 Saturno ha cruzado la frontera del ascendente del horóscopo de independencia de Estados Unidos y ha tocado en conjunción al Sol de ese país marcando una etapa muy difícil para él, Saturno y Plutón afectan el Sol y Mercurio de George Bush, la figura del presidente seguirá con más desatinos que se volverán en su contra, es una etapa demasiado difícil para él. Es el principio y el final de un ciclo para esta nación. La autoridad de este país está profundamente afectada debido al tránsito de Urano por el medio cielo del horóscopo de Estados Unidos. Continúan proble-

mas de terrorismo, ataques cibernéticos y todo tipo de boicots y complots contra esta nación.

Reino Unido. Sol en Capricornio, ascendente en Aries y la Luna en el signo de Tauro.
- En el 2004 los tránsitos planetarios para esta nación no serán fáciles. Según su independencia, Inglaterra tiene muchos planetas en el signo de capricornio y podrán encontrarse en un momento incierto y difícil. Los malos aspectos que Saturno forma con varios planetas de esta nación nos hace presumir que continuarán los retrasos y los obstáculos, será un periodo de adversidad y de mucho esfuerzo, hay problemas con personas de autoridad, son posibles las renuncias de altos mandatarios y graves problemas de salud en la familia real.

República Francesa. Sol en el signo de Virgo, ascendente y Luna en el signo de Capricornio.
- El tránsito negativo de Plutón en el signo de Sagitario que está afectando el Sol de esta nación puede provocar desafíos naturales o accidentes, pero a pesar de su alto poder de tensión, en el 2004 puede ser líder mundial. Habrá cambios radicales en esa nación. Conflictos mundiales de gran envergadura.

República Popular China. Sol en Libra, ascendente en Capricornio y la Luna en Acuario.
- Los aspectos negativos formados con la Luna se traducen en injusticias y descontento social. En el 2004 puede haber una crisis social muy fuerte.

Alemania. Sol en el signo de Escorpión, ascendente en el signo de Leo y la Luna en el signo de Aries.
- Es un año difícil para Alemania debido al tránsito de Saturno en mal aspecto con su Luna, implica conflictos sociales graves. Por otro lado, Marte transita la casa del dinero de este país, lo que propiciará que su economía se active para bien o para mal. Conflictos mundiales de gran envergadura.

India. Sol y Luna en Leo, ascendente en Escorpión.
- Saturno el planeta conservador, hará conjunción con Urano, el planeta del cambio. En el 2004 puede haber muchos choques culturales y muchos problemas de tipo social. Se desarrollará tecnológicamente y crecerá su influencia en el concierto mundial.

Irak. Sol en Libra, ascendente en Sagitario, Luna en Escorpión.

- El planeta Plutón cruza el ascendente de este país. En su aspecto negativo significó el derrumbamiento violento de toda una estructura de poder representada por Saddam Hussein. Invadida esa nación por Estados Unidos. Saturno significa el dominio de Estados Unidos sobre el Sol de este país. En el 2004 continuará la crisis en esa nación, pero habrá respuestas internacionales de ayuda al respecto. Esta nación puede surgir de las cenizas.

Previsiones para México año 2004

Año de ajustes y esperanzas

México. Sol en el signo de Libra, ascendente Aries y Luna en Escorpión.

México entró al nuevo milenio en un contexto inédito a lo largo de su historia.

La carta del país se interpreta utilizando dos fechas trascendentes: la primera es el 28 de septiembre de 1821, fecha en que, cuenta la historia, después de haber tomado chocolate por la tarde, los insurgentes firmaron la declaración de independencia. La segunda es el 5 de febrero de 1917, fecha en que se promulgó la Constitución mexicana.

Según el horóscopo de la independencia, Saturno, que representa a la autoridad, al padre, al *tlatoani*, se encuentra en el ascendente del país. A partir de 1994 la figura presidencial entró en un proceso de transformación, lo que en el presente significa que la máxima autoridad presidencial ya no representa el poder absoluto; estamos actualmente en el desarrollo de un proceso democrático.

Los cambios en México se presentan generalmente cada 84 años, es lo que tarda Urano, el planeta de la libertad y de los cambios, en regresar a su lugar de partida. Algunas fechas importantes de cambio en México han sido, 1821, 1910, 1917, 1994 y 2000.

En estos primeros años del nuevo milenio ha habido cambios sustanciales para México.

- Saturno ingresó al signo de Cáncer en junio del 2003 y entró al cuarto sector del horóscopo de México, en esta casa política se ve al jefe de Estado sobre el pueblo, las campañas, las propiedades, los partidos de oposición y la agricultura. Marca un tiempo de fuertes responsabilidades que abruman y abrumarán al ejecutivo.
- Existe la posibilidad de retrasos y obstáculos. Es un periodo para México de mucho esfuerzo; y de ajustes de todo tipo. El proceso es positivo pero iremos evolucionando lentamente.
- Vicente Fox, presidente de México nacido bajo el signo de Cáncer, tendrá a Saturno en conjunción con su Sol, este planeta señala un tiempo muy difícil para él, que puede llevarlo hasta la renuncia, o quizá a un serio deterioro de su salud.
- Mas presión de Estados Unidos para esta nación. Sin embargo, se llegará a muchos acuerdos, México crecerá ante el país vecino.
- En el sector de las finanzas México buscará una estabilidad con nuevas formas económicas y con otras naciones. Habrá un programa de austeridad, pero es posible que

la economía se mantenga a flote a pesar de los problemas. Sin embargo, las medidas tienen que ser urgentes para no caer en los extremos.

- Mejorar el campo será la prioridad. Puede haber crisis y enfrentamientos graves con los campesinos y grupos organizados como los zapatistas que exigirán se responda a sus demandas.
- La postura del Estado respecto a los impuestos, las rentas y la reforma fiscal se endurecerá.
- La seguridad pública que se ve en la casa VI del horóscopo de México será la casa más importante y la que tenga más actividad, en donde se realizarán cambios sustanciales, tanto en el gobierno de la capital como en el gobierno federal. Marca el principio y el final de un ciclo, mucho esfuerzo y trabajo; y mucha "mano dura".
- Debido a la influencia del planeta Neptuno, las intrigas, el espionaje internacional y el terrorismo mundial pueden estar presentes en México. Las medidas para solucionar el problema de los inmigrantes y el control del petróleo seguirán siendo el punto más álgido y problemático con Estados Unidos.
- Hay unión de México con otros países, los tratados internacionales estarán muy fuertes.
- Las organizaciones de la sociedad civil serán las que determinen el rumbo del mundo.
- El sector III es el sector en donde se ven los medios de comunicación, Mercurio representa el papel de la prensa y la comunicación. Continuarán los conflictos entre los medios y también con el Estado, causarán grandes escándalos en el 2004.
- Los partidos de oposición seguirán en graves conflictos; radican en el cuarto sector del país y Saturno marca constantes ataques dentro y fuera. Podrán caer algunos personajes importantes dentro de la política. El PRI tenderá a vivir mayores conflictos en su interior y en las próximas elecciones del 2004 tal vez no tendrá mayoría. Saturno incide en el planeta Marte en Cáncer en el horóscopo del PRD, se producirán altas tensiones y fuertes frustraciones en ese partido, bastantes agresiones entre sus líderes. Andrés Manuel López Obrador con el tiempo buscará su propio camino y su popularidad seguirá creciendo. En el PAN graves problemas, cambios imprevistos para sus líderes y dirigentes. Su Sol en Virgo se ve afectado por Plutón, el planeta de los cambios radicales.
- Saturno, en cuadratura con el Sol de México, marca el endurecimiento y los ajustes dentro del país, fuertes responsabilidades, esfuerzos y sacrificios muy productivos a largo plazo.
- México estará en un periodo de siembra, a pesar de los problemas hay esperanza de recibir la cosecha de los cambios. Estaremos en un periodo intenso de transformación. Urano, el planeta de los cambios, incide en el destino del país y marca su renovación. Además, en el año 2004, Saturno hará un ángulo difícil con los planetas del ascendente del horóscopo de México, sector que representa a la nación y la identidad del mexicano; en el año 2004 podrá cambiar la identidad de la nación y del mexicano, ésta será una de las épocas más trascendentes de la historia de nuestro país. ¡Nada fácil según la astrología!

CAPITULO VII
Cómo influye la luna en ti

Para qué te sirve la Luna

La Luna es el satélite de la Tierra y es el cuerpo celeste más próximo a nosotros. Se encuentra a una distancia de 384 000 kilómetros y tarda 27 días, 7 horas y 43 minutos en dar la vuelta a la Tierra. Su influencia es muy marcada en la agricultura y en la pesca. Su fuerza de gravedad atrae e influye en ríos, lagos, animales, personas, etc. Al atraer el agua, produce las mareas en los océanos y mares. Las lunaciones tienen un ciclo de transformación; es el ciclo de las fases de la Luna en relación con el Sol y visto desde la Tierra. La Luna proporciona el potencial solar en la Tierra, refleja su luz. Las cuatro etapas por las que pasa son: La fase nueva, el cuarto creciente, la luna llena y el cuarto menguante, que corresponde a los ciclos de la vida.

Fases de la Luna

Luna nueva

En este momento, la Luna está en el mismo signo que el Sol, los efectos duran un día antes y un día después. La Luna nueva se produce cuando se encuentra entre el Sol y la Tierra. Es un tiempo de comienzo. Al iniciarse la fase la Luna es invisible, está en una fase oscura. En la Luna nueva se pueden realizar las siguientes actividades:

a) Depilarse el vello.
b) Dejar de fumar.
c) Eliminar cualquier hábito nocivo.
d) Hacer dietas para eliminar toxinas.
e) Combatir parásitos.
f) Podar las plantas sanas.
g) Darse baños de Luna nueva para renovar la energía.

(Llene la bañera con agua bien caliente, disuelva una cucharada de aceite de oliva, una cucharada de mirra, dos cucharadas de romero en polvo, un puñado de hojas de eucalipto y un puñado de menta; déjelos reposar 15 minutos, luego sumérjase en ellos; después tome una ducha sin jabón o con jabón neutro, séquese con una toalla y relájese).

Luna creciente

Es el momento de asimilación. Representa una crisis de energía porque este ciclo ofrece una oportunidad de crecimiento y de dejar atrás viejas costumbres para dar comienzo a prácticas nuevas. Es un período que corresponde a los proyectos planeados en Luna nueva que están germinando para dar fruto. Podemos aprovechar esta fase de la Luna para:

- a) Cortarnos el cabello.
- b) Firmar contratos.
- c) Solicitar trabajo.
- d) Pedir aumento de sueldo.
- e) Abrir cualquier clase de negocio.
- f) Cobrar dinero.
- g) Ir al médico.
- h) Vender todo tipo de propiedades.

Luna llena

La Luna está en el signo opuesto al Sol y refleja toda su luz, ilumina toda la noche. Los efectos duran entre uno y dos días antes y después. Es el tiempo de madurez y de nuevos objetivos. Planes que iniciamos con la Luna nueva llegan a su momento de consumación. Hay aumento de líquidos, nacen más niños, por cierto, pueden ocurrir los nacimientos de seres con gran desarrollo humano. La mente debe estar positiva porque la Luna llena magnifica lo negativo y lo positivo. Durante esta fase podemos:

- a) Efectuar matrimonios felices.
- b) Conseguir duración en lo que hacemos.
- c) Firmar contratos.
- d) Abonar la tierra.
- e) Ayunar y desintoxicar el cuerpo.
- f) Someternos a tratamientos de salud.
- g) Redactar cartas.
- h) Cobrar dinero.
- i) Hacer publicidad en cualquier medio.

j) Pedir aumento de sueldo.
k) Concebir.
l) Evitar operaciones de órganos correspondientes al signo que esté transitando la Luna (si la Luna está en el signo de Libra ese día, buscar otro día para operar riñones y vejiga. Consultar calendarios).
m) Hacer oraciones de prosperidad.
(Bendición del dinero y afluencia: "La gracia del supremo bendice todo lo que tengo y todo lo que doy. El dinero que se va, multiplicado volverá. Así sea".)

Luna menguante

Éste es el momento en que la Luna disminuye su luz y sale a media noche, es un periodo de desintegración, purificación, reorganización y recogimiento de la naturaleza. Esta fase simboliza el reencuentro con la conciencia. Es tiempo de preparación para que surjan pensamientos nuevos, en este ciclo uno revisa sus proyectos, elimina lo que no sirve, y vive una muerte simbólica. Es importante hacer planes para la próxima Luna nueva. En la luna menguante se puede hacer:

a) Limpieza de todo tipo.
b) Pintar la casa.
c) Someterse a regímenes y ayunos.
d) Cerrar asuntos molestos que tomen tiempo.
e) Eliminar toxinas.
f) Someterse a algunas operaciones quirúrgicas.
g) Ir al dentista.
h) Combatir parásitos.
i) Romper relaciones.
j) Desinfectar o fumigar animales.
k) Remodelar la casa y el negocio.
l) Reparar automóviles.
m) Limpiar la casa para cambiar la vibración (tirar todos los objetos que no sirvan, especialmente zapatos y aparatos viejos. Quemar romero seco en un envase de vidrio y esparcirlo por toda la casa. Quemar alcanfor en un envase de metal y esparcirlo por donde haya habido discusiones o se sienta mala energía. Poner incienso, cerrar las ventanas y puertas de la casa por cuatro horas y abrirlas después).

Eclipses del 2004

Lo que es claro no es oscuro

El eclipse es un fenómeno cósmico muy importante. La carta del momento preciso de un eclipse es empleada como un indicador de acontecimientos en el mundo, tanto a los eclipses lunares como a los solares se les asocia con fenómenos colectivos, que están más involucrados en asuntos sociales. Los eclipses son más fuertes para la gente de los países en donde es visible.

Son más determinantes para los acontecimientos en el mundo que para las personas en forma individual; un eclipse de Luna es más visible para los que están a la mitad de la Tierra que miran la Luna. Un eclipse solar es visible sólo para las personas que están en el sendero del eclipse; a pesar de que su influencia es colectiva, en segundo término influye a la gente que tiene al Sol o algún planeta importante cerca del eclipse.

Los eclipses siempre han ocupado un lugar especial en la conciencia de la humanidad; por ser un fenómeno de alteración de la luz y de la oscuridad que ocurre durante el día.

Los eclipses son sucesos enteramente naturales en los ciclos de la Luna y la Tierra respecto al Sol.

La respuesta histórica de los seres humanos respecto a un eclipse es de un gran impacto por tratarse de un fenómeno que nos produce temor y un estado de alerta. Sabemos bien que nuestros antepasados veneraban e incluso temían a los eclipses. El desconocimiento que tenemos sobre el tema agudiza este temor.

Sobre eclipses hay mucho que investigar, pero si efectuamos un análisis astrológico simple de los hechos trascendentes que se han producido bajo la "coincidencia" de un eclipse, se puede demostrar la validez del fenómeno; por citar algunos ejemplos: La crucifixión de Jesús, contemporáneamente en enero de 1991 (la guerra del Golfo Pérsico). En México, marzo de 1994 (homicidio de Luis Donaldo Colosio), noviembre del mismo año (muerte de la esposa de Luis Donaldo).

Son interminables los sucesos que han ocurrido relacionados con los eclipses.

Los eclipses suceden con regularidad cada año. El mayor número de eclipses posibles en un año es siete y el menor número posible es dos.

La interpretación astrológica de los eclipses es que es una señal "predictiva" de lo que está "por venir". Se les ha considerado como indicadores en los cambios de vida en los reyes y gobernantes, sobre todo cuando son eclipses de Sol.

Y cuando son de naturaleza lunar se les toma como manifestaciones que afectan al público y a las masas.

El Sol en astrología mundana son: los reyes, presidentes y los altos mandatarios, y la Luna representa al pueblo y las mujeres.

Los eclipses tienen lugar cuando los centros del Sol, de la Luna y de la Tierra se forman en línea recta o casi recta. El Sol o la Luna deben estar cerca de uno de los nodos de la Luna durante la Luna nueva o la Luna llena. Además, el Sol y la Luna deben estar cuando menos a 1° de declinación el uno respecto al otro, o en paralelo, para que se produzca un eclipse solar, y en contraparalelo (uno al Norte y uno al Sur) en el caso de un eclipse lunar. Si está entre 0 y 9°55' de un nodo, se produce un eclipse solar total.

Para qué me sirve la Luna

La Luna se encarga de iluminar a la Tierra durante la noche. El ciclo lunar es muy corto, ya que se mueve alrededor del zodiaco en sólo veintiocho días. La revolución de la Luna señala lo que corresponde a un mes, que es su recorrido completo.

Además de lo romántica, bella y poética que es la Luna, nos es útil en nuestra vida cotidiana, pues su tránsito en los doce signos nos sirve para realizar nuestros objetivos y proyectos. La observación ha demostrado que cuando la Luna ingresa en un signo distinto toma las características del lugar que ocupa y cambia toda la naturaleza humana, y afecta en distinta medida, tanto al plano colectivo como al individual, de acuerdo con sus rasgos y su destino.

Cuando la Luna transita en el signo de Aries

Favorece los asuntos que se hacen rápidamente, las iniciativas súbitas, de orden colectivo, como ejercer poder y tomar decisiones radicales en la política, discusiones, polémicas o debates públicos; acciones militares, policiacas, estratégicas y por sorpresa; eventos deportivos (box, lucha, carreras de autos, esgrima). En lo individual es positiva en la práctica de un ejercicio físico (artes marciales); sin embargo, no es favorable cuando queremos conciliar intereses, por ejemplo: resolver asuntos diplomáticos, efectuar reuniones sociales y fiestas, hacer las paces en asuntos amorosos, realizar exposiciones o eventos relacionados con el arte, así como formar nuevas sociedades o asociaciones, tampoco para el matrimonio, pues cuando la Luna camina en este signo provoca que la unión lleve el tinte de lucha y rivalidad que imprime Marte, regente de Aries. Influye también de manera negativa en el éxito de operaciones quirúrgicas en la cabeza, nariz, oídos, boca y dientes. Fomenta las discusiones y las agresiones físicas y verbales; afirma la naturaleza individual, esto quiere decir que podemos hacer muchas cosas solos. Aries es el primer signo, es ideal para empezar toda clase de proyectos e iniciar cambios y volver a comenzar; hay que tener cuidado con los impulsos que generan tensión.

Signos favorecidos: Aries, Leo, Sagitario, Acuario Géminis y Libra.

Cuando la Luna transita en el signo de Tauro

Propicia la economía, las construcciones, la agricultura e influye en todo lo que es estable y duradero. En estos días debemos embellecernos físicamente (maquillarnos, peinarnos, vestirnos elegantes y usar joyas, decorar nuestra casa), practicar rituales y decretos de prosperidad, dinero y abundancia; podremos cuidar del dinero, aprovechar ofertas y en general hacer rendir todos nuestros recursos. Hacer trámites bancarios (préstamos, movimientos de acciones, firmar contratos). Es un tiempo excelente para planificar a largo plazo; hay que tener cuidado de no iniciar cosas negativas, como pelearnos, criticar u odiar, porque la Luna hace que esos sentimientos se vuelvan duraderos y profundos. Tauro es el signo más sólido y fijo del zodiaco, cuando la Luna pasa por aquí nos resistimos al cambio. "Más vale malo por conocido que bueno por conocer" es el lema de Tauro. Conviene llevar a cabo reuniones, citas para comer abundantemente, escuchar buena música, asistir o hacer eventos de moda, que son actividades de Venus. Favorece el arte en general, como la pintura, el baile, el teatro, etc. En los días en que la Luna transita el signo de Tauro debemos evitar operaciones quirúrgicas en la garganta, cuerdas vocales, nariz, lengua y paladar. Disfrutaremos enormemente los paseos en el campo. Casarnos, ver a nuestra pareja y elegir una nueva. Favorece la armonía y el entendimiento con los demás.

Signos favorecidos: Tauro, Capricornio, Virgo, Escorpión, Cáncer y Piscis.

Cuando la Luna transita en el signo de Géminis

Favorece las actividades de comunicación, ya que es un signo de aire mutable e inquieto por naturaleza; en esos días uno quiere hacer varias cosas a la vez, y como dice un refrán popular: "El que mucho abarca poco aprieta"; puedes empezar muchas cosas y no concluirlas. Es muy favorable para escribir y hacer llamadas telefónicas de todo tipo, por ejemplo para expresarle a tu pareja verbalmente lo que le quieres decir; los "ligues" y los coqueteos intrascendentes pegan mucho en esos días. Las actividades comerciales tienen más éxito, las ventas aumentan. Los medios de comunicación (radio, periódicos, televisión e Internet) se vuelven más activos y eficientes; se realizan más viajes cortos. Pero si la Luna en Géminis presentara aspectos de desafío y aflicción con planetas maléficos, hay que evitar viajar en esos días y herir a los demás con nuestras palabras, y como no favorece los asuntos duraderos, tampoco es bueno cambiarnos de casa, de trabajo o casarnos, porque existe una fuerte tendencia a la inconstancia y a la dispersión de nuestras energías. Las intervenciones quirúrgicas en el aparato respiratorio, brazos y hombros no son convenientes cuando la Luna está aquí, algunas personas incluso pueden enfermarse de las vías respiratorias.

Signos favorecidos: Géminis, Libra, Acuario, Aries Leo y Sagitario

Cuando la Luna transita en el signo de Cáncer

En estos días la Luna influye en los líquidos, aguas, bebidas, negociaciones petroleras, el folklore, los eventos nacionales, las fiestas populares místicas y religiosas, las navegaciones por mar. Cuando la Luna transita en el signo de Cáncer conviene abrir negocios que tengan que ver con las necesidades básicas de la gente, por ejemplo inaugurar una tienda de artículos para el hogar, negocios de alimentos, tiendas de ropa, artesanías, antigüedades, bienes raíces (comprar una casa o venderla), contratar personal doméstico, emprender negocios familiares, adoptar niños, trabajar en beneficio de casas de cuna. En la astrología mundial o política la Luna es el planeta que representa al pueblo, los lugares públicos, la publicidad, la democracia, la fama y la popularidad; así, es conveniente realizar eventos masivos de naturaleza política o magnos espectáculos para ver a los artistas e ídolos del pueblo, lo mismo que elecciones políticas, donde se requiere del voto ciudadano. En resumen, cualquier evento de masas. No es positivo efectuar operaciones económicas (préstamos), tampoco intervenciones quirúrgicas en el aparato digestivo y mamas.

Signos favorecidos: Cáncer, Escorpión, Piscis, Tauro, Virgo y Capricornio.

Cuando la Luna transita en el signo de Leo

Favorece todo lo que tenga que ver con lo colectivo: las iniciativas presidenciales, los movimientos bursátiles, los tratados en el ámbito internacional, la intervención de las autoridades, el trato con personas importantes y decisiones de poder. También las acciones personales, como el cuidado de nuestra apariencia. Favorece las compras de artículos de lujo y a la moda, así como de regalos. Es propicia para tratar con los superiores, las autoridades y con personas importantes. También para asistir a espectáculos: obras de teatro, eventos deportivos, para inscribirse en instituciones educacionales y toda clase de aprendizaje, así como para hablar con los maestros de escuela o presentar exámenes extraordinarios. Se pueden practicar juegos de mesa, asistir o programar exhibiciones de modas, participar en concursos de belleza, organizar competencias deportivas personales, homenajes a grandes valores o a personas destacadas, etc. La Luna en Leo perjudica toda acción sobre el sistema circulatorio, el corazón, las venas, la sangre y las arterias.

Signos favorecidos: Leo, Sagitario, Aries, Géminis, Libra y Acuario.

Cuando la Luna transita en el signo de Virgo

Es favorable para las actividades realistas, materiales, prácticas y culturales regidas por el planeta Mercurio, por ejemplo la enseñanza y los asuntos intelectuales de cualquier tipo, como la presentación de un libro. Influye de manera positiva en los estudios, ordenamientos de ficheros, bibliotecas, placas, balances, asuntos de contabilidad, auditorías, en la contratación de personal subalterno, elaboración de cálculos matemáticos y toda actividad relacionada con la nutrición. En estos días se puede empezar una dieta, practicarse revisiones médicas, cambiar de hábitos, dejar de fumar, hacer ayunos para purificar el organismo y cualquier clase de curación, excepto cualquier intervención quirúrgica en el aparato digestivo. Es un tiempo propicio para pequeños trabajos de reparación y limpieza en la casa. En lo intelectual favorece las actividades pedagógicas, científicas, de investigación, así como el escribir y leer libros, delimitar responsabilidades, sanear cuentas corrientes. Mejorar o aprovechar el trato con subordinados, cuidar las plantas, ocuparse de pasatiempos y convivir con los animales domésticos. La Luna en Virgo no es favorable para las bodas, viajes por agua, actividades individuales, sociales o sentimentales.

Signos favorecidos: Virgo, Capricornio, Tauro, Cáncer, Escorpión y Piscis.

Cuando la Luna transita en el signo de Libra

Las actividades sociales, cooperativas, acciones colectivas de manera creativa, equilibrada y justa. Es tiempo propicio para bodas, compromisos, aniversarios, tratamientos y cuidados de belleza, confección de vestidos, cuidado del cabello, compra de automóviles, de objetos de arte, ropa elegante, ballet, deportes suaves, decoraciones, colocar arreglos florales, comprar joyas, asistir a diversiones en general, escuchar música y disfrutar de los conciertos, así como citas amorosas y reconciliaciones afectivas. En lo colectivo está indicado para las relaciones sociales o públicas, para tratados internacionales y diplomáticos. Favorece lo alegre y lo fugaz. No se recomiendan los viajes por agua. La Luna en Libra perjudica sobre todo los riñones, la vejiga y el aparato urinario. No son convenientes las operaciones en esos órganos cuando la Luna camina por el signo de la balanza.

Signos favorecidos: Libra, Acuario, Géminis, Leo, Sagitario y Aries

Cuando la Luna transita en el signo de Escorpión

Es favorable para las actividades emocionales o sensoriales, profundas y sostenidas, por ejemplo las psicoterapias, las regeneraciones mentales y físicas, así como el cambio de hábitos negativos a positivos; propicia las investigaciones en general, el interés por la nota roja, las funciones detectivescas, los descubrimientos químicos, los estudios esotéricos y ocultos, practicar el misticismo, la religión y entender la filosofía. Son días excelentes para el espionaje, los chismes, la atracción por el misterio. La Luna en Escorpión nos marca la muerte y el cierre de los ciclos. Estimula las relaciones íntimas, sensuales y sexuales, porque las intensifica grandemente. Es un buen tiempo para las labores humanísticas, como la de defender los derechos humanos. Influye también en el descubrimiento de asuntos médico-forenses. El paso de la Luna por escorpión también favorece el hacer misas a los ya fallecidos, así como la práctica de rituales y decretos mágicos para obtener lo que se desea, también agudiza la mente psíquica. En estos días no se deben hacer viajes por aire o por tierra, ni tampoco someterse a intervenciones quirúrgicas en la matriz y en los órganos genitales.

Signos favorecidos: Escorpión, Piscis, Cáncer, Virgo, Capricornio y Tauro.

Cuando la Luna transita en el signo de Sagitario

Favorece la solución de los asuntos individuales de una manera rápida y sin apegos a esquemas fijos, sólo con lo que se cuenta. Es muy favorable para viajes largos en tiempo o distancia, para manejar inteligentemente asuntos legales, reglamentos, practicar filosofías o religiones, tomar o dar cursos de estos temas. Para realizar negocios grandes en el extranjero, exportaciones e importaciones, operaciones financieras, comprar acciones en la bolsa y conseguir préstamos de importancia, o hacer inversiones de todo tipo. Son días propicios para hacer oraciones y decretos de prosperidad, para estar optimistas y tratar con jefes, jueces, militares, policías, sacerdotes y extranjeros con buenos resultados, también para estar muy contento y divertirse, pasar algún tiempo al aire libre, ser espontáneo y vivir aventuras. Sin embargo, no son propicios para realizar acciones económicas rutinarias. Por otra parte, el tránsito de la Luna en este signo afecta los músculos.

Cuando la Luna transita en el signo de Capricornio

Favorece las acciones materiales, económicas, prácticas, culturales, científicas, de investigación, pedagógicas, de manera creativa. Esta orientación es buena para siembra, compras, negocios, seguros de vida, testamentos, bolsa y acciones de gran ambición. Colectas de beneficencia, rifas, donaciones y herencias. Perjudica acciones individuales, sociales o sentimentales profundas, el trato con subordinados, las reuniones y también toda acción sobre el sistema óseo, los dientes, la piel, las uñas, etcétera.

Cuando la Luna transita en el signo de Acuario

Favorece todo lo social, las diversiones colectivas. Es un buen tiempo para llevar a cabo exposiciones de arte, estudios, desfiles de cualquier tipo, eventos de turismo, espectáculos de cine, televisión, radio y energía eléctrica. Favorece la amistad duradera, el cooperativismo y el sindicalismo. En el ángulo de la curación es propicia la aplicación de rayos X, y los rayos ultravioleta. Favorece la independencia, tanto personal como económica. Cuando la Luna transita el signo de Acuario no es buen tiempo para los asuntos personales, económicos o psíquicos, también perjudica el sistema glandular.

Cuando la Luna transita en el signo de Piscis

Es favorable a las emociones y acciones humanitarias o sensoriales sin esquemas prefijados, al disfrute de la vida en paz y sosiego, con pocas personas íntimas y profundidad. Es buen tiempo para los viajes por mar, los líquidos y los licores, así como para las experiencias psíquicas, parapsicológicas, místicas, religiosas y filosóficas. Son días favorables para los baños de mar, los baños termales, la hidroterapia, la acupuntura, la cura por el sueño, los banquetes y relaciones sexuales; también para deshacerse de cosas molestas y hacer pagos y purgas. La Luna en Piscis perjudica lo individual, lo económico, lo social y al sistema nervioso.

CAPÍTULO VIII
Los 12 poderosos rituales mágicos para cada mes de 2004

Enero. *Ritual para conseguir trabajo en el 2004*
Tres días después de la Luna llena coloca una ollita de barro, un puñado de semillas de trigo y enciende a su lado una vela blanca y otra amarilla, y repite las siguientes palabras de poder: "En nombre de la gran diosa del cielo; por el poder de Dios; y el de mi voluntad, encuentro un buen trabajo donde me desarrollo y gano todo el dinero que quiero y necesito, gracias diosa lunar porque es así. Así sea."

Febrero. *Ritual para recuperar un amor perdido o a un amigo en el 2004*
El gran magnetismo de la luz de Luna llena te servirá para recuperar a los buenos amigos de los cuales te has alejado. Escribe el nombre de la persona en un papel, derrama sobre él una pizca de romero en polvo y enciende a su lado una vela color lila o morado si es un amigo, y dos, una roja y una rosa, si es un amor, y repite las siguientes palabras: "En nombre del amor que nos une, regresa pronto a mi lado. Así sea". Si quien quieres que regrese es un amigo, sólo repite: "En nombre de nuestra verdadera amistad, sellemos nuevamente un pacto de sinceridad y lealtad. Así sea".

Marzo. *Ritual para obtener dinero en el 2004*
Envuelve una moneda con un billete, colócala en una bolsita amarilla y déjala toda la noche en la ventana para que reciba la luz lunar de Selene, y repite las siguientes palabras: "Selene, tú que facilitas el poder de la abundancia, ayúdame a ser un triunfador en todo lo que hago y gracias por la prosperidad que quiero y necesito", después guárdala en una bolsa amarilla y llévala siempre contigo.

Abril. *Ritual para eliminar las peleas hogareñas en el 2004*
Llena tres tazas de agua, colócalas en el suelo y visualiza a tu familia feliz y en paz. Durante los 7 días de la Luna llena repite las siguientes palabras: "Gracias porque mi familia está unida, integrada y feliz. Así sea".

Mayo. *Ritual de la sexualidad en el 2004*
Durante los 7 días de la Luna llena rocía la habitación con agua de azahar, derrama siete gotas de aceite de pachulí debajo de la cama, e invoca a la diosa

lunar, la más poderosa de todas, la Luna llena, la gran "Selene"; repite las siguientes palabras de poder: "Te invoco por este acto, siguiendo la libre voluntad y para bien de todas las cosas, que logre amor y placer sexual sano. Así sea".

Junio. *Ritual para la seducción en el 2004*
Durante 3 días de Luna llena enciende una vela roja en el baño y toma un baño de inmersión, donde habrás disuelto una cucharadita de miel, y repite las siguientes palabras: "El poder que mueve a la Luna se mueve a través de mí en todo momento, en todo lugar, soy atractivo y magnético, especialmente con el sexo opuesto y la persona que amo. Así sea".

Julio. *Ritual para triunfar en la profesión en el 2004*
Bajo los rayos de la luz lunar en el signo de Cáncer, escribe tu nombre con un elemento punzante sobre una vela de color lila, enciéndela y frente a ella realiza una meditación corta. Y repite las siguientes palabras de poder: "Triunfo y prospero en todo lo que emprendo, en lo profesional y en lo económico tengo éxito. Así sea".

Agosto. *Ritual para cargar de energía los cristales y las piedras en el 2004*
Reúne todos tus anillos y piedras antes de la Luna llena, lávalos con agua de sal y ponlos cerca de la ventana para que puedan recibir los rayos lunares y repite la siguiente oración: "Cristales llenos de poder, permítanme encontrar protección, abundancia, prosperidad, amor y salud, que los rayos de la Luna llenen de energía estos cristales. Así sea".

Septiembre. *Ritual para purificar la casa en el 2004*
Se requieren 2 cebollas grandes finamente picadas, 5 dientes de ajo picados, 2 cucharadas de romero seco, 2 limones rebanados y 2 cucharadas de pimienta en polvo. Pon a hervir todo en una olla con 1 litro de agua, permite que el aroma se esparza en tu casa, después abre las ventanas para que el viento se lleve tensión y estrés.

Octubre. *Ritual para atraer a tu pareja*
Practica este baño durante tres días de Luna llena. En una taza de agua diluye tres gotas de aceite esencial de rosa y una pizca de azafrán. Utiliza esta solución para enjuagarte después del baño y repite las siguientes palabras de poder: "Amanda diosa, atrae hacia mí a mi pareja (nombre de la persona), por el poder del amor. Así sea".

Noviembre. *Ritual para deshacerse de los enemigos ocultos en el 2004*
Con el poder de la Luna llena enciende una vela celeste ungida con aceite de oliva y pide protección. Para finalizar eleva una oración de agradecimiento: "El poder mágico y consagrado de Selene, gracias por ayudarme a alejar a mis enemigos y a solucionar todos mis problemas. Así sea".

Diciembre. *Ritual para alejar la soledad en el 2004*
Coloca un granate en una bolsita de tela azul y llévala siempre contigo. Además, a partir de la Luna llena pronuncia las siguientes palabras diariamente durante 42 días: "Amada diosa, estoy en perfecta comunicación contigo, te invoco bajo tu libre voluntad que siempre me sienta acompañado y que además atraiga a personas que me amen por el bien de todas las cosas. Así sea".

RITUAL PARA RECIBIR EL AÑO 2004 CON BUENA ESTRELLA

Ritual para recibir el año 2004, dar gracias y recibir bendiciones (Amor, salud, dinero y trabajo).

Fecha de ritual: 31 de diciembre, fin de año.

(Cambio del ciclo, el Sol transita el signo de Capricornio y la Luna el signo de Sagitario)
Se trata de un día especialmente energético, dado que termina el año para dar paso a un nuevo periodo. Enciende una vela blanca, anota en un papel los hechos más relevantes del año que se va y luego quema el papel en la llama de la vela agradeciendo lo bueno del paso y pidiendo tres deseos:
Si lo que deseas es amor, usa prendas íntimas de color rojo, enciende una vela rosa y una roja, coloca una rosa roja o rosa con miel untada en sus pétalos.
Si tu deseo es tener dinero, ponte prendas íntimas de color amarillo, coloca en tu mesa una canasta llena de frutas y pon a un lado tres monedas antiguas en un vaso con agua y enciende una vela amarilla, que simboliza la abundancia y la prosperidad para todo el año.
Si lo que deseas es tener salud todo el año, ponte prendas íntimas color morado y prende una vela morada. Pon media cebolla en un tazón y déjala toda la noche del 31 al sereno y reza una oración para curar al enfermo.
Haz también una promesa para cumplir en el flamante periodo que vendrá para que el poder creativo divino atienda tu llamado, entregue tu acción y con

un acto de reverencia ofrezca el año a Dios. Une tus dos manos y di en voz alta: "Así sea".

Bibliografía

Vore, Nicolás de, *Diccionario de astrología*, Editorial Argos, Barcelona, Buenos Aires, Enero 1953.
Cervera Aguilar, Amira, *Revelaciones y predicciones de Amira*, Editorial Promexa, México, 2000.
Cervera Aguilar, Amira, *Que te espera, Oráculo 2003*, Editorial Plaza y Janés, México, Noviembre 2002.
Cervera Aguilar, Amira, *Presagios cósmicos de Amira*, Editorial Plaza y Janés, México, 2002.
Spiller Jan y Mckoy Karen, *Astrología espiritual*, Editorial Simon a Schuester, Nueva York, 1988.
Hamaker Zundag, Karen, *Astro-psicología*, Editorial Edaf, Madrid España, 1980.
Dumond, Eloy R., *Manual de astrología moderna*, Editorial kuier, Buenos Aires Argentina, 1996.
Pamies, Elisenda, *Astrología arquetípica*, Editorial índigo, Casanova Barcelona, 1997.
Lundsted, Betty, *Tránsitos el ritmo de su vida*, Editorial Mirach, Madrid España, 1990.
Alpherat, *Tratado de astrología, construcción científica del horóscopo*, Buenos Aires, Editorial Kier, 1991.
Aun Weor, Samael, *Tratado esotérico de astrología hermética*, Ediciones Gnósticas, México, 1967.
Bois, Fils du, *Los inciensos y su magia*, Grupo Editorial Tomo, México, 1998.
Harting, Klaus Dieter y Xia Xhang, *Decoración Feng Shui. Armonía en el hogar y la oficina*, Buenos Aires, 2001.
Lester, John, *Ciclos y biorritmos numerológicos. Tratado práctico de numerología*, Editorial Teorema, Barcelona 1984.
Nevin, Bruce, *Astrología*, Editorial Irú, Barcelona 1988.
Tarot Osho Zen, *El juego trascendental del zen*, Gaía Ediciones, 2001.
Tres iniciados, *El Kybalión*, Editorial Orión, México, 1991.

*Predicciones Astrologicas 2004,
de Amira Cervera Aguilar*
se terminó de imprimir en Octubre de 2003 en
Litográfica Ingramex, S.A. de C.V.
Centeno 162-1, Col. Granjas Esmeralda.
Del. Iztapalapa 09810 México, D. F.